深部岩土力学与地下工程国家重点实验室
中国矿业大学(北京)公共危机管理与决策实验室 研究成果

高等教育应急管理系列教材

总主编 范中启

城市公共安全管理

主　　编　王义保　彭　瑞
编写人员　朱　伟　许　超　刘晓斐　李　健
　　　　　霍春龙　朱文龙　韦长伟　苑红伟
　　　　　施　炜　王　玮　厉　旦　刘洪永
　　　　　翟军亮　王　琼　王怡文　杨跃奎

应急管理出版社
·北　京·

内 容 提 要

本书分为上、下篇，共计十七章。其中，上篇讲述城市公共安全管理体系建设，包含七章内容，着重介绍城市公共安全管理概念与发展脉络，以及与城市公共安全相关的管理体制、突发事件、监测与预警、应急救援、管理绩效、安全智慧城市建设；下篇讲述城市重点领域的公共安全管理，包含十章内容，着重介绍城市基础设施安全管理、城市社会安全管理、城市交通安全管理、城市食品安全管理、城市安全生产管理、城市公共卫生管理、城市自然灾害管理、城市消防安全管理、城市生态安全管理、城市社区安全管理。

本书可作为高等院校应急管理、安全管理、应急技术与管理等专业的本科教材，也可供相关专业研究生、企事业单位应急管理与安全管理人员学习参考。

序

德国著名社会学家乌尔里希·贝克（Ulrich Beck）指出，人类已经进入一个风险社会，在风险社会中，不明的和无法预料的后果成为历史和社会的主宰力量。2020 年初，一场突如其来的新冠肺炎疫情对世界产生了重大影响。据美国约翰斯·霍普金斯大学统计数据显示，截至 2021 年 10 月底，全球累计确诊新冠肺炎病例超 2.47 亿例，全球新冠肺炎死亡病例超过 500 万例，而且全球疫情下降的拐点还没有出现。在全球性风险社会背景下，突发事件应急管理成为一种新常态。

应急管理是国家治理体系和治理能力的重要组成部分，加强应急管理体系和能力建设、有效应对风险挑战是推进国家治理体系和治理能力现代化的内在要求。党的十九大报告对应急管理作出重要战略部署并明确提出，要坚持总体国家安全观，构建满足人民美好生活需要的公共安全体系；十九届四中全会提出，要健全公共安全体制机制，优化国家应急管理能力体系建设；十九届五中全会进一步提出，要不断健全重大风险防范化解体制机制，显著增强突发公共事件应急能力。

从实践来看，2003 年“非典”疫情对我国公共卫生体系造成了巨大冲击，成为我国应急管理的重大转折点，在这之后以“一案三制”为核心的应急管理体系逐步建立起来。2018 年 4 月应急管理部的组建，实现了应急管理从综合协调体制向统一指挥、权责一致、权威高效体制转变，从多部门协同应对向更加专业化、职业化管理转变，从临时性指挥机构向常设制、常态化治理组织转变，从侧重应急处置向危机管理全过程转变，新时代中国应急管理体系得到逐步完善。2020 年初暴发的新冠肺炎疫情是新中国成立以来我国遭遇的传播速度最快、感染范围最广、防控难度最大的重大突发公共卫生事件。以习近平同志为核心的党中央统揽全局、果断决策、科学防控，取得了疫情防控阻击战的重大战略成果，统筹推进疫情防控和经济社会发展取得显著成效，向世界重大突发公共卫生事件应急管理贡献了“中国智慧”和“中国方案”。

为了适应形势发展的需求，更好地开展高等学校应急管理的教学科研工作，中国矿业大学（北京）公共危机管理与决策实验室整合学校“安全科学与工程”国家一流学科的优势办学资源，联合中国矿业大学、华北科技学院等学校的优秀学者编写了这套高等教育应急管理系列教材。系列教材具有如下特色：一是体系完整，基本涵盖了应急管理专业教育的主要知识领域，能基本满足应急管理专业教学需求；二是内容较新，反映了国内外应急管理研究领域的最新成果，为该领域的教育者、学生、实践工作者提供最新信息和资料；三是应用性强，兼顾管理和技术两个维度，理论与实践相结合，偏重应用性。

教材编写是一项艰巨的系统工程。应急管理学科是一门正在快速发展的学科，其包含的知识面广、知识点多，涉及的问题复杂。在编写过程中，我们遵循了系统、全面、科学的原则，力求使系列教材涵盖应急管理专业教育的基本理论、基本方法、主要内容。但由于理论演进需要一个过程，同时应急管理领域还有很多问题需要进一步深入研究和探讨，也受制于编者的精力和能力，因此系列教材难免存在一些不足和缺陷，希望读者提出宝贵意见和建议。

这套高等教育应急管理系列教材是中国矿业大学（北京）公共危机管理与决策实验室的研究成果，也是校企合作、科教融合协同育人的最新成果。感谢中国矿业大学（北京）深部岩土力学与地下工程国家重点实验室何满潮院士团队、威讯柏睿数据科技（北京）有限公司给予的支持；感谢参与系列教材编写的专家和学者，他们认真负责、严谨务实的态度深深感动了我；也感谢应急管理出版社为系列教材的出版付出的大量心血。

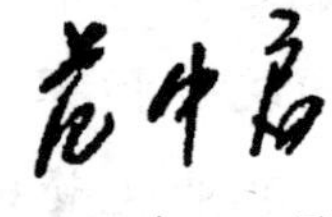

2021 年 11 月

于中国矿业大学（北京）

前　言

安全是发展的前提，发展是安全的目的，社会的和谐稳定离不开城市公共安全管理。然而，我国城市公共安全管理的研究起步较晚，许多概念和观点尚未取得普遍共识，仍需进一步探讨。当前，国内众多高校有城市公共安全方面的专业设置和人才培养工作，但缺乏系统的专门教材和参考书目。本书作为应急管理类的专业基础教材，注重城市公共安全管理的基本概念、安全管理流程、安全管理方法等，以使学生在掌握基本理论的基础上尝试学习如何解决实际问题。

全书编写分工如下：第一章由王义保和王怡文编写；第二章由许超编写；第三章、第八章由朱伟编写；第四章由李健编写；第五章由彭瑞编写；第六章由霍春龙编写；第七章由朱文龙编写；第九章由韦长伟编写；第十章由苑红伟编写；第十一章由施炜编写；第十二章由王玮编写；第十三章由厉旦编写；第十四章由刘晓斐编写；第十五章由刘洪永、杨跃奎完成，刘洪永统稿；第十六章由翟军亮编写；第十七章由王琼编写。全书由华北科技学院彭瑞统稿，中国矿业大学王义保主审。

本书的出版得到了中国矿业大学公共管理学院（应急管理学院）、华北科技学院、北京城市系统工程研究中心、中国矿业大学（北京）文法学院的支持和帮助。此外，本书的出版还得到了河北省自然科学基金资助项目（E2021508008）、教育部新工科项目（E-05-2018058）的资助，在此一并表示感谢！

由于城市公共安全管理涉及的专业知识点较多，加之编者水平有限，书中存在纰漏在所难免，恳请读者提出批评和宝贵意见。

编　者

2022年3月

目　录

第一章
城市公共安全管理概述

随着世界经济的不断发展，城市规模的迅速扩大，城市公共安全的脆弱性也随之增加，城市公共安全管理面临许多新问题与新挑战。我国城市公共安全管理的研究起步较晚，许多概念和观点尚未取得普遍共识，仍需进一步探讨。本章重点阐述城市公共安全管理涉及的相关概念、管理内容以及城市公共安全管理的发展历程等内容。

第一节　城市公共安全管理相关概念

安全是发展的前提，发展是安全的目的，社会的和谐稳定离不开对城市公共安全的管理。城市发展领域的权威专家杰布·布鲁格曼曾指出："一个可持续发展的城市应该能够积极主动地进行变革以减轻危机或灾难带来的冲击。"当前，城市化进程加快，城市规模急剧扩张，城市公共安全管理研究的重要性与日俱增。研究城市公共安全管理，必须首先明确城市公共安全管理及其相关概念。

一、公共安全及其相关概念

安全是一切活动的基础和前提。自人类社会产生以来，安全问题就遍布于我们生产、生活的每一个角落，且随时代变迁呈现出日益复杂的态势。

（一）公共安全的概念

"公共安全"一词是"安全"概念衍生出来的复合概念，"安全"是指人员或财产能够免受外界威胁，保持正常有序地生存发展的一种状态，"公共"则限定了安全所涉及的具体对象和范围。"公共"与"私人"相对，"公共安全"所涉及的安全利益超越了个体层面，其性质及目的包含社会责任，更强调活动的公开性和社会大众的参与性。公共安全的内涵通常可以从广义和狭义两种视角来理解：在广义上，公共安全是国家为公众提供的一种用以保障其生存权与发展权的公共服务，它包括整个国家、整个社会和每个公民一切生活方面的安全；在狭义上，公共安全主要包括防范自然灾害、治安事故和犯罪三部分。

综上所述，公共安全是指整个社会及公民个人有安全和谐的外部环境和良好的社会秩序，最大限度地避免各类灾难带来的危害，其所涵盖的范围及表现形式具有广泛性和复杂性。政府向社会公众所提供的公共安全产品，应致力于保护社会公众的人身、财产及环境等多方面安全。

（二）公共安全的特征

伴随市场功利主义及其他不良因素的干扰，人们面临由传统安全问题与新兴安全问题交织而带来的更加严重的全球性风险。在此背景下，对公共安全特征进行深入而全面的把握，具有重要的现实意义。

1. 公共性

公共性是公共安全的特有属性。一般意义上，公共性指可以同时供不特定的人或人群使用，强调非排他性和非竞争性。非排他性是任何人都不能因自己的消费而排除他人对该物品的消费；非竞争性是指一个人的消费不会对他人的消费产生影响。公共安全作为政府供给的公共物品，其公共性是指公共安全在广度上涉及社会上的每一个人，与每一个社会成员的切身利益密切相关，是每一位公民从事正常生活、学习、工作和交往所必不可少的外部环境和社会秩序，也是每一位公民生存生活所应该享有的权利。公共安全的公共性特征要求政府在维护公共安全的过程中要体现出公平正义的价值主张。

2. 突发性

公共安全的突发性是指公共安全事件的爆发往往没有任何征兆、突然发生且难以准确预测。由于事前人们在心理上和物质上的准备不充分，危机一旦爆发，其巨大的危害性和冲击力往往让人措手不及，带来严重的生命财产损失。面对具有极大不确定性而又危害严重的公共安全事件，相关部门必须在极短的时间内作出合理的分析、判断，作出关键性决策和正确反应，坚持快而不乱、科学应对，尽力使其不扩大、不升级、不蔓延，避免衍生灾害发生，竭力保障社会大众的利益。

3. 动态性

公共安全的动态性指公共安全问题并非一成不变，而是处于持续不断变化的状态。动态性特征使得公共安全问题具有很大程度上的随机性和可变性，以及由此而带来的相对性和不确定性。绝对意义上的公共安全状态并不存在，所谓的公共安全只是对一个相对稳定的安全发展阶段的描述。公共安全问题是经过长时间的矛盾激化不断积累而形成的，在较短时间内难以消除，但它的具体爆发时间、范围、程度又带有很大的不确定性。这给政府治理造成了一定的挑战，要求政府居安思危，提高危机预警能力。

4. 连带性

公共安全的连带性是指一类公共安全事件的发生可能会引发另一类公共安全事件，从而形成一种“连带效应”，使公共安全事件的影响范围扩大，不确定性进一步增强。当前，网络化、信息化迅速发展，社会关联度不断提升，一些局部危机处理不当往往会产生一系列次生灾害，进而扩大造成全局性危机，加重了危机的冲击力。这就要求政府要从全局角度来把握公共安全，建立健全公共安全应对机制，提高应急保障能力。

公共安全各特征之间相互交织、相互作用，增加了公共安全的风险程度和应对的复杂程度。我国当前已进入公共安全危机多发时期，要高度重视公共安全问题，以客观、发展和动态的眼光去审视和解决公共安全问题，努力构建公共安全管理的长效机制。

（三）公共安全与应急管理

应急管理是公共安全的重要内容，应急管理能力的高低直接影响公共安全的保障水平。因此，从应急管理的相关概念入手深入研究公共安全与应急管理的关系，有助于对公共安全管理理清思路。

1. 应急管理及相关概念

“应急管理”一词来源于英文emergency management，美国联邦紧急事态管理局对应急管理的定义较具代表性，认为应急管理是指通过组织分析、规划决策和对可用资源的分配，以实施对灾难影响的减除、准备、应对和恢复，其目标是拯救生命、防止伤亡、保护财产和环境。在我国，诸多学者也对应急管理的概念进行了阐释。计雷等认为：“应急管理是指基于对突发事件的原因、过程及后果进行分析，有效集成社会各方面相关资源，对突发事件进行有效预警、控制和处理的过程。”郭济将政府应急管理定义为：“政府为了应对突发事件而进行的一系列有计划有组织的管理过程，主要任务是如何有效地预防和处置各种突发事件，最大限度地减少突发事件的影响。”万鹏飞认为：“应急管理由预防、应对、恢复、减灾四个环节构成。”

综上所述，应急管理是指化解重大安全风险、及时应对处置各类灾害事故的一种管理活动，其目标是保护人民群众生命财产安全和维护社会稳定。

应急管理与风险、突发事件等概念紧密相连。风险是一种导致冲突矛盾、危及社会稳定和社会秩序的可能性。突发事件则被定义为突然发生，造成或者可能造成严重社会危害，需要采取应急处置措施予以应对的自然灾害、事故灾难、公共卫生事件和社会安全事件。应急源于风险，应急管理要注重对风险源及各类致灾因子的研究和控制，而突发事件的形成也是风险不断积累的结果。应急管理强调的是一种不利情境或紧急状态，加强应急管理建设能够有效提高对突发事件和风险的控制能力。

2. 安全管理与应急管理的关系

安全管理与应急管理均是保障公共安全的重要环节，两者关系密切。目前的研究成果中，对两者的关系存在三种认知。

（1）应急管理与安全管理并列。安全管理是为实现安全目标而进行的一系列管理活动，是管理科学的重要分支，其管理重点在于分析和研究生产、生活中的各类不安全因素及解决措施，管理目的在于防止事故发生，其实质上是一种常态管理。而应急管理更倾向于非常态管理。两种管理模式共同构成了公共安全管理的基本内容。

（2）安全管理包含应急管理。广义上安全管理既是管理学的重要分支，也是安全社会学科的重要内容，涉及的领域是社会生产生活的各个方面，是政府、企事业单位以及其他社会机构等为实现各自的安全目标而进行的管理活动。它不单是采用有效手段对正常运行状态予以维持的活动，同时也包括对非常态情况的处置与救援。对非常态情况的处置与救援正是狭义上应急管理的主要内容。

（3）应急管理包含安全管理。这种认知主要是基于应急管理的阶段论进行阐释，认为应急管理的概念大于安全管理。以具有代表性的4R理论为例，4R理论将应急管理分为4个阶段：缩减阶段、预备阶段、反应阶段和恢复阶段。缩减阶段是应急管理过程中的核心阶段，是4个阶段中最为重要的一环，同时该阶段的活动内容也将“安全管理”的内容囊括其中。它强调对待风险的主动性，尽可能做好事先的准备和预防工作，降低风险发生的概率，避免风险转化成重大危机。

二、城市公共安全的概念与突发事件特征

城市公共安全事件的突发性、破坏性、复杂性往往会导致大型的综合公共危机。公共安全是城市治理中的重大问题，维护和保障城市公共安全至关重要。

（一）城市公共安全的概念

城市是一个庞大的系统，是高度复杂的经济社会综合体。“城市”一词的含义，从经济学角度看，城市是有限区域内各类经济市场相互交织形成的网络系统；从地理学角度看，城市是位置适宜的覆盖了一定人群和房屋的密集结合体；从社会学角度看，城市是具有一定特征的、在地理上有界限的社会组织形式。在城市规划学中，将城市定义为以二、三级产业人口为主要居民的地方。现代城市是一个集经济、政治、科学技术、文化教育为一体的特殊区域，是各种密切相关的社会元素相互影响、相互作用的结果。城市的出现是人类走向成熟和文明的标志，而城市公共安全问题也随城市的出现而产生。

近年来世界各国都面临各类突发公共事件不断增长的严峻挑战。全球范围内城市化进程的迅猛推进，资本、人口等要素向城市大量集聚，城市物质空间及社会结构巨变，生态环境恶化，安全脆弱度增大，使得城市公共安全问题日益突出。同时，城市本身各个要素具有复杂性特征，导致城市运行过程中很容易受到多种因素的威胁，进而出现公共安全问题。因此，为有效防范化解各种危机事件，保障公共安全，维持经济社会健康稳定发展，研究和探讨城市公共安全问题具有十分重要的理论和实践意义。

结合上文对“城市”及“公共安全”概念的理解，可以认为，城市公共安全是指在可能出现自然因素或人为因素导致的危机情况下，城市能够保持自身的稳定而按照正常秩序运行的一种状态，具有复杂性、长期性、脆弱性、联动性、人群聚集性、社会敏感性等特征。

（二）城市突发公共安全事件的特征

社会各个领域都存在突发公共安全问题，而城市作为人口聚集且包含诸多社会资源和生产要素的复杂系统，其突发公共安全事件所带来的威胁与非城市地区相比危害性更大，具体表现在四个方面。

1. 风险源复杂

在城市中由于群体面广，活动频繁，人口要素聚集，导致城市公共安全内部的风险源具有复杂、形式多样的特点，其来源不单单是战争、地质灾害等传统性灾难。随着工业及其他污染类产业的兴起，城市空气质量下降；经济发展的不平衡不充分、人口老龄化等问

题加剧了社会矛盾；信息化时代的到来也伴随着网络病毒、网络舆情等引起的突发公共安全事件的出现，这些都引发了极为严重的后果。特别是在一些中小城市，由于其人口和产业情况复杂，各产业之间相互关联，但城市管理水平与公共服务能力相对滞后，基础建设难以满足城市公共安全的要求，城市应急体系脆弱，众多致灾因子集中于城市之中，加大了风险转变为事故的概率。

2. 影响范围广

突发公共安全事件涉及的范围较为广泛，是一个涉及整个社会及公共利益的范畴。当前，各城市之间的经济和社会联系日益紧密，城市内部各子系统之间的高度关联性和复杂性决定了城市突发公共安全事件不仅会对本地区民众的生命安全造成威胁，还会对周边地区产生辐射冲击，造成跨界影响，甚至引起区域性、国家性乃至全球性的公共危机，影响波及其他城市和地域。例如在城市公共卫生安全领域，一些传染性疾病在人口密集的城市中会迅速传播，加之现代社会交通便利，人口流动速度快、范围大，这在一定程度上加快了其蔓延，扩大了危害影响性。

3. 危害程度深

城市公共安全具有复杂性、长期性、联动性等特性，一旦发生突发公共安全事件，整个城市的稳定和秩序都会受到严重冲击。如果控制不力，不仅会威胁人们的生命财产安全，还会引发其他更为严重的问题。城市通常资金、技术密集，突发公共安全事件对生产的影响将直接作用于制造业、服务业等经济贸易领域，严重时会导致社会经济“停摆”，进而引发经济衰退。突发公共安全事件也会引发社会公众的恐慌情绪和行为改变，甚至带来一定的心理问题，影响社会的稳定健康发展。

4. 公众关注高

当前通信发达，各类媒体发展迅速，发生城市突发公共安全事件后往往很容易受到大众传媒的聚焦，引发网民广泛关注，特别是与人民的切身利益息息相关、具有很强的社会生活关联性的城市公共安全事件，舆论关注度往往会在短时间内暴增。此时，政府的各项应对和处置措施都处于社会的聚光灯下，突发公共安全事件也会成为各类新闻媒体报道的热点话题，迅速传遍社会的各个角落。在网络技术快速发展的今天，一些城市突发公共安全事件因负面的网络舆情影响而产生“次生灾害”，给城市突发公共安全事件的应急处置带来了新的困难和挑战，如不及时有效地加以干预和控制，将导致严重的社会危机甚至政治动荡。

三、城市公共安全管理的概念与作用

我国社会正处在重要的转型阶段，社会矛盾较为集中，公共安全事件呈现高频次、多领域发生的态势，这也为我国城市公共安全管理敲响了警钟。

（一）城市公共安全管理的概念

城市公共安全管理，属于政府提供的公共物品和公共服务范畴，其影响面广，危害严重。加强城市公共安全管理，维护和谐稳定的社会秩序，是城市稳定发展的重要保障。对于城市公共安全管理的概念，专家学者的观点不尽相同。刘茂指出："城市公共安全管理是研究城市由于自然因素和人为因素导致的自然灾害、事故灾难、公共卫生事件和社会安全事件对城市带来的风险，这些风险存在于生产、生活、生存范围的各个方面，包括衣、食、住、行、休闲娱乐等各个领域及环节。"张沛指出："城市公共安全应急管理是针对城市面临的各种突发公共事件，通过建立全面整合的城市公共安全应急体系，以有效预防、处理和消弭突发公共事件为目标，以城市管理者为核心所进行的一种有组织、有计划、持续动态的管理活动。其目的是保障城市公共安全，减少各种危害，维持城市正常发展。"

综上所述，城市公共安全管理是公共管理的重要组成内容，是指以政府部门为主体，社会各部门及公众联合共治，为了维持城市正常运行状态，对城市公共安全问题进行计划、组织、领导、协调、控制的一系列维护城市正常秩序和公众生命财产安全的公共服务活动。

（二）城市公共安全管理的作用

随着城市化进程不断发展，各类资源要素向城市集聚，导致交通拥堵、环境恶化、就业困难等"城市病"迅速蔓延，增加了潜在的城市公共安全风险。为应对这类社会问题，必须做好城市公共安全管理工作。城市公共安全管理的作用具体表现在以下几个方面。

1. 有利于保障经济平稳运行发展

城市经济的发展离不开稳定和谐的社会环境。在全球经济一体化和改革开放不断深入的背景之下，我国在经济迅猛发展的同时，城市公共安全问题所带来的威胁也日益严峻并呈现出复杂化趋势。城市突发公共事件带来的巨大生命财产损失和社会秩序失调会影响社会的正常行进节奏，阻碍城市经济的正常运行和发展。因此，城市公共安全管理在城市管理中具有举足轻重的地位，政府及各相关部门对突发公共安全事件应对及时，避免危机蔓延以及次生灾害产生，采取一系列政策措施调整经济情况，有利于保障城市经济平稳运行发展。

2. 有利于维持和谐稳定的社会秩序

城市公共安全管理是政府为维护良好的社会秩序、保持社会的正常运转所提供的不可或缺的公共物品，是满足人民日益增长的美好生活需要所必不可少的底线型公共服务。城市突发公共安全事件带来的巨大伤害通常会在受灾群众心中留下重大心理阴影，极易产生社会恐慌，导致社会不确定因素增加。此外，城市突发公共安全事件由于现代城市紧密耦合的特征，其所造成的影响很有可能扩散到其他区域，形成更大范围的社会不稳定性。此时，有效的城市公共安全管理活动能够大大减轻城市突发公共安全事件产生的危害，从而维持和谐稳定的社会秩序。

3. 有利于提升政府公信力

政府公信力在政治生活中占非常重要的地位，政府作为公民权利的代理人，按公共利益行使国家权利，政府公信力的高低直接关系到政府的合法合理性。在城市突发公共安全事件中，如果政府处理不当，则会引发公众及媒体的质疑，使政府部门陷入舆论旋涡，平添质疑，助长谣言，干扰事件处理，损害政府的公信力。近几年频发的群体性事件以及网络谣言的屡禁不止，反映出我国政府正面临一场严峻的公信力危机。因此，提高城市公共安全管理能力也是提高政府公信力的重要环节。

第二节　城市公共安全管理内容

城市公共安全管理是一个极其复杂的系统，只有明确管理的类型、过程、相关理论、主体及原则等内容，才能细化管理职能，构建完善的管理体系。

一、城市公共安全管理类型

城市公共安全管理纷繁复杂、内容丰富，呈现出形态各异的类型。本书将当代城市面临的公共安全问题初步归为四种类型，即城市自然灾害、城市事故灾难、城市公共卫生事件、城市社会安全事件。这四种城市公共安全问题在全球化、城市化急速推进的背景下均呈现新的发展态势和动向。

（一）城市自然灾害

自然灾害是自然界中发生异常变化所引起的，且对人类社会造成了危害的一系列现象和事件。城市自然灾害主要包括各种气象灾害、地震灾害、地质灾害等。自然灾害是一直以来人类社会面临的破坏性最强的公共安全问题，其危害强度和深度也给城市公共安全管理带来了很大挑战。当前，城市化进程的推进加深了城市的脆弱性，污染问题现象愈加严重，生态环境遭到破坏，城市承载力面临挑战，自然灾害频发；经济规模的急速膨胀也使民众将眼光过于投入到经济利益上来，而忽略了城市公共安全问题的重要性和应急意识的培养，城市整体防灾意识薄弱，面对突发自然灾害往往措手不及，造成严重损失。

（二）城市事故灾难

事故灾难是在人的生产、生活中发生的，由于疏忽所导致的具有灾难性后果的事故。城市事故灾难主要包括各类企业安全事故、火灾、危险化学品泄漏、交通运输事故、公共设施和设备事故等突发性的人身伤亡或环境事件。城市内的危险源呈现出多样化特征，城市中由于人群密集、流动性强，火灾、拥挤等潜在危险源一旦爆发，易于发生群死群伤事故。此外，电、水、煤气、通信设备、地铁、公交等城市公共基础设施是人们生产生活的基础，但有些城市存在设备老化或标准不够的问题，隐患不断。城市工业园和地下管道是风险聚集之地，危险品存储运输安全风险较大，耦合事故和衍生事故时有发生，因此城市事故灾难的预防和处置仍面临严峻挑战。

（三）城市公共卫生事件

公共卫生事件指突然发生，造成或者可能造成社会公众健康严重损害的事件。常见的城市公共卫生事件主要包括传染病疫情、群体性不明原因疾病、食品安全和职业危害以及其他严重影响公众健康和生命安全的事件。由于突发公共卫生事件具有突发性、意外性、不确定性、群体性、处理的复杂性等特征，再加上城市是各种人口、经济、文化等要素的高度聚集区，因此突发公共卫生事件一旦爆发将会在很短的时间内迅速传播，造成巨大的人员伤亡和财产损失，严重影响人们正常的生产、生活和社会秩序，给人类社会的建设和发展带来极大破坏。因而加强城市公共卫生事件管理显得尤其重要，这也已经成为世界各国政府所重点关注和紧密防范的公共安全问题之一。

（四）城市社会安全事件

社会安全事件是指对国家和社会的稳定发展造成巨大危害的突发性的群体性事件，涉及经济、政治和社会等方面。常见的城市社会安全事件主要包括重大刑事案件、恐怖袭击事件及规模较大的群体性事件、经济安全事件等。此外，除上述传统社会安全事件之外，诸如城市安全、信息安全等非传统安全事件，由于其具有非常规、非典型、非对称等特征，规律性难以把握，社会危害性更强。当前，随着经济全球化的深入发展，一些跨国犯罪活动与跨领域犯罪活动增多，贫富两极分化加剧了社会矛盾冲突，暴力犯罪发生率在一些区域大幅增加。同时，在快速城市化进程中随着城市规模不断扩大，人员流动性和成员复杂性随之加深，一些可能存在的邪教组织和恐怖犯罪活动安全风险不断增加。

二、城市公共安全管理相关理论

城市公共安全管理是一个复杂的系统工作，且当代社会已经进入风险社会时代，对城市公共安全的高效管理迫在眉睫。因此，本书将重点对多中心治理理论、危机生命周期理论、风险社会理论进行探讨，为实现更高的城市公共安全管理水平提供理论基础。

（一）多中心治理理论

多中心治理理论是公共安全管理的基础研究理论，是由以美国学者埃莉诺·奥斯特罗姆为代表的制度分析学派在“社会秩序理论”的基础上提出的。该理论认为政府组织、企业组织、公民组织、利益团体、政党组织、个人等均可成为公共服务和管理的提供者，主张将多元竞争的体制机制引入社会治理中去，避免单一权力对社会公共事务的排他性管理和决策，强调非政府主体对公共事务的独立管理和自主治理。其主要特征可以归纳为以下四个方面：

（1）多中心治理以多元治理和自主治理为核心特征。在公共事务的管理过程中，不仅存在政府的或者市场的主体行为，还存在民间的与公民的秩序和力量，各个主体均可成为公共服务和管理的提供者，并基于平等关系进行协商共治，既保障了治理模式的集中性优势，又在治理手段方面实现了多元化。

（2）多中心治理呈网络型的治理结构。在这种治理模式下多元主体之间不再是自上而下的链条式的管理模式，而是复杂的网络结构，政府充当多元主体的协调者，每个主体都在关系网中发挥重要作用。各个主体积极参与，互动协作，使多中心治理能够有效运转起来。

（3）多中心治理以实现公共利益最大化为目标。多中心治理理论中具有多元化利益与相互独立的决策主体，但各治理主体在追求自身利益的同时，也充当公共服务的供给者角色，积极解决公共事务，其目标都是追求公共利益的最大化。

（4）多中心治理的方式是"合作—竞争—合作"。各个主体所拥有的资源和优势不同，在处理公共事务时所承担的责任和成本也不同。因此，多中心治理强调多元利益结构的治理主体在治理过程中经过冲突、博弈、竞争、协商、对话、妥协，最终达到共同目标的治理方式。

（二）危机生命周期理论

危机生命周期理论是将危机视为一个生命体，认为从其产生到处置结束的各个阶段都有不同的生命特征。美国的菲克在 1987 年出版的《危机管理》一书中最早提出突发事件生命周期的概念并加以阐释，将阶段性定义为危机的最主要特征，并划分了潜伏期、发作期、蔓延期、痊愈期的危机生命周期阶段。在此基础之上，学界展开了对危机管理生命周期划分的研究，并提出了诸多观点。其中最具代表性的观点有以下几个。

1. PPRR 模式

该观点认为危机管理是对于发生的危机进行监测、分析、消除、预防和处置的过程。因此，根据危机发生规律，将危机生命周期划分为危机前的预防（Prevention）、危机前的准备（Preparation）、危机爆发期的反应（Response）以及危机结束期的恢复（Recovery）四个阶段，这种划分模式称为 PPRR 模式。在 PPRR 模式中，强调危机预防的重要性，认为管理过程中 2P（预防与准备）比 2R（反应与恢复）更关键，如果没有做好 2P 工作，2R 工作也将面临困境，而做好了 2P 工作，即使 2R 工作不够完善，也能够适当缓解危机带来的灾害后果。

2. 危机管理 4R 模式

美国危机管理专家罗伯特·希斯在 1998 年出版的《危机管理》一书中率先提出了危机管理 4R 模式，将危机管理工作分为缩减（Reduction）、预备（Readiness）、反应（Response）、恢复（Recovery）四个阶段。

（1）缩减（Reduction）。缩减阶段是危机管理的核心阶段，缩减可以降低危机发生概率，减少危害时间，摊薄不善的资源管理，以缓解和降低危机带来的破坏力。缩减贯穿危机管理过程的始终，在预备阶段缩减可以提高预警系统的准确性；在反应阶段缩减可以识别危机根源，针对性应对危机；在恢复阶段缩减可以对恢复情况进行评估，提高恢复效率。

（2）预备（Readiness）。预备阶段主要着重应急管理中的防范环节，目的在于预防危机发生。预备包括预警和监视两部分，两者在危机管理中是一个整体，相辅相成。通过监视特定环境，及时发现每个细节的不良反应，并发出信号给其他系统或者负责人，以达到预警作用。预备阶段准备得充分，可以在危机发生初期更快反应，争取时间，降低危机的危害程度。

（3）反应（Response）。反应阶段强调在危机发生时，能够迅速反应，并根据具体形势有针对性地采取相应措施、策略性地应对危机。反应管理策略一般可以分为确认危机、隔离危机、处理危机、总结危机四个步骤。在这个阶段不仅需要获取相关信息了解危机影响程度，还需要争取更多时间应对危机，以便将危机带来的损失降低到最小，直至危机解除。

（4）恢复（Recovery）。恢复主要是指危机处置结束后的形象恢复与提升，也包括对危机发生及处置的总结提升，为今后的应急工作提供经验教训，避免重蹈覆辙。这个阶段的主要工作内容是：一是在恢复工作开展前根据危机危害情况制定针对性的恢复计划，尽快使社会恢复到危机未发生前的状态；二是深刻认识危机发生的缘由和处理过程中问题与不足，做好深度反思和自我审视，将危机转化为机遇，防止类似危机再次出现。

3. 危机管理的阶段模型

这种观点是从危机过程的角度出发对公共危机管理过程进行划分，其中常见的划分模式有三阶段论、四阶段论、五阶段论、六阶段论。

1）三阶段论

传统上人们根据事前、事中和事后的逻辑，按照一个持续的时间阶段把危机管理分为危机前、危机中和危机后三个阶段。当然，每一阶段又可依次再分为若干不同的小阶段，构成三阶段内容的系统体系。

2）四阶段论

美国学者斯蒂文·芬克于1986年提出将危机管理分为潜伏期、爆发期、扩散期、恢复期四个阶段。潜伏期是危机的孕育时期，此时有细小线索显示潜在的危机发生的可能，但不易为人所知；爆发期是危机正在发生的时期，这一时期将对组织及其成员产生巨大危害；在扩散期危机的影响持续，这是整个危机过程中时间最长的一个阶段，同时也是努力清除危机的阶段；恢复期即当前的状况已经表明危机不再具有威胁性和破坏性，组织已从危机的影响中解脱出来，但仍要保持高度警惕，避免危机去而复返。

3）五阶段论

美国学者米特罗夫和皮尔森于1994年提出了危机管理的五阶段模式，将危机管理过程分为信号侦测阶段、准备及预防阶段、损失控制阶段、恢复阶段和学习阶段。

4）六阶段论

美国学者奥古斯丁于1977年提出了危机管理的六阶段模式，将危机管理过程分为危机的避免、危机管理的准备、危机的确认、危机的控制、危机的解决和从危机中获利六个阶段。

（三）风险社会理论

风险社会理论发端于20世纪80年代，德国社会学家乌尔里希·贝克（Ulrich Beck）在《风险社会》一书中基于对工业社会现代性的反思首次提出了“风险社会”的概念来描述全球化时代充满风险的社会。贝克认为所谓风险，就是“一种应对现代化本身引致之危害和不安全的系统方式”。他将20世纪以来的社会称为风险社会，并认为风险社会是现代化过程中不可避免的产物。

自贝克首次提出风险社会理论后，西方社会学家对其进行了更丰富的理论研究，从不同角度对风险社会进行了阐释。

一是制度主义上，以德国社会学家乌尔里希·贝克（Ulrich Beck）和英国社会学家安东尼·吉登斯（Anthony Giddens）为代表人物提出的制度风险理论。贝克认为，随着全球化、工业化进程的推进、科学技术的不断发展，人们陷入越来越多不确定的风险之中，这些风险不易被人感知，但却正是由人类自己引发出来的，来源于工业社会下所产生的社会制度。贝克的观点在一定程度上受到吉登斯“现代性的断裂”概念影响，吉登斯在对现代性进行反思的基础上，运用结构化理论分析并深化了风险的内涵。他认为在时空伸延、脱域机制和知识的反思性这三大现代社会动力机制的运作下，社会发展到了传统和自然的终结阶段，进入了所谓的风险社会时期，强调了风险产生的制度性和人为性。

二是从现实主义出发，以“新风险”理论为代表。该理论在强调现实社会中的诸多因素对风险影响的基础之上提出了“新风险”观点，认为风险社会的出现是由于社会发展过程中不断出现新的、影响更大的风险，某些局部的或突发的事件可能会引发潜在的社会危机，本意用来对抗风险的现代化技术在一定程度上又成为现代风险产生的原因。

三是在文化意义上，以英国学者斯科特·拉什（Scott Lash）的“风险文化”理论为代表。拉什在反思与批判制度主义的基础上提出了“风险文化”理论，认为风险并不属于事实性范畴而应将其看作一种文化认知，风险社会之所以会出现，正是因为人类对风险认识的不断加深。因此，风险在当代的突显更是一种带有自主差异性的文化现象，而不是一种社会秩序。

三、城市公共安全管理主体

政府并非全能型政府，城市公共安全问题的复杂性、专业性都要求建立起完善的社会参与机制，构建以政府为核心，各社会主体广泛参与的多元化治理模式。当前，城市公共安全管理的主体大致划分为政府、企业、社会组织和公民。

（一）政府

政府是城市公共安全管理过程中最重要的主体之一，在城市公共安全管理中居于核心和主导地位。政府作为公权力的代表，受人民委托行使公共权力，维护公共利益，在保障城市公共安全中承担了重要职能。首先，政府要加强城市公共安全法律政策保障力度。坚持统一指挥原则，健全完善应急管理体制，以法律法规落实各部门职责，做到统筹协调，联动灵活。其次，做好城市公共安全预防和处置机制建设。建立完善的预警机制，重视对城市公共安全的事前防控；妥善分权，积极促进其他治理主体的发展，做好监督指导工作，保障应急处置工作顺利进行。最后，认真落实城市公共安全规划，承担起公共资源投入及统筹分配的责任。对城市进行安全设计，降低危害公共安全事件发生的概率，提高应急管理能力；合理配置资源，增加城市公共安全管理所需的物质和资金投入，对应急工作中的资金调度加以协调。

（二）企业

企业是市场组织的主要代表，在城市公共安全管理中的作用日益凸显。企业是以盈利为目的的组织，其大部分并不具备公共性，拥有的产品和资源属于私人物品。但城市公共安全状况也是影响企业能否稳定运行的重要前提，企业主体不论从公共利益还是私人利益角度出发，都越来越多地参与了公共安全的维护和管理，成为城市公共安全管理的重要主体。一方面，保障自身生产运营安全是企业在城市公共安全管理中的重要责任。工业化及经济全球化的不断发展在带来经济进步和市场繁荣的同时，也催生了一大批高危行业，企业生产经营风险与日俱增。另一方面，企业可以弥补政府资源上的不足。政府对公共物品的供给能力是有限的，危机发生时可能会面临资源供应不足的问题。企业可以利用自身的人才、物资、技术等资源优势支持城市公共安全的防治工作，积极响应号召捐款捐物，提供必要的技术和人力支持，协助政府化解危机。

（三）社会组织

社会组织，有时称非政府组织（NGO），区别于政府组织和企业组织，是指具有一定程度的公共性质，承担一定的公共职能，并服务于社会公众的一类公益组织，具有自组织性、非政府性、非营利性、民间性、服务性、志愿性和公益性等特征。社会组织能够同政府和市场主体形成优势互补的合作关系，弥补政府机制和市场经济的内在缺陷，在城市公共安全管理中发挥着独特优势。一方面，社会组织拥有广泛的群众基础，能够及时沟通、协调利益相关各方，有利于信息的双向传递。作为政府和公众之间沟通的桥梁，社会组织既承担着及时将政府政策向群众解读的职能，同时也肩负将基层情况及时反映给政府的责任。另一方面，社会组织在募捐和应急援助上扮演着重要角色。社会组织数量多、种类丰富、专业性强、成员阶层广泛，在城市公共安全事件中能够利用其自身志愿性和公益性特征，发动广大群众向受灾地区提供必要的资金和物资等捐助，解决管理过程中的燃眉之急。

（四）公民

在城市公共安全管理中，公民具有双重身份，既是危机直接侵害者，同时又是有序参与管理活动的重要主体。从根本上说，政府所行使的权力来源于公民的授权，满足公民的需求是政府工作的出发点和主要目标，政府各项政策和措施需要公民的支持和配合，公民参与能够有效弥补政府在城市公共安全管理中的不足。首先，公民的危机意识和防范能力在城市公共安全事件中至关重要。日常中加强对公民危机意识的培养，树立安全生产观念，普及自救知识，加强演练，提高公民的自救及防范能力有利于在城市突发公共安全事故中降低危机事件带来的生命财产损失。其次，公民能够发挥预警发出者的作用。政府对于城市公共安全隐患的摸排和防治难以做到事无巨细，而公民的基础大，日常接触面广，发现隐患能够及时报告相关部门，有利于城市公共安全事件的预防和处理。最后，公民也是危机处置的重要参与者。在突发事件中，公民往往会通过加入一些志愿者服务项目，以集体身份自发地参与公共安全管理活动，直接援助受灾地区，对救援处置队伍起到重要的补充作用。

四、城市公共安全管理的基本原则

城市公共安全管理旨在保障社会安全和稳定，为大众提供一个安全的有保障的生活环境。在城市公共安全管理过程中应遵循以下几个基本原则。

（一）政府主导，依法管理

城市公共安全管理本质上是一种公共物品，具有非竞争性和非排他性的显著特征，仅任由市场机制配置资源无法达到高效管理的目的，甚至可能引发更大的混乱和危机。因此，城市公共安全管理应坚持以政府为主导的原则，通过政府来配置公共资源。各级政府部门应将维护城市公共安全作为重要职责，加大资金技术投入，提高安全意识，带头营造良好的城市公共安全管理环境，构建城市公共安全管理的长效机制。此外，城市公共安全事件爆发的突然性和应对的紧迫性等特征，也要求管理机制的协调统一，以便在危机爆发时统一指挥，及时调动相关各方力量，避免应急工作混乱无序。同时也要避免权力独揽、越位、错位现象，要始终坚持依法依规管理，推动城市公共安全管理法治化、规范化发展。这就要求建立完善的法律法规体系，提高对管理过程的监督水平。对城市公共安全管理法律制度的有效落实，有利于落实政府部门内部的责任和义务，有效提高管理工作的效率和水平，防止权力滥用。

（二）多元参与，协同合作

随着城市公共安全问题日益复杂化，单靠政府力量来解决城市公共安全问题早已是天方夜谭。政府在管理活动中应积极促进多元化治理体系的建立，完善法律法规，打破与公众和社会间的权力壁垒，转变自身角色，向服务者角色过渡，将社会组织、企业、社会公众纳入城市公共安全管理体系中，彼此相互监督，协同合作，保障社会力量参与管理活动的途径以及信息渠道的畅通。社会组织能够在一定程度上分担政府部门城市公共安全管理上人员和资金等方面的压力，既可以利用其广泛的群众基础收集相关信息，帮助政府贴近公众，了解公共安全事件的真实情况，也能够及时向公众传递政府立场，稳民心，促安定。企业是市场组织的主要代表，也是城市公共安全管理的重要主体。虽然大部分企业并不具有公共服务职能，但在突发事件面前负责的企业还是会利用自身的资源支持应急救援活动。社会公众是公共危机直接侵害的对象，社会公众的危机意识和危机防范能力会对城市公共安全管理水平产生重要影响，公民的充分理解与广泛配合也是管理措施落实的重要基础，因此社会公众也是城市公共安全管理的重要主体之一。总之，政府部门在推进城市公共安全管理过程中应充分吸收多元化社会力量，尽可能争取社会组织的支持，鼓励公民参与。

（三）以防为主，防治结合

随着社会物质文明和精神文明的高度发展，安全对国家、社会、个人的重要性越来越大，人民对安全的企盼程度也越来越高。确保公共安全目标实现，是公共安全管理工作的根本目的，而达成此目的的有效手段则是以预防为主。但长期以来，各地政府部门在对待城市公共安全事件时仍存在重事后救治轻事前预防的传统观念，缺乏防患于未然的意识。作为一个跨时较长、过程复杂的工作，公共安全管理部门在处理公共安全事务过程中，不仅要合理处置那些已然发生的公共安全问题，而且更要对现实社会中潜伏或已经被确认存在的公共安全问题进行全面把握、系统梳理并及时排解隐患，从而规避现实危害的发生。换言之，相关公共安全管理的主体在工作中应该具有前瞻性，从思想或行动中做好预防工作；对相关问题的发生具有预见性，善于从蛛丝马迹之中发现问题并提前做好针对性措施，真正掌握安全工作的主导权。

总之，在城市公共安全管理过程中，应以科学的原则为指导，实现科学化城市公共安全体系设计、高效化协同联动机制建设、信息化城市公共安全管理模式构建、专业化城市公共安全应急救援队伍组建以及社会化城市公共安全保障体系建设，推动城市公共安全管理体系和能力现代化。

第三节　城市公共安全管理发展

当代城市公共安全管理理论既是对时代城市公共安全问题的回应，也是以往城市公共安全管理历史发展的结果。本节介绍城市公共安全管理的历史延续和变迁状况，并进行深入分析，发现不同历史时期不同国家城市公共安全管理的特点，以期为我国的城市公共安全管理提供借鉴。

一、城市公共安全管理发展历程

国内外对城市公共安全问题的探讨，都起源于社会实践发展的需要，因此城市公共安全管理在不同的历史时期呈现不同的特征。

（一）古代城市公共安全管理发展

古代产业结构单一，国家间联系不紧密，城市公共安全管理基本围绕自然灾害、公共卫生和食品安全而展开。在这个时期，虽然没有形成完整独立的城市公共安全管理模式，但城市公共安全管理的相关思想和经验在许多国家的实践中已有所体现。公元前 8 世纪至前 6 世纪，古希腊在各地相继建立了 200 多个城邦用以保卫国家独立和内部安全。公元前 47 年，雅典的卫城建立了世界上第一个钟楼和气象站，用以预测极端天气，保护商业运输。

在我国，对于自然灾害的管理，西周时期就有了预防灾害的粮食储备机制；秦始皇时期建立了全国性的水旱灾和农业生产情况上报制度；西汉时期，关于自然灾害的预防、救助和灾后恢复体系基本建立并不断完善。到明代已经将粮食储备纳入官员考核体系，并设立了监督机制防止官员贪污腐败。在公共卫生防治方面，中国古代社会构建了疫情等公共卫生事件管理制度的雏形，先秦时期出现了包括疫情上报制度、隔离制度、灾民赈灾机制等。这些机制经过不断发展，到了宋代已经非常成熟。在社会治安维护上，明清时期在城内专门设立“火铺”，负责消防工作，建立专业的巡逻队伍，预防火灾扩大。此外，民以食为天，古代对食品安全的重视程度相当高。周代就曾规定粮食果实尚未成熟不得在集市上买卖，被认为是我国历史上最早的关于食品管理的记录。到了汉唐，经济繁荣的同时也带来了更突出的食品安全问题，安全管理制度也更趋严格。汉代规定，对于使人中毒的腐肉应全部销毁，一旦有人中毒，应有人担责。到了唐代，食品安全监管更为全面和成熟，不仅监管制度配套健全，法律制度也更加详细，惩罚措施更有针对性。到了清代，我国的食品安全监管制度达到了农业时代的最高峰。

（二）近代以来城市公共安全管理发展

工业革命率先把欧洲社会从农业时代推进到工业时代，这意味着人类生产生活方式的彻底变革。工业革命在推动社会进步的同时，也催生了新的城市公共安全问题。在这一时期，国内外城市公共安全管理有所进展，取得了一系列理论成果和实践经验。

1. 美国城市公共安全管理发展

美国开展城市公共安全管理研究起步最早，也是目前为止城市公共安全管理制度最完善的国家。1803 年，美国发生特别重大火灾后，美国议会通过了对遭受重大火灾的新罕什尔城提供联邦政府援助的法案，这是美国建国后第一个与灾难有关的立法。1950 年美国出台《灾难救济法》。1978 年美国将减灾、备灾与应急行动归并为一个联邦紧急管理机构（FEMA），但 FEMA 在安全管理上仍延续了将国家安全放在首位的治理模式，轻忽了重大自然灾害带来的威胁，在后续安全管理中的迟缓响应使其继续存在的必要性受到质疑。20 世纪 80 年代，为应对各种接踵而至的危机，美国在全国范围内开展“抵御工程”，其内容是将全面的风险评估和风险避免手段纳入社区的日常决策程序，建立具有强大抗灾能力的社区。2001 年“9・11”恐怖袭击之后，美国正式成立了国土安全部，紧急事态管理局成为国土安全部的一个组成部分。2011 年日本大地震发生后，美国政府更加重视危机的预防和处置工作，对自身的城市公共安全管理体系进行了大幅改革，以更好地应对综合性国家安全问题。截至 2014 年调整工作基本完成，其城市公共安全管理的逻辑性、战略性、针对性、一体性、可控性均显著增强。

2. 英国城市公共安全管理发展

英国的应急管理体制建立于第二次世界大战之后，二战的爆发促使英国成立了空袭预防局，成为最早开始发展民防事业的国家。2001 年，英国成立了内阁国民紧急事务秘书处（CCS）。CCS 是英国最高级别的负责危机管理的专门机构，承担组织协调各部门以及相关利益者参与公共安全事务处理的职能。2004 年，英国议会通过了《国民紧急状态法》，成为当前英国应急安全管理规程中的最高立法文件。2008 年至今，英国开始整合传统安全与非传统安全、国际安全与国内安全，将应急管理纳入国家“大安全”框架。目前英国已经建成了比较完备的应急法律法规体系和管理体系，以《国民紧急状态法》为最高层面法律法规，以国家安全委员会为应急的最高领导机构，下设各地方紧急事务委员会及战略协同中心，对突发公共安全事件由警察部门牵头指挥进行处置，形成了多层分工、上下联动、跨部门协作的运行机制。

3. 我国城市公共安全管理发展

新中国成立后，我国城市公共安全管理迈入新阶段。新中国成立初期城市面临的首要威胁以自然灾害和较简单的人为灾害为主，相应的城市公共安全研究也集中于一般层面上的防灾减灾工作。这一时期的应急模式呈现出分部门、单灾种特点，按照不同的灾害类型单独建立了相应的应急组织机构，分别履行抗灾救灾义务。但该时期相关组织机构职能与权限划分不清晰，在应对突发事件时各部门之间缺乏协调与配合，应急响应过程也呈自上而下的路径，是一种被动式应对。

2003 年春，我国经历了一场由“非典”疫情引发的公共卫生事件，该事件影响范围大，危害性强，原有的分散协调、临时响应的应急管理模式暴露出诸多问题。此次公共安全事件的发生，提高了政府和公众对应急管理工作重要性的认识，应急管理的理论与实践开始在我国兴起。我国政府按照科学发展观的要求，从国情出发，提出了“一案三制”的构想，应急管理体系建设工作由此全面起步。2005 年 4 月，中国国际减灾委员会更名为国家减灾委员会，标志着我国开始探索建立综合性应急管理体制。2006 年 4 月，国务院办公厅设置国务院应急管理办公室，这是我国应急管理体制的重要转折点，是综合性应急体制形成的重要标志。2007 年《中华人民共和国突发事件应对法》的颁布，标志着我国应急管理法律体系基本建成。经过不断发展和完善，我国形成了“国家建立统一领导、综合协调、分类管理、分级负责、属地管理为主的应急管理体制”，逐步将传统的分部门、单灾种的应急管理模式转变为多部门、综合性的应急管理模式。

2018 年，根据《国务院机构改革方案》，按照“9+4”模式组建应急管理部，将分散在各部门的应急管理相关职能进行整合，开始建立强有力的核心部门进行总牵头，形成统一指挥、专常兼备、反应灵敏、上下联动的中国特色应急管理体制。应急管理部的组建，实现了应急管理工作从单灾种应对向综合减灾转变，提高了整体统筹协调能力和专业救援能力，解决了灾害应对存在严重碎片化的问题。同时有利于提高灾害应急管理的专业能力，充分发挥好中央的指导作用和地方的主体作用，实现灾害应急救援的队伍、财物、信息整合，形成灾害风险整合式治理的局面，便于多部门合力治理风险，消除监管盲区与空白。

二、城市公共安全管理学科基础

城市公共安全管理学科涉及的领域及主体具有多样性和复杂性特征，研究城市公共安全管理学科基础，搭建城市公共安全管理的多学科知识架构体系，有利于克服单一学科视角的局限性，也有助于丰富和完善城市公共安全管理的理论和方法。

（一）政治学

从政治学视角来看，对公共安全领域的研究主要聚焦于政治安全、国家安全和国际安全等层面。在国家安全领域，又可分为传统安全和非传统安全。传统安全是指“以国家为主体、维护其主权和国家利益，着重用军事、政治、外交手段解决的安全问题”，包括食品安全、生产安全、能源安全、社会安全、防灾减灾等。随着全球化趋势以及经济社会的发展，公共安全的内涵不断扩大，诸如2008年全球经济危机、毒品泛滥、“9·11”事件以及2003年“非典”，这些都超出了传统安全理论的范围，被称为非传统安全问题。非传统安全问题的凸显说明安全不再仅仅局限于政治军事领域，而是逐步延伸到生存发展的各个领域，包括生态环境安全、金融安全、信息安全、文化安全、恐怖主义等。

在我国，刘跃进于《国家安全学》一书中较早地从经济安全、政治安全、文化安全等诸多方面对国家安全学的理论体系进行了全面而系统的探讨，颇具影响力。随后，其他学者也将研究视角转移到此领域之中，并取得了一系列丰硕成果。例如，杨毅在《国家安全战略理论》一书中试图对中国特色社会主义国家安全战略理论体系进行系统建构。潘忠岐教授从政治学角度把国家安全和公共安全加以区分，他认为国家安全主要以民族国家为轴心，以维护主权和国家利益为宗旨，强调用军事手段解决来自他国的军事性威胁；公共安全主要是以非国家行为体为关注焦点，以维护人权和公共利益为指向，注重用非军事手段解决来自非国家行为体的非军事性威胁。在众多学者的共同努力之下，我国公共安全研究领域得到了蓬勃发展。我国政治学领域对公共安全管理的研究总体上是在和平发展的时代观以及互信、互利、平等、协作的新安全观等理念指导下进行的。此种理念在较大程度上反映了政治学领域对我国公共安全管理的指导性思路。我们有必要在政治学背景下来研究各种传统安全和非传统安全问题，用科学的政治学智慧，推进解决当前所面临的诸多公共安全领域问题。

（二）管理学

从管理学视角来看，公共安全管理与公共管理学密切相关，公共安全管理是公共管理的重要组成部分，公共管理为公共安全管理提供理论基础。可以说，公共管理学发展水平的高低直接限制公共安全管理学科的实际应用效果。所以我们也应从公共管理学的角度去讨论公共安全管理，进而研究公共安全学。

从公共管理学视角来看，其主要任务是在对公共安全管理相关概念及类型特征进行探讨的基础上，建立高效的公共安全管理组织体系，从而提升一国处理公共安全问题的水平。薛澜教授曾指出：“公共管理作为一种社会实践活动是指政府制定公共政策，与其他公共组织一起，处理公共事务，提供公共产品和服务的活动。”这表明公共管理的核心主体是政府部门，核心问题是与社会组织、企业、公众协调合作，目的则是为了保障公共服务和公共物品的有效供给。战俊红、张晓辉认为“仅仅把公共安全管理作为公共管理的必不可少的组成部分是不够的，仅仅把公共安全管理作为政府的职责、单一地从政府角度出发是不够的，必须认识到当代政府不仅是服务型政府，同时也必须是有限政府”。王振海教授在其《城市公共安全管理》一书中指出："许多国家都建立了全方位的既相互独立又高度协作的公共安全管理组织体系。美国突发公共卫生事件管理体系最具代表性。"近年来诸多公共安全理论和事实表明，建立和健全城市公共安全体系十分必要，这既需要公共安全管理体系自身的健全和完善，也需要公共管理学科的深化和支持。

此外，城市公共安全管理作为一门综合性学科，还具备安全科学、法学、灾害学、军事学、历史与哲学等学科属性，未来城市公共安全管理的研究和发展需要形成交叉学科研究，系统而准确地把握好各学科因素，构建具有中国特色的城市公共安全管理学科知识体系。

三、城市公共安全管理学科展望

从公共安全管理学产生的历程来看，处理公共安全问题的实践活动和公共安全管理制度催生了公共安全管理学的产生。许多西方发达国家高校较早地设置了公共安全、应急管理以及其他相关专业，在公共安全方面建立了较为成熟的学科教育体系。美国的公共安全管理制度是最完善的，各种理论构建较为充分，应急队伍专业化水平高，公共安全的教育体系也最完备。20 世纪 80 年代末北德克萨斯大学设立了全美第一个应急管理本科学位项目。1979 年美国联邦应急管理署（FEMA）的建立，标志着美国具有专职机构、专职人员、从事专门的公共安全管理的新行业诞生。同时，伴随该局职责的履行以及日益完善和系统化，公共安全管理学科也出现了。截至 2012 年 2 月美国 FEMA 数据显示，美国设置公共安全、应急管理等相关专业的高校达 257 所。这些高等教育项目推动了美国公共安全与应急管理高等教育不断发展成熟。此外，英国、德国，加拿大、日本等国家的知名高校均开设有公共安全管理等相关专业，公共安全管理的教学和研究工作在全世界范围内如火如荼地蓬勃发展。

中国的公共安全管理学是在 21 世纪初产生的，并逐渐成为一个热门的研究领域。2004 年河南理工大学向教育部申报成立了全国第一个公共安全管理本科专业，并于 2005 年招收第一届学生，开启了我国应急管理教育新时代。2006 年 1 月国家颁布了《国家突发公共事件总体应急预案》，同年 2 月颁布了《国家中长期科学和技术发展规划纲要》，将公共安全纳入"重点领域"之列。2007 年中央财经大学成立首家国内危机管理学院，开辟了国内应急管理学院制的先河。暨南大学和河南理工大学分别于 2009 年和 2010 年成立应急管理学院以推动应急管理本科教育。2008 年汶川大地震后，四川大学与香港理工大学联合组建了四川大学灾后重建与管理学院。中国人民大学、中国地质大学、北京师范大学、华中科技大学、大连理工大学等高校也相继设立公共安全管理专业方向，江苏警官学院设立治安学专业应急管理和公共安全管理方向。随着社会对应急管理的重视和关注，一批应急管理相关行业学会、协会、社会组织纷纷成立，包括中国（双法）应急管理专业委员会、中国应急管理学会、中国指挥与控制学会安全防护与应急管理专业委员会等。2019 年 3 月教育部批准辽宁工程技术大学、太原理工大学设置应急技术与管理本科专业。中国矿业大学公共管理学院和安全学院积极到应急管理部调研，拟增“应急管理”本科专业，并依托其公共管理博士点一级学科开设公共安全与应急管理博士和硕士培养方向。一批本科、高职、中职院校均在不断酝酿、探索应急管理教育体系。

2018 年应急管理部组建，标志着中国公共安全管理打破“碎片化、条块化、传统化”，进入“系统性、整体化、现代化”的公共安全管理新时代，也意味着应急管理进入了高速发展的新局面。而新冠肺炎疫情的暴发也使公共安全学科专业建设热度不断升高，在此基础上，陆续有 20 所重点院校拟以公共管理一级学科为支撑，增设目录外二级学科“应急管理”，2020 年 4 月，国务院学位委员会办公室下发《关于推动部分学位授予单位加强应急管理学科建设的通知》，推动学位授予单位积极开展应急管理学科建设和人才培养试点工作。目前，相关专家、学者等正在积极推动应急管理一级学科及专业建设。

当前，应急管理正处于高速发展时期，公共安全管理学科也取得了长足进展，但具体研究城市公共安全的专业及方向较少。城市公共安全管理是一门比较年轻的学科，尚处于不断发展和完善阶段，有许多概念和内容还有待于进一步研究和深化，至今还未形成较为完整的理论体系和框架结构。作为一门新兴学科，城市公共安全管理因应国家战略和社会需求而具有学科发展的勃勃生机，随着国家和社会的日益关注和重视，城市公共安全管理学科发展和专业教育前景美好。

【本章重点】

1. 了解城市公共安全管理及其相关概念。

城市公共安全管理是公共管理的重要组成内容，了解城市公共安全管理及其相关概念是研究城市公共安全问题及其管理措施的起点。

2. 明确城市公共安全管理的类型、过程、相关理论等内容。

城市公共安全管理主要包括城市自然灾害、城市事故灾难、城市公共卫生事件、城市社会安全事件四种类型。在对相关理论进行研究的基础之上了解城市公共安全管理的过程对研究城市公共安全管理具有重要意义。

3. 了解城市公共安全管理的发展历程和学科基础。

城市公共安全管理是在多学科基础之上发展起来的，研究其发展历程及现状是分析我国城市公共安全管理问题及未来发展走向的重要步骤。

【课后习题】

1. 城市公共安全的范围和定义是什么？
2. 城市公共安全管理的特征、主体及原则是什么？
3. 阐述不同历史时期国家城市公共安全管理的特点。

第二章 城市公共安全管理体制

城市是人类对自然环境改变最大的地区，由于城市人口密度大，流动性强，环境多变，因而也是安全问题的频发地区。在风险社会[①]中，城市公共安全风险是由当代城市社会自身所塑造的。城市公共安全风险的不确定性意味着城市公共安管理体制需要提供多种可能的选择；城市公共安全风险的突发性意味着城市公共安全管理体制需要通过共同行动机制迅速而高效地处理危机事件；城市系统运行的脆弱性则意味着风险社会的城市公共安全管理体制必须以城市成员的信任与合作为基础。面对风险社会对城市公共安全体制的挑战，政府、市场及社会必须相互协作，协同共治。

第一节　城市公共安全管理体制概述

"体制"，从管理学角度来说，指组织的机构设置和管理权限划分及其相应关系的制度。体制是国家基本制度的重要体现形式，它为基本制度服务，基本制度具有相对稳定性和单一性，而体制则具有多样性和灵活性。体制在特定的历史背景下诞生，与社会发展情况和广大群众的需求息息相关。

一、城市公共安全管理体制的概念

内涵和外延是逻辑学中的概念，所谓内涵是指概念所反映的对象的本质属性的总和，是对事物特有属性的反映；外延是指能反映该本质属性的一切对象。就像城市作为一个概念，其内涵是"以非农业活动和非农业人口为主的人类聚居地"，它表达了城市的特有属性；其外延则是呈现这个特有属性的所有城市形态，比如大城市、小城市、工业城市、旅游城市等。那么对于"城市公共安全管理体制"这个概念来说，其内涵也是指其特有属性，即其区别于其他管理体制所特有的属性；外延是指不同安全类型的管理形态，包括预警体制、救援体制、自然灾害管理体制、事故灾难管理体制等。

（一）城市公共安全管理体制的内涵

一般认为公共安全管理是社会管理者和社会一般群体对于公共安全的追求以及由此产

---

① 风险社会是德国社会学家乌尔里希·贝克（Ulrich Beck）提出的一个概念，他认为现代社会存在自反性，即现代社会自身发展导致风险产生，并危及现代社会发展本身，它内嵌于现代社会之中。参见乌尔里希·贝克：《风险社会》（何博闻译），译林出版社 2014 年版。

生的对于影响或危害公共安全的制约因素的管理行为，包括对危及或可能危及公共安全的人、事、地、物的管理，以达到消除安全隐患、维护安全秩序、保障公共利益的目的。公共安全管理体制是以政府组织结构为核心的包含运行机制、资源保障、法治建设、预案体系、评估体系在内的制度体系。城市公共安全管理体制可以视为公共安全管理体制的一种特殊形态，并有自身独特的内涵。城市公共安全管理体制的建立有其深刻的社会历史背景：它随城市化以及经济的飞速发展而产生。在经济社会转型过程中，新的社会矛盾丛生，从而带来新的城市公共安全问题，从而产生了迫切的城市公共安全管理需求。

所谓城市公共安全管理体制是指国家为解决城市公共安全问题所构建的一整套管理系统的结构和组成方式，它包括管理的主体及职能、管理对象以及管理的组织架构，其目的在于减少人身伤亡和财产损失，确保社会稳定和国家安全。

（二）城市公共安全管理体制的外延

一般来说，可以按照纵横两个维度划分外延，一是按照城市公共安全管理的纵向流程维度划分，分为事前预防和准备—事发预警—事中救援—事后恢复四个阶段，在每个阶段会形成不同的安全管理体制；二是按照公共安全事件的性质进行横向维度划分，可分为自然灾害、事故灾难、公共卫生事件以及社会安全事件四大类。

1. 基于流程的类型划分

1）风险管理体制

风险管理是通过系统识别和排查可能存在的风险，科学分析各种风险发生的可能性与后果及风险承受力与控制力，评估风险级别，明确风险控制对策并采取措施，及时发布风险预警并做好应急准备的全过程动态管理方式。风险管理的最大特点在于管理的主动性和预防性，能够做到事前预防、关口前移，一改传统安全管理被事故牵着走的被动管理模式。风险管理体制则是针对上述管理内容构建组织体系。就现实层面而言，城市公共安全风险管理包含的内容相当广泛，分布于工程建设、交通运输、食品安全、水电燃气、危化物品生产运输、信息网络等若干领域，如何统合相关主管部门，构建其统一的风险管理体制依然是个亟须解决的问题。

2）应急保障体制

一般来说，应急保障包括应急队伍保障、应急资金保障、应急物资和装备保障、交通运输保障、治安保障、通信保障、技术保障等。应急保障体制要达到集中管理、统一调拨、平时服务、灾时应急、采储结合、节约高效的原则要求。在构建应急保障体制的过程中，要发挥政府主导作用，但政府主导不等于政府包揽一切。完全由政府包揽一切，不仅财政不堪重负，还可能造成资源的浪费或不合理配置，也容易使公众形成对政府过度依赖的惯性心理，淡化自身防范风险的意识和自我组织能力。比如在应急物资保障上，政府应善于综合运用财政、税收、金融等政策工具，甚至运用法律手段，形成有效激励机制，引导社会力量在政府统筹主导、规范规划的大局中共建应急物资保障体系，将市场的事交给市场去做；善于运用人工智能、物联网、大数据、区块链等先进技术，为应急物资保障体系赋能，优化放管服改革和集中管理、统一调拨、统一配送，推动应急物资供应保障网更加高效安全可控。

3）监测预警体制

监测是对安全事件的致因因素进行连续、不间断、系统、完整、规范地收集、分析和报告，掌握其动态发展趋势，为安全管理提供决策依据。预警管理的原理是预警管理人员依据预警目标确立不同的预警监测指标和监测指标标准，并用这些标准对预警管理对象实施控制，通过预警机构或人员获得的检测信息，将预警管理人员对预警指标的实际情况反馈回去，为预警管理人员实施预控对策提供参照和依据。当前城市公共安全管理过程中，一般针对气象灾害建立了比较完备的监测预警机制，气象台每天的工作就是进行气象监测，当发现气象变化有可能带来自然灾害事故时，则会向公众发出预警。地震机构则是针对地震情况进行实时监测，但有效的地震预警至今仍是一个难题。至于事故灾害，随着信息化技术的发展，正逐步实现实时监测，并实现即时的信息报告。

4）应急救援体制

应急救援体制是城市公共安全管理体制中的重要组成部分。很多安全事故发生后，有效的应急救援体制可以迅速组织起救援力量投入到救援中去，减少人身伤亡和财产损失。由于应急救援需要在短时间内集中大量资源，快速决策和执行应急措施，因此传统的部门职能分工无法适应应急救援体制。一般情况下，都会重组部门间权力结构，通过建立应急指挥部的方式实现应急权力的统一集中，从而快速协调各部门，调动各类资源。一般来说，应急指挥部体制属于非常态体制，在启动应急响应后自动启动应急指挥部体制。应急指挥部一般由指挥长、副指挥长、办公室主任及成员单位组成。在应急指挥部体制下，各成员单位要脱离原来的部门职权关系，进入应急指挥部职权体系，无条件听从指挥部的工作安排，根据统一安排进行应急处置。不过应急救援体制下各部门职权一般是建立在其日常职权基础之上，而非完全不相关。比如消防部门负责现场救援、地震部门负责震情监测等，都是基于其日常职能进行的工作安排。但在应急行动上则是要听从指挥部的统一指挥，根据指挥部安排开展相应工作。一旦应急响应结束，各成员单位的职权关系就会相应解除。

5）恢复重建体制

对于很多安全事件来说，都涉及事后的恢复重建工作。一般来说，恢复重建涉及的职能包括灾后的调查评估、抚恤补偿、灾民安置、救灾物资发放、卫生消毒、生产恢复、心理恢复、救援捐赠、建筑重建等若干工作，根据各类事件的不同可能会呈现若干差异性。一般来说，自然灾害尤其是大型地震灾害涉及的恢复重建工作持续时间较长、涉及面较广，恢复重建工作较为复杂，除在各职能部门日常职能基础上开展恢复重建工作之外，还需要充分拓展救援力量，创新恢复重建体制。比如建立社会力量广泛参与的恢复重建体制，在受灾民众生产自救的基础上，建立政府和社会力量之间的协同治理体制。诸如心理康复、救灾物资发放等事务都可以利用志愿者力量开展工作。对于中国来说，则是可以利用外部行政资源，充分发挥国家制度优势，建立对口支援制度，以加快受灾地区的恢复重建。

2. 基于领域的体制类型划分

我国把公共安全事件划分为四大类，即自然灾害、事故灾难、公共卫生事件和社会安全事件。对应不同的公共安全事件类型，也有相应功能的公共安全管理体制。

1）自然灾害安全管理体制

自然灾害主要包括暴雨洪涝、干旱、台风、冰雹、大雪等气象灾害，风暴潮、海啸等海洋灾害，山体崩塌、滑坡、地面塌陷、泥石流等地质灾害，地震灾害，森林草原火灾和重大生物灾害等。自然灾害具有灾害类型多样、灾害成因复杂、灾害发生频繁、灾害集群发生、灾害类型呈地域性分布、不同灾害周期交替发生等特点。由于自然灾害致灾因子属于非人为因素，因此自然灾害管理的重心主要在防灾减灾救灾上，一是提升自然灾害监测预警水平，提升防灾水平；二是提升承载体的韧性，减少其脆弱性，以减少或降低灾害损失；三是强化救灾，提升救灾能力。一般来说，自然灾害安全管理体制主要围绕上述三项任务而构建。由于自然灾害致灾因素非常多，承载体涉及面非常广，因此涉及的政府职能部门众多，这样一般需要高层次协调机构对防灾减灾救灾工作进行协调，以提升管理效率。从内容上来说，自然灾害安全管理体制应包括组织领导系统、应急预案系统、灾害预警系统、救助应急响应系统、物资储备系统、灾害恢复重建系统、救助社会动员系统、减灾工作指导系统、科研与科技支持系统等若干系统。

2）事故灾难安全管理体制

事故灾难的定义为生产经营单位在生产经营活动或与生产经营有关的活动中，突然发生的导致人身伤害，或设备、设施损坏，或造成经济损失，以至于原生产经营活动及与生产经营有关的活动暂时停止或永久停止的突发事故。与自然灾害不同，事故灾难的致灾因素更多属于人为因素，因此在管理上要把重心放在消除致灾因素上，即风险防控和隐患排查，即所谓的安全双重预防机制。由于生产经营单位涉及面非常广，是社会各类法人主体中数量最多的主体，因此很难将其归口某单一部门进行管理，而是实行归口管理的办法，即由各个主管部门分别对其归口管理的经营单位进行安全管理。

3）公共卫生事件安全管理体制

公共卫生事件就是已经发生或可能发生，对公众健康造成或者可能造成重大损失的事件，主要包括传染病疫情、群体不明原因疾病、食品安全和职业危害、动物疫情以及其他严重影响公众健康和生命安全的事件。《国际卫生条例》（international health regulations，IHR）对“国际关注的突发公共卫生事件”定义为：①通过疾病在国际传播构成对其他国家的公共卫生危害；②可能需要采取协调一致的国际应对措施。公共卫生事件安全管理是指在突发公共卫生事件发生前或发生后，采取相应的监测、预测、预警、储备等应急准备，以及现场处置等应急措施，及时对产生事件的可能因素进行预防，对已出现的事件进行控制，同时实施紧急医疗卫生救援，以减少对社会政治、经济、人民群众生命安全的危害。一般来说，由于公共卫生领域属于非常专业的领域，高度依赖于专业技术人员和专业设备，因此一般归口于卫生专业职能部门进行管理，很多国家设有专门的疾病预防控制中心（CDC）负责公共卫生事件的防治和应对。

4）社会安全事件管理体制

社会安全事件一般包括恐怖袭击事件、群体性事件、民族宗教事件、涉外突发事件四大类。社会安全事件具有四大特征：事发领域的特定性，事发原因的人为性，事件爆发的预谋性，事件属性的政治性。社会安全事件具有危险潜伏期、事件爆发期、危机蔓延期、事件恢复期四个阶段。对于各个国家来说，社会安全都是其最为重视的安全管理范畴，都会设置专门的管理机构进行管理。我们平常所说的公安机关就是各国最为常见的社会安全事件管理主体。由于社会安全的承载体不仅仅是个人，还有社会和国家，会影响国家政权稳定问题，因此公安机关具有高度的政治性，是最为核心的国家机构，属于国家统治工具。对于社会安全事件的预防来说，仅仅依靠公安机关很难完成，因此很多国家往往依赖于多个部门和社会力量进行群防群治，协同治理。

二、城市公共安全管理体制的特征

城市公共安全工作事关人民群众的生命财产安全，关系人民生活的幸福感和稳定感，是衡量执政党领导力、检验政府执行力的重要方面。基于此，城市公共安全管理体制具有多向度特征。

（一）政治性

在新中国成立之初的1949年12月，中央人民政府政务院颁布的《关于生产救灾的指示》就指出，救灾是重大的政治任务，“必须引起各级人民政府及人民团体更高度的注意，认识到生产救灾是关系到几百万人的生死问题，是新民主主义政权在灾区巩固存在的问题，是开展明年大生产运动，建设新中国的关键问题之一，决不可对这个问题采取漠不关心的官僚主义态度”。中国特色社会主义进入新时代，面对各种重大风险挑战，公共安全管理更是各级党委和政府工作的重中之重。2016年12月19日发布的《中共中央国务院关于推进防灾减灾救灾体制机制改革的意见》指出：“防灾减灾救灾工作事关人民群众生命财产安全，事关社会和谐稳定，是衡量执政党领导力、检验政府执行力、评判国家动员力、彰显民族凝聚力的一个重要方面。”对于城市公共安全管理的认识不能停留在管理层面，而是要从社会稳定和政治安全的角度来认识。对于其他国家也是如此，由于处理公共安全事件不利导致政治支持度下降乃至政府倒台的现象屡见不鲜。

（二）公共性

作为一个突发事件多发、易发、并发的大国，我国各类自然灾害、事故灾难、公共卫生事件、社会安全事件频繁发生，所造成的房屋建筑倒塌、交通阻塞、疫病大规模传染事件严重威胁了人民群众的生命及财产安全。“居安思危”是中国的传统文化，两千多年前的《黄帝内经》中就提出：“上工，不治已病，治未病。”伴随现代社会风险和公共危机的增长，现代风险社会产生了对应急管理能力和应对不安全感的强烈需要。在党的十九大报告中，“居安思危”首次被提高到党治国理政的重大原则高度，党的十九大报告五十五处提到“安全”，明确“坚持总体国家安全观”是习近平新时代中国特色社会主义思想的重要组成部分，并将其写入党章。只有提高国家应急管理能力和水平，提高防灾减灾救灾能力，才能预防和应对各类突发公共事件，保障人民群众的生命财产安全及社会稳定，使人民获得安全感。人民有了安全感，获得感才有保障；人民有了稳定的生活居住环境，幸福感才会持久。

（三）复合型

新时代国家治理面临的挑战和风险十分突出，“解决重大矛盾”和“抵御重大风险”的压力前所未有。随着科技发展，社会脆弱性风险不断增大，人类社会进入高度不确定和高度复杂化的“全球风险社会”时代。相较于传统灾害研究所关注的单一风险，当前我们面临的这种高度复杂的灾害风险正日益呈现鲜明的复合型特征，不仅在成因与演化机制上更复杂，其所造成的负面后果和不利影响也远比单一灾害风险更严重、更深远。公共安全管理体制就是要对现下的突发事件作出有效回应，更好地为新时代人民群众美好生活质量的提高扎实做好保障。

三、城市公共安全管理体制中的若干关系

政府机构是应对突发公共事件的主体，承担着开展公共安全管理活动和进行应急指挥的职责，市场及社会是公共安全管理中的重要补充力量。因而只有科学合理地处置机构间关系，才能在最大程度上减少突发危机事件的影响和危害，促进城市健康可持续发展。

（一）管理者权力和责任关系

能否建立权责相符的职权体系是城市公共安全管理体制能否有效运作的关键。一般来说，权责关系有两种，权责相符和权责不一。权责不一又分为两种，一种是权力大，责任小；另一种是权力小，责任大。当然最理想的状态是权责相符，即有多大的权力，承担多大的责任。但实际上在城市公共安全管理中往往面临权责不符的问题。对于高层管理者来说，往往是权力大，责任小；对于基层管理者来说，往往是责任大，权力小，可调度的资源有限，一旦出事故，被追责的往往是基层管理者。对于基层安监员来说更是如此，工资收入微薄的情况下，却可能面临刑事追责，不仅是丢饭碗，更可能身陷牢狱之灾。因此要想筑牢城市公共安全管理体制，加强基层安全管理者的力量是当务之急。

（二）管理者和被管理者关系

管理者和被管理者关系是指政府作为城市公共安全事件的管理者与作为被管理者的对象之间应建立一种什么关系。一般来说，关系可呈现三种模式：政府主导，被管理者被动；政府和管理对象各自分工；政府被动介入，管理对象主导。一般来说，在城市公共安全管理中，政府和被管理者构建何种关系模式，一直是管理的核心问题，尤其是在安全生产管理中。在自然灾害中，防灾减灾工作是政府责无旁贷的责任，不存在其他责任主体。

但在安全生产管理中，如何构建政府与企业经营者之间的关系，一直存在争论。在自由资本主义时期，政府奉行的是“契约自由”原则，发生安全事故属于雇主和雇员之间的事，政府并不介入。但进入20世纪以后，政府开始逐渐介入生产安全事故，抛弃了契约自由原则，开始导入侵权法原则。自此以后，政府开始强制介入安全生产工作，以至于后来甚至出现政府对企业安全的保姆式监管，企业甚至将其视为政府的责任。显然这种模式也是不健康的，会导致政府不堪重负，并导致提升安全水平的动力不足。因此，我国在最近几年又开始强调企业责任，即经营者应当承担安全生产的主体责任。

（三）上级和下级关系

中央与地方关系是城市公共安全管理层级关系的核心，包括立法权、财权、事权和人事权四个主要维度，体现的是不同层级政府之间的纵向权力配置和利益分配关系。从中央与地方之间的权力分配情形看，应急管理体制主要包括地方主导型、中央主导型、央地协作型三种模式。所谓地方主导型，是指应急管理职责交由地方全权负责，必要时中央/联邦才提供指导和支持，中央/联邦“有求才应”。在美国、德国等联邦制国家，州和地方享有很大的地方自治权，公共安全管理主要属于地方性事务，联邦只有在突发事件处置超出地方能力范围、地方提出请求时才能进行干预，并为地方提供必要的帮助。例如，针对联邦、州与地方之间在应急管理活动中的权责分工，德国强调辅助性（Subsidiary）原则，突出下一级政府的优先责任和灾害应对的自下而上顺序，这被确立为德国应急管理最基本的组织原则。所谓中央主导型，是指中央对地方的应急管理事务承担主要职责，“一竿子插到底”，地方扮演中央政策执行者的角色，在中央的直接领导下负责中央决策部署的落实。所谓央地协作型，是指中央与地方根据分工，各自承担一部分应急管理权责，双方之间互补协作。

（四）部门和部门关系

部门间关系是指同一级政府内部不同职能部门之间的关系。从横向同级政府不同部门之间的关系看，公共安全管理体制主要包括以分类管理为主的部门负责型和以统筹整合为主的综合协调型两大类。部门负责型是公共安全管理工作由某个强力职能部门牵头负责：这些部门属于功能型（Functional）机构，其职责定位是应急管理“梁柱”结构中的“柱”，主要负责突发事件应对的专业管理工作。例如，俄罗斯于1994年设立紧急情况部（EMERCOM），美国于1979年成立联邦应急管理署（FEMA）（2003年并入新成立的国土安全部），法国、德国、印度等国成立内政部，专门负责突发事件应对工作。综合协调型是指在中央/联邦层面设立综合性实体机构或议事协调机构，负责全国应急管理的统筹协调工作，这些部门属于赋能型（Enabling）机构，其定位是应急管理“梁柱”结构中的“梁”，主要负责应急管理的综合协调工作，发挥运转枢纽作用。例如，英国在内阁办公室成立国内紧急状态秘书处（CCS），下设评估部、行动部、政策部和紧急事务规划学院，具体负责跨部门应急管理协调工作和应急救援行动；日本设有常设性和临时性应急管理机构，常设性应急管理机构有安全保障会议、中央防灾会议、内阁应急事务和危机管理专门机构，在总理府新设相当于副部长级的风险管理总监和内阁风险管理中心。

（五）政府与社会关系

面对各种灾害，政府通常占据核心地位，但由于政府自身在资源分配、人员结构、组织体系等方面的局限，不可避免存在失灵现象，许多问题仅靠政府难以完全解决。因此，基层社区、社会组织、企事业单位、国际机构、媒体和公民个人等各种各样的社会力量，就成为政府的“左膀右臂”。吸纳社会力量、调动社会资源共同应对灾害，构建社会有序参与的公共安全治理体系，成为实现公共安全治理目标的重要保障。在德国应急管理的参与者包括联邦、州、地方以及社会各界四大部分，公民个人、社会救助组织、企业和媒体等根据自身特点积极参与应急管理工作，特别是广大志愿者组织成为德国应急救援的中坚力量。日本提出了“公助·共助·自助”的应急管理理念，并在法律中明确了各级政府、企业、社团和公民个人的权利、职责和义务，强化了“自救、互救、公救”相结合的合作关系。建立全社会共同参与的公共安全治理体系需制定社会参与相关法律法规、开展全社会公共安全教育、建立社会组织有序参与机制、推进基层社区公共安全建设、推进基层社区公共安全建设、加强国际合作交流。

第二节　我国城市公共安全管理体制

一、我国城市公共安全管理体制概述

（一）我国城市公共安全管理体制的基本内容

应急管理部组建以来，我国公共安全管理体制逐步形成了统一领导、综合协调、分类管理、分级负责、属地管理为主的管理体制。应急管理部的组建将分散的机构及职能整合起来，更有利于发挥党中央统筹指导和地方政府主体协调相结合的作用，同时能够提高专业救援能力，实现应急救援力量的快速分配以及信息的有效整合，形成整合式管理大局。党的十九大之后，整体形成了以总体国家安全观为导向、中央国家安全委员会和应急管理部为指导、党政同责、相关部门及职责统一的整体性治理，实现了应急管理统一指挥、权责一致的制度框架，向着更加专业化、常态化、全过程转变。

我国加强公共安全体系建设主要从四个方面着手：自然灾害、事故灾难、公共卫生事件和社会安全事件。由此可见，在社会系统的各组成部分、社会生活的不同领域以及社会发展的各个环节中的公共安全管理主要是从自然灾害、事故灾难、公共卫生事件和社会安全事件四个方面实行分类监督、协调和控制的，条块结合、属地为主。条块结合，即省以下各级政府综合性地开展纵向和横向的公共安全管理工作，既要接受上级相关业务部门的垂直领导，又要接受同级政府和党委的平行领导。属地为主，意味着在上级公共安全管理部门继续对各地方公共安全管理部门进行业务指导的情况下，公共安全管理重心下移，各地公共安全管理部门主要对当地政府负责。

（二）我国城市公共安全管理体制的若干关系

迄今为止，我国政府在公共安全管理机构及层级间协调配合方面进行了多次尝试和探索，在部门职能关系、上下级关系、政社关系等方面的探索都取得了长足进展。

1. 政府上级和下级的关系

突发事件应对以地方部门为主，统筹指导以中央部门为主。《中华人民共和国突发事件应对法》将四类突发事件分为特别重大、重大、较大和一般四级。一般而言，省级及省级以上政府承担重大及特别重大事件处置工作，地市级政府承担较大事件处置工作，县级政府负责一般事件处置工作。

2. 政府各部门的职能关系

我国在部门分类管理的基础上，持续推进以跨灾种、跨层级、跨阶段和跨区域为核心的综合化进程。2007 年发布的《中华人民共和国突发事件应对法》给予了政府及有关部门在突发公共事件中“一揽子授权”。2018 年应急体制改革之后，各部门职能关系进行了重新划分，由应急部门负责自然灾害及事故灾难应急处置工作，卫生部门负责公共卫生事件应急处置工作，政法部门负责社会安全事件应对工作。同时，根据“三管三必须”原则，由各职能部门负责本部门、领域及行业的安全工作。

3. 政府和社会组织之间的关系

政府部门在预警、监控和快速反应的过程中，发挥着积极主导的作用，但是在面对复杂多变的突发公共事件面前，由于资源有限和自身能力局限，不可能包揽所有事物。自 2003 年“非典”疫情之后，作为政府的重要整合力量，社会组织在突发公共事件的应急管理中发挥了重要作用，是应急力量的有效补充。政府在继续向社会分权的同时，加大了对社会力量的吸纳力度。2019 年，应急管理部、民政部就《关于进一步推进社会应急力量健康发展的意见》公开征求意见。2020 年应急管理部下发《关于进一步引导社会应急力量参与防汛抗旱工作的通知》，大力推进社会力量参与城市安全应急工作。

4. 监督监管与主体责任关系

这个关系主要反映在安全生产监管中，随着我国各级政府对安全生产的重视，很多地方政府甚至进入了一种保姆式监管模式，政府监管者陷入实体安全防控实务中，企业自身抓安全的积极性反而不高。这实际上是政府职能的错位，政府的职能是做好安全监管者，而不是企业安全管理者。因此政府职能亟须转变过来，政府重新回归到监管者角色，把工作重心放在压实企业主体责任上。

（三）我国城市公共安全管理的地方创新

地方政府创新一直是我国城市公共安全管理改革的重要推动力。近些年来，我国各级政府根据本地实际，创造了多种多样的地方安全治理模式，极大丰富了我国的城市公共安全管理实践。

1. 健康码管理

2019 年底暴发的新冠肺炎疫情对全国城市的应急能力进行了一次检验。从上报信息、保障生产到管理人员流动，很多是手工填表录入再上传，基层干部不堪重负。针对这类问题，健康码应运而生，在不到一个月的时间内快速迭代并扩散到全国。2020 年 2 月初，健康码最早在杭州、深圳等地基层独立起源，在两三天内开发出原型。手机用户在应用程序中简单填报相关信息，通过后台大数据比对作出隔离或通行等判定。健康码作为电子路条，在控制疫情的同时服务于人员流动和复产复工。2020 年 12 月 10 日，国家卫健委、国家医保局、国家中医药管理局联合发布《关于深入推进“互联网+医疗健康”“五个一”服务行动的通知》，明确要求各地落实“健康码”全国互认、一码通行，地方创新就上升为了全国通行标准。2021 年 4 月，健康码模式影响力进一步扩大，成为国际标准。2021 年 4 月 6 日，外交部发言人赵立坚在介绍日前举行的中韩外长会晤成果时表示，双方支持将在本国的对方公民纳入疫苗接种范围，协商建立健康码互认机制。

2. 网格化管理

网格化管理是一种行政管理改革，依托统一的城市管理以及数字化平台，将城市管理辖区按照一定标准划分成单元网格。通过加强对单元网格的部件和事件巡查，建立一种监督和处置互相分离形式。网格化管理发源于北京东城区，2004 年北京东城区率先应用网格化城市管理系统。“该系统把辖区每个街道以万米为单元划分成多个‘网格’，每一个‘网格’由专门的网格员负责，将‘格’内各种部件，包括灯杆、井盖等情况都一一记录在案，并随时了解最新变化。”作为一种社会安全管理模式，网格化管理模式一经推出，迅速风靡全国，成为全国各地的基本管理模式，并被中央政策所采纳。《十八届三中全会关于全面深化改革若干重大问题的决定》就明确提出，要改进社会治理方式，创新社会治理体制，以网格化管理、社会化服务为方向，健全基层综合服务管理平台。在中央的推动下，各地还根据本地情况创造出各类网格化管理模式，比如河南漯河的“一格四员”运作模式、辽宁白塔区的“一会一本一单”运作模式、宁夏石嘴山大武口区的“4+6”运作模式、山西长治的“三位一体”管理模式等。

二、我国城市公共安全管理体制发展

以 20 世纪 70 年代末启动改革开放、2003 年抗击“非典”疫情、2018 年应急管理部组建为标志，中国公共安全管理体制的发展演变可分为四个阶段：改革开放前为第一阶段，以一元化领导为基本特点；改革开放后至 2003 年抗击“非典”为第二阶段，以控制性放权为基本特点；2003 年“非典”疫情后至 2018 年为第三阶段，以赋能型协调为基本特点；2018 年以来为第四阶段，以综合应急管理为基本特点。

（一）新中国成立至改革开放前

党的一元化领导在新中国成立后至改革开放前的高度计划经济时期，中国建立了以作为执政党的中国共产党为核心，实行一元化领导，权力高度集中的党政体制。在中央，作为官僚制的政党结构全面“嵌入”政府结构中，构建了一个以中国共产党为核心和中轴的一元化领导的国家政权结构。在公共安全管理领域，这种以党的一元化领导为核心、权力高度集中的集权型结构状态，集中体现为集中力量办大事的中国特色举国动员体制。面对重大自然灾害和其他重特大突发事件，按照“一方有难，八方支援”的原则，作为公共安全管理体制核心主体的党中央发挥举国体制下力量和资源集中、组织动员能力强、救灾快速高效的优势，建立应急抢险救援和灾后重建资源在短时间内高度集中统一的集权式公共安全管理。这种全国动员、举国救灾的公共安全管理体制以作为执政党的中国共产党的坚强领导为政治基础，以党对国家机构的有力控制为组织基础，以党对重要资源的掌握为物质基础。

（二）改革开放至 2003 年

改革开放使中国经济社会结构发生了翻天覆地的变化。在经济社会发展变化的过程中，伴随治理环境的变化和政府权力结构的调整，中国的公共治理体制呈现出控制性放权与综合性协调两种趋势。前者体现在政社间关系、系统间关系、层级间关系三个维度，即政府对社会放权、党委向政府放权、中央向地方放权；后者体现在部门间关系，即部门间强化统筹协调。在公共安全管理工作中，政府逐步对社会有限放权，党委向政府有限放权，中央向地方有限放权；部门间不断强化统筹协调，以协同应对各类跨界复合型突发事件。一是社会力量兴起，在政社间关系上，社会力量逐渐成为政府应急管理的重要补充，“政府主导、社会参与”的应急管理工作格局逐步形成；二是市场力量发展，20 世纪 80 年代，中国开始探索建立农村救灾保险和救灾扶贫基金会制度，救灾资金由国家、集体和个人共同筹集，救灾款的使用逐步实行有偿与无偿相结合，克服了救灾救济单纯依靠国家的弊端；三是国际救灾合作推进，重特大自然灾害发生后，中国开始接受国际红十字会和联合国救灾协调专员办事处（UNDRO）的援助。在系统间关系上，公共安全管理成为政府的重要职责；在层级间关系上，地方为主、分级管理逐渐成为公共安全管理的基本原则之一；在部门间关系上，改革的重点是加强跨部门协调，提高应对复合型突发事件的整体效果。

（三）2003 年至 2018 年

2003 年突如其来的“非典”疫情，推动中国应急管理体系进入以“一案三制”为基本框架的“全面开创与发展”阶段。这个阶段的中国公共治理体制表现出控制性放权与赋能型协调趋势。在政社间关系上，政府持续向社会放权，社会力量和市场力量在应急管理中的作用更加凸显，政社共治型关系基本形成。在部门间关系上，赋能型协调的手段发生了重大变化——与 2003 年“非典”疫情前依托议事协调机构进行协调的模式不同，2003 年取得抗击“非典”胜利后，中国开始采取依托政府应急管理办公室和部际联席会议为主的赋能型协调模式。这种模式成功应对了汶川特大地震等一系列重特大突发事件，但也暴露出主体错位、关系不顺、机制不畅等结构性缺陷。

（四）2018 年以来

2018 年 4 月，应急管理部组建，将分散在 13 个部门的应急管理相关职能进行整合，以整合、优化应急力量和资源，打造统一指挥、专常兼备、反应灵敏、上下联动、平战结合的中国特色应急管理体制。这次应急管理体制的调整也标志着我国安全管理体制从赋能协调模式转向综合管理模式。

三、城市公共安全管理体制面临的挑战及应对

党的十九大报告指出：“统筹发展和安全，增强忧患意识，做到居安思危，是我们党治国理政的一个重大原则。”中国人口众多，地理形态多样，自然灾害频发，由于科学技术的进步，风险社会下的城市公共安全风险与传统社会面临的风险完全不同，人类社会面临的全球化趋势导致城市的公共安全风险可能扩展为全球性风险。一直以来，党和国家都对公共安全管理体制予以高度重视，为了应对各类挑战，公共安全管理体制也在不断完善。

（一）当前我国城市公共安全管理体制面临的挑战

当前大数据迅速发展，国内外形势复杂，人类社会进入高度不确定和高度复杂化的“全球风险社会”时代。相较于传统灾害研究所关注的单一风险，当前我们面临的这种高度复杂的灾害风险正日益呈现鲜明的复合型特征，尤其是许多外部风险对当前我国城市公共安全管理体制将带来更大的挑战。

1. 全球化和逆全球化的挑战

全球化是想要让世界成为一个互相勾连、互相依赖的整体，而逆全球化是想让世界重新回到之前那种各自为政、互不干涉的状态。我国在过去几十年的崛起，其实很大程度上是因为中国积极参与全球化，成了“世界工厂”，分享了全球化的红利。如果“逆全球化”潮流抬头，国外企业逐渐搬出中国，我国很有可能因此失去竞争优势。

2. 后工业化时代的挑战

后工业时代进入了德国社会学家贝克所说的“风险社会”，后现代社会的典型特征就是信息技术的兴起，导致各种新型风险层出不穷，风险的复杂性和不确定性都随之增加。在贝克看来，这种风险并不是外来因素的结果，而是内嵌于现代化进程当中无法消除，从而给城市公共安全管理提出了巨大的挑战。

3. 巨型化城市的挑战

从自然灾害角度来看，随着人口规模不断增大，生产性和生活性污染的排放总量越来越大，加之全球气候变暖趋势，极端天气极易发生。从公共卫生角度看，巨型化城市人口密度大，作为人口流动的枢纽，极易成为传染性疾病的“重灾区”。大量人口导致的贫富差距过大使不同社会阶层人群的利益诉求日趋多元，社会安全事件屡见不鲜。巨型化城市大多为旅游城市，在旅游高峰期极易引发交通事故或踩踏事件。从科技安全来看，巨型化城市的科学技术发展速度极快，伴随科技发展的隐私泄露、通信诈骗等安全事故发生概率较大，同时自媒体影响下网络谣言、舆论的传播速度极快，群众易受到煽动，也易造成社会对政府公信力的质疑。

4. 城市发展不均衡的挑战

一是不同城市间发展的不均衡。由于地域及资源禀赋的差异，不同城市间发展呈现出很大的不均衡性，在我国尤其表现为东西部城市发展的不均衡以及南北方城市发展的不均衡。城市发展的不均衡导致城市间人口、资金等流动的不对称性，使落后地区城市更难以吸引到优秀的人才和资金进入，发展呈现马太效应，导致落后地区城市难以进行有效的公共安全基础社会投入，使城市公共安全基础更加薄弱。二是城市内不同群体发展的不均衡性。由于种种因素，不同群体并没有充分共享发展成果，不同群体间收入差异拉大，在一定程度上还存在分配不公平现象，导致社会不稳定因素增加。

5. 生态与环境保护的挑战

我国经济的快速发展，在一定程度上超出了资源、环境和生态的承载力，确实付出了过高的资源、生态与环境的成本。过去一些地方一度存在重视经济增长速度、忽视生态环境保护的问题。尽管近些年来，我国生态文明建设和生态保护与修复工程卓有成效，但与一些国家相比，在空气质量、森林覆盖率、能源资源保护等方面还有较大差距。近十年来全球自然灾害发生次数不断增加，灾害损失严重，其中2008年汶川大地震、2011年日本东北大地震及海啸灾害、“山竹”台风等特大灾害时有发生。由于巨灾的突发性、不确定性和严重危害性，给安全管理工作带来了巨大挑战。

（二）我国城市公共安全管理体制存在的问题

推进应急管理体制改革是党的十九大作出的重大决策部署，旨在顺应经济社会发展新形势，理顺应急救援管理体制，更加有效整合应急救援力量，构建“全灾种”“大应急”的良好工作格局，最大限度减少人民群众生命财产损失。所以为进一步完善应急管理体制，应该对我国城市公共安全管理体制存在的问题进行更加深入的探索。

1. 预防与应急体制衔接不畅

一是基础信息不足。各地对辖区内的重要风险源缺少风险图，特别是多部门监管导致有关数据的“部门墙”和“行业墙”，更缺乏这些重大风险源区域的基础信息，导致盲目救援。二是专业救援力量与装备不足。救援力量欠统筹，企业在建，地方在建，社会志愿者也在建，有些地方重复建，有些地方则是真空。高速公路、海域、空域和江河等区域性的职业和专业救援体系建设不足。危险化学品应急救援专家库建设与使用制度缺失。装备设施不完善，等找到专业设备并调配到位，事故已经失控。特别是保护救援人员的装备和有效处置事故的装备离有效救援还有较大差距。三是针对重要场景的预案培训与演练不足。应急救援科普宣教很不够，事故一旦发生，事发单位自身先乱了，没有形成自救、互救、公救的有序救援，影响政府处置的时间和空间。企业预案与消防脱节，不能有效衔接，有预案没演练，或有演练似演戏。

2. 应急部门职责尚有不明

因公共安全运行涉及的行业、领域及环节众多，必然导致公共安全监管工作所涉及的职能部门众多，从而难免出现监管部门职能交叉、权力分散、监管不到位等问题。目前中国的大部分公共安全问题，都可以在监管部门职责划分方面找到原因。以违法使用添加剂生产出来的豆芽为例，按照《农产品质量安全法》，归农业部门管；按照《消费者权益保护法》，归工商部门管；按照《食品卫生法》，归卫生部门管；按照《食品安全法》，归质监部门管。但现实中，农业部门认为一般食品生产加工环节的问题，应该归质监部门管，流通环节出了问题，应该归工商部门；质监和工商部门认为豆芽是豆子发的，是农产品，应该归农业部门。由于职责交叉，多部门管不住一棵小小的豆芽。由于职能交叉、权力分散，带来协调组织难、沟通难、合作难问题。在需多个职能部门协作的公共安全事件管理中，极易出现“遇好事都想管、遇问题都推诿”的现象，既增加了行政成本，也不利于行政监管效能的整体发挥。

3. 政府与社会关系亟待调整

虽然近年来国家不断向社会放权，社会逐渐摆脱了对国家的直接依附，但面对改革中形成的流动性和异质性社会图景，国家仍未完全放宽对社会的管控，社会组织依然过度依赖国家力量，其参与公共安全管理的方式、渠道等均受到限制，如“8·12”天津港爆炸等突发公共事件中就暴露出社会组织面临的诸多问题。而且我国对社会组织准入采取双重管理，这就使得许多社会组织往往因缺乏明确的法律条款支撑而难以获得政治背书，而法律法规的模糊性规定造成现有体制下政府缺乏引入社会组织参与风险治理的动力。

4. 部门协调能力有待强化

由于当前我国实施应急联动系统的城市相对较少，因此应急指挥中心在处置突发事件时容易与相关部门职能脱节。在处理突发事件时，起主体决策作用的往往是相关部门而不是应急指挥中心，而指挥中心在整个过程中需要承担首要责任，这就造成了责任与权力的不对等。由于突发事件经常涉及地方权力的划分及责任事故的认定，地方政府为获利或规避职责，曾出现在突发事件中对上级部门进行瞒报、漏报甚至不报，人为地造成了纵向沟通壁垒，延误了相关部门及时、有效的处置时机。另外，由于突发事件具有紧急性、复杂性特点，需要部门间分工协作，信息、资源共享。可现实中各部门之间由于行政隶属原因，在信息、资源共享的横向交流中存在阻碍。一些部门为了在处置事件中获取更大的利益，不愿与其他部门共享信息、资源，在客观上造成了资源割裂。

（三）我国城市公共安全管理体制的改革取向

1. 加强政府与市场、社会的协调配合，形成公共安全管理合力

就公共安全管理而言，体制改革不是万能的，应急管理部也不可能包打天下，需要政府、市场、全社会共同努力。要坚持党委领导、政府主导、社会力量和市场机制广泛参与的原则，处理好政府与市场、社会的关系。要充分发挥市场机制作用，强化市场机制在风险防范、损失补偿、恢复重建等方面的积极作用，完善政府与社会力量协同救灾联动机制，鼓励支持社会力量全方位参与常态减灾、应急救援、搬迁安置等工作，构建多方参与的社会化防灾减灾救灾格局。

2. 构建社会参与网络

在迈向后工业社会的进程中，我国所面对的突发事件越发具有非常规性，许多都是表现出高度复杂与不确定特征的巨灾、极端事件或新型风险。全社会共同参与可以使政府广泛地汲取民智、民力，形成无缝隙的响应网络，释放出应对非常规突发事件所需要的灵活性和适应性。所以，应急管理部应着力打造组合政府、市场与社会力量的应急网络，利用行政、法律、经济等多种手段治理公共安全事务，应对突发事件。应急管理部可以应急预案工作为纽带，加强与相关部门、机构、组织合作，积极构建社会力量多元参与的应急管理网络。

3. 完善机构设置，加大监管覆盖面

在目前的体制下，公共安全监管部门通常只设到县一级，且人员很少，监管能力普遍不足。为消除基层公共安全监管工作的盲区和死角，真正实现安全监管“纵向到底”，必须抓紧建立健全基层公共安全管理组织机构，建设县乡有关部门公共安全管理队伍。可在现有的乡镇设立“人员代替部门”，即在不扩大基层政府现有编制的前提下，指定专门人员行使公共安全管理部门的职能。这样做可以解决因专门机构设置而带来的机构膨胀和费用增加等问题，同时也解决了地方基层政府部门中缺少对公共安全事件进行专门管理的组织的现实问题。

4. 理顺部门职责，提高管理效率

按照分级、属地原则，理顺各级政府之间的公共安全管理职责。国家公共安全管理机构负责制定政策法规、标准，指导协调和监督检查地方政府及有关部门的公共安全管理工作；省级公共安全管理部门的工作重点是综合监管，负责拟定或制定本地区安全生产法规、标准，指导监督市县政府公共安全管理工作，组织实施公共安全生产行政许可审批；市县两级公共安全管理部门主要负责贯彻落实安全生产方针政策和法律法规，承担对企业的安全生产监管和现场执法责任。

5. 明确安全监管部门职责

逐步推行监督与管理职能分开，避免管理交叉重叠或遗漏缺失。在局部领域，比如食品安全方面，应强化品种监管，避免各部门职责交叉。西方发达国家这方面的经验可以借鉴，比如在美国，植物产品由卫生部门从头管到脚，包括进出口植物产品在内；动物产品由农业部门来监管。如果是动物产品中又有植物产品，就按照含量多少来区分；饮用水由环保署监管。按品种监管，职责分明，有利于提高监管效率。

第三节　国外城市公共安全管理体制

“他山之石，可以攻玉”，了解国外城市公共安全管理体制，可以更好地推动我国城市公共安全管理改革。城市公共安全管理体制的建立和发展与经济社会发展息息相关，不同的经济社会发展阶段提出了不同的安全问题和安全管理任务。从这个意义上说，西方发达国家的城市公共安全管理体制的建构和发展都早于我国，有很多值得我们借鉴的经验和价值。

一、国外城市公共安全管理体制概述

按照我国对公共安全事件的四类划分方法，国外城市公共安全管理体制大致也可以划分为四类体制，即社会安全管理体制、自然灾害安全管理体制、事故灾难安全管理体制以及公共卫生安全管理体制。

（一）社会安全管理体制

国外城市社会安全管理体制主要是由警察部门主导，但也往往是政府与社会共同参与治理，构建多元治理体制。比如美国非常重视社会团队与警察、公众的密切配合，在美国主要采取两种方式获得信息情况：一种是NCS法，由美国司法部司法统计局指导，人口调查局专门从受害人方面收集数据，以获得风险和情报线索；另一种是UCR法，这是传统的调查方法，是汇总州和地方警察所有的犯罪记录数据。美国社会安全事件行政问责制度主要包括司法审查、选民问责和政府内部问责三个方面，对社会安全事件中的失责机构与失责人员进行“三位一体”的全方位行政问责以应对社会安全事件。英国则是动员政府、机构、公众和志愿部门等共同参与社会治安风险控制，在法制上实施信息自由公开，增加政府工作的透明度，使得社会治安管理相关政策的制定公平和民主。

（二）自然灾害安全管理体制

日本在自然灾害方面采取预防为主的管理模式。日本重视自然灾害防控的全民教育，设立每年9月1日的国民“防灾日”，重点在学校和社区等基层开展多种形式的防灾减灾宣传教育，将防灾减灾融入市民的日常生活中，提高防范意识和应对技能。日本有众多的防灾博物馆、城市防灾中心，在这些场所开展公民防灾减灾教育培训。每年政府都要组织市民结合当地突发事件的情况，开展内容丰富多样的防灾演练。在2014年的“防灾日”，政府、军队以及上千万市民参加演练，同时出动各种大型现代化装备。日本对于地震灾害的预警，目前处于全世界领先行列。气象厅开发的地震早期评价系统（Early Estimation System，EES），能在短时间评估地震破坏程度。在全国安装有180个地震检波器站、600个点的地震强度仪和地方政府2800个点的地震强度仪，此外国家地球科学与自然灾害预防研究所（NIED）也安装有1000台地震强震观测仪。这种遍布全国的监测站点24小时提供技术支撑。2011年“3·11”地震中，很多日本民众提前10秒就获得地震发生的消息从而开展逃生。

（三）事故灾难安全管理机制

在应对事故灾难方面，德国特别注重培养公民自身的安全意识和应急技能，政府部门与学校、社会组织、企业等开展了广泛合作，普遍开展应急知识和应急技能的教育培训，在学校设置相关课程。重视应急管理演练，在演练中特别强调跨地区、跨部门的联合行动，全面检验各州之间协调处置突发事件的能力。德国应急管理最重要的特点是立足社会、依靠基层，其中坚力量是志愿者组织。德国政府建立有来自于行业精英的教官队伍，依靠社会健全完整的培训设施，制定专业的课程培训应急志愿者。据统计，全德国有志愿者救援力量 180 万人，以消防志愿者为主，分布领域非常广泛，涵盖医疗、通信、技术救援等多个领域。德国非常注重应急管理的物资和技术储备更新，一方面注重救援物资与装备的合理布局，另一方面推动新技术研究及新设备研发，为应急管理提供强有力的支持。

（四）公共卫生安全管理机制

美国的突发公共卫生事件应急处置组织体系以联邦、州、县（市）三级政府管理为主导，同时，将公共卫生系统与其他系统（如能源、环境等系统）相互串联。美国应对突发公共卫生事件的主体为（联邦）疾病控制与预防系统、（州）医院应急准备系统和（地方）城市医疗应对系统。美国疾病预防控制中心（CDC）是突发公共卫生事件危机管理的核心机构和协调中心，也是具体决策和执行机构，隶属国家卫生部。CDC 及其下属的国家传染病中心主要职能包括制定全国性的疾病控制和预防战略、突发公共卫生事件应对、公共卫生监测以及卫生资源整合调配，还成立了由医学专家、微生物学家、流行病学专家、有处理国际事件和传染疾病经验的公共卫生官员等专业人员组成的国际联合小组，负责危机情态的国际交流。美国有一整套应对突发公共卫生事件的资源保障系统，包括“全国医药器械应急物品救援快速反应系统”“美国公共卫生系统实验室体系”“流行病学调查小组”“资金支持体系”“城市医学应急网络系统”以及“全国健康教育系统”等，它集中了美国最好的资源以应对形态各异的危机。日本的公共卫生体系为国家（厚生省）—都道府县（卫生主管部局）—保健所—市镇村（卫生主管科股）。日本以应急法律体系为指导，依托相关卫生应急组织机构，通过资源保障体系、信息管理体系以及健康教育体系共同形成了多系统、多层次和多部门的协作机制。日本建有完善的资源保障体系、信息监测管理体系、全民应急教育体系。除此之外，日本突发公共卫生应急处置系统也与消防急救、警察、医师会、医疗机构协会、通信、铁道、电力、煤气、供水等各个社会功能系统建立了预定的配合机制。发布公共卫生领域内的《传染病预防法》以及诸如《可能产生炭疽等污染时的应对》等一系列法规制度，为健康危机管理提供行动指南。

二、公共安全管理体制的若干模式

发达国家开始研究公共安全管理系统的时间较早，经过多年发展形成了以美国为代表的多层主体的公共安全管理模式，以日本为代表的信息共享下的合作管理模式，以澳大利亚为代表的地方为主的公共安全管理模式和以俄罗斯为代表的国家为主的公共安全管理模式。

（一）美国：多层主体的公共安全管理模式

美国政府所建立的公共安全管理体制主要是立足于联邦政府，然后各大州与地方协助，可以将其统称为三级机制。整个管理体制最高机构为国土安全部，原联邦应急管理署（FEMA）在 2003 年也被划分到国土安全部中。在三层级反应机制中，虽然各个层级相互联系，但是也相互独立，无论是各个州还是地方都建立有单独的调度中心，当发生紧急事故之后，调度中心将会直接根据情况内容分配应急工作、设备等，保证各个应急部门可以独立运行，在调度中心的统筹规划下又可以统一协作。美国的“响应计划”是由各个政府部门联合签署形成法律文件，具体内容包含各类部门的分工与责任、协调与统筹。在“9·11”事件之后，美国政府相继出台了《军事力量授权法》《航空运输法》等法律，促使应急管理体制的法律支撑体系更加完善。美国应急管理署（FEMA）是联邦政府应急管理的主要机构，主要负责处理美国防灾、减灾、救灾工作，兼顾民防工作，其职责贯穿灾害与应急管理全过程。其中，对公众进行防灾减灾与应急知识宣传教育、组织应急演练、开展相关人员培训和培养应急管理专业人才是 FEMA 的核心任务之一。纽约市还制定了城市可持续运行计划（Continuity of Operations Planning，COOP），COOP 基于美国联邦标准与纽约市现有的城市应急计划与企业业务持续计划、事件响应计划、灾害恢复计划配套执行。通过 COOP，纽约市政府可以为各部门提供指导，确保在发生紧急公共安全风险后仍能够为公众提供基本服务，维持社会稳定运行。

（二）日本：信息共享下的合作管理模式

由于特殊的地理条件和气候影响，日本城市经常受到自然灾害的威胁，因此，在 20 世纪中期以前，其公共安全管理主要以应对自然灾害为中心。直到 20 世纪 70 年代，才转向多灾种的综合防灾管理体系。20 世纪 90 年代，日本以《紧急事态法》为基础，建立了完善的全国性公共安全管理体制，由此改变了原有的管理模式，以内阁府为中枢，采取了整个政府集中应对的一元化管理体制。日本首都东京针对公共安全风险管理出台了各类规划、手册、预案等相应政策，2003 年 4 月日本东京都建立了知事直管型危机管理体制，主要设置局长级的“危机管理总监”，改组灾害对策部，建立了一个面对特大型城市公共安全风险的全政府机构。东京都的城市公共安全管理尤为重视区域间、社会主体间的合作以及城市安全信息的共享。为此，东京政府设立信息统管部门，进行信息收集、分析以及判断城市安全风险的存在可能性，打破部门之间的界限与信息垄断边界，形成信息共享平台。此外，各种社会力量在东京城市公共安全管理中占重要地位，全社会都纳入其安全管理规划体系内。在东京，公益团体被指定为防灾机构，通过组织自卫消防队、定期进行综合防灾训练等方式参与公共安全的管理与防范。东京都以一切以信息畅通为核心的公共安全风险管理，充分利用各方力量参与，形成了层层联络、环环相扣的风险管理体系。

（三）澳大利亚：地方为主的公共安全管理模式

澳大利亚构建了联邦政府、州和地方政府、社区三个层面的应急管理体系。在联邦政府层面，联邦政府行使宪法赋予的职责，对外代表国家开展海外灾害应急救援，对内应各州的请求协调国家物质资源、财政援助，以指导帮助事发地开展灾害管理和应急救援工作。在州和地方政府层面，州和地方政府对灾害应急管理负有主要责任，各州设有应急管理中心和地方应急管理委员会，并根据辖区内的政治、社会、经济、自然条件对灾害种类、特征和危害性进行评估，制定了一系列内容详细完备、可操作性强的应急管理规划、应急预案、操作手册和各种方案，并落实预防和处置救援中的各项职责任务。如果州政府在救灾中需要援助时，经向联邦政府提出申请并批准同意后，由应急管理署具体执行援助行为，灾后恢复则主要由灾害发生地政府组织实施。在社区层面，按照“充分准备的社区”原则，各社区单元根据灾害种类和社区特色承担一线灾害管理职责，并针对本社区可能发生的灾害建立相应社区抗灾组织，制定社区灾害应急预案，开展社区灾害防范应对等工作。

（四）俄罗斯：国家为主的公共安全管理模式

俄罗斯在国家层面设立了紧急情况部作为国家处理和应对突发危机的综合执行机构，受总统直接领导，并在俄罗斯全国设立了六个分支机构，各行政部门也都有与紧急情况部对口的处级单位。此外，俄联邦政府及其有关部门、89 个联邦主体、各市还设立了预防和消除突发事件委员会。联邦政府预防和消除突发事件委员会由紧急情况部部长任主任，成员包括有关部门的副部长。各联邦主体政府预防和消除突发事件委员会则由政府主要领导或者第一副职任主任，成员包括内务、卫生、桥梁隧道、检察院等部门的负责人。这类委员会为非常设机构，一般每月召开一次会议讨论重大问题，一般事务则交由紧急情况部处理。紧急情况部作为政府应对突发事件的日常管理机构，负责教育培训、收集分析信息、制定应急计划（预案）等突发事件的预防工作；发生突发事件后，负责统一指挥、协调有关方面的应急工作，向灾民提供各种帮助；负责消除灾害造成的影响，安置灾民，恢复秩序。

三、比较视野下我国公共安全管理体制的优势

对于国外城市公共安全管理体制，我们一方面要积极吸取和借鉴其经验，另一方面也要看到我国公共安全管理体制的优势。尤其是新冠肺炎疫情的暴发，充分彰显了我国在公共安全管理方面的制度优势，政府和社会协同治理，国家和民众勠力同心，在国外还陷入严重疫情的时候，我国的疫情防控工作已取得决定性成果。

（一）我国城市公共安全管理体制优势的外在显现

一是坚持以防为主、防抗救相结合，彰显我国公共安全管理的理念优势。2016 年 7 月，习近平总书记在河北省唐山市考察时指出，坚持以防为主、防抗救相结合，坚持常态减灾和非常态救灾相统一，努力实现从注重灾后救助向注重灾前预防转变，从应对单一灾种向综合减灾转变，从减少灾害损失向减轻灾害风险转变。同年 12 月，中共中央、国务院下发《关于推进防灾减灾救灾体制机制改革的意见》和《关于推进安全生产领域改革发展的意见》，再次明确了“两坚持三转变”。以防为主、防抗救相结合成为引导公共安全管理的崭新理念。

二是集中力量办大事，彰显我国公共安全管理的组织优势。在中国特色的公共安全管理体系建设过程中，充分发挥了集中力量办大事的组织优势，一方有难、八方支援，有效应对了唐山大地震、1998 年长江抗洪、汶川大地震等特大自然灾害。党的十八大以来，我们充分发挥专业队伍骨干力量、军队突击力量的应急管理作用，积极鼓励社会力量、企业等有效有序参与应急管理，协调统筹各方资源，把应急管理大事办成、好事办好。

三是大力整合应急管理职能，彰显我国公共安全管理的体制优势。党的十九届三中全会以后，大力整合分散在有关部门的应急管理职能，目前已经完成了全国县级以上应急管理职能部门的组建，形成了职能明确、责任清晰的应急管理体制，及时处置了2018年金沙江和雅鲁藏布江堰塞湖险情，有效应对了“山竹”和“利奇马”超强台风等，应急处置能力显著增强，切实保障了人民群众生命财产安全。

四是制定有关应急管理法律法规，彰显我国公共安全管理的法治优势。2007年制定了《中华人民共和国突发事件应对法》，同时根据不同灾种出台了相关法律法规，如《中华人民共和国防洪法》《中华人民共和国防震减灾法》《中华人民共和国抗旱条例》等，推进应急预案和标准体系建设，目前已基本形成了应急管理法律法规体系，为应急管理体系和能力现代化提供了法律依据和法治保障。

五是广泛开展突发事件应急处置教育、体验和演练，彰显我国应急管理的宣传优势。积极推进应急管理和安全知识进企业、社区、学校、农村、家庭，多渠道普及公共安全知识。依托科技场馆、灾害遗址公园、应急培训演练基地等应急管理教育、体验和培训机构，提升公众突发事件防范意识和自救互救能力。同时，推进国家安全、公共安全和应急管理相关学科建设，为公共安全管理长远发展提供理论支撑。

六是坚持底线思维、有备无患，彰显我国应急管理的思想方法优势。习近平总书记指出，要善于运用底线思维方法，凡事从坏处准备，努力争取最好的结果，做到有备无患，遇事不慌。在防范化解重大风险方面，要特别注重增强忧患意识，努力做到安而不忘危，存而不忘亡，治而不忘乱。高度警惕“黑天鹅”事件和“灰犀牛”事件，牢牢把握应急管理主动权。

（二）我国城市公共安全管理体制优势的内在逻辑

近年来的多次重大应急管理实践表明，我国现行公共安全管理制度是经得起考验的。这一制度具有体制、机制、运转模式等方面的独特优势，这表明具有中国特色的公共安全管理制度已经初步形成。同时，随着公共危机产生、演变及其危害的新特点、新趋势，我国公共安全管理体制还需要不断完善。

1. 坚持党的集中统一领导

在中国共产党的领导下，通过建立健全总揽全局、协调各方的党的领导制度体系，形成了全国一盘棋、集中力量办大事的中国特色举国动员体制。党具有非常强的组织动员能力，通过自上而下的强大组织网络，能够确保“一竿子插到底”，把中央的决策部署迅速传达至基层，全国总动员，全民齐发动。中国共产党也是我国公共安全管理事业发展的核心领导力量，党的集中统一领导是中国特色应急管理体制的核心要义。公共安全管理工作具有急难险重、任务量大、点多面广的特点，经常要进行跨部门、跨层级、跨地域、跨领域协调，更需要靠集中统一高效的体制来保障高效运行。推进公共安全管理体制现代化，必须发挥党的集中统一领导优势，形成应对突发事件的“拳头”。

2. 发挥中央和地方两个积极性

中央与地方的关系是国家结构中最基本的关系之一，直接影响国家统一、经济发展和社会安定。中国是一个人口众多、地域辽阔、发展不平衡的单一制大国。毛泽东曾指出："处理好中央和地方的关系，这对于我们这样的大国大党是一个十分重要的问题。"中共十九届四中全会《中共中央关于坚持和完善中国特色社会主义制度 推进国家治理体系和治理能力现代化若干重大问题的决定》指出，健全充分发挥中央和地方两个积极性体制机制，理顺中央和地方的权责关系，加强中央宏观事务管理，赋予地方更多自主权，支持地方创造性开展工作，构建从中央到地方权责清晰、运行顺畅、充满活力的工作体系。2018年《关于国务院机构改革方案的说明》指出："按照分级负责的原则，一般性灾害由地方各级政府负责，应急管理部代表中央统一响应支援；发生特别重大灾害时，应急管理部作为指挥部，协助中央指定的负责同志组织应急处置工作，保证政令畅通、指挥有效。"把中央的统筹指导作用与地方的主体责任有机结合起来，一方面，地方是应急管理的主体，突发事件应对工作原则上由地方负责，地方各级党委政府按照分级负责的原则，就近指挥，强化协调，在应急管理工作中发挥主体作用，在第一时间、第一现场承担第一责任。另一方面，中央要通过总体设计、政策协调、统筹指导、督促推动等，发挥好统筹指导和支持作用。

3. 社会力量和市场力量广泛参与

随着改革开放不断深入和社会主义市场经济不断发展，我国政府、市场、社会三者之间的关系发生了重大变化，民间社会力量和市场力量发展壮大，多元社会结构已经形成。为此，政府开始探索建立一种多元主体合作共治机制，变"政府独奏"为"集体合唱"，社会力量和市场力量也是国家治理的重要组成部分。我国在坚持党委领导、政府主导的基础上，建立健全社会力量和市场力量广泛、高效参与机制，构建政府、市场、社会共同参与的应急管理共同体，形成各方协同配合的工作格局。

4. 优化各级应急管理机构设置

2018年党和国家机构改革，将应急管理相关职能部门和议事协调机构的职责进行整合，组建应急管理部，作为国务院组成部门。各地应急管理部门也陆续组建完成。新组建的应急管理机构，承担防范化解重特大安全风险的主管部门、健全公共安全体系的牵头部门、整合优化应急力量和资源的组织部门、推动形成中国特色应急管理体制的支撑部门的职责定位。《中共中央关于深化党和国家机构改革的决定》提出，要"加强、优化、统筹国家应急能力建设，构建统一领导、权责一致、权威高效的国家应急能力体系"；《深化党和国家机构改革方案》强调，"推动形成统一指挥、专常兼备、反应灵敏、上下联动、平战结合的中国特色应急管理体制"。随改革进程加快，我国逐渐形成部门之间、地区之间、行业之间协同配合的局面。

（三）构建我国城市公共安全管理的"中国之治"

习近平总书记在中央政治局第十九次集体学习时强调，"应急管理是国家治理体系和治理能力的重要组成部分，承担防范化解重大安全风险、及时应对处置各类灾害事故的重要职责，担负保护人民群众生命财产安全和维护社会稳定的重要使命”。要发挥我国应急管理体系的特色和优势，借鉴国外应急管理有益做法，积极推进我国应急管理体系和能力现代化。

要健全风险防范化解机制，坚持从源头上防范化解重大安全风险，真正把问题解决在萌芽之时、成灾之前。要加强风险评估和监测预警，加强对危险化学品、矿山、道路交通、消防等重点行业领域的安全风险排查，提升多灾种和灾害链综合监测、风险早期识别和预报预警能力。要加强应急预案管理，健全应急预案体系，落实各环节责任和措施。要实施精准治理，预警发布要精准，抢险救援要精准，恢复重建要精准，监管执法要精准。要坚持依法管理，运用法治思维和法治方式提高应急管理的法治化、规范化水平，系统梳理和修订应急管理相关法律法规，抓紧研究制定应急管理、自然灾害防治、应急救援组织、国家消防救援人员、危险化学品安全等方面的法律法规，加强安全生产监管执法工作。要坚持群众观点和群众路线，坚持社会共治，完善公民安全教育体系，推动安全宣传进企业、进农村、进社区、进学校、进家庭，加强公益宣传，普及安全知识，培育安全文化，开展常态化应急疏散演练，支持引导社区居民开展风险隐患排查和治理，积极推进安全风险网格化管理，筑牢防灾减灾救灾的人民防线。

要加强应急救援队伍建设，建设一支专常兼备、反应灵敏、作风过硬、本领高强的应急救援队伍。要采取多种措施加强国家综合性救援力量建设，采取与地方专业队伍、志愿者队伍相结合和建立共训共练、救援合作机制等方式，发挥好各方面力量作用。要强化应急救援队伍战斗力建设，抓紧补短板、强弱项，提高各类灾害事故救援能力。要坚持少而精的原则，打造尖刀和拳头力量，按照就近调配、快速行动、有序救援的原则建设区域应急救援中心。要加强航空应急救援能力建设，完善应急救援空域保障机制，发挥高铁优势构建力量快速输送系统。要加强队伍指挥机制建设，大力培养应急管理人才，加强应急管理学科建设。

要强化应急管理装备技术支撑，优化整合各类科技资源，推进应急管理科技自主创新，依靠科技提高应急管理的科学化、专业化、智能化、精细化水平。要加大先进适用装备的配备力度，加强关键技术研发，提高突发事件响应和处置能力。要适应科技信息化发展大势，以信息化推进应急管理现代化，提高监测预警能力、监管执法能力、辅助指挥决策能力、救援实战能力和社会动员能力。

各级党委和政府要切实担负起“促一方发展、保一方平安”的政治责任，严格落实责任制。要建立健全重大自然灾害和安全事故调查评估制度，对玩忽职守造成损失或重大社会影响的，依纪依法追究当事方的责任。要发挥好应急管理部门的综合优势和各相关部门的专业优势，根据职责分工承担各自责任，衔接好“防”和“救”的责任链条，确保责任链条无缝对接，形成整体合力。

应急管理部门全年 365 天、每天 24 小时都应急值守，随时可能面对极端情况和生死考验。应急救援队伍全体指战员要做到对党忠诚、纪律严明、赴汤蹈火、竭诚为民，成为党和人民信得过的力量。应急管理具有高负荷、高压力、高风险的特点，应急救援队伍奉献很多、牺牲很大，各方面要关心支持这支队伍，提升职业荣誉感和吸引力。

【本章重点】

1. 我国城市公共安全管理体制概述。

我国城市公共安全管理体制的基本内容，我国城市公共安全管理体制的若干关系，如政府上级和下级的关系、政府各部门的职能关系、政府和社会组织之间的关系、监督监管与主体责任关系等。结合我国地方特色、城乡特色研究我国城市公共安全管理体制有效的地方创新。

2. 我国城市公共安全管理体制存在的问题。

如预防与应急体制衔接不畅、应急部门职责尚有不明、政府与社会关系亟待调整、部门协调能力有待强化等，与国外先进经验进行比较，结合我国国情，了解解决对策并进行思考。

3. 我国应急管理体制面临的机遇及挑战。

要深刻认识国际环境的变化，在国际经济格局深刻调整，大国博弈日趋激烈的情况下，既要看到挑战的一面，也要看到互补的一面。面临新技术革命迅猛推进，要把握好以信息技术为代表的新技术革命带来的机遇，对于新冠肺炎疫情的巨大冲击，要积极从中吸取经验教训。

【课后习题】

1. 城市公共安全管理体制的内涵和外延是什么？
2. 城市公共安全管理体制的特征是什么？
3. 我国城市公共安全管理中的地方创新有哪些？
4. 我国城市公共安全管理体制面临的挑战和对策有哪些？
5. 国外城市公共安全管理模式有哪些？
6. 我国城市公共安全管理体制的优势是什么？

第三章
城市突发事件概述

城市公共安全与城市自身的形成发展相伴相生，是对城市突发事件有效应对的结果。科学认识、正确把握城市突发事件的类型、特点及演变规律，既是认知城市公共安全管理的理论方法，更是有效防范城市风险、应对灾害事故、实施科学精准城市公共安全管理、提升城市公共安全水平的必要前提。

第一节　城市突发事件应对的必要性及面临的挑战

一、城市突发事件应对的必要性

城市的复杂性在城市人口的快速聚集以及城市经济、社会、文化的全面转型之中得以不断攀升，城市的公共安全形势越发严峻，引发事故的风险从单一领域向全领域转变，且呈现不断增多、相互叠加、相互耦合态势。

随着城市化进程不断加快，大中城市遭受事故的损失越发严重。城市突发事件应对成为众多国家抵御灾害的重中之重。在我国，70%以上大城市、半数以上人口，分布在气象、海洋、洪水、地震等灾害严重地带，城市发展面临各种灾害事件的巨大威胁。这些威胁往往不是单一灾害作用，而是伴随多种灾害的次生、衍生或耦合。在科技发展和应用不断加速条件下，我国城市公共安全由此产生一系列新问题和新挑战，加上不同城市间发展失衡与社会分配制度体系不够健全，社会不稳定因素随之增多，各种人为破坏事件多发频发，严重影响城市的可持续健康发展。

充分认识城市发展与突发事件的相互关系，才可以更加全面地理解城市突发事件应对的必要性与重要性，从而有利于更好地推动和保障城市人口、经济社会稳定、公共服务的健康可持续发展。

（一）突发事件影响城市人口聚集及其基本生活水平

随着城市化的不断推进，城镇空间规模越发扩大，城镇人口总数不断增加，人口聚集密度越来越高，此背景下，城市灾害事故治理能力高低是影响和保障城市人口聚集过程和城市居民基本生活条件的一个重要因素。当前，我国城镇化率已超过60%，城镇常住人口高达8.5亿人，城市已经成为越来越多人民追求美好生活的主要承载地。然而，城市经济社会的快速发展，城市化进程产生的集聚效应加剧了安全风险，人口、工商业企业、城市生命线系统、城市功能区等多方面集聚进一步加大了城镇公共安全管理的压力。

我国各级各类城市均在不同程度遭受各类灾害事故的影响，尤其是近年来受全球气候变化的影响，一些城市不时遭受洪涝灾害，危及城市居民的生命财产安全，也影响城市安全运行和可持续发展。水利部数据显示，2015 年至 2018 年，分别有 168、192、104 和 83 座城市进水受淹或发生内涝，平均每年受淹或发生内涝城市的数量约占我国城市数量的 1/5。例如 2021 年夏，河南省郑州市“7・20”特大暴雨就造成了重大的人员伤亡和经济损失。

（二）突发事件影响城市经济社会的健康可持续发展

各类恶性灾害事故频繁发生，不仅危害城市人口的生命财产安全，降低城市人口的生活质量，而且严重破坏各类城市基础社会，扰乱城市经济生产秩序，造成社会恐慌与混乱，直接威胁人们的生存环境与生态系统，影响城市经济社会的健康可持续发展。

在我国，城市化、工业化的加速发展，推动着城市社会与经济产业结构的变迁调整。城市人口、工业生产的密集性，容易放大各类灾害事故（火灾、爆炸等）对城市工业生产、社会发展的严重损害。由城市规划布局引起的城市人口与区域发展失衡，收入贫富差距乃至两极分化，都使得城市社会发展面临整体性的失稳失序风险。因此，稳步推进城市化、提升城市整体的可持续发展水平，必须建立健全面向灾害事故有效预防管控的现代化治理体系，切实保障城市居民的生命财产免受灾害事故侵扰、免遭社会失稳失序之痛，切实提升城市经济社会的健康可持续发展水平。

（三）突发事件影响城市公共服务与治理体系的完善

城市突发事件应对是国家治理体系和治理能力现代化的重要组成部分。衡量一个国家的经济发达程度、文明程度的一个重要标志，可以看政府为人民生活提供公共服务数量的多少与质量的优劣，政府在民众心目的地位、可信度与政府为百姓提供的公共服务水平息息相关。我国以城镇公共服务体系为代表的公共管理理念逐步得到政府和广大人民群众的重视。在城镇生活可以享受到大量的公共服务产品，其中，公共安全服务与保障较之农村更加完善。因此，公共安全管理的深入、公共安全意识的强化、公共安全预防及处理体系的建立将丰富整个国家的公共服务体系。

二、当代城市突发事件应对中面临的挑战

城市化不仅表现为人的地理位置的转移和职业的改变以及由此引起的生产方式与生活方式的演变，同时也表现为城镇人口和城镇数量的增加、城镇规模的扩大以及城镇经济社会、现代化和集约化程度的提高。《国家新型城镇化规划（2014—2020 年）》最大的亮点是强调以人为本，推进以人为核心的城市化，而城镇可以被认为是人的行为、城镇建筑设施、灾害作用共同组成的“人-物-灾害作用”复杂系统，其中人是最重要的影响因素。因此，以人为核心的城市化给城镇公共安全带来了新的挑战。

（一）气候变化带来的挑战

全球气候变暖对世界各国城市公共安全的影响持续加剧。2019 年初，美国《国家科

学院学报》发表的研究报告显示，南极冰川融化速度是 20 世纪 80 年代的 6 倍，假如气候变暖趋势不缓解，预测部分地区到 2100 年将出现海平面上升 1.8 m 的极端情况，将有不少沿海城市被淹没。我国科技部《第三次气候变化国家评估报告》（2016）指出，近百年（1909—2011 年）我国地表平均温度上升 0.9～1.5 ℃，沿海海平面 1980—2012 年以年均 2.9 mm 的速率上升，高于全球平均水平。美国宇航局研究发现，作为“亚洲水塔”的青藏高原冰川显著变薄，可能成为极其危险的“定时炸弹”。

（二）人类社会与城市发展带来的挑战

除了自然因素，由于人类活动所带来的各种风险也在不断增加。随着工业化、信息化、城镇化、市场化、国际化快速推进，世界正在经历百年未有之大变局，各种变革调整速度之快、范围之广、影响之深前所未有。当前，人类生活的外部环境与条件已经大大改变，城市产业集聚，各种居民住宅及公共服务设施、超大规模城市综合体、人员密集场所、高层建筑、地下空间、地下管网等大量建设，城市内涝、火灾、交通事故、拥挤踩踏、燃气泄漏爆炸、意外事故等安全风险突出。此外，工业生产事故、传染病、社会安全事件等各种风险不断增加，各种灾害事故风险相互交织、叠加放大，形成了复杂多样的灾害链、事故链。因此，全面加强应急管理体系和能力建设，既是一项紧迫任务，又是一项长期任务。

（三）科学技术发展带来的挑战

随着科学技术，尤其是互联网、物联网、云计算、大数据、人工智能等为代表的新技术逐步应用，新形式的安全威胁和风险正不断滋生、扩散和叠加，任何单一类的突发事件都可在短时间内传播，进而造成强大的舆论效应，甚至影响政治安全、信息安全、社会安全等方面。例如，当前数据泄露问题已较为突出，与 5G、区块链等新兴技术相关的网络安全挑战也在不断增大。国家互联网应急中心的数据显示，仅 2019 年上半年，我国境内 40 多家大型工业云平台持续遭受漏洞利用、拒绝服务、暴力破解等网络攻击，有 6841 个工业设备、涉及 37 家厂家的 50 种产品存在安全隐患。

（四）各类突发事件之间的交织性带来的挑战

当前，包括自然灾害、事故灾难、公共卫生事件、社会安全事件在内的各类突发事件的关联性、耦合性越来越强，这些都为提升城市灾害事故治理水平、构建面向城市的新时代国家应急管理体系带来了巨大挑战。尤其是我国正处在社会经济发展的转型期和关键期，面临各类国内外不确定因素的影响，各类因素的叠加可能产生内在的“物理化学作用”，加之各国经济差距加大和全球治理失灵频现，容易催生超级风险出现，从而影响城市乃至国家的安全发展。

第二节　城市突发事件的类型与特点

本书基于我国当前公共安全治理实践，遵循国务院 2006 年发布的《国家突发公共事件总体应急预案》，立足于突发公共事件视角，根据突发事件发生过程、性质和机理，将突发事件分为四大类（表3-1），即自然灾害、事故灾难、公共卫生事件和社会安全事件。鉴于紧密联系我国城市公共安全管理实践的考虑，本书遵循该分类标准，并对各类突发事件的特点及机理进行简要分析。

表3-1 突发事件大类及细类

突发事件大类	突发事件细类
自然灾害	水旱灾害、气象灾害、地震灾害、地质灾害、海洋灾害、生物灾害和森林草原火灾等
事故灾难	工矿商贸等企业的各类安全事故、交通运输事故、公共设施和设备事故、环境污染和生态破坏事件等
公共卫生事件	传染病疫情、群体性不明原因疾病、食品安全和职业危害、动物疫情、其他严重影响公众健康和生命安全的事件
社会安全事件	恐怖袭击事件、经济安全事件和涉外突发事件等

总体上，当今社会所面临的四大类突发事件呈现出如下新特点：一是复杂性加剧，呈现出自然和人为致灾因素相互联系、传统和非传统安全因素相互作用、既有和新生社会矛盾相互交织等特点；二是新风险、新隐患增多，各类潜在危险源增多，防控难度变大，特别是随着网络新兴媒体快速发展，突发事件网上、网下呼应，信息快速传播，加大了风险防控和应急处置难度；三是总量大、伤亡大、损失大、影响大，致灾因子本身是局地性的，但灾害和影响是大范围的，甚至是全球性的。

一、自然灾害

“同自然灾害抗争是人类生存发展的永恒课题。”人类自诞生的那一刻起就注定与自然灾害共存，人类是在战天斗地中不断发展的。我国是世界上自然灾害最为严重的国家之一，灾害种类多，频度高，区域性、季节性强，灾害损失严重，是我国的基本国情。总体上，地震、台风、暴雨、洪水、干旱、地质灾害、森林火灾等是我国主要的自然灾害。近年来，全球进入地质活跃期，世界范围内地震灾害趋于多发，我国也发生了多起不同震级的地震，破坏性地震仍处于频发多发时期，受全球气候变化等自然和经济社会因素耦合影响，包括超强台风、极寒酷暑等的极端天气气候事件及其次生衍生灾害呈增加趋势，自然灾害的突发性、异常性和复杂性有所增加。国家已建或正在规划建设的城市群，多数面临7级以上大地震、强烈台风、流域大洪水、巨型滑坡泥石流等的直接威胁；广大农村城镇化地区尤其是中西部地区，经济社会发展相对滞后，设防水平偏低，抵御灾害的能力较弱，自然灾害引发的危害后果更大。

（一）水旱灾害

远古时期，中国先民就与旱涝做斗争。经常交替出现的水旱灾害，历来是影响我国经济社会发展最大的自然灾害。据不完全统计，公元前 206 至 1949 的 2155 年间，较大洪水灾害有 1092 次，干旱灾害有 1056 次。1470 至 2018 的 549 年间，我国几乎每年都发生区域性或局地性旱灾或涝灾。

干旱灾害是指因降水减少、水工程供水不足引起的用水短缺，并造成生活、生产和生态危害的事件。洪涝灾害则包括洪水灾害和雨涝灾害两类。其中，由于强降雨、冰雪融化、冰凌、堤坝溃决、风暴潮等原因引起江河湖泊及沿海水量增加、水位上涨而泛滥以及山洪暴发所造成的灾害称为洪水灾害；因大雨、暴雨或长期降雨量过于集中而产生大量的积水和径流，排水不及时，致使土地、房屋等渍水、受淹而造成的灾害称为雨涝灾害。由于洪水灾害和雨涝灾害往往同时或连续发生在同一地区，有时难以准确界定，往往统称为洪涝灾害。

我国特殊的地理气候条件、复杂的地形地貌，决定了时空内降水分布不均、年际变幅很大。雨热同期是中国气候的突出特点，最热的时候雨水也最丰沛。加之全球气候变化加剧，极端天气事件增多，人口、社会财富向洪水风险区高度集中，进一步加剧了水旱灾害后果。尽管防洪抗旱减灾体系不断健全，但水旱灾害依然复杂严峻，水旱灾害造成的损失依然严重。

据《2019 中国水旱灾害防御公报》数据显示，2019 年，全国平均降水量与常年持平，但降雨空间分布不均，除港澳台之外的 31 省（自治区、直辖市）中，有 24 省（自治区、直辖市）发生干旱灾害，作物受旱面积 18230.23 千公顷，因旱受灾面积 8777.83 千公顷，全国旱情高峰期投入抗旱劳力 2527 万人。云南、山东、内蒙古、湖北、吉林 5 省（自治区）干旱灾害较重，作物受灾面积占全国的 60% 以上。

2021 年，因洪涝灾害受灾 6346 万人次、219 人死亡失踪，5.4 万间房屋倒塌，直接经济损失 1789.6 亿元。近年来，我国通过大力推进排水防涝设施建设等举措，城市内涝治理取得积极进展，但总体形势依然严峻。为此，国务院办公厅 2021 年 4 月发布《关于加强城市内涝治理的实施意见》，从系统建设城市排水防涝工程体系，提升城市排水防涝工作管理水平，统筹推进城市内涝治理工作和加强保障等方面提出了具体要求。

（二）气象灾害

作为自然灾害中的一种原生灾害，气象灾害是指由气象原因直接或间接引起的、给人类和社会经济造成损失的灾害现象，它一般包括天气、气候灾害和气象次生、衍生灾害。

当前，气象灾害及其应对策略不仅关乎人类的生存和发展，也是涉及国际政治、经济、外交的重大全球性问题。据统计，1990—2019 年，全球 91.6% 的重大自然灾害、67.6% 的因灾死亡人口、83.7% 的经济损失和 92.4% 的保险损失是由气象及其衍生灾害引起的。我国地处东亚季风区，受地理位置、地形地貌和气候特征等因素影响，气象灾害占各种自然灾害的 71% 左右，气象灾害种类之多、分布地域之广、发生频率之高、危害强度大、造成损失之重，超过世界上大多数国家。21 世纪以来，我国平均每年因气象灾害造成的直接经济损失高达 2900 亿元。

在全球气候变暖的背景下，气候变化引发的极端气候事件在发生频率、强度和影响范围等方面都超以往认知。根据联合国2015年“气象灾害造成的人类损失”（The Human Cost of Weather Related Disasters）统计，2005年到2014年的十年间，全球平均每年发生的气候相关灾害有335次，与前十年相比平均值增加了14%。我国灾害性天气气候事件出现频率也明显增加，强度明显增强，加之城市化建设在加快，城市和超大城市不断出现，改变了当地的小气候，气象灾害的多发性、突发性、极端性日益突出，尤其在人口密集，高楼耸立的城区，暴露集中度增加，脆弱性增大，灾害后果往往呈现出连锁效应、放大效应、累积效应，影响和损失进一步加剧。

（三）地震灾害

我国位于环太平洋地震带和欧亚地震带之间，属地震灾害多发国，仅1999年后，就发生了汶川地震、芦山地震、鲁甸地震、九寨沟地震等多次强烈地震。我国地震断层活动频繁，且具有分布范围广、强度大和震源浅等特点，因而地震成为我国危害最大、分布面最广的一类城市灾害。据统计，我国有60%的国土、一半以上大中城市位于地震基本烈度6度及6度以上地区，而有82%的省会城市、60%的地级市、54%的县城处于7度及以上地震高烈度区。

随着我国城市化的发展，城市区域不断扩张，人口、财富和社会生产力正在迅速向未来大地震震中区聚集，使得城市区域发生地震的风险不断增加。同时，以下因素进一步加剧了地震灾害给城市带来的威胁与危害：部分城市新建建筑尚能达到抗震要求，而部分老旧建筑往往达不到抗震设防要求；脆弱的生态环境与地震引发的生态环境灾难相互叠加，对城市发展产生深远影响；现代化建设增强了城市地震灾害的易损性，一旦发生地震，单位面积所承受的损失大大增加；信息化时代地震后城市的瘫痪系数增加，一旦发生破坏性地震，导致现代城市各种生命线系统遭到破坏，可能造成城市陷入瘫痪；城市地震造成的建筑物和工程设施的倒塌而引发大量火灾、爆炸、煤气和有毒气体泄漏等次生、衍生灾害，这些次生灾害许多时候比地震本身的灾害要严重许多，尤其是社会灾害更为突出。

（四）地质灾害

地质灾害是指以地质动力活动或地质环境异常变化为主要成因的自然灾害①，主要包括山体崩塌、滑坡、泥石流、地面沉降、地面塌陷等细类。我国山区较多，山地、高原、丘陵约占陆地面积的69%，河流纵横，沟谷广布，地形复杂，地势高低悬殊，地质灾害隐患分布广泛，城市化、工业化和农业现代化过程中人类工程活动强烈，叠加地质灾害隐蔽性强、突发性强、破坏性强等特点，每年都有各种地质灾害在大气、地震及人类活动影响下频繁发生。受强烈地震和极端气象事件频发影响，近年来我国地质灾害处于多发态势。据自然资源部统计，2020年全国共发生地质灾害7840起，其中滑坡4810起、崩塌1797

① 我国《地质灾害防治条例》将地质灾害界定为包括自然因素或者人为活动引发的危害人民生命和财产安全的山体崩塌、滑坡、泥石流、地面塌陷、地裂缝、地面沉降等与地质作用有关的灾害。但本书仅将地质灾害列为自然灾害，因此由工程建设等人类活动造成山体滑坡等被视为生产安全事故。

起、泥石流 899 起、地面塌陷 183 起、地裂缝 143 起、地面沉降 8 起，造成 139 人死亡（失踪）、58 人受伤，直接经济损失 50.2 亿元。

地质灾害活动的动力条件与人类社会经济易损性是决定引发地质灾害可能性与后果严重性的主要条件。前者主要涉及地质条件（岩土性质与结构等）、地貌条件（地貌类型、切割程度等）、气象条件（降水量、暴雨强度等）、人为地质动力活动（工程建设、采矿、耕植、放牧等）以及地质灾害密度、规模、发生概率（或发展速率）。通常，引发的地质灾害可能性与后果严重性同地质灾害活动的动力条件成正相关。人类社会经济易损性是指承灾区（地质灾害影响区）生命财产和各项经济活动对地质灾害的抵御能力与可恢复能力，主要包括人口密度及人居环境、财产价值密度与财产类型、资源丰度与环境脆弱性等。通常情况下，承灾区对地质灾害的抗御能力与灾后可恢复性越差，生态环境越脆弱，地质灾害的风险越高，遭受地质灾害的破坏越严重。

二、事故灾难

事故灾难与各类基础设施、交通网络、生态与环境，尤其是工商贸生产领域直接相关。随着城市化高速发展、相关行业生产规模日益扩大，生产系统及工艺流程日益复杂，新工艺、新技术、新装备、新业态不断涌现，一些深层次矛盾和问题一直未能得到根本解决，防范事故灾难的形势仍处于脆弱期、爬坡期、过坎期，事故灾难风险不断增加，且事故灾难呈现多样性、突发性、连锁性、严重性、放大性等特点。近年来，我国城市事故灾难（尤其是重特大安全事故）频繁发生于大城市，如“12·31”上海外滩踩踏事件、“8·12”天津滨海新区爆炸事故、“12·20”深圳滑坡事故、“11·18”北京大兴西红门镇火灾事故等，这表明我国城市防范事故灾难的形势依然十分严峻。

（一）生产安全事故

生产安全事故是指生产经营单位在生产经营活动（包括与生产经营有关的活动）中突然发生的，伤害人身安全和健康或者损坏设备设施或者造成经济损失的，导致原生产经营活动（包括与生产经营有关的活动）暂时中止或永远终止的意外事件。生产安全事故按事故发生的原因可分为责任事故和非责任事故；按事故造成的后果可分为人身伤亡事故和非人身伤亡事故。

生产安全事故是城市化、工业化进程中必然遇到的现象，发达国家普遍经历了从事故多发到逐步稳定、下降的发展周期。研究表明，生产安全事故（以死亡人数作为评判指标）与城市化率之间呈现 S 形曲线。即城市化率低于 30% 时，生产安全事故随城市化率升高而升高；当城市化率处于 30%～60% 时，生产安全事故处于高发期，其后将逐渐下降。这种现象对于 20 世纪才进入城市化加速增长阶段的日本尤为明显。图 3-1 所示为英国、美国、日本生产安全事故死亡人数与城市化率的关系曲线。

据应急管理部 2021 年初统计数据，在城市化率 39.09% 的 2002 年，我国生产安全事故起数、死亡人数达历史最高峰，分别为 107 万余起、13 万余人；2020 年（城市化率已

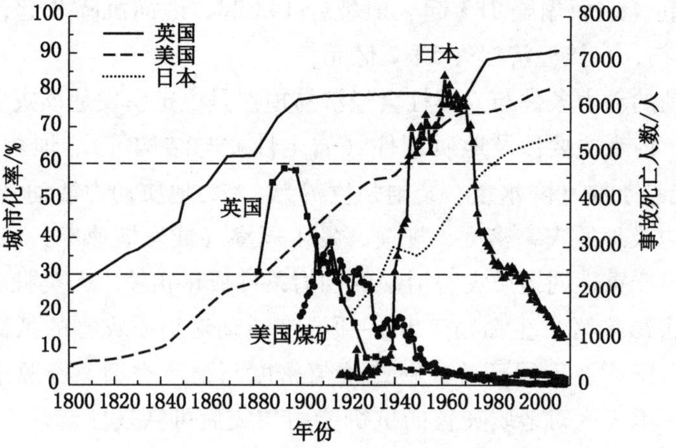

图 3-1 英、美、日三国生产安全事故死亡人数与城市化率关系

达 63.89%），两者分别降至 3.8 万余起、2.74 万余人，按可比口径累计分别下降 85.1% 和 70.9%。当前，我国安全生产形势总体稳定，安全生产工作不断加强、整体水平明显提高，但仍处爬坡过坎期，高危行业领域风险点多面广，城市安全风险大，农村安全隐患突出，新行业新业态安全风险凸显，安全生产工作依然艰巨繁重。

危险化学品通常是指具有毒害、腐蚀、爆炸、燃烧、助燃等性质，对人体、设施、环境具有危害的剧毒化学品和其他化学品。我国是世界第一化工大国，有生产使用记录的化学物质达 4 万多种；同时，我国又是危险化学品生产、使用、进出口和消费大国，列入《危险化学品名录》的化学物质超 3000 种，生产经营单位达 21 万家，涉及 2800 多个种类，2018 年产值占全国 GDP 的 13.8%。

经济高速发展带动了化学品生产和使用量的持续增加，蕴藏于化学品生产、加工、储存、运输、使用、回收和废物处置等各环节中的风险也随之加大，并在不同程度上形成了系统性安全风险。尤其在城镇化、工业化进程中，部分危险化学品生产经营企业与城区、居民区及周边企业的安全距离进一步缩小，安全隐患增大，加上化工行业整体发展粗放、基础薄弱，中小化工企业占 80% 以上，其中大多数缺乏技术改造资金，专业人才严重不足，安全条件与安全保障能力差，风险管理能力较为薄弱，法规制度、监督监管、基础能力尚难以适应形势发展的要求，危险化学品领域内风险防控形势严峻、重特大事故时有发生，严重损害人民群众生命财产安全，也严重影响经济高质量发展和社会稳定。

应急管理部数据显示，2020 年 1 至 11 月，全国共发生化工事故 127 起、死亡 157 人。典型事故有：2020 年 6 月沈海高速公路温岭段的液化石油气运输槽罐车重大爆炸事故，造成 20 人死亡，175 人入院治疗（其中 24 人重伤），直接经济损失约 9477 万元；2020 年 11 月，国家管网集团北海液化天然气有限责任公司施工期间的管线着火事故，造成 7 人死亡、2 人受伤；2020 年 8 月，湖北仙桃市蓝化有机硅有限公司甲基三丁酮肟基硅烷车间爆炸事故，造成 6 人死亡、4 人受伤；2020 年 9 月，湖北省天门市楚天生物科技有限公司压滤试验期间因静电引燃危险物料分解引发爆炸事故，造成 6 人死亡、1 人受伤。

（二）火灾事故

随着经济持续快速发展，城市化水平不断提高，城市人口聚集程度逐步增加，高层和地下建筑不断增多，城市火灾事故的风险源、致灾因素（如人类活动、燃料类型、电气设备、天气情况、火的使用、生产活动等）也随之增加。在我国，常见的城市火灾事故主要包括高层建筑火灾事故、“三小”场所（主要指家庭式小作坊、小旅馆、小娱乐场所、小档口、废品收购站点等）火灾事故、城中村火灾事故、公交车辆火灾事故、地铁火灾事故等。

研究表明，城市火灾与其他类型火灾（如森林火灾）类似，均遵循相似的规律（如城市火灾的频率-损失分布满足稳定的、不随时间变化的幂律关系），其发生和发展具有确定性和随机性的双重性，城市经济的发展导致引发火灾的原因越发复杂，火灾形态层出不穷。从火灾原因、损失分布、分析结果看，用火不慎、违章操作、吸烟等引起火灾起数占火灾总数比例较高，而电气类原因继续强力影响火灾走势，社会用电量持续上升、电能驱动的新能源汽车保有量逐步增加都将持续推高火灾风险。

据应急管理部消防救援局数据，2020 年全国未发生特别重大火灾，较大火灾稳中有降，一般火灾形势总体向好；共接报火灾 25.2 万起，共接警出动 128.4 万起，是新中国成立以来任务量第二多的年份，因火灾事故死亡 1183 人，受伤 775 人，直接财产损失 40.09 亿元，其中生产企业共发生火灾 9264 起，占总数的 3.7%，是除住宅火灾外占比较大的一类火灾。

（三）交通运输事故

现代城市的发展离不开中心城市和立体交通网的承载和依托，通过构建空中、水上、地上、地下一体的交通运输网，城市及其区域的协同发展逐步成为可能。然而，在城市规模增大从而推动交通运输网络扩张的同时，城市交通领域潜在危险因素也随之增多，各类交通运输事故也在风险不断累积中长期居高不下。在我国城市中，主要包括道路交通事故、水上交通事故、铁路交通事故、轨道交通事故等。

1. 道路交通事故

近年来，我国各类城市机动车保有量及道路车辆密度逐年高速攀升，各类车辆混行现象普遍，疲劳驾驶、超速等情况时有发生，公共交通行业从业人员工作压力大、专业素质有待提高等问题都造成城市道路交通领域容易隐藏安全隐患、引发交通事故。公安部 2020 年 10 月公布的数据显示，截至 2020 年 9 月，全国机动车保有量达 3.65 亿辆（含 2.75 亿辆汽车）。机动车保有量不断增多，交通事故也频繁发生。2013—2018 年，交通事故发生数逐年增加，造成的死亡人数与受伤人数基本也是趋于增长，2018 年交通事故发生数高达 244937 起，交通事故死亡人数 63194 人、受伤人数 258532 人。与此同时，带来的直接财产损失同步增长。

2. 水上交通事故

水上交通事故指船舶在航行、停泊、作业过程中发生的造成人员伤亡、财产损失、水域环境污染损害的意外事件。改革开放以来，我国水路运输迎来了巨大的市场需求，水路运输行业蓬勃发展，投资经营者的数量急剧增加，港口数量和运力规模大幅增加，随之而来的一个负面效应就是水上交通安全形势严峻。城市水上交通安全风险与城市水域通航条件、船舶类型及密度、违规违法行为造成航道拥堵、水域监管保障能力有待提高等因素关系密切。交通运输部海事局的数据显示，“十三五”期间全国水上交通安全形势稳中向好，等级以上水上交通事故件数、死亡人数、沉船艘数和直接经济损失年均较“十二五”时期分别下降 34. 8%、26. 1%、50%和 34. 4%，搜救成功率达 96%。

3. 铁路交通事故

铁路交通事故通常指城市地域范围内国家铁路、合资铁路、地方铁路（专用铁道、铁路专用线等）发生的交通事故。截至 2021 年 7 月，中国铁路营运里程达 14. 75 万 km，高铁里程 3. 91 万 km，持续位居世界第一。最近 8 年来，我国未发生特别重大、重大事故的铁路交通事故，但较大事故近两年增长明显。国家铁路局发布的《2020 年铁道统计公报》显示，2020 年全国铁路交通事故死亡人数比上年下降 14. 47%，较大事故 13 件，同比增加 9 件，增长率达 225%，同比连续两年呈增长趋势，2019 年较大事故同比增长 300%。

4. 轨道交通事故

轨道交通事故指城市公共交通系统中大运量的城市地铁、轻轨等城市轨道公共客运系统发生的交通事故。当前，无论运营里程还是年客运量，中国城市轨道交通位居世界第一。截至 2020 年底，中国大陆地区开通城市轨道交通的城市达 44 个，运营线路 233 条，运营里程 7545. 5 km，车站 4660 座，实际开行列车 2528 万列次，完成客运量 175. 9 亿人次，进站量 109. 1 亿人次，全年未发生一般及以上运营安全责任事故。在建有地铁的大中城市，地铁俨然是城市通勤人流的“动脉”，一旦发生严重故障，就如血管内的血栓，危及城市运行乃至生命财产受到威胁。2021 年夏天发生在郑州的地铁漏水事件就造成至少 14 人死亡的严重后果。

（四）公共设施设备事故

城市化进程推动着城市公共设施和设备规模不断扩大，覆盖整个城市庞大的公共设施设备网络，成为影响城市安全平稳运行的风险因素，并不时引发各类安全事故，造成城市运行的失稳失序。在各类城市公共设施设备中，最主要的就是俗称为“城市生命线系统”所涉及的交通、水、电、气、热、通信等网络体系内的各类设施和设备。

城市生命线系统是城市维系正常生产生活的庞大、复杂系统，具体又包括子系统，如给排水系统、能源系统（电力、燃料、热力等）、通信系统和交通系统。城市生命线系统的事故风险主要关联于系统内的各种建筑物、构筑物、管路以及容易引起次生衍生灾害的传输物品，尤其是易燃、易爆、有放射性或有毒的油气产品。例如，2005 年 11 月 13 日吉林石化分公司双苯厂爆炸事故和松花江水污染事件、2013 年 11 月 22 日山东省青岛市中石化东黄输油管道泄漏爆炸事故、1994 年 11 月 5 日重庆綦江彩虹桥倒塌事故、2012 年 8 月短短 20 天时间内哈尔滨市连发 9 起路面塌陷事故等都是与城市生命线系统设施设备安全相关的典型案例。

城市生命线系统各子系统之间以及生命线系统与城市产业发展、居民生活之间，呈现出高度依赖性、复杂性和关联性等特点，使得城市生命线系统存在显著的脆弱性。尤其是在城市化进程加快，城市规模不断扩张，大量人口高速涌入，城镇生命线工程建设项目日新月异的背景条件下，城市生命线系统面临的灾害隐患及风险进一步增加。在我国，由于城市快速扩张过程中普遍存在生命线系统规划不完善、设施设备建设水平落后于城市功能需要的现象，城市生命线系统建设标准普遍偏低，不少城市生命线系统缺乏自我保障能力，城市生命线安全运行问题更为严重突出，容易因单一或一连串灾难性事件造成次生、衍生灾害而导致整个城市瘫痪。

（五）突发环境污染和生态破坏事故

随着城市化不断推进，人口越来越向城市集中，城市经济生产活动与社会活动强度也明显变大，突发环境污染事故和生态破坏事故时有发生，污染、破坏危害程度剧烈。

突发环境污染事故是指高浓度、大规模和高污染性的污染源未按规定时间、地点和方式突然排放，从而威胁人类健康、破坏生态环境的事件。突发环境污染事故具有污染源种类多样、破坏性严重、监测与处置过程复杂、危害性持久、后续治理难度大等特点。近年来，我国突发环境事件呈现原因复杂、污染物质多样、影响地域敏感、影响范围扩大趋势。从工业领域来说，突发环境污染事故通常为工业物品或有毒物质的意外泄漏（但依然有很强的人为性）。诱发此类事故的原因较多，如因山体坍塌滑坡、泥石流、台风、龙卷风、地震、海啸等自然灾害引发的工业危险品外泄，石油、医药、核工业、剧毒农药等在生产、储存、运输、使用等环节因设备故障或受损、操作失误、使用不当引发造成爆炸、翻车、沉船等而导致有毒有害、放射性物质泄漏，战争、恐怖袭击中使用化学武器、核武器破坏工厂、输油管道、工业设施引发污染物排放等。生态环境部数据显示，2020 年，全国共发生各类突发环境事件 208 起，同比下降 20.3%，其中重大和较大突发环境事件 10 起，突发环境事件多发频发的态势仍未得到根本改变，因生产安全事故、化学品运输事故引发的突发环境事件时有发生。

生态破坏是指因人类活动而导致自然生态系统的结构发生显著变化或生产能力显著降低，进而危及人类和其他生物生存与发展的一种现象。因此，环境污染和生态破坏其实是由人为原因引起的次生环境问题（亦称第二环境问题）。2017 年甘肃祁连山国家级自然保护区生态破坏事件和 2018 年陕西秦岭违建别墅事件都是我国近年来的生态破坏典型案例。研究表明，2015 年中国生态破坏损失合计 2.38 万亿元，占 GDP 比重的 3.3%。中国生态破坏损失主要分布在西部地区，占全国总损失值的 52.9%，东、中部地区生态破坏损失值占比分别为 21.9% 和 25.1%，青海、湖南、四川、黑龙江、内蒙古、江苏等省（区）的生态破坏损失都在 1000 亿元以上，占全部生态破坏损失的 56.7%。

（六）人员密集场所安全事故

根据《人员密集场所消防安全管理》（GB/T 40248—2021），人员密集场所（assembly occupancy）主要包括公众聚集场所，医院的门诊楼、病房楼，学校的教学楼、图书馆、食堂和集体宿舍，养老院，福利院，托儿所，幼儿园，公共图书馆的阅览室，公共展览馆、博物馆的展示厅，劳动密集型企业的生产加工车间和员工集体宿舍，旅游、宗教活动场所等。

市场经济的不断繁荣、人民群众生活需求的不断丰富、城市人口聚集程度的不断提高、城市人群社会交往和各类大型活动的日渐频繁等一系列因素，都造成我国城市中人口密集场所的数量与种类不断增加、聚集范围逐步扩大、规模和结构日趋复杂。同发达国家相比，我国城市具有人口集中、人口密度大、人群组织程度较低、人群安全意识相对淡薄等特点。在此背景下，加上我国对人员密集场所突发事件的应急管理水平有待提高，城市内各类人员密集场所的事故风险仍在较大范围内存在，尤其容易引起人群拥挤踩踏等群死群伤的恶性安全事故。

拥挤踩踏事故是指在人员密集场所中，由于现场秩序失去控制，发生拥挤、混乱，导致大量人员被挤伤、窒息或踩踏致死的事故。易发生拥挤踩踏事故的密集场所主要包括学校、宗教场所、体育场所、娱乐场所、交通工具等。拥挤踩踏事故在世界范围内发生频繁，造成了大量人员伤亡和恶劣社会影响。国际上，2015 年沙特麦加朝觐者踩踏事故造成 150 人死亡、400 人受伤；2014 年几内亚海滩音乐会因退场时人群推挤引发恐慌导致踩踏事故，造成 33 人死亡、19 人受伤；2013 年印度中部一寺庙内发生人群拥挤踩踏事故，造成 115 人死亡、100 多人受伤。在我国，2004 年北京密云迎春灯展中因一游人跌倒在公园桥上引发身后游人拥挤，造成 37 人死亡、15 人受伤；2014 年元旦跨年夜上海外滩陈毅广场发生拥挤踩踏事故，造成 36 人死亡、49 人受伤。据不完全统计，我国自 1960 年至 2010 年共发生 217 起人群拥挤踩踏事故，20 世纪 80 年代发生 20 起，死亡 1129 人；90 年代发生 29 起，死亡 2910 人；进入 21 世纪的 10 年间共发生 155 起，死亡 3773 人，事故起数及死亡人数呈显著上升趋势。

（七）核和辐射事故

我国是核能核技术利用大国。核能在提供能源、造福人类的同时，也会因核电站事故、放射性物质泄漏等事故给人类带来灾难。核事故主要是指由核设施（如核电厂、研究堆、核燃料循环设施等）、核场所运行失稳引发的事故以及由老旧核设施退役和放射性废物处理处置引发的事故。辐射事故是指除核事故以外，放射性物质丢失、被盗、失控，或者放射性同位素和射线装置失控，导致人员受到意外的异常照射或者有环境污染后果的事件。国际上，从安全层面上，根据核与辐射事件对人和环境的影响、对设施放射性屏障和控制的影响程度以及对纵深防御的影响程度，对核与辐射事件进行了等级划分，形成了“国际核与辐射事件分级表”（The international nuclear and radiological event scale，INES）。该表将核与辐射事件分为 7 级：1~3 级称为“事件”，4~7 级称为“事故”，无安全意义的事件被划分为“分级表以下/0 级”（图 3-2）。

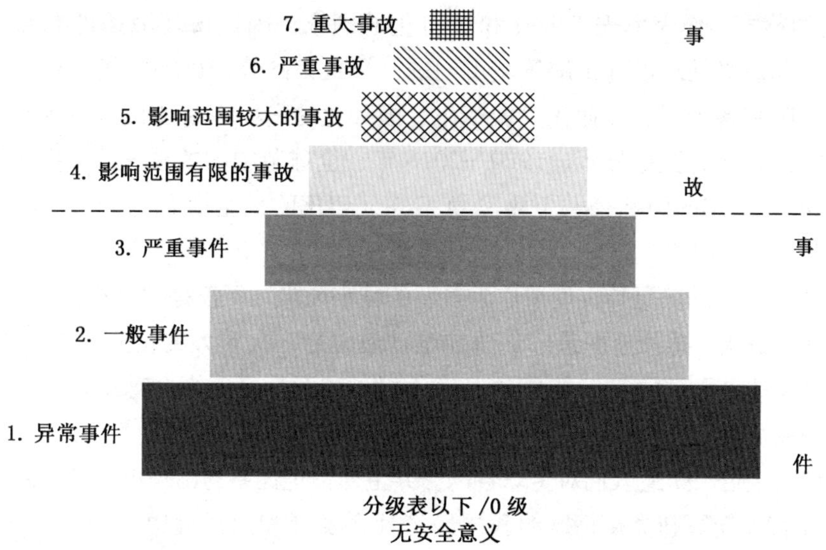

图 3-2　国际核与辐射事件分级表

就核和辐射事故的典型案例看，最具深远影响的是 1986 年苏联切尔诺贝利核电厂反应堆爆炸事故和 2011 年日本福岛核电站事故。切尔诺贝利核电厂事故被认为是历史上最严重的核事故，也是首例被国际核与辐射事件分级表评为 7 级（即重大事故）的核事故。该事故导致连续爆炸并引发大火，在大气层中散发大量高能辐射物质，致 1 万多人搬离居住地，造成 1720 人因受到核辐射污染而患绝症，核污染甚至波及西欧，损害西欧国家的整体环境。福岛核电站事故是切尔诺贝利核电厂事故后最大的核事故，也被评为 7 级。该事故由福岛附近海域的地震所引发，事故造成核泄漏，设备损毁、堆芯熔毁、辐射释放。该事故的后续危害甚至比切尔诺贝利核电厂事故还要严重，尤其含高浓度辐射物的核废水处置问题①，成为日本周边国家地区的广泛担忧。

三、公共卫生事件

公共卫生事件是指造成或可能造成社会公众健康严重损害的重大传染病疫情、群体性不明原因疾病、重大食物和职业中毒以及其他严重影响公众健康的事件。包括重大传染病在内的突发公共卫生事件始终是人类健康的大敌，一部人类发展史可以说是人类与传染病的斗争史。历史上众多国家和地区都曾遭遇过突发公共卫生事件的侵害袭击，如 14 世纪中叶欧洲的“黑死病”、1918 年“大流感”、1997 年禽流感、2001 年炭疽病、2003 年 SARS 病毒、2009 年甲型 H1N1 流感等，都给人类带来了惨痛代价和难以磨灭的记忆。

① 为了冷却沸腾的核燃料，防止堆芯熔化，运营商东京电力公司通过不断向反应堆注入海水来冷却。这些被注入的海水，受到反应堆的污染，就成了含高浓度辐射物的核废水。截至 2021 年 2 月，在核事件发生后的 9 年多时间内，日本每天都向反应堆注入 150 t 冷却水，亦即每天产生等量的核废水。核废水一直在积累，东京电力公司估计在 2022 年夏天，核废水储存装置将被彻底填满，总量将达 140 万 t 左右。

19 世纪的英国，作为率先工业化和城市化的国家，因城市环境条件恶化，尤其是住房拥挤、污水和垃圾处理设施奇缺等城市问题，导致霍乱等传染病频发，引发了严重的公共卫生危机。随着各个国家工业化、城镇化、国际化的进程不断加快，各种传染病传播流行风险也在提高。研究数据显示，1920—2020 年，全球范围内的重大传染病事件或世界卫生组织（WHO）认定的国际公共卫生紧急事件（PHEIC）至少有 22 项，17 项在 2000 年以后集中暴发，占比达 77. 27%。

2019 年岁末以来的新冠肺炎疫情作为典型的城市风险，不仅是“新中国成立以来在我国发生的传播速度最快、感染范围最广、防控难度最大的一次重大突发公共卫生事件”，更是冷战结束以来全球最严重的突发性公共卫生危机，甚至是百年来全球最严重的传染病大流行。新冠肺炎疫情再次强力冲击着全球政治经济秩序和人类社会的生存发展，给公共卫生带来了新启示和新定位，塑造人们对全球各国公共卫生治理体系与治理能力的全新认识。

对我国而言，新冠肺炎疫情既给我国经济社会发展和人民健康带来了“危”，是对我国国家治理体系和治理能力的一次大考；同时为我国公共卫生应急体系建设，推进公共卫生治理体系能力现代化、在全球范围展现中国特色社会主义制度、推动建设人类命运共同体带来了“机”。从社会治理角度看，突发公共危机最能考验一个国家的治理体系和能力。通过全面检视疫情防控全过程，激发各级各类政府不断查找和深刻认识公共卫生乃至国家治理体系中的矛盾问题和不足短板，倒逼、深化改革，从疫情认知预判、政策储备能力、危机应对策略、危机治理思想、应急管理方法、社会治理结构、社会治理体制与运行机制、政府应急指挥能力等层面，全方位加以健全和优化。

四、社会安全事件

社会领域的安全是国家安全领域中侧重民生安全的一部分，防范化解社会领域重大风险是各级各类政府防范化解重大风险战略部署的重要组成部分。世界各国的不同时期都有其特定场域内的社会安全事件，其背后诱因表现出与政治、经济发展路径高度相关的独特性。归根到底，社会安全事件缘于社会分化过程中多元社会主体的不同利益诉求所形成的博弈，并以社会问题为主要形态显现。社会安全事件具有人为性、预谋性、暴力性、破坏性、演变性和政治敏锐性等特点。

当前，社会安全成为全球社会治理发生结构性巨变的重要动力，是现代性全球化的长波进程和本土社会转型的特殊脉动两种力量相互作用在当今时代的生动体现，关联着社会主要矛盾不断转化与演变的进程。在我国，党的十九大报告指出：“中国特色社会主义进入新时代，我国社会主要矛盾已经转化为人民日益增长的美好生活需要和不平衡不充分的发展之间的矛盾。”从日益增长的“物质文化需要”到“美好生活需要”的转变，意味着要在满足物质文化生活基本需要的基础上，充分保障人民平等参与、平等发展权利的需求，享有更加完善的社会保障体系、更加高效的社会治理体系、更加可靠的社会安全体系的需求。社会领域的风险问题直接关系到人民群众的切身利益和获得感、幸福感、安全感。如果不能很好地回应人民群众的新需求和新期待，经济发展的成果、物质财富的积累甚至会变为导致社会阶层隔阂、引发社会不稳定的助推器。

因此，在由社会主要矛盾转化所推动的社会安全需求不断发生变化，社会转型依然快速而深刻，社会利益分化程度仍有加剧态势，各种诱发社会风险的要素在一定程度上还广泛存在（如国际恐怖主义泛滥、境外敌对势力插手、国际秩序与格局快速变动、西方国家深层次社会矛盾问题外溢等）的历史条件下，我国现阶段社会安全形势仍相当错综复杂。为此，必须进一步提高社会建设水平，切实解决好房价高企、阶层固化、贫富差距大、收入分配不公、社会保障体系不健全等社会稳定风险。

第三节　城市突发事件的应对

城市突发事件的应对一般包括预防与应急准备、监测与预警、应急处置与救援、事后恢复与重建等环节。这是一个循环往复的过程，有效恢复与科学重建，就是对新的突发事件的最好预防和准备。预防与应急准备，是防患于未然的阶段，也是应对突发事件最重要的阶段。监测与预警，是预防与应急准备的逻辑延伸。突发事件的早发现、早报告、早预警，是及时做好应急准备、有效处置突发事件、减少人员伤亡和财产损失的前提。应急处置与救援，是应对突发事件最关键的阶段。事后恢复与重建，是应对突发事件过程中的最后环节。应急处置工作结束后，并不意味着突发事件应对过程结束，而是进入一个新阶段——突发事件应对中的后处理阶段。

一、预防与应急准备

预防与应急准备体现了“防患于未然”的理念。中华民族是一个充满忧患意识的民族，该理念贯穿了整个传统文化的发展过程，是推动民族发展进步的动力源泉。中共中央总书记习近平在2021年8月《求是》杂志发表的文章中强调，“从忧患意识把握新发展理念。‘不困在于早虑，不穷在于早豫。’……必须增强忧患意识、坚持底线思维，随时准备应对更加复杂困难的局面”。预防与应急准备阶段主要包括构建应急预案体系、推进风险评估与隐患排查治理、组建应急救援队伍、开展应急宣教培训与演练等具体环节。

（一）构建应急预案体系

建立健全覆盖全国各地区、各行业、各单位的应急预案体系，有利于各级各类政府和各部门做到以提高预防和处置突发事件能力为重点，明晰各种职能职责，在应急管理各个阶段既相对独立，又相互协调，从而最大限度地减少城市灾害事故造成的人员伤亡和财产损失，促进城市经济社会全面、协调、可持续发展。

我国强调以预防为主的原则来构建应急预案，明确规定了在应急预案编制过程中必须遵循的应急处理原则、主体职责、工作流程等事项。现阶段我国应急预案体系具有以下几个突出特点：一是部门齐全、种类繁多；二是近几年大规模预案编制工作形成的各级各类应急预案弥补了应急规划的不足，内容更加具体，可操作性更强；三是具有超前性，大量补充性的规定为今后进一步完善有关法律制度提供了重要参考；四是强调属地管理、条块结合的应急管理体制。

我国通过分级分类原则建立了较为完整的预案体系，具体包括五类：①作为全国应急预案体系总纲的突发事件总体应急预案，这是国务院应对特别重大突发事件的规范性文件；②作为国务院及其有关部门为应对某一类型或某几种类型突发公共事件而制定的专项应急预案；③作为国务院有关部门根据总体应急预案、专项应急预案和部门职责为应对突发事件制定的部门应急预案；④用于指导地方政府开展突发事件处置的地方应急预案；⑤作为各类企事业单位应对处置指导原则和实施方案的企事业单位应急预案。

（二）推进风险评估与隐患排查治理

推进风险评估与隐患排查治理体系是防范、处置城市灾害事故的一项基础性工作，是落实预防为主、预防与处置相结合原则的重要措施，是实现群防群控、源头治理的有效途径。

风险评估是在调查登记的基础上，对经过确认登记的危险源、危险区域组织具备相关专业知识的专家及对应对突发事件有丰富经验的人员进行分析、论证，得出有关结论，为应对处置工作做好准备。因此，风险评估具体指对可能造成各类灾害事故的危险源、危险区域、安全隐患、社会矛盾纠纷或不稳定因素等进行普查登记、分析评估和统计汇总。风险评估工作应该按照分类指导、分级管理、重点突出、全面推进的原则开展。主要包括如下任务：一是全面准确地掌握风险的种类、数量和状况；二是对风险进行安全评估，加强动态监管；三是建立风险数据库，探索建立长效机制。

隐患通常是指物的不安全状态，人的不安全行为，环境的不安全因素和管理上的缺陷等可能导致突发事件的因素和状态。从广义上看，隐患还可以包括危险源与危险区域。危险源是指长期地或者临时地生产、搬运、使用或者储存危险物品，且危险物品的数量等于或者超过临界量的单元（包括场所和设施）。危险区域是指容易引发自然灾害、事故灾难或公共卫生事件，可能会对位于此环境内的人员造成健康或安全威胁的区域。

由于各类隐患潜藏着发生突发事件的可能性，需要在调查、登记、分析、辨识的基础上，对致灾的可能性和严重程度进行定性和定量评价，在此基础上进行危险等级划分，以确定隐患排查治理方向与重点。同时，由于隐患是不断变化的，应当对其定期进行检查、监控，及时掌握隐患的动态变化情况。

（三）组建应急救援队伍

《中华人民共和国突发事件应对法》明确规定，县级以上人民政府应当整合资源，建立或者确定综合性应急救援队伍；国务院办公厅印发的《关于加强基层应急队伍建设的意见》提出了基层应急救援队伍建设的基本原则和建设目标，对全面建设城市社区综合应急救援队伍指明了方向。

建设一支专常兼备、反应灵敏、作风过硬、本领高强的应急救援队伍是健全国家应急管理体系的核心内容，也是预防与应急准备阶段的关键性环节。当前，我国应急救援力量主要包括国家综合性消防救援队伍，各类专业应急救援队伍和社会应急力量。

国家综合性消防救援队伍依托公安消防部队等成立，目前已有99%的县级及以上地方政府组建了此类救援队伍。国家综合性消防救援队伍由原公安消防部队和武警森林部队转制组建，是我国应急救援的主力军和国家队，承担着防范化解重大安全风险、应对处置各类灾害事故的重要职责。

各类专业应急救援队伍主要由地方政府和企业专职消防、地方森林（草原）防灭火、地震和地质灾害救援、生产安全事故救援等专业救援队伍构成，是国家综合性消防救援队伍的重要协同力量，担负着区域性灭火救援和生产安全事故、自然灾害事故等专业救援职责。另外，交通、铁路、能源、工信、卫生健康等行业部门都建立了水上、航空、电力、通信、医疗防疫等应急救援队伍，主要担负行业领域的事故灾害应急抢险救援任务。

社会应急力量是具备一定专业背景、社会资源和社交能力，能够参与并作用于应急救援的群体性力量。他们依据各自的人员构成及专业特长开展水域、山岳、城市、空中等应急救援工作，同时也有一些单位和社区通过建立志愿消防队等方式参与应急救援，成为群防群治的重要辅助性力量。

（四）开展应急宣教培训与演练

《中华人民共和国突发事件应对法》要求各级各类政府组织、学校、村（社区）委员会、企业事业单位、新闻媒体等积极开展应急知识的宣传教育普及活动和必要的应急演练，提升应急处置人员的应对能力、培养社会公众安全意识和自救与互救能力。

应急管理的科普宣教普及工作可从四个方面加以组织实施：一是开展预案的广泛宣传报道，营造全社会关心公共安全的舆论氛围；二是开展专题宣传活动，在全社会树立公共安全意识和社会责任意识，如通过设立防灾减灾日、安全宣传月、开学安全教育第一课、中小学安全教育周等形式多样的公共安全主题宣传活动；三是开展提高公众预防、自救和互救能力的科普宣教，如通过开辟应急管理科普知识专栏、编辑出版科普读物和音像制品、举办论坛和讲座等活动以及开展公共安全知识进社区、进农村、进企业活动等来推动；四是开展专门性公共安全教育培训，主要是面向学校师生、公务员、应急管理专职人员和志愿者等人员进行教育培训。

演练是最好的培训。应急演练通常是指应急体系内各组成部门、单位或群体、个人针对模拟的灾难事故条件或塑造特定的灾难事故情景，执行实际突发事件发生时各自职责和任务的排练活动。由于应急演练一般都需事先形成行动计划、方案，应急演练在某种意义上亦被等同于应急预案演练。按演练内容，应急演练可分为专项应急演练和综合应急演练，专项应急演练和综合应急演练可分别采取桌面演练或实战演练的方式进行。应急演练遵循“统一规划、分级负责，专业主导、协同联动，贴近实际、注重实效，厉行节约、保证安全”的工作原则。应急演练工作包括规划与计划、准备、实施、评估总结和改进五个阶段。

二、监测与预警

监测与预警是通过信息收集、信息报告和信息评估，对各种可能发生的突发公共事件进行监测，根据监测分析结果，对可能发生和可以预警的突发公共事件进行预警，进而根据预警级别和相关要求发布预警信息、采取预警措施和调整预警级别。监测与预警不仅指主体突发事件，还包括由主体突发事件引发的次生、衍生突发事件。加强监测与预警，在第一时间及时准确地向社会公众发布预警信息是防范应对各类突发公共事件的关键环节，也是有效减少人员伤亡和财产损失的重要措施。

（一）突发事件监测

在应急管理中，监测是指通过设立各种网点，对可能引起突发事件的各种因素和突发事件发生前的各种征兆进行观察、捕捉、预测的活动，一般包括常规监测、特殊监测和随机监测。常规监测是指定期的日常性风险信号的收集和监测。特殊监测是对特定突发事件的载体或危险源进行非常规监测，一般是对一些重大危险源进行监测或者在突发事件发生的临近期或发生期间进行监测。随机监测是根据现实需要而对某些可能发生的突发事件随机进行的抽样监测，并对指定范围和对象进行突发性的风险信号采集。突发事件监测的具体工作包括信息收集、评估、报告。

信息收集是监测预警灾害事故的前提。许多突发事件的发生都是有苗头和征兆的。早发现、早报告、早预警、早处置，大量的突发事件就可能被消除或者控制在萌芽状态，一般突发事件不至于演变成重大突发事件。

信息评估是指运用各种技术性、专业性手段，对信息“去粗取精、去伪存真”，并对信息进行等级评价的过程。经过分析、评估突发事件的信息，根据不同的等级来决定信息报告的路线、方式、级别（如逐级上报还是越级上报）。

信息报告是指基于客观信息的判断，实事求是、及时准确地报告突发事件。突发事件信息报告的责任主体是地方各级人民政府，发生突发事件，地方各级人民政府都要按规定向上级人民政府报告，不能以有关部门报告代替政府报告。信息报告内容一般包括突发事件信息和可能引发突发事件的预测预警信息。报告的要素应当包含：时间、地点、信息来源、事件起因和性质、基本过程、已造成的后果、影响范围、事态发展趋势和已经采取的措施以及下一步工作打算和建议等。报告突发事件应当及时、客观、真实，做到不瞒报、不漏报。

（二）突发事件预警

突发事件预警是指根据突发事件监测的信息和风险评估结果（尤其是可能的危害程度、紧急程度和发展态势等），确定相应预警级别、发布相关信息、采取相关措施的过程和方式。

突发事件预警主要围绕对象、级别、内容展开。突发事件预警的对象包括自然灾害、事故灾难、公共卫生事件和社会安全事件。预警级别划分主要依据 3 个方面：突发事件发生的紧急程度、发展态势和可能造成的危害程度，共分为Ⅰ级（特别严重）、Ⅱ级（严重）、Ⅲ级（较重）和Ⅳ级（一般）4 级，分别用红色、橙色、黄色和蓝色标示。预警内容包括突发事件的类别、预警级别、起始时间、影响范围、警示事项、应采取的措施和发布机关等。

监测与预警的基本流程是：对可能引发突发事件或导致突发事件发生变化的各种危险要素持续地进行监测并对其预兆进行客观分析，作出科学的风险评估；如果风险评估的结果显示突发事件不会发生，则继续监测；如果风险评估的结果显示突发事件可能发生，则发出警示信号；当公众采取有效的响应行动后，监测与预警流程结束。

三、应急处置与救援

突发事件发生后，事发地政府和相关单位须在第一时间组织各方面力量，依法及时采取有力措施控制事态发展，开展应急处置与救援工作，避免其发展为严重事件，努力减轻或消除突发事件对人民生命财产的损害。应急处置与救援工作流程如图 3-3 所示。

（一）先期处置

《国家突发公共事件总体应急预案》规定，“突发公共事件发生后，事发地的省级人民政府或者国务院有关部门在报告特别重大、重大突发公共事件信息的同时，要根据职责和规定的权限启动相关应急预案，及时、有效地进行处置，控制事态。在境外发生涉及中国公民和机构的突发事件，我驻外使领馆、国务院有关部门和有关地方人民政府要采取措施控制事态发展，组织开展应急救援工作”。

突发事件发生时，第一响应者首先作出反应是至关重要的。第一响应者涉及多个方面，如机敏的受难者个体、工厂职工，提供消防和医疗服务的营救组织、其他相关政府部门等。一个地区发生突发事件时，当地公众不但是灾害的直接受体，同时也是抗击灾害的主体。突发公共事件发生后，有组织的救援活动总是滞后于陷于事故之中的人的自救和互救，第一响应者在灾后较短的时间内即可参与救助生命的活动，从而能使许多人劫后逃生。而公众在突发公共事件发生时的第一响应取决于平时的安全素质教育，危机来临时，公众应具备足够的心理准备，克服惊慌，保持冷静，沉着应对。

（二）应急响应

《中华人民共和国突发事件应对法》第四十八条明确指出，“突发事件发生后，履行统一领导职责或者组织处置突发事件的人民政府应当针对其性质、特点和危害程度，立即组织有关部门，调动应急救援队伍和社会力量，依照本章的规定和有关法律、法规、规章的规定采取应急处置措施”。

履行统一领导职责的人民政府，是指自然灾害、事故灾难、公共卫生事件发生后，统一领导应急处置工作的人民政府。根据对突发事件分级的规定和关于统一领导、综合协调、分类管理、分级负责、属地管理为主的应急管理体制的规定，一般和较大自然灾害、事故灾难、公共卫生事件的应急处置工作分别由发生地县级和设区的市级人民政府统一领导；重大和特别重大自然灾害、事故灾难、公共卫生事件的应急处置工作由发生地省级人

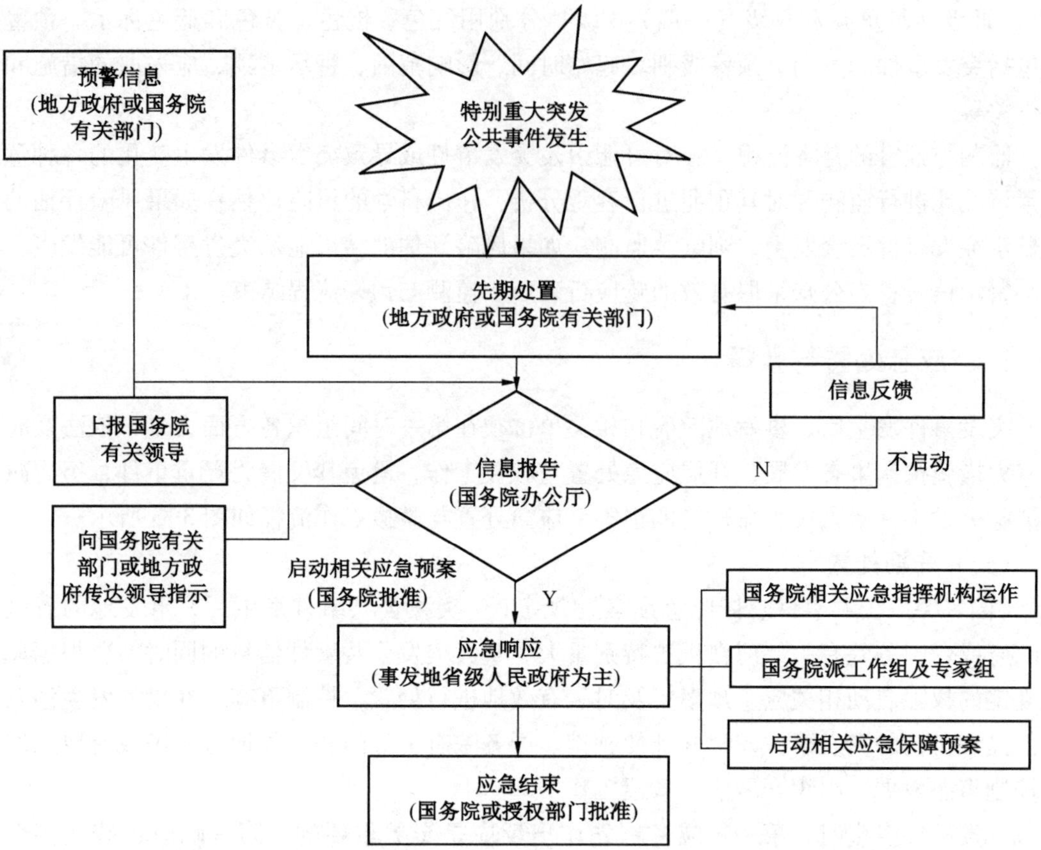

图 3-3 应急处置与救援工作流程示意图

民政府统一领导，其中影响全国、跨省级行政区域或者超出省级政府处置能力的特别重大自然灾害、事故灾难、公共卫生事件的应急处置工作由国务院统一领导。

组织处置突发事件的人民政府，是指处置社会安全事件的人民政府。社会安全事件由发生地县级人民政府组织处置，必要时上级人民政府可以直接组织处置。

（三）信息发布

在《中华人民共和国突发事件应对法》和各类应急预案中，都对应急信息发布有明确规定，包括对信息发布的责任主体、时限、联动机制等。

例如《中华人民共和国突发事件应对法》规定，“履行统一领导职责或者组织处置突发事件的人民政府，应当按照有关规定统一、准确、及时发布有关突发事件事态发展和应急处置工作的信息”，“任何单位和个人不得编造、传播有关突发事件事态发展或者应急处置工作的虚假信息”。又如，2021 年 8 月修订后的《北京市突发事件总体应急预案》规定，遇有重大突发事件，主责部门要加强网络舆情的监测与响应，第一时间通过权威媒体向社会发布信息，最迟应在 5 小时内发布。

（四）应急结束

应急结束是指应急救援结束或者相关危险因素消除后，现场应急救援指挥机构关闭。不同级别的突发事件，其应急结束有不同的规定。例如，由国务院负责处置的特别严重突发公共事件的应急状态解除，根据国务院领导同志指示或实际需要提出，或者由事发地省级人民政府或国务院有关部门提出，经国务院应急管理办公室（国务院总值班室）审核后，报国务院或者国务院相关应急指挥机构批准后实施。

四、事后恢复与重建

事后恢复与重建是应对突发事件过程中的最后环节。应急处置阶段的工作结束后，并不意味着突发事件应对活动的结束，而是进入一个新的阶段——突发事件应对中的后处理阶段。在这个阶段，可以为人们提供一个至少能弥补部分损失和尽快恢复常态的机会。因此，突发事件的威胁和危害基本得到控制或者消除后，应当及时组织并开展事后恢复与重建工作，减轻突发事件造成的损失和影响，尽快恢复生产、生活、工作和社会秩序，妥善解决处置突发事件过程中引发的矛盾和纠纷。同时，要总结经验教训，提出改进措施。

（一）应急处置措施停止与次生衍生事件防范

《中华人民共和国突发事件应对法》规定了应急处置措施停止的相关要求，明确在突发事件的威胁和危害得到控制或者消除后，履行统一领导职责或者组织处置突发事件的人民政府应当停止执行应急处置措施。实际中，需要根据突发事件的性质、特点和实际情况，来确定停止执行应急处置措施的时间。作出停止应急处置措施的决定后，应当以适当方式向社会公布，让人民群众普遍知晓。

应急处置措施的停止并不等于应急处置全部工作的终结，还要注意防范次生衍生事件出现。例如，吉林石化爆炸事件本身是一起企业的安全生产事件，但由于没有及时采取事件连带的防范措施导致了松花江污染事件，进而导致哈尔滨断水的社会安全事件和邻国跨国重大环境事件。因此，为巩固采取应急处置措施的成果，应急处置措施停止后，仍应根据实际需要采取有关必要措施。

（二）突发事件损失评估与恢复重建

《中华人民共和国突发事件应对法》第五十九条规定，“突发事件应急处置工作结束后，履行统一领导职责的人民政府应当立即组织对突发事件造成的损失进行评估，组织受影响地区尽快恢复生产、生活、工作和社会秩序，制定恢复重建计划，并向上一级人民政府报告”。

损失评估是恢复与重建工作的基础和前提，如果没有对损失进行评估，相关的补偿、救济、抚慰以及突发事件调查、总结等工作都将无法顺利开展。损失评估包括统计死亡和受伤人数、需要救援和安置的人数，对救治、安置、安葬等工作进行必要分析评价；统计各种设施、设备损失情况，对设施紧急抢修工作进行分析和评价；统计突发事件造成的直接损失和间接损失。

秩序恢复是实施重建计划的先决条件。应急处置措施结束后，最紧迫的是要尽快恢复正常的生产生活秩序。受突发事件影响地区的人民政府应当及时组织和协调公安、交通、铁路、民航、邮电、建设等有关部门恢复社会治安秩序，尽快修复被损坏的交通、通信、供水、排水、供电、供气、供热等公共设施。

制定恢复重建计划是科学、有序地开展恢复重建工作的决策部署和指导纲领。实践中，通常还需依据恢复重建计划，按照近期、中期、远期相结合的原则，细化制定相应的实施方案，形成重建的具体举措和项目清单，根据项目建设的轻重缓急，列出项目推进时序和保障措施等，全力确保灾后重建项目实施。

（三）突发事件调查与应急处置工作总结

各类突发事件发生之后，有关主体（如国务院、地方人民政府等）应当进行评估和总结，查明突发事件发生的原因，总结应急处置工作的经验教训，对突发事件应对工作的各个环节进行评估，并向上一级人民政府提交报告。

在突发事件发生后，应当尽快启动突发事件调查评估工作，在第一时间掌握信息、收集证据，监督制订整改措施并督促落实。突发事件调查评估应遵循公平、公开、公正原则，引入第三方评估机制开展应急管理过程评估、灾后损失和需求评估等，以查找、发现工作中的问题和薄弱环节，提高防范和改进措施，不断完善应急管理工作，如“9·11”事件后，美国由第三方独立机构对整个事件进行较为详细的评估调研报告并提交有关部门。

应急处置工作总结是指事后分析突发事件应急处置过程，总结现行应急处置体系和机制存在的薄弱环节和成功经验。应急处置工作总结经验教训可从以下几方面展开：一是应急管理办事机构整合资源的力量和专职人员的工作能力；二是应急领导组织对各种突发公共事件及不稳定因素发展变化趋势的预测，对整体事态的评估；三是突发公共事件专业队伍的快速反应和攻坚处突能力；四是各职能部门在处置突发公共事件时的协调配合能力；五是应急救援保障情况；六是公众在突发公共事件方面的知识和能力。

【本章重点】

1. 通过理解城市与突发事件之间关系的概述，掌握实施现代城市突发事件应对的意义以及出现的主要问题和面临的挑战。

2. 了解城市突发事件分类的主要标准依据，明确我国应急管理体系中对城市突发事件的分类原则及其细分类别；掌握自然灾害、事故灾难、公共卫生事件、社会安全事件及其主要细分类别的成因、特征及基本演变规律。

3. 了解城市突发事件应对的四个阶段划分，掌握各阶段内主要环节的指导原则、基本要求、工作流程等。

【课后习题】

1. 城市突发事件的应对可以分为几个阶段？

2. 城市突发事件主要包括哪几种类型？

3. 根据可能造成的危害程度、紧急程度和发展态势，突发事件预警级别由高到低的表示颜色分别是什么？

第四章
城市公共安全监测与预警

城市及城市群作为资源开发强度最高，是社会活动最频繁最多样化的区域，也是应急管理、安全管理最重要最特殊的领域。近二十多年来，我国城市化进程一直保持较快速度，大城市的人口和产业集聚越来越明显，但是无论城市空间形态如何变化，活动模式如何多样，体量如何增加，最基础的安全底线始终不能突破。

从系统工程和控制科学角度来看，城市公共安全管理的全环节包括风险监测与辨识、风险预警、风险评估和分级、风险控制、风险应急处置等，第一个环节就是监测与预警，做好了监测与预警，就可以及时高效地进行城市风险的预防和管控，就能以较低的成本维护好城市的安全水平，最大限度地保持好城市的稳定运行。

第一节　城市公共安全监测与预警概述

一、城市公共安全监测与预警基础性作用

（一）城市的系统性决定了监测与预警的基础性作用

1. 城市功能的极端重要性

从城市功能来看，城市是人类进行经济、政治、社会、文化等活动的中心，是人口聚集密度最大、组织模式最为多样、活动强度最高的区域，作为安全管控的第一环节，风险监测与预警的基础性作用必须得到应有的强化。

2. 城市功能的极度复杂性

从城市系统复杂性来看，随着各种功能持续加载，城市及城市群不可避免地成为风险最为集中的区域。特别是近年来，我国城市化进程明显加快，城市人口、功能和规模不断扩大，发展方式、产业结构和区域布局发生了深刻变化，新材料、新能源、新工艺广泛应用，新产业、新业态、新领域大量涌现，城市运行系统日益复杂，安全风险不断增大。

3. 城市功能的高度协同性

从城市系统的协调程度来看，城市社会经济发展与安全基础和保障能力出现了明显的脱节。一些城市安全基础薄弱，安全管理水平与现代化城市发展要求不适应、不协调的问题比较突出。近年来，一些城市甚至大型城市相继发生重特大生产安全事故，给人民群众生命财产安全造成了重大损失，暴露出城市公共安全管理存在不少漏洞和短板。

4. 城市多系统之间的高度耦合性

从系统的涌现特性来看，城市系统的各种功能持续增加，子系统之间相互的强耦合、强作用和强关联效应越来越突出，城市日益转化为一个相互关联而又彼此耦合的复杂系统。随着科学技术的进步和人员流动的加大，网络、物流、公共交通等愈发成为市民生活中不可或缺的基础设施。需要保障的内容越来越多，需要见之于未萌、治之于未乱的风险点也必然越来越多。城市建设、居民生活、商业消费、交通出行、公共卫生等各方面，紧密嵌合、相互影响，任何一个子系统出错、任何一个环节发生问题，都可能引发城市系统的紊乱。

5. 城市功能的日益多样性

城市规模越庞大，科学预见风险、精准应对风险，强化监测评估、完善保障体系，正愈发成为城市应急管理和安全管理的基础。放眼未来，随着城市运行的加载项越来越多，城市公共安全管理面临的可以预料和难以预料的安全风险只会越来越复杂，对于科学、精准风险监测、预警的要求也将越来越高。

（二）城市公共安全监测与预警的体系环节说明

按照系统工程的系统辨识、系统预测、系统控制和评价反馈 4 个环节来分解，城市公共安全的整体关系为

城市公共安全风险管理 = 风险辨识（识别）+风险监测与预警+城市风险安全管控（应急救援与突发事件处置）+城市公共安全风险反馈（后评价与规划）

从整个城市公共安全管理全环节来看，首先是能辨别什么是风险，什么是“急”，风险在哪里，风险的特征，“急”的特征，这是系统辨识，其本质是对客观环境和事物的认识。认识的程度越深，规律的把握越准。其次是能预测风险会在哪些时空点出现，如何变化，也就是系统预测。再次是知道何时去应对，也就是对城市风险和突发事件发生之后的过程控制能力和系统控制水平。最后是能客观、全面、科学和精准地评估应对成本，设立相应的应急准则和依据，通过对风险、隐患的管控效果，突发事件处置水平的总结和评估，达到提升和优化的目的，实现螺旋式进步，这是系统评估能力。

1. 城市公共安全风险系统辨识

风险识别是发现、分析、评估风险，即要知道城市的哪些区域有风险、有什么类型的风险，各类风险的严重程度如何。

2. 城市公共安全风险监测

精准安全追求精准的安全着力空间点、着力时间点、着力方式和强度，追求安全与社会文明的一致性；而找到这些一致性中的最佳平衡点，是科学安全的目标和着力点。风险监测是利用量化的关键风险指标来统计、分析风险的发展趋势，进行风险的预测与预警。

城市作为一个典型的复杂巨系统，是自然和人类活动耦合程度最高的区域，更适宜应用各类感知数据，构建风险监测指标体系，特别是利用大数据、人工智能等技术手段，建设城市安全生产风险监测预警系统，实现对城市巨系统多类型风险的监测、评估、预警和

趋势分析。

3. 城市公共安全风险系统控制

城市风险控制是指在城市风险管理中采取各种措施和方法，消灭或减少风险事件发生的各种可能性，或者减少风险事件发生时造成的损失。风险控制的基本方法有风险回避、损失控制、风险转移和风险保留。

将风险控制在可接受程度之内，有四种手段：①风险接受，此类风险在城市可以承受的范围之内，暂时不需要处理但需要进行关注并监测趋势；②风险降低，通过各种手段降低产生风险的要素，将风险降低到预期水平；③风险规避，一种特殊的处理风险的方式，即将产生风险的要素彻底消除，风险便随之消除；④风险转移，通过购买城市保险、风险转移等手段将风险损失转嫁出去。

二、城市公共安全监测与预警体制总体要求

（一）城市公共安全风险与隐患事前管控

城市公共安全风险与隐患事前管控主要包括以下几个方面：一是对城市公共安全风险进行全面辨识评估，建立城市公共安全风险信息管理平台，绘制“红、橙、黄、蓝”四色等级安全风险空间分布图，形成城市巨系统的风险监测“一张图”；二是定期编制城市公共安全风险白皮书，对城市风险进行梳理与归纳，并及时更新发布；三是在管理层面制定涵盖城市巨系统各方面重大安全风险“一票否决”的具体情形和管理办法；四是在具体操作层面明确风险管控的责任部门和单位，完善重大安全风险联防联控机制；五是以人为本，着眼于城市民生，对重点人员密集场所、安全风险较高的大型群众性活动开展安全风险评估，建立大客流监测预警和应急管控处置机制。比如在城市道路交通的常态风险监测方面，目前北京采用了道路交通指数，实现了对道路交通的实时监测与预测，如图 4-1 所示。

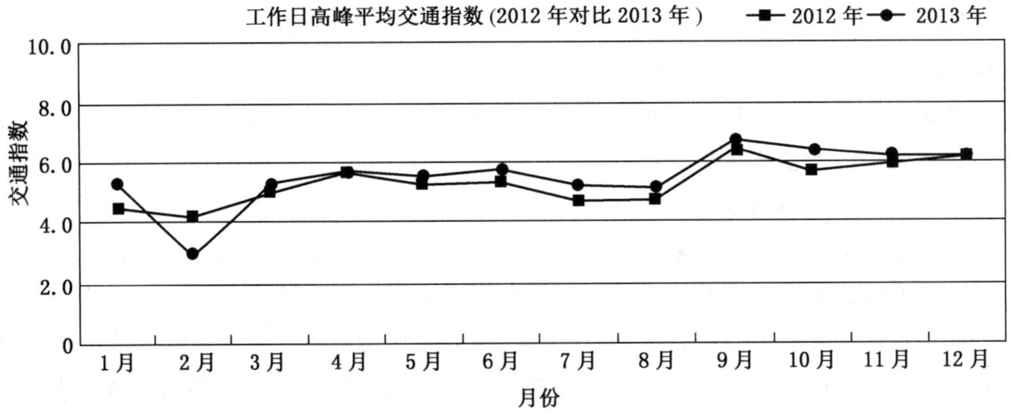

图 4-1　北京城市道路交通安全等级示例

（二）城市公共安全风险与隐患排查治理

在城市公共安全风险与隐患排查治理的技术层面，在规范建立、行业监测、区域管理等环节和领域，重点开展以下四项工作。一是制定城市公共安全隐患排查治理规范，健全隐患排查治理体系。通过风险识别，对城市重大危险源进行辨识、申报、登记、监管，建立动态管理数据库，特别是城市地下工程等不易监测系统的风险数据库，提升在线安全监控能力。二是对重点行业、重点区域和重点场景进行风险监测与管控，强化对各类生产经营单位和场所落实隐患排查治理制度情况的监督检查，严格实施重大事故隐患挂牌督办。督促社区、企业建立隐患自查自改评价制度，定期分析、评估隐患治理效果，不断完善隐患治理工作机制。三是对城市区域内各类建筑、施工安全进行监测与管控，加强施工前作业风险评估，强化检维修作业、临时用电作业、高空作业、吊装作业、断路作业、动土作业、立体交叉作业、有限空间作业、焊接与热切割作业以及塔吊、脚手架在使用和拆装过程中的安全管理，严禁违章违规行为，防范事故发生。根据城市内部不同区域内的特殊情况，加强广告牌、灯箱和楼房外墙附着物管理，严防倒塌和坠落事故；加强老旧城区火灾隐患排查，督促整改私拉乱接、超负荷用电、线路短路、线路老化和影响消防车通行的障碍物等问题。对于城市内部的重要交通基础设施，加强城市隧道、桥梁、易积水路段等道路交通安全隐患点段排查治理，保障道路安全通行条件。如北京市以轨道交通车站为对象，建立了分级风险评价和监测体系，实现了对地下轨道这一类重点受限空间作业类型的大客流拥挤风险的排查。四是在城市社区安全管理方面，重点推行高层建筑消防安全经理人或楼长制度，建立自我管理机制；明确电梯使用单位安全责任，督促使用、维保单位加强检测维护，保障电梯安全运行；加强对油、气、煤等易燃易爆场所雷电灾害的隐患排查；加强地震风险普查及防控，强化城市活动断层探测。

三、城市公共安全监测与预警体制地方要求

（一）严格城市基础设施安全管理，对城市运行重要系统进行重点监测

严格城市供水、供电、供热、供气、排水防涝等地下管线、管网系统和污水、污泥、垃圾处理等基础设施建设、运营过程中的安全监管。加强城市轨道交通、公交车、客运车辆、校车、危险化学品运输车辆、物流货运和邮政快递运输车辆日常运行的安全监管。科学设置道路交通安全设施，完善大型桥梁隧道、高风险公路路段的安全监测系统和安全防护、避险设施。强化地下穿越工程监测预警和地下管线设施隐患探测，严防路面塌陷下沉事故，特别是城市快速路系统的质量监测。

（二）建立城市风险预防双控体系，对城市风险进行系统层面的辨识

健全安全风险防控体系，完善城市公共安全风险评估机制，定期开展城市公共安全风险辨识评估，编制城市公共安全风险白皮书。明确风险管控的责任部门和单位，健全重大安全风险联防联控机制。完善城市重大危险源辨识、申报、登记、监管制度，建立管理档案和动态管理数据库。

（三）构建城市广域防灾体系，提升城市灾害监测与预警能力

建立健全灾害监测预警评估机制，重点对极端恶劣天气、洪涝、地质灾害、森林火灾、地震等突发事件进行监测。加强辐射源安全监管，强化废旧放射源及放射性废物和危险废弃物收运、转运、处置等重点环节的环境风险监控。强化供气、供电、供热、给水、排水、通信、交通等城市运行领域安全监测，推进城市生命线系统预警控制自动化。

（四）充分利用信息化手段，实现城市风险排查治理，安全管控的智能化

完善应急管理应用平台和应急管理数据库，利用物联网、航空遥感、视频识别、移动互联等技术统筹推动感知网络建设。建立安全生产、应急救援、消防安全、防灾减灾救灾等数据资源开放共享机制，完成系统整合和数据中心建设，综合应用大数据技术实现城市应急管理的系统化、智能化。

（五）以高强度人员活动场所为主，开展分级分层的城市公共安全风险管控工程

推进交通、建筑施工、市政、商务、体育、文化旅游、园林绿化、工业、危险化学品等重点行业领域安全风险评估全覆盖，实现安全风险分级管控。对重点人员密集场所、安全风险较高的大型群众性活动开展安全风险评估，健全大客流监测预警和应急管控处置机制。

第二节　城市公共安全监测与预警定性评价分析方法

一、城市公共安全监测与预警定性分析方法

（一）鱼骨图分析方法

鱼骨图也被称为石川图或因果图，最早由日本人石川馨于 1943 年提出，广泛用于制造业的质量控制和质量管理中。鱼骨图是一种通过定性分析的思路以试图发现问题根本原因的方法，也称为“因果分析图”，其特点是简洁实用，深入直观。它看上去有些像鱼骨，问题或缺陷（即后果）标在“鱼头”外。在鱼骨上长出鱼刺，上面按出现机会多少列出产生问题的可能原因。作为系统识别因果关系的分析工具，鱼骨图分析法适用性很强，适用于安全评价、环境风险、项目风险管理等多个领域中。鱼骨图应用于风险管理中，可用于识别风险的起因。

鱼骨图的绘制分两步。第一步是分析问题的形成机理和本质成因。针对问题点，先选择影响要素类别，包括人、机、料、法、环等，然后按头脑风暴分别对各类影响要素找出所有可能引发变化的原因，再找出各要素进行归类、整理，标明从属关系。第二步开始正式绘制，注意先填写鱼头，画出主骨；接着画出大骨，填写大要因；然后画出中骨、小骨，填写中小要因；最后用特殊符号标识重要因素。基于鱼骨图进行风险识别，可以从有关问题追溯到有责任的行为，能够帮助管理人员发现导致风险出现的根本原因。管理人员可以对上述原因进行分析，找出可能导致项目发生该项风险的深层原因，这样不仅达到了

识别项目风险的目的，而且也为风险定性定量分析、风险应对措施开发等后续工作提供了依据。

（二）预先危险性分析

预先危险性分析（Preliminary Hazard Analysis，PHA）是一种定性分析系统危险因素和危险程度的方法，主要用于对城市公共安全大系统存在的风险类型、来源、出现环境与条件、事故后果以及有关措施进行概略性和系统性分析，并尽可能在系统投入运行或运营之前找到风险点，进行事前管控与预警，采取补救措施，消除或控制城市大系统中存在的风险要素。

1. PHA方法步骤

（1）危害辨识。通过经验判断、技术诊断等方法，查找系统中存在的危险、有害因素。

（2）确定可能事故类型。根据过去的经验教训，分析危险、有害因素对系统的影响，分析事故的可能类型。

（3）针对已确定的危险、有害因素，制定预先危险性分析表。

（4）确定危险、有害因素的危害等级，按危害等级排定次序，以便按计划处理。

（5）制定预防事故发生的安全对策措施。

2. PHA分析结果对应的风险等级

为了评判危险、有害因素的危害等级以及它们对系统破坏性的影响大小，预先危险性分析法给出了各类危险性的划分标准。该法将危险性划分为4个等级。

Ⅰ安全的：不会造成城市人员伤亡及系统损坏。

Ⅱ临界的：处于事故的边缘状态，暂时还不至于造成城市人员伤亡。

Ⅲ危险的：会造成城市人员伤亡和系统损坏，要立即采取防范措施。

Ⅳ灾难性的：造成城市人员重大伤亡及系统严重破坏的灾难性事故，必须予以果断排除并进行重点防范。

二、城市公共安全风险评价

（一）城市公共安全风险评价指标体系建立的原则

评价指标体系的确立是评价过程重中之重的环节。对于一个评价指标体系的建立是否具有科学性将直接关系到安全评价质量的好坏，所以建立一个客观、合理、科学、尽可能全方面地体现影响系统安全的所有风险因素的体系必须有一定的原则性作为支撑。

1. 科学性

建立一个切合实际情况的评价指标体系必须遵守科学的原则。对于体系中指标的选取和指标的舍弃都要有一定的科学支撑才能进行，在此原则下建立一套适用于大型城市轨道交通综合枢纽的安全风险分析评价指标体系。

2. 可测性

评价指标的选取需要有通俗易懂的特点，相关数据可以通过计算获得，这样操作更加简便，也便于与城市公共安全风险监测实际相结合。

3. 可比性

对于指标体系中同一层次的指标，应该满足可比性原则，这是一个重要的原则。可比性实际就是遵守评价方法可以对城市公共安全水平作出公正、合理的判断，这样便于评价出好与坏，找出薄弱的地方进行改进。

4. 系统性和层次性

系统性和层次性原则要求在建立评价指标体系的过程中与系统论思想结合，形成一个层次分明的体系，不同的维度指标处于不同的层级，层级之间具有一致性，上层指标与下层指标具有清晰的逻辑关系。在整个体系中，单独的一个指标不能仅反映单独的一个方面，更要反映评价对象的整体情况，只有这样才能完整客观地评价一个目标。

5. 独立性

由于城市公共安全各个系统内部之间不是相互独立的，它们是有一定关联的，这样一来系统之间就存在重复性，所以在建立评价指标体系和评价指标的过程中要注意这一点，避免建立的指标重复，造成重复评价增加工作量，确保评价结果准确。

6. 定性与定量相结合

在建立指标体系的过程中不能单单考虑定性分析，也不能只从定量方面思考，要遵循两者相结合的原则。对于定量测量的评价指标体系，应以定量指标为主。对于定性指标通过合适的方法定量化后，将量化数据作为评价依据，应用到实际的分析中。比如常用的综合评价方法，对于包含定性与定量多类型的对象，采用科学、客观方法建立指标体系及评估标准，将多类型问题综合成一个单一指数的问题进行评价。

（二）城市公共安全风险评价的基本手段

风险评价就是把抽象的东西具体化，把抽象风险直观地显现出来，让人一目了然。运用风险评价可以高速、有效、有目的地处理系统中所存在的风险，为发现和处理风险隐患提供坚实的科学依据。风险评价方法一般分为定性评价、定量评价、半定量评价三种方法。

1. 定性评价

由有经验的学者、工作人员、研究人员等评价人员对城市运行安全进行风险可能性评价分析的过程叫作定性评价。运用这种方法时，由于人们的经验和感官认识不同，每个人对相同的风险有不一样的看法和理解，不同的人评价标准可能不同，甚至存在很大的差异导致很难统一。

2. 半定量评价

半定量评价法相对来说比较客观，但准确性没有定量评价高。半定量评价是用事故可能发生的概率、人在危险环境下所待的时间以及事故造成的严重程度三个因素来进行评价，在评价过程中要确定这三个因素对应的权重即重要性，确定不同要素的相应分值，最终得出相应的结论与风险等级。

3. 定量评价

定量评价法是由数学公式或计算机计算得到数值之后再进行相关评价分析的一种方法。这种方法从客观量化角度对数据进行分析，得到的结果更具有客观性，可以科学地从技术、管理上提出最优解决办法。定量评价法具有直观、简捷、精确、科学等优点，缺点是操作上有一定难度，对数据要求较高，也带有一定的主观色彩，影响结果的准确性。

（三）指标权重的确定方法

权重是指每项指标对总目标实现的贡献程度如何，它是各指标在评价对象中重要性的体现。例如，影响城市轨道综合枢纽安全运营的因素复杂多样，在对其进行综合评价时，需要一一对多种风险因素的重要性进行确定，也就是明确各指标权重值。一般综合评价指标权重的确定有三种方法，分别为客观赋值法、主观赋值法和组合赋值法。

1. 客观赋值法

客观赋值法具有较强的科技性，由数学理论数据作为有力支撑，可极大程度上削弱人的主观判断。客观赋值法原始数据来自评价矩阵的实际数据，在数据处理过程中能深入探讨各属性间的相互影响程度，再根据各属性的联系程度或各属性所提供的信息量大小来决定属性权重，使系数具有绝对的客观性。在确定权重大小过程中很容易出现不合理现象，使得不重要的指标占得权重较大，重要指标占得权重较小，使用此方法要特别注意这一点。

2. 主观赋值法

主观赋值法能把对象所处的背景条件和评价者的意图清晰地反映出来，这种方法操作简单、易于上手，但很强的主观不确定性成了它的局限。主观赋值法主要依靠专家的知识和经验确定指标的权重系数，指标权重系数的准确性全部依靠专家，不同专家赋值可能存在很大差别。

3. 组合赋值法

组合赋值法是把主观赋值法和客观赋值法有机结合以取长补短。这样一来在反映决策者主观信息的同时也用数据及数学模型进行分析，在体现主观性的同时又在数据上体现了客观性，但是其准确性有赖于对主、客观赋值法权重系数所占比例的确定。

三、城市公共安全典型评价方法

（一）主要的数学评价方法

1. 专家评分法

专家评分法是在定量和定性分析基础上，以打分等方式作出定量评价，其结果具有数理统计特性。专家评分法最大的优点是，在缺乏足够统计数据和原始资料的情况下，可以作出定量评估，具有使用简单、直观性强的特点。但其理论性与系统性不强，一般情况下难以保证评价结果的客观性和准确性。专家评分法的基本步骤如图 4-2 所示。

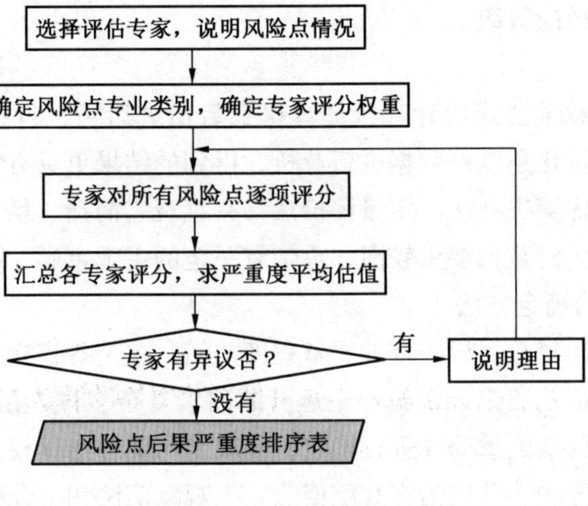

图 4-2　专家评分法基本步骤

2. 层次分析法

层次分析法是一种定性定量相结合、系统化、层次化的分析方法。这种方法将决策者的经验予以量化，特别适用于目标结构复杂且缺乏数据的情况。层析分析法的缺点是判断矩阵易出现严重的不一致现象，容易使决策者作出矛盾和混乱的决策。

3. 模糊综合评判法

模糊综合评判法是以模糊数学为基础，应用模糊关系合成原理，将一些边界不清、不易定量的因素定量化，从多个因素对被评价事物的隶属等级状况进行综合性评价的一种方法。其优点有：①隶属函数和模糊统计方法为定性指标定量化提供了有效方法，实现了定性和定量方法的有效集合；②可以很好地解决判断的模糊性和不确定性问题；③评价结果为一向量，克服了传统数学方法结果单一性的缺陷。模糊综合评判法的缺点是：①不能解决评价指标间相关造成的评价信息重复问题；②各因素权重的确定带有一定的主观性；③在某些情况下，隶属函数的确定有一定困难。尤其是多目标评价模型，要对每一目标、每个因素确定隶属度函数，过于烦琐，实用性不强。

4. 可拓物元决策法

可拓物元决策法是以可拓集合为数学工具，用关联函数来分析决策对象目标间的相容性，通过物元变换，化矛盾问题为相容问题，最大限度地满足主系统、主指标的要求，对非主系统中的矛盾问题进行物元变换，以此获得全局性的最佳决策。该法能融入其他决策技术，并引入人工智能，将定性分析和定量计算结合起来。

（二）灰色系统评价方法

一般来说，灰色系统着重外延明确而内涵不明确的问题，在预测和评价方面的应用很多，而城市公共安全能力与水平的评价属于多指标统计的综合评价，该评价研究一般涉及范围广，研究层次多，再加上含有一定数量的主观定性指标，包含的模糊、不定信息较多。在城市公共安全能力与水平的专项评价中，将层次分析法与灰色关联度分析法加以综合，运用基于层次分析法确定权重的灰色关联度评价方法，这种综合评价方法简单直观，既能充分考虑评价专家的经验和直觉思维的模式，又能降低评价过程中认为的不确定因素，在具备综合评价方法规范性的基础上，又具备了较高的可操作性。

用层次分析法分析问题大体要经过以下五个步骤：①建立层次结构模型；②构造判断矩阵；③判断矩阵的一致性检验；④层次单排序；⑤层次总排序。其中后三个步骤在整个过程中需要逐层进行。

1. 建立层次结构模型

运用层次分析法进行系统分析，首先要将所包含的因素分组，每一组作为一个层次，按照最高层、若干有关的中间层和最底层的形式排列起来。对于评价问题，通常可以将其划分成层次结构模型。

最高层：表示解决问题的目的，即应用层次分析法所要达到的目标。

中间层：对于系统评价，层次分析法的中间层是表示为达到客观的评价结果应该从几个方面来对系统进行分析。

最底层：把需要分析的几个方面细化为可量化的具体指标，即指标层。

2. 构造判断矩阵

任何系统分析都以一定的信息为基础。层次分析法的信息基础是人们对每一层次各因素的相对重要性给出的判断，这些判断用数值表示出来，写成矩阵形式就是判断矩阵。判断矩阵是层次分析法工作的出发点，构造判断矩阵是层次分析法的关键一步。对于指标 $\{B_1, B_2, \cdots, B_n\}$，判断矩阵 $\boldsymbol{B}$ 具有如下形式：

$$\boldsymbol{B}=\begin{bmatrix} b_{11} & b_{12} & \cdots & b_{1n} \\ b_{21} & b_{22} & \cdots & b_{2n} \\ \vdots & \vdots & & \vdots \\ b_{n1} & b_{n2} & \cdots & b_{nn} \end{bmatrix}$$

其中 b_{ij} 表示对目标而言，指标 B_i 对指标 B_j 相对重要性的标度。判断矩阵具有如下性质：

①$b_{ij}>0$；②$b_{ij}=\frac{1}{b_{ji}\ (i\neq j)}$；③$b_{ii}=1\ (i, j=1, 2, \cdots, n)$。

具有上述三条性质的矩阵称为正反矩阵。对于正反矩阵，若对于任意 i，j，k 均有 $b_{ij}\cdot b_{jk}=b_{ik}$，则称该矩阵为一致矩阵。值得注意的是，通常构造的判断矩阵不一定具有一致性，因此需要进行一致性检验。

3. 一致性检验

根据矩阵理论，如果 λ_1，λ_2，$\cdots$，λ_n 是满足式

$$Ax=\lambda x$$

的数，则 λ_1，λ_2，$\cdots$，λ_n 是矩阵 $\boldsymbol{A}$ 的特征根，并且对于所有 $a_{ii}=1$ 的矩阵，有

$$\sum_{i=1}^{n} \lambda_i = n$$

其中 n 为矩阵维数。

显然，当矩阵具有完全一致性时，$\lambda_1 = \lambda_{max} = n$，其余特征根为 0；当矩阵不具有完全一致性时，则有 $\lambda_1 = \lambda_{max} > n$，此时需要进行一致性检验。

记判断矩阵偏离一致性指标为 $CI = \frac{\lambda_{max} - n}{n-1}$，判断矩阵平均随机一致性指标值为 RI，随机一致性比率为 $CR = \frac{CI}{RI}$，当 $CR = \frac{CI}{RI} < 0.1$ 时，即认为判断矩阵具有满意的一致性。

对于 1~12 阶判断矩阵，平均随机一致性指标值 RI 值见表 4-1。

表 4-1　平均随机一致性指标值 RI 值

n	1	2	3	4	5	6
RI	0.00	0.00	0.58	0.90	1.12	1.24
n	7	8	9	10	11	12
RI	1.32	1.41	1.45	1.49	1.52	1.54

4. 层次单排序

所谓层次单排序是指，根据判断矩阵计算对于上一层某因素而言，本层次与之有联系的因素的重要性次序的权值。它是本层次所有因素相对上一层次而言的重要性进行排序的基础。

层次单排序可以归结为计算判断矩阵的特征根和特征向量问题，即对判断矩阵 $\boldsymbol{B}$，计算满足下式的特征根与特征向量：

$$\boldsymbol{BW} = \lambda_{max} W$$

式中 λ_{max} 为 $\boldsymbol{B}$ 的最大特征根，W 为对应于 λ_{max} 的正规化特征向量，W 的分量 W_i 是相应因素单排序的权值。

5. 层次总排序

利用同一层次中所有层次单排序的结果，就可以计算针对上一层次而言，本层次所有因素重要性的权值，这就是层次总排序。层次总排序需要从上到下逐层顺序进行，对于最高层下面的第二层，其层次单排序即为总排序。

（三）灰色关联度评价方法

1. 整理评价指标体系基础数据，建立被比较数据列

关联分析的基本对象是数据列，分为参考数据列和被比较数据列。在整理评价指标体系基础数据的基础上，首先构建被比较数据列。第 i 组比较数据列可表示为 $X'_i = (x'_{i1}, x'_{i2}, \cdots, x'_{in})$，设有 m 个被评价对象，每个评价对象有 n 个评价指标，则构建原始矩阵

$\boldsymbol{X}'$如下：

$$\boldsymbol{X}'=\begin{bmatrix} x'_{11} & x'_{12} & \cdots & x'_{1n} \\ \vdots & \vdots & & \vdots \\ x'_{m1} & x'_{m2} & \cdots & x'_{mn} \end{bmatrix}$$

2. 评价指标无量纲化

由于评价指标相互之间通常具有不同的量纲和数量级，不能直接进行比较，因此这一步实际上也就是对每一个评价对象的评价指标进行量化处理，便于进行关联度计算，可采用等级量化、灰色量化、规范化、功效系数等方法。

3. 确定参考数据列

参考数据是各评价对象比较的基准，假设参考数据列记第一个指标值为 x_{01}，以此类推，可表示为 $x_0=(x_{01}, x_{02}, \cdots, x_{0n})$。参考数据列和被比较数据列可以共同构造矩阵 $\boldsymbol{X}$：

$$(X_1, X_2, \cdots, X_n)=\begin{bmatrix} x_{01} & x_{02} & \cdots & x_{0n} \\ x_{11} & x_{12} & \cdots & x_{1n} \\ x_{21} & x_{22} & \cdots & x_{2n} \\ \vdots & \vdots & & \vdots \\ x_{m1} & x_{m2} & \cdots & x_{mn} \end{bmatrix} \tag{4-1}$$

4. 计算差序列、最大差和最小差

确定了评价的初始矩阵后，通过计算参考数据列与比较数据列的对应指标的绝对值差值，就可以形成如下的绝对值差值矩阵 $\boldsymbol{\Delta}$：

$$\boldsymbol{\Delta}=\begin{bmatrix} \Delta_{11} & \Delta_{12} & \cdots & \Delta_{1n} \\ \Delta_{21} & \Delta_{22} & \cdots & \Delta_{2n} \\ \vdots & \vdots & & \vdots \\ \Delta_{m1} & \Delta_{m2} & \cdots & \Delta_{mn} \end{bmatrix}_{m\times n} \tag{4-2}$$

其中，$\Delta_{ik}=|x_{0k}-x_{ik}|$，$i=1, 2, 3, \cdots, m$；$k=1, 2, 3, \cdots, n$。

绝对值矩阵中最大数和最小数即为最大差和最小差：

$$\max_{\substack{1\leqslant i\leqslant m\\1\leqslant k\leqslant n}}|\Delta_{ik}|\overset{\Delta}{=}\Delta(\max) \tag{4-3}$$

$$\max_{\substack{1\leqslant i\leqslant m\\1\leqslant k\leqslant n}}|\Delta_{ik}|\overset{\Delta}{=}\Delta(\min) \tag{4-4}$$

5. 计算灰色关联系数

当比较数据列 x_1，x_2，$\cdots$，x_m 和参考数据列 x_0 都确定以后，各比较数据列 x_i 与参考数据列 x_0 的各指标关联度系数 A 可用下式计算，它反映了两个数据列在某一时期的紧密程度：

$$A_{ik}=\frac{\Delta(\min)\ +\rho\Delta(\max)}{\Delta_{ik}+\rho\Delta(\max)} \tag{4-5}$$

式中　A_{ik}——x_i 对 x_0 的 k 指标关联系数；

ρ——分辨系数，一般情况下取 0.1~0.5 为宜。

各评价对象与最优指标的关联系数矩阵 $\boldsymbol{A}$：

$$\boldsymbol{A}=\begin{bmatrix} A_{11} & A_{12} & \cdots & A_{1n} \\ A_{21} & A_{22} & \cdots & A_{2n} \\ \vdots & \vdots & & \vdots \\ A_{m1} & A_{m2} & \cdots & A_{mn} \end{bmatrix}_{m\times n} \tag{4-6}$$

6. 计算灰色关联度

被比较数据列与参考数据列的关联度是通过 n 个关联系数来反映的，这里，把按乘法法则合并而得的各指标权重加入关联度计算，表达式如下：

$$r_i = \sum_{k=1}^{n} \alpha_k A_{ik} \tag{4-7}$$

式中　r_i——第 i 个评价对象改进后的关联度系数；

α_k——第 k 项指标的权重系数。

7. 评价

根据关联度 r_i 值的大小，即可得知各被比较数据列与参考数据列的吻合程度，从而将现状与目标值进行比较。根据灰色关联度评价法，评价值 r_i 取值范围为 $0<r_i\leqslant 1$，确定评语集为｛较差，一般，良好，优｝。等级划分见表 4-2。

表 4-2　评价值等级划分

评语等级	较差	一般	良好	优
评价值 r_i	$r_i<0.6$	$0.6\leqslant r_i<0.75$	$0.75\leqslant r_i<0.9$	$0.9\leqslant r_i\leqslant 1$

第三节　城市公共安全监测与预警技术应用——轨道交通风险监测与预警

一、新时代背景下城市公共安全监测与预警的重要意义

（一）建立健全科学管理体系是轨道交通行业发展的必然趋势

1. 轨道交通系统在国家、城市、社会各层面发挥了重要作用

轨道交通作为保障城市运转、应对城市拥堵的重要基础设施体系，在引导城市群空间布局及拓展转移、践行“创新、协调、绿色、开放、共享”五大发展理念的国家战略层面

中承担着先导先行的使命，在合理利用有限资源以保证区域高效联通且同时维护城市空间肌理的规划发展层面中扮演着协调中枢的角色，在提供安全、经济、可靠的运输服务以保证大规模通行需求并维护城市稳定的日常生产生活层面发挥着不可替代的作用。

2. 现代化轨道交通行业系统管理面临严峻的压力与挑战

轨道交通所具备的特性决定了其在国家、社会、城市发展中的基础性和关键性地位，轨道交通大规模投资和建设是适应时代要求的必然选择。

伴随城市轨道交通的快速发展，行业管理面临的压力和挑战日益增加，从表象层面反映出来的轨道交通运营安全状况和安全问题主要有：

（1）城市轨道交通已进入网络化阶段，运营里程快速增加，客流量迅速攀升，各种新情况、新任务、新问题层出不穷，线路纵横交错、规模庞大、客流与车流交互影响、线路之间高度关联的轨道交通这一复杂巨系统的安全、可靠、均衡、高效运行成为行业管理面临的巨大考验。

（2）作为轨道交通与城市生活交互的直接对接载体和线路之间的中转节点，车站具有吸引、聚集、转换、疏散等特殊功能。在以北京为代表的特大城市内，巨大规模的客流量既是对车站运营的考验，也是其重要性的集中体现。近年来，车站尤其是换乘站不断增多，部分车站通道、楼扶梯、出入口拥挤，服务乘客水平降低，存在严重的拥挤踩踏风险。

（3）部分已开通线路进入设备老化和故障频发期，新线在开通初期部分设备设施未能全功能投入。各种原因引发的设备设施故障，对轨道交通系统能力发挥、运营安全可靠性、服务质量等造成了不同程度的影响。

3. 建立现代化轨道交通科学管理体系是历史的必然要求

从客观规律来看，大系统逐步形成，新系统不断融入，压力和挑战的增加不可避免。随着系统规模不断扩张，各子系统之间交错关联的影响日益显著，复杂度增加，轨道交通在表象层面所呈现的各维度压力和挑战，正是系统演进到复杂和巨量阶段的内生特征，也是行业发展到一定历史时期的必然现象。

按照系统科学的观点，以时经事纬方式剖析，轨道交通所呈现的问题是规划、建设、运营各阶段和各设备设施系统本身的固有缺陷及相互影响下所产生的新生矛盾集中体现，也是决定轨道交通路网运营安全状况和安全水平的根本性原因。

因此，如何对影响轨道交通路网运营安全状况和安全水平的各纵向阶段、横向各系统进行全维度、全方位的规范化、科学化和制度化管理，以管理体系筛查问题，明确原因，使管理体系成为保障和维护系统稳定运转的最坚实依托，是轨道交通现阶段的核心任务。

立足现实，建立现代化轨道交通管理体系，推动行业不断取得全方位进步，既是行业发展的必然要求，也是历史和社会所赋予的责任。

行业管理者的历史责任：面对错综复杂的问题，以完整完善的科学管理体系来应对，以不变应万变，以最科学和最合理的方法管理复杂问题。

促进社会集约发展的责任：城市作为社会经济活动最为集中、强度最高、最为多样化的地理空间，有条件也有责任先行研究，率先垂范，建立一整套适合我国城市特点的轨道交通科学管理体系，为全国城市轨道交通科学化管理树立标杆和典范。

（二）现代化大城市公共安全监测与预警的重点和难点

1. 现代化轨道交通管理体系的初步构建

致力于现代化轨道交通管理体系的构建，我国在城市轨道交通领域前期已进行了大量的探索和试验。仅2014年和2015年，国家层面相继发布了《交通运输部关于加强城市轨道交通运营安全管理的意见》《国家发展改革委关于加强城市轨道交通规划建设管理的通知》《国家发展改革委和住房城乡建设部关于优化完善城市轨道交通建设规划审批程序的通知》等，其中重点对“城市轨道交通规划编制和评审要点”“城市轨道交通工程项目可行性研究报告编制和评估大纲”等各环节原则性问题进行了规范。

现代化轨道交通管理体系应该既包括以定性为主确定方向与原则的规章和制度，也包括以定量为主查找问题可转化为管理措施的方法和标准，尤其是定量和明晰实施的规则、标准，是丰富和完善现代化轨道交通管理体系亟须开展的任务。

2. 轨道交通管理体系深化建设中存在的理论难点

在前期规章和制度研究的基础上，继续由定性向定量迈进，由管理要求向管理手段细化，这是轨道交通管理体系中存在的迫切需要完成的转型与提升，也是理论难点所在。

从运营安全状况和安全水平涉及的环节来看，规划设计、建设施工和运营各阶段的问题与缺陷都有可能直接影响路网运营安全状况和安全水平，如何对各阶段内部影响要素进行清晰表达并对各阶段之间的总体关联关系进行准确确定，如何由一处运营安全问题扩展，界定各阶段的影响程度，如何对不同线路的运营安全状况进行标准化比较，这是系统综合的难点。

从运营安全状况和安全水平所具有的内涵来看，线路层面是一个包括行车组织到客运服务质量的多维对象，车站层面集中反映了客流和设备设施、土建结构之间的匹配所产生的拥挤风险，其本质是客流在时间轴和空间轴上所呈现的形态，如何设定风险描述参数，如何设计评价指标体系，这是标准设计的难点。

从运营安全状况和安全水平所面向的对象来看，路网不仅仅是线路简单的物理集合，同时更是相互作用和相互协调的复杂系统。由于线路之间存在显著的相互制约与干扰，各线路之间相互的风险转移、扩散、升级呈现出多样形态，一方面单线的风险在路网环境下极易扩大和升级，另一方面本线的风险可能来自于其他线路，如何确定风险来源交互关系，这是系统研判的难点。

同时路网又包含若干不同体量和规模的线路单元，在评价不同线路的运营安全状况及风险时，如何考虑各线路所承担的不同运输任务、客运负荷等诸多因素，实现相对公平、合理的评价与比较，这是系统设计的难点。

从运营安全状况和安全水平的基础支撑条件来看，如何排查既有线路隐患，确保已投入使用的设备设施安全、稳定和高效运转，同时向上下游延展，如何从规划、设计、建设、运营各环节深挖问题根源，这是系统分析的核心与难点。

二、智慧化城市公共安全监测与预警的方法体系

1. 系统科学是运营安全状况及风险评价体系提出的基础

面向日常工作，如何应对轨道交通路网层出不穷的各类新问题和复杂问题；面向常态管理，面对如此庞大和复杂的巨系统，如何入手，建立适用于大城市特别是特大城市的轨道交通路网管理体系，这是对管理者智慧的极大考验和检验。

2. 运营安全状况及风险评价创新理念的内涵

系统分析：轨道交通系统在时空主线上所表现出来的大规模路网、高强度客流、高密度行车现象，功能主线上所包括的各设备设施系统的运转，各主线的交互影响。以现场的全面调研、大数据挖掘与提炼为主要技术手段，形成涵盖全维度、全方位、全环节的运营状态及风险相关要素体系，并对风险要素进行系统化的梳理与剖析。

评价体系建立：透过系统背后所蕴含的错综复杂的关系，指标的反复筛选和合理性验证，初步建立基本完整和比较完善的涵盖轨道交通全环节的评价体系，在理论、方法和管理层面推动轨道交通科学的跨越式提升。

轨道交通路网运营状况及风险指标评价是一项典型的管理系统工程课题。整体工作包括以下几个主要部分：

（1）系统目标确定：轨道交通路网运营状况及风险指标评价以北京为研究对象，具有特殊性和典范意义。

（2）研究基础与现状分析。

（3）系统分析：线路评价的统一性、差异性分析，系统组成与关联关系分析，客流特征分析。

（4）系统建立：评价模型的建立，修正与适用性研究，既包括采用专家法（包括德尔菲法等）进行指标的对比、选择，也包括评价指标体系的建立，层级关系的确定，各指标权重的计算与检验。

（5）系统评价：即评价实施，包括基础数据采集、数据加工、评价及校验。

（6）评价结果的反馈、对比。

（7）结论与建议：依据评价结果，结合北京市轨道交通现状，提出有针对性地改善运营状况及降低和有效控制各类风险的措施、方法。

第四节　基于匹配度的城市轨道交通安全监测与预警模式

作为轨道交通与城市生活交互的直接对接载体和线路之间的中转节点，车站因其所具有的吸引、聚集、承接、转换、疏散等特殊功能，在保障城市交通正常、高效运转中扮演着重要角色。

从大规模轨道交通网络化运营和建设智能交通的角度出发，为有效把握车站客流结构、乘客出行规律并进行有针对性的客运组织指导工作，为准确确定车站客流状态、拥挤等级并发布有价值的乘客出行诱导信息，都必须首先对车站性质进行研究，确定其主体功能类型，准确把握各种不同的长周期时间阶段以及各时段和特定运营日内细粒度的各时段多维度客流特征。

为完成这一工作，必须首先明确两个问题。一方面，由于所处位置和周边土地利用类型的不同以及其他各种因素影响，各车站具体特征千差万别，要做到严格意义上的车站类型划分必然会面临众多现实问题，所以必须抓住车站客流特征主要矛盾的主要方面，同时兼顾其他特征；另一方面，从群体性对象聚类的有效性和信息深度丰富的目标来看，既需要按照主体矛盾形态对各车站类型归属进行确定，即车站的“质”，也需要对同类型对象进行等级划分，以确定各车站的“量”。

在研究方法思路方面，基于以上两点考虑，采用“定性半定量”的方法思路，设计了“先分类再分级”的技术路线，首先基于车站分时进站量、出站量、换乘量等呈现的分布形态特征，辅以时间分布特征参数，将路网车站分类；在此基础上，根据各指标的数量化特征对同一类型车站按照级别划分。

车站客运压力评价工作服务于轨道交通运营管理决策，对车站客流风险的关注，一是着眼于车站在轨道交通客运中发挥的作用，二是着眼于其客运负荷情况。车站客运压力是车站在客运中的地位、作用以及车站乘客通行安全性的总体度量。影响车站客运压力的主要因素包括客流量的数量规模、拥挤程度、拥挤持续时间等。如果车站内客流较大，且在特定区域内拥挤，或拥挤持续时间较长，则产生拥挤踩踏的风险高，需要及时采取应对措施。

按照分层思路对车站客运压力进行有针对性的评价：首先，按照集散量（进站量+出站量+换乘量）总体规模对轨道交通所有车站进行初步等级划分。其次，计算车站的站台、出入口通道、换乘通道等各主要区域承担的客流量与通行及集散能力的负荷，制定车站负荷评价等级，给出车站客运压力等级。

一、基于匹配度的轨道交通车站压力计算方法流程

（1）车站基础数据搜集、分析、整理。

（2）根据现场情况核对车站客流流线及所经过的设施。

（3）建立客运压力计算模型。

$$\text{区域客运压力}=\text{客流量}/\text{通行能力}$$

$$\text{车站综合压力}=\sum\text{权重}\times\text{区域客运压力}$$

车站综合压力计算中，权重的确定见表 4-3。

（4）计算流线瓶颈点客运压力。

表 4-3 城市轨道交通车站客运压力权重

区域	换乘站	普通站
出入口	0.1	0.1
安检及闸机	0.1	0.1
站台	0.3	0.4
楼扶梯	0.3	0.4
换乘通道	0.2	0

（5）研究确定客运压力等级的划分方法。

（6）通过现场核查，验证客运压力等级划分与现场情况的符合度。

（7）建立相关保障机制与制度，遇有车站客运组织方式常态调整以及客运设施瓶颈点变化情况时，需进行模型修正，形成常态化工作机制。

二、客运设施通行能力标准

车站客运设施设计通行能力按《地铁设计规范》（GB 50157—2013）设计，见表 4-4。

表 4-4 客运设施通行能力规范

设施	形式	通行能力/(人·h^{-1})
1 m 宽楼梯	下行	4200
	上行	3700
	双向混行	3200
1 m 宽通道	单向	5000
	双向混行	4000
1 m 宽自动扶梯	输送速度 0.5 m/s	6720
	输送速度 0.65 m/s	<8190
0.65 m 宽自动扶梯	输送速度 0.5 m/s	4320
	输送速度 0.65 m/s	5265
闸机	三杆式	1200
	门扉式	1800
	双向门扉式	1500

三、客流拥挤风险情况及初步定性分级

以乘客走行感受为依据，对车站客流拥挤情况进行定性分级，通道式、楼梯式等典型的通道客运压力初步分为舒适、一般及拥挤 3 级（图 4-3）。

舒适　　一般　　拥挤

(a) 通道式

舒适　　一般　　拥挤

(b) 楼梯式

图 4-3　车站客流拥挤情况及初步分级

四、北京轨道交通客运压力评价与监测预警标准制定

（一）总体情况

以北京市轨道交通 2 号线为例，按照全天车站集散量对各车站进行分类（表 4-5）：全天集散量在 20 万人次以上，归为第一类车站（甲）；全天集散量在 10 万～20 万人次，归为第二类车站（乙）；全天集散量在 10 万人次以下，归为第三类车站（丙）。

表 4-5　北京市轨道 2 号线车站全天集散量等级划分　　万人次

等级	车站	进站量	出站量	换乘量	集散量
甲	西直门	6.62	6.20	35.20	48.02
	建国门	3.13	3.37	22.54	29.04
	复兴门	3.57	3.77	19.66	27.00
	东直门	5.86	6.78	10.80	23.45
	宣武门	1.52	1.42	20.03	22.97
乙	北京站	8.68	8.69	0.00	17.37
	崇文门	2.92	3.14	10.27	16.33
	雍和宫	2.01	1.87	11.82	15.70
	鼓楼大街	1.55	1.66	11.43	14.64
	朝阳门	3.27	3.42	7.40	14.09

表 4-5（续） 万人次

等级	车站	进站量	出站量	换乘量	集散量
乙	积水潭	5.56	5.45	0.00	11.01
	东四十条	4.79	5.29	0.00	10.07
丙	长椿街	4.36	5.45	0.00	9.81
	阜成门	4.56	4.68	0.00	9.24
	前门	5.11	3.65	0.00	8.76
	安定门	2.22	2.07	0.00	4.28
	和平门	1.52	1.39	0.00	2.91
	车公庄	1.07	1.43	0.00	2.50

按照早高峰（晚高峰）小时分方向换乘量进行细化分类（表 4-6 和表 4-7）：高峰（7：00—9：00，17：00—19：00）换乘量在 2 万人次以上，归为第一类换乘通道（甲）；1 万~2 万人次之间，归为第二类换乘通道（乙）；1 万人次以下，归为第三类换乘通道（丙）。

表 4-6 2 号线早高峰相关换乘通道客运分级及排序 万人次

等级排序		换乘站	分方向换乘通道	早高峰换乘量
>3 万	甲 1	西直门	4-大兴线，13 号线→2 号线	3.03
2.5 万~3 万	甲 2	西直门	2 号线，13 号线→4-大兴线	2.90
	甲 3	宣武门	4-大兴线→2 号线	2.76
	甲 4	建国门	1 号线→2 号线	2.32
	甲 5	建国门	2 号线→1 号线	2.30
	甲 6	雍和宫	5 号线→2 号线	2.12
	甲 7	国贸	10 号线→1 号线	2.12
	甲 8	东直门	13 号线→2 号线	2.11
	甲 10	复兴门	2 号线→1 号线	2.10
	甲 11	国贸	1 号线→10 号线	2.04
1.5 万~2.0 万	乙 1	复兴门	1 号线→2 号线	1.92
	乙 2	崇文门	5 号线→2 号线	1.66
	乙 3	西直门	2 号线，4-大兴线→13 号线	1.54
1.0 万~1.5 万	乙 4	鼓楼	8 号线→2 号线	1.47
	乙 5	宣武门	2 号线→4-大兴线	1.27
	乙 6	朝阳门	6 号线→2 号线	1.16
0.5 万~1.0 万	丙 1	车公庄	6 号线→2 号线	0.71
	丙 2	雍和宫	2 号线→5 号线	0.70
	丙 3	崇文门	2 号线→5 号线	0.65

表 4-6（续）　　万人次

等级排序		换乘站	分方向换乘通道	早高峰换乘量
0.5 万~1.0 万	丙 4	东直门	2 号线→13 号线	0.62
	丙 5	鼓楼	2 号线→8 号线	0.60
<0.5 万	丙 6	朝阳门	2 号线→6 号线	0.42
	丙 7	车公庄	2 号线→6 号线	0.37

表 4-7　2 号线晚高峰相关换乘通道客运分级及排序　　万人次

等级排序		换乘站	分方向换乘通道	晚高峰换乘量
2.5 万~3 万	甲 1	建国门	2 号线→1 号线	2.72
	甲 2	西直门	4-大兴线，13 号线→2 号线	2.52
2.0 万~2.5 万	甲 3	复兴门	2 号线→1 号线	2.49
	甲 4	西直门	2 号线，13 号线→4-大兴线	2.44
	甲 5	宣武门	2 号线→4-大兴线	2.15
	甲 6	西直门	2 号线，4-大兴线→13 号线	2.02
1.5 万~2.0 万	乙 1	建国门	1 号线→2 号线	1.73
	乙 2	雍和宫	2 号线→5 号线	1.58
1.0 万~1.5 万	乙 3	宣武门	4-大兴线→2 号线	1.44
	乙 4	复兴门	1 号线→2 号线	1.30
	乙 5	东直门	2 号线→13 号线	1.29
	乙 6	鼓楼	8 号线→2 号线	1.24
	乙 7	鼓楼	2 号线→8 号线	1.18
	乙 8	崇文门	2 号线→5 号线	1.17
0.5 万~1.0 万	丙 1	朝阳门	2 号线→6 号线	0.87
	丙 2	雍和宫	5 号线→2 号线	0.86
	丙 3	东直门	13 号线→2 号线	0.78
	丙 4	崇文门	5 号线→2 号线	0.77
	丙 5	朝阳门	6 号线→2 号线	0.64
	丙 6	车公庄	2 号线→6 号线	0.53
<0.5 万	丙 7	车公庄	6 号线→2 号线	0.49

（二）2 号线车站客运压力等级评价

按照车站乘客走行流线划分，将车站分为进出站通道、安检及闸机、站台、换乘通道 4 个主要部分进行客运压力评价，找出设备设施与客流匹配瓶颈点；同时，综合考虑车站限流情况。

（1）依据压力计算公式，计算各区域压力值。

（2）按照各区域的压力权重及分值，计算车站整体压力值。

（3）在划定车站压力等级时，以车站整体压力值作为依据：车站整体压力值在 0.8 以上，定为严重；车站整体压力值在 0.6~0.8 之间，定为较大；车站整体压力值在 0.6 以下，定为一般。同时，如有单独区域压力值超过 1，则将该车站客运压力等级定为严重；如有车站有限流情况，则将该车站客运压力定为较大及以上。

对轨道交通 2 号线车站高峰时段客运压力进行评价（表 4-8）：宣武门、西直门、复兴门、东直门、雍和宫、朝阳门、北京站 7 个车站客运压力为严重；建国门、崇文门、长椿街、车公庄 4 个车站客运压力为较高；鼓楼大街、积水潭、东四十条、阜成门、前门、安定门、和平门 7 个车站客运压力为一般。

表 4-8　2 号线高峰时段车站客运压力及排序

车站	限流情况	出入口负荷度	安检及闸机负荷度	站台集散负荷度	楼梯及扶梯通行负荷度	换乘通道负荷度	车站客流综合负荷度	压力等级
宣武门	无	0.33	0.62	1.03	1.35	1.27	1.06	严重
西直门	无	0.59	0.79	1.01	1.12	0.98	0.97	严重
东直门	无	0.76	1.3	0.98	0.9	1.1	0.93	严重
复兴门	无	0.71	0.79	1.01	0.97	0.89	0.90	严重
雍和宫	无	0.6	0.86	0.7	1.02	1.28	0.89	严重
北京站	无	0.58	0.87	1.02	0.81	0	0.88	严重
朝阳门	16 : 30—19 : 00 限流	1.02	0.79	0.76	1.01	0.69	0.84	严重
建国门	无	0.69	0.78	0.79	0.81	0.8	0.77	较高
崇文门	无	0.57	1.2	0.75	0.89	0.79	0.77	较高
长椿街	无	0.67	0.69	0.71	0.78	—	0.73	较高
车公庄	无	0.59	0.34	0.67	0.7	0.87	0.69	较高
鼓楼大街	无	0.47	0.9	0.43	0.69	0.73	0.59	一般
积水潭	无	0.61	0.6	0.54	0.6	—	0.58	一般
阜成门	无	0.7	0.54	0.65	0.5	—	0.58	一般
前门	无	0.39	0.5	0.57	0.5	—	0.52	一般
东四十条	无	0.31	0.46	0.38	0.53	—	0.44	一般
和平门	无	0.36	0.31	0.35	0.42	—	0.38	一般
安定门	无	0.38	0.37	0.24	0.49	—	0.37	一般

【本章重点】

1. 掌握城市公共安全监测与预警体制和技术总体框架。

2. 了解城市公共安全监测与预警定性评价分析方法。

3. 认识城市公共安全监测与预警技术应用、基于匹配度的城市轨道交通安全监测与预警模式。

【课后习题】

1. 从系统工程和控制科学的角度分析，城市公共安全管控一般分为几个环节？这几个环节的关系是什么？

2. 从城市轨道交通涵盖的几个系统分析，从“以人为本”的角度出发，城市轨道交通系统安全风险监测的重点及监测的技术方法有哪些？

3. 城市公共安全风险监测“一张图”应该至少包含哪些要素或者图层？

第五章
城市公共安全应急救援

理解城市公共安全应急救援，需掌握应急与救援基本内涵，涉及应急预案、应急指挥救援体系，其中应急预案内容包括应急预案核心要素、应急救援预案基本结构与内容；应急救援体系建设内容包括应急响应与指挥、应急救援信息化、应急救援保障等内容。

第一节　城市公共安全应急救援概述

一、应急预案核心要素

完整的应急预案按相应过程可分为六个一级关键要素，所有这些要素构成了事故应急预案的核心要素。在实际编制时，为便于预案内容的组织，可根据实际情况将要素进行合并、增加或重新排列，如图 5-1 所示。

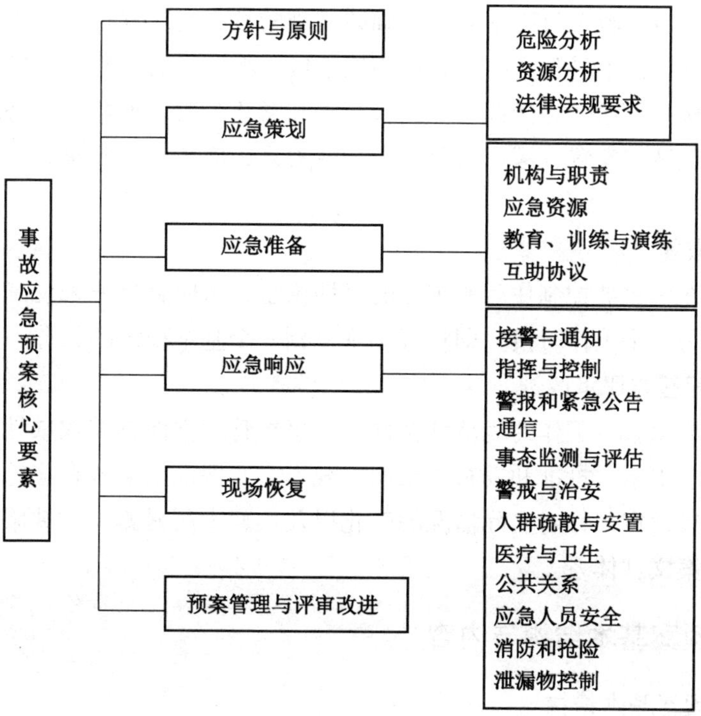

图 5-1　事故应急预案核心要素

（一）方针与原则

无论何种等级、何种类型的应急救援体系，首先必须有明确的方针和原则，作为开展应急救援工作的纲领。方针与原则反映了应急救援工作的优先方向、政策、范围和总体目标，应急的策划和准备、应急策略的制定和现场应急救援及恢复，都应当围绕方针与原则开展。

（二）应急策划

应急预案最重要的特点是有针对性和可操作性，因而，应急策划必须明确预案的对象和可用的应急资源情况，即在全面系统地认识和评价所针对的事故类型基础上，识别重要的潜在事故、性质、区域、分布及后果。同时，根据危险分析结果，分析应急救援力量和可用资源情况，为所需的应急资源准备提供建设性意见。在进行应急策划时，应当列出国家、地方相关的法律法规，作为制定预案和应急工作授权的依据。因此，应急策划包括危险分析、资源分析以及法律法规要求三个二级要素。

（三）应急准备

应急预案能否成功地在应急救援中发挥作用，不仅仅取决于应急预案自身的完善程度，还取决于应急准备的充分与否。应急准备应基于应急策划的结果，明确所需的应急组织及其职责权限、应急队伍的建设和人员培训、应急物资的准备、预案演练、应急知识培训、签订互助协议等。

（四）应急响应

应急响应包括应急救援过程中需要明确并实施的核心功能和任务，尽管这些核心功能具有一定的独立性，但不是孤立的，它们构成了应急响应的有机整体。应急响应的核心功能和任务包括：接警与通知，指挥与控制，警报和紧急公告，通信，事态监测与评估，警戒与治安，人群疏散与安置，医疗与卫生，公共关系，应急人员安全，消防和抢险，泄漏物控制等。

（五）现场恢复

现场恢复是在事故被控制住后所进行的短期恢复，从应急过程来说意味着应急救援工作的结束，进入另一个工作阶段，即将现场恢复到一个基本稳定的状态。

（六）预案管理与评审改进

应急预案是应急救援工作的规范性文件，在事故管理方面具有权威性。应当对应急预案的制定、修改、更新、批准和发布作出明确规定，并保证定期或在应急演练、应急救援后对应急预案进行评审，针对实际情况的变化以及预案中所暴露出的缺陷，不断更新、完善和改进应急预案文件体系。

二、应急预案基本结构与内容

（一）应急预案基本结构

不同的应急预案由于所处的层次和适用范围不同，在内容的详略程度和侧重点上会有所不同，但都可以采用相似的基本结构。采用基于应急任务或功能的预案结构如图 5-2 所示，即一个基本预案加上应急功能设置、特殊风险预案、标准操作程序和支持附件构成综合预案，可保证各种类型预案之间协调和一致。

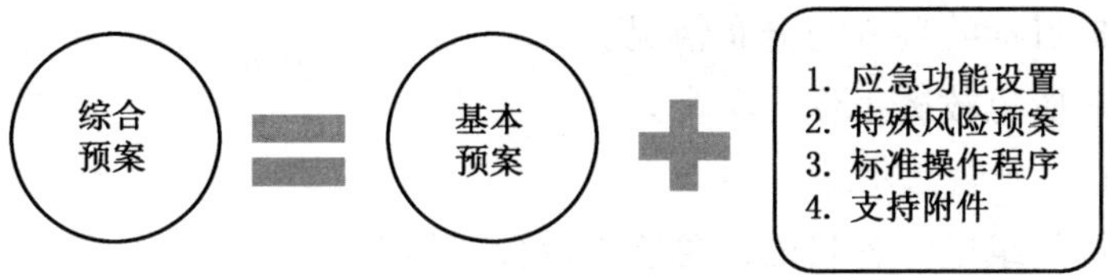

图 5-2　应急预案的基本结构

（二）应急预案基本内容

应急预案是为有效预防和控制可能发生的事故，最大程度减少事故及其造成损害而预先制定的工作方案。其核心内容应包括：对紧急情况或事故灾害及其后果的预测、辨识和评价；应急各方的职责分配；应急救援行动的指挥与协调；应急救援中可用的人员、设备、设施、物资、经费保障和其他资源；在发生紧急情况或事故灾害时保护生命、财产和环境安全的措施；现场恢复；其他方面，如应急培训和演练规定、法律法规要求、预案的管理等。按照应急预案的基本结构，预案各部分的基本内容如下。

1. 基本预案

1）预案发布令

由主要负责人为应急预案签署发布令，援引国家、省（自治区、直辖市）相应法律和规章的授权规定，宣布应急预案生效。

2）应急机构署名页

在应急预案中，也可以包括各有关应急机构及其负责人的署名页，表明各应急机构对应急预案编制的参与和认同，以及对履行所承担职责的承诺。

3）术语与定义

列出应急预案中需要明确的术语、定义的解释和说明。

4）相关法律法规

列出国家和地方相关的法律法规依据。

5）方针与原则

列出应急预案所针对的事故类型、适用范围和救援任务，以及应急管理和应急救援的方针与指导原则。方针与原则应体现应急救援的优先原则，如保护人员安全优先，防止和控制事故蔓延优先，保护环境优先。

6）危险分析与环境综述

（1）主要危险物质的种类、数量及特性，包括使用数量大或范围广的危险物质。

（2）重大危险源的数量及分布。

（3）危险物质运输路线分布。

（4）潜在的重大事故、灾害类型、影响区域及后果。

（5）常年季节性的风向、风速、气温、雨量及其他可能对事故造成影响的气象条件。

（6）重要保护目标的划分与分布情况。

（7）可能影响应急救援工作的不利条件。

7）应急资源

（1）应急力量的组成、各自的应急能力及分布情况。

（2）各种重要应急设施（设备）、物资的准备情况。

（3）上级救援机构或邻近单位可用的应急资源。

8）机构与职责

列出在事故应急救援中承担职责的所有应急机构和部门、负责人、联络方式，明确其在应急准备、应急响应和应急恢复各阶段中职责。

9）教育、培训与演练

为全面提高应急能力，应对职工教育、应急训练和演练作出相应规定，包括其内容、计划、组织与准备、效果评估等。

10）与其他应急预案的关系

明确本预案与其他应急预案的关系，列出本预案可能用到的其他应急预案。

11）互助协议

列出与相邻单位签署的正式互助协议，明确可提供的互助力量。

12）预案管理

应急预案的管理应明确：负责组织应急预案的编制、修改及更新的部门；预案的审查、批准程序；建立预案的修改记录，包括修改日期、已修改的页码、签名等；建立预案的发放记录，及时对已发放的预案进行更新；对应急预案进行定期和不定期评审，保证持续改进的规定。

2. 应急功能设置

（1）接警与通知。

（2）指挥与控制。

（3）警报和紧急公告。

（4）通信。

（5）事态监测与评估。

（6）警戒与治安。

（7）人群疏散。

（8）人群安置。

（9）医疗与卫生。

（10）公共关系。

（11）应急人员安全。

（12）消防和抢险。

（13）现场恢复。

3. 特殊风险预案

在特殊风险预案中，应列出各类潜在的重大事故风险，说明各类重大事故风险应急管理所需的专有应急功能和对其他相关应急功能的特殊要求，明确各应急功能的主要负责部门、有关支持部门以及这些部门的职责和任务。

4. 标准操作程序

标准操作程序的作用是为应急组织或个人履行应急功能设置中规定的职责和任务提供详细指导。应符合下述基本要求：由该应急功能的责任部门组织编制，并由应急预案管理部门组织评审并备案；通过简洁的语言说明操作程序的目的、执行主体、时间、地点、任务、步骤和方式，并提供所需的检查表和附图表；检查表直观简洁地列出每一应急任务和步骤；采用统一格式编制各项应急功能的标准操作程序；按照应急准备、初期响应、扩大应急和应急恢复四阶段描述程序中规定的各项任务；与应急功能设置中有关各部门职责和任务的内容一致；规定相关部门执行程序时应保存的记录，包括保存样式和期限。

5. 支持附件

应急预案支持附件中应包括以下几方面：

（1）危险分析附件：重大事故灾害影响范围预测；重大危险源登记表与分布；重要防护目标一览表与分布；事故后果预测与评估模型；其他危险分析资料等。

（2）通信联络附件：本地所有应急机构、应急组织、应急设施、关键应急人员和专家的名录及通信联络方式和备用联络方式；外部可利用应急机构通信联络方式和备用联络方式。

（3）法律法规附件：我国有关重大事故应急的法律、法规、规章和标准；我国有关重大事故应急的文件、技术规范和指南性材料；国际上有关重大事故应急的公约、建议书和技术指南等。

（4）应急资源附件：城市专兼职消防力量分布；医疗救护机构分布及医疗救护能力信息；应急物资、设施、设备的类型、数量、所有人或供应方联络方式及储存地点；通信及数据信息传递系统；警报系统分布及覆盖范围；避难及被疏散人员安置场所分布等。

（5）教育、培训、训练和演练附件：教育、培训、训练和演练计划；应急人员培训考核大纲；其他有关重大事故应急教育、培训、训练和演练的工作安排。

（6）技术支持附件：应急信息管理系统；应急决策支持系统；危险化学品数据库；事故案例库；其他技术支持附件。

（7）协议附件：主要由事故应急管理部门与其他灾害应急管理部门或机构签署的互助协议组成。

（8）其他支持附件：上述支持附件以外的信息。

三、应急响应程序

（一）信息流转

1. 信息接报

1）信息采集

完善突发事件信息采集系统，拓宽突发事件信息采集渠道，突发事件才有可能被消灭或控制在萌芽状态，避免一般突发事件演变为重大突发事件。

2）信息报告

信息报告是应急管理运行机制的重要组成部分。及时、准确的信息报告有利于政府全面掌握突发事件的发生和发展趋势，采取积极有效的措施，最大限度地减少突发事件的发生以及造成的损失，保障人民群众生命财产安全。

上述信息接报制度如图 5-3 所示。

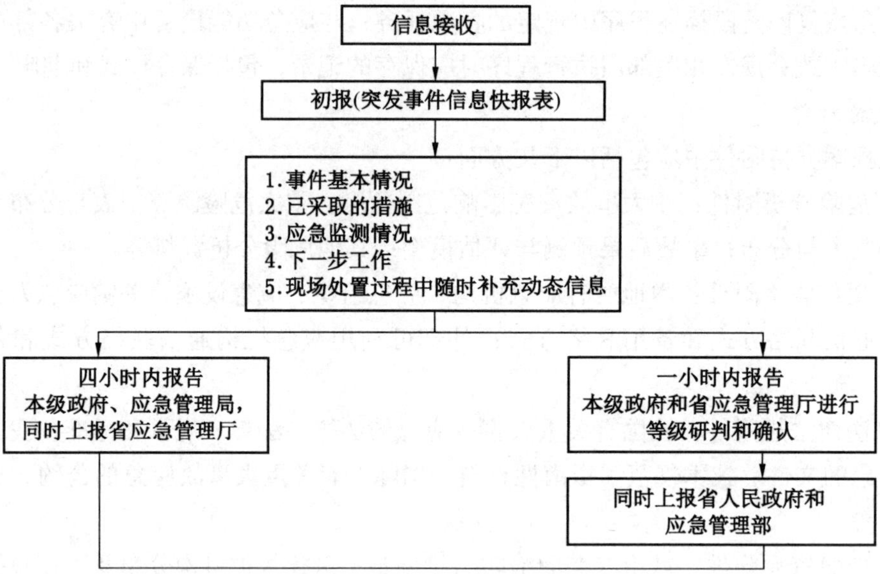

图 5-3　应急信息接报制度

2. 信息处置与研判

（1）明确响应启动的程序和方式。根据事故性质、严重程度、影响范围和可控性，结合响应明确的条件，可由应急领导小组作出响应启动的决策并宣布，或者依据事故信息是否达到响应启动的条件自动启动。

（2）若未达到响应启动条件，应急领导小组可作出预警启动的决策，做好响应准备。

（3）响应启动后，应注意跟踪事态发展，科学分析处置需求，及时调整响应级别，避免响应不足或过度响应。

（二）预警

1）预警启动

明确预警信息发布渠道、方式和内容。

2）响应准备

明确作出预警启动后应开展的响应准备工作，包括队伍、物资、准备及通信。

3）预警解除

明确预警解除的基本条件、要求及责任人。

（三）响应启动

1. 响应分级

启动市级应急响应一般由高到低分为四级：一级、二级、三级、四级。市级一级响应由市政府启动并指定负责同志组织指导协调；市级二级响应由市政府分管领导同志启动并组织指导协调；市级三级响应由牵头部门主要负责同志启动并组织指导协调；市级四级响应由牵头部门分管负责同志启动并组织指导协调。响应分级标准在相关市级专项应急预案中明确。应急响应启动后，可视突发事件事态发展情况及时调整响应级别。下级政府的响应级别不应低于上级政府响应级别。

2. 响应启动条件

初判发生Ⅲ级（较大）及以上级别突发事件，有可能造成较大社会影响时，启动一级响应；初判发生Ⅲ级（较大）突发事件，不会造成较大社会影响，但事件本身较敏感，或事态发展有扩大趋势，或发生在重点地区、重大会议活动举办期间等特殊地点、敏感时期，启动二级响应；初判发生Ⅲ级（较大）突发事件，事件社会影响小，事态发展趋势完全可控时，启动三级响应；初判发生Ⅳ级（一般）突发事件，但事件本身较敏感，或事态发展有扩大趋势，或应区县（市）请求，启动四级响应。

3. 响应行动

（1）根据响应级别，相关负责同志立即赶赴现场。

（2）视情成立现场指挥部，设立各相关处置小组，明确职责分工。

（3）进行现场会商、研判，制定具体应急方案。

（4）协调应急队伍、专业设备、应急专家。

（5）指导转运伤员，控制现场，疏散人员，监测环境。

（6）指导信息发布，引导舆情，进行善后处置。

具体响应行动在相关市级专项应急预案中明确。

（四）应急处置

明确事故现场的警戒疏散、人员搜救、医疗救治、现场检测、技术支持、工程抢险及环境保护方面的应急处置措施，并明确人员防护要求。

1. 先期处置

（1）突发事件发生后，事发单位要立即组织本单位应急队伍和工作人员营救受害人员，疏散、撤离、安置受威胁人员；控制危险源，标明危险区域，封锁危险场所，并采取其他防止危害扩大的必要措施；迅速控制可疑的传染源，积极救治病人，组织医疗卫生人员加强个人防护；向所在地区县（市）级政府及有关部门、单位报告。

（2）事发地居民委员会、村民委员会和其他组织要立即进行宣传动员，组织群众开展自救和互救，协助维护社会秩序，或按照当地政府的决定、命令组织开展突发事件应对工作。

（3）乡镇政府调动应急队伍，采取措施控制事态发展，组织开展应急处置与救援工作，并及时向上级政府报告。

2. 指挥协调

市政府是全市各类突发事件应急管理工作的最高领导机关。市总指挥部负责统一领导、统一组织、统一指挥、统一协调各类突发事件的应对工作。突发事件发生后，原则上先由各专项指挥部组织、指挥、协调、实施突发事件现场处置工作，必要时启动总指挥部负责应对。各专项指挥部未涵盖的突发事件应急处置工作，由突发事件处置牵头部门依据其职责和应急处置的实际组织实施。现场指挥部由市总指挥部或专项指挥部视情设立，在市总指挥部或专项指挥部领导下，负责突发事件的现场应急处置，并指导区县（市）开展突发事件应急救援工作。

上级组织指挥机构设立后，下级组织指挥机构按照上级组织指挥机构要求做好应急处置与救援有关工作。市级政府设立现场指挥部的，县级政府的现场指挥部应纳入市级现场指挥部。省级政府设立前方指挥部的，市县级现场指挥部要服从省前方指挥部的领导。各级应急指挥部可视情设立综合协调组、应急信息组、专业救援组、医疗救护组、工程抢险组、新闻宣传组、救援保障组、交通运输组、治安维护组、环境处理组、灾民安置组、专家顾问组等应急处置工作组，进行分工合作，提高应急处置效率。

3. 处置措施

各应急处置工作组采取如下措施：

（1）综合协调组：由突发事件处置牵头部门牵头协调全市相关部门开展应急救援工作。

（2）应急信息组：由突发事件处置牵头部门牵头，相关部门参与，协同提供灾区相关数据。组织现场人员、应急测绘和勘察队伍等，利用无人机、雷达、卫星等手段获取现场影像，分析研判道路、桥梁、通信、电力等基础设施和居民住房损毁情况，重要目标物、人员密集场所和人口分布等信息，提出初步评估意见，并向现场指挥部报告。

（3）专业救援组：由突发事件处置牵头部门牵头，组织综合应急救援队及各相关专项应急救援队、民兵应急力量、应急志愿者队伍等营救受困、受伤人员，疏散、撤离并妥善安置受威胁人员以及采取其他救助措施。迅速控制危险源，减轻或消除危害，标明危险区域，封锁危险场所，划定警戒区，实行交通管制以及其他控制措施。采取防止发生次生、衍生事件的必要措施。

（4）医疗救护组：由市卫健委牵头，组织协调医疗救援机构和医疗救援力量，开展医疗救援、医疗转运和医疗救治工作。组织做好传染病疫情等公共卫生事件确诊和疑似病例隔离救治，对密切接触者实施医学观察，对易感人群采取应急接种、预防性服药措施，开展卫生防病健康教育。

（5）工程抢险组：由市城建局牵头，市城管局、市住房保障局、市交通局、市水利局、供电公司、通信发展管理办公室以及事发地政府等相关单位参与，立即抢修被损坏的交通、通信、供（排）水、供电、供热、供气等公共设施，短时间难以恢复的，要实施临时过渡方案，保障社会生产生活基本需要。

（6）新闻宣传组：由市委宣传部牵头，应急救援总指挥部及相应专业应急机构或突发事件处置牵头部门、事发地政府等相关单位参与，做好对外新闻发布工作。

（7）救援保障组：由市发展改革委牵头，相关单位参与，根据专业应急机构或突发事件处置牵头部门以及现场指挥部要求，组织生产、配送、调拨、监管、征用各类应急物资。

（8）交通运输组：由市交通局牵头，有关运输公司、事发地政府等相关单位参与，组织运送救援人员、受灾人员、救援设备、救灾物资等。

（9）治安维护组：由市公安局牵头，事发地政府、涉及的社会团体和企业参与，依法从严惩处哄抢财物、干扰破坏应急处置工作等扰乱社会秩序的行为，维护社会治安。

（10）环境处理组：由市生态环境局牵头，市公安局、市卫健委、市应急局、市城管局、市水利局、市气象局等相关单位参与，快速查明主要污染源、污染种类以及污染影响，在职责范围内及时控制污染扩散，消除危害，并对潜在危害继续监控。

（11）灾民安置组：由市应急局指导事发地政府、红十字会及其他志愿服务团体等做好受灾群众的基本生活保障工作，提供食品、饮用水、衣被、燃料等基本生活必需品和临时住所，确保灾区民众有饭吃、有水喝、有衣穿、有住处。

（12）专家顾问组：由突发事件处置牵头部门牵头，相应专业应急机构或事件主管单位组织应急管理专家参与，为现场指挥部进行事件研判、决策、队伍协调等提供智力支持。

4. 响应升级

（1）响应升级的标准：经研判，发现突发事件的实际灾情或后果超出了接到的信息报告的灾情或后果；突发事件的灾情或后果进一步扩大，市级应急力量难以实施有效处置；突发事件将要波及周边地区。

（2）请求援助：总指挥部及时联系警备区协调驻地方部队、武警支队参与应急工作；总指挥部向应急救援总指挥部提出应急救援申请；总指挥部向应急救援总指挥部提出由应急救援总指挥部协调周边地区参与应急救援，共同进行突发事件应急处置。

5. 社会动员

市政府应当根据应对突发事件的实际需要，动员公民、法人和其他组织，配合政府及有关部门做好自救互救、道路引领、后勤保障、秩序维护等协助处置工作。

6. 信息发布与舆论引导

各级应急指挥机构要制定统一的信息发布与舆论引导方案，与突发事件应对处置工作同时研究、同时部署、同步行动。

（1）信息发布由总指挥部负责。必要时，按照国家、省信息发布的有关工作机制，由国家、省相关部门统筹协调。

（2）总指挥部应在突发事件发生后第一时间通过官方公众号和权威媒体向社会发布简要信息，并及时发布初步核实情况、政府应对措施和公众防范措施等，根据突发事件处置进展动态发布信息。

（3）信息发布形式主要包括授权发布、提供新闻通稿、组织报道、接受记者采访、举行新闻发布会等，通过主要新闻媒体、重要新闻网站、有关政府网站、移动新媒体和手机短信等发布信息，具体按照有关规定执行。

（4）总指挥部加强网络媒体和新媒体信息发布内容管理与舆论分析，引导网民依法、理性表达意见，形成积极健康的社会舆论。

（五）应急支援

1. 应急救援队伍

接到县级以上人民政府及有关部门的救援命令或者签有应急救援协议的生产经营单位的救援请求后，应当立即参加救援。应急救援队伍和有关专家根据救援命令参加应急救援所发生的费用，由事故责任单位承担。事故责任单位无力承担的，由事故发生地的人民政府审核后给予合理补偿。

2. 应急救援

在应急救援过程中，发现可能直接危及应急救援人员生命安全的紧急情况时，现场指挥部或者统一指挥应急救援的人民政府应当根据专家意见决定暂停或者终止应急救援。经评估具备恢复施救条件的，应当继续实施应急救援。

3. 应急物资调配

县级以上人民政府及有关部门为实施应急救援，必要时可以向有关单位和个人调用、征用所需装备、设施、场地、交通工具等应急救援物资。接到调用、征用决定的单位和个人应当予以配合。县级以上人民政府及有关部门在使用完毕或者应急救援结束后，应当及时归还被调用、征用的应急救援物资，或者给予合理补偿。

4. 现场指挥部

负责统一指挥生产安全事故应急救援的人民政府及有关部门应当完整、准确地记录应急救援的重要事项，妥善保存视频、图像、数据信息等相关原始资料和证据。

（六）响应终止

突发事件应急处置工作结束或相关威胁和危害得到控制、消除后，遵循“谁启动、谁解除”的原则，由启动响应的履行统一领导职责的政府或应急指挥机构宣布响应结束。响应结束后，逐步停止有关应急处置措施，应急救援队伍和工作人员有序撤离。同时，采取或者继续实施必要措施，防止发生自然灾害、事故灾难、公共卫生事件的次生衍生事件或者引发社会安全事件。现场指挥部停止运行后，通知相关方面解除应急措施，逐步恢复生产生活秩序。

四、应急指挥救援程序

（一）掌握信息，启动预案

1. 侦察掌握现场情况

1）应侦察掌握的信息

（1）事故灾难的性质，波及范围，危害程度，发展蔓延速度和方向。

（2）有无人员受到高温、烟气、火势的威胁，其数量和所处地点以及抢救疏散通路。

（3）有无爆炸、毒气、触电和建筑物倒塌的危险。

（4）有无受到事故灾难威胁的重要物资、设备、档案和资料，其数量、位置和实施疏散、保护的可行性。

（5）可利用的水源及供水能力。

（6）救援人员的素质、救援能力、救援特长和器材装备等情况。

（7）事故灾难现场周围的道路及周围环境等情况。

（8）发生事故灾难当日气象变化情况。

（9）其他应了解掌握的情况。

2）事故灾难信息的来源

（1）报警人提供的信息。

（2）事故灾难现场知情人提供的信息。

（3）现场工程技术人员提供的信息。

（4）储存资料中提供的信息。

（5）直观感觉和现场侦察提供的信息。

（6）指挥中心收集提供的信息。

3）获取事故灾难信息的手段

（1）查阅应急预案。

（2）向指挥中心索取。

（3）询问现场知情人、事故单位有关人员。

（4）通过现场观察。

（5）派出侦察小组实地侦察。

（6）通过现场图像传输、仪器检测或计算。

（7）向有关部门查询。

（8）询问现场工程技术人员等。

2. 迅速启动事故灾难应急预案

下列情况下应迅速启动事故灾难应急预案：

（1）事故灾难现场有较多人员伤亡。

（2）事故灾难严重，造成重大的经济损失或社会影响。

（3）事故灾难波及范围大，应急救援难度大，所需时间长。

（4）事故灾难处置涉及部门多，救援力量多，协调难度大。

（5）事故灾难处置需要调集大量物资、车辆和特种机械等。

（6）其他紧急情况需要启动时。

（二）科学合理，调派力量

1. 应急救援力量的构成

由于事故灾难的多样性，需要不同的应急救援力量参与处置，因此应急救援力量需由不同行业、不同领域、不同专业的力量构成。

2. 应急救援力量的调集

应急救援力量的调集，应按照地方人民政府、各有关部门和应急救援队伍等各自的职能权限，根据应急救援现场的具体情况和实际需要调动。

3. 应急救援力量的集结出动

应急救援队伍在接到上级主管部门的救援指令或事故灾难报告后，指挥员应根据事故灾难处置预案的规定或指令要求，迅速集结队伍，下达出动命令，奔赴现场。

（三）侦察检测，搜集灾情

1. 侦察检测的组织

（1）应急救援班单独救援行动时，由班长和1~2名救援人员组成侦察小组。

（2）1个救援队实施救援时，由指挥员、应急救援班长和1名救援人员组成侦察小组。

（3）多个救援队实施应急救援行动时，由事故单位应急救援队伍组成1个或多个侦察检测小组。

2. 侦察检测的程序

灾情侦察应贯穿于应急救援行动全过程。灾情侦察的程序可分为初步侦察检测和反复侦察检测。

3. 收集灾情的内容

通过侦察检测，重点应收集掌握以下情况：事故灾难的特性、现状、危险程度及其危害范围，不同区域的危险等级和防护等级；事故灾难现场有无爆炸、毒害、腐蚀等物质，及其数量、存放形式和具体位置；事故灾难造成的遇难、遇险、被困人员的数量、所处位置等情况；事故灾难区域受威胁或可能波及的人员数量、范围，抢救或疏散的方法和路线；实施应急救援行动最佳的停车位置，可靠的行动路线；现场是否有贵重物资需要保护和疏散；事故灾难现场和周边的环境情况；有无发生次生灾害可能及其危害程度。

（四）科学研判，确定方案

1. 科学研判灾情

（1）整合信息资源。

（2）科学民主决策。

2. 确定应急救援方案

1）应急救援方案的内容

（1）针对应急救援种类、性质、规模、危险程度及可能的危害范围采取的措施。

（2）针对事故灾难现场的人员伤亡和财产损失情况采取的措施。

（3）针对分析预测事故灾难现场的灾情趋势、灾情恶化及产生的严重后果等采取的措施。

（4）根据上级的总体要求和指示精神，结合现场实际，参照地方政府、各专业救援力量制定的应急预案，确定应急救援的总体目标。

（5）根据应急预案或事故灾难现场实际，对已到场的救援力量进行任务分工和救援物资的调配使用。

（6）在事故灾难应急救援中可采取的工艺措施和技术手段。

（7）明确在事故灾难救援的不同阶段，各应急救援力量应承担的具体任务。

应急救援方案还应包括协同规定、通信联络、防护措施、救援保障等有关内容。

2）确定应急救援方案的原则

（1）集中力量保障重点。

（2）发挥专业救援力量优势。

（3）备足机动救援力量。

（4）明确协同要求。

3）确定应急救援方案的要求

（1）要考虑救援方案的完整性。

（2）要考虑各支救援力量的兼容性。

（3）要考虑各支救援力量之间在时间、空间与救援行动之间的有机融合，确保各项救援行动的连续性和协调性。

（4）要考虑各项救援措施和救援手段的针对性与时效性。

（五）下达命令，动态指挥

1. 下达救援行动命令

（1）制订救援行动命令的具体内容。

（2）下达救援行动命令的要求：及时准确，坚决果断，简明扼要，做好记录。

2. 检查督促命令执行情况

指挥部要及时对命令的执行情况进行检查监督，这是应急救援指挥中不可缺少的重要环节。通过检查督促，及时掌握命令的落实情况，搜集、分析应急救援过程中存在的困难和问题，随时调整应急救援的力量部署，进一步完善应急救援的处置方案。

3. 适时调整应急救援力量部署

1）救援力量部署调整的类型

救援力量部署的调整可分为局部调整和整体调整。

2）救援力量部署调整的时机

实施救援力量部署调整，应逐步进行，边调整边完善；切忌急于求快，避免现场混乱。

3）救援力量部署调整的方法

阵地调整，组合调整，重点调整，增援调整，撤退转移。

4）救援力量部署调整的要求

（1）调整前指挥员要精心筹划，听取多方面意见，经充分论证后果断决策。

（2）救援力量部署调整，一般以局部调整为主；非特殊情况，避免整体调整。

（3）实施调整时要做好充分准备，调整命令要迅速下达到有关救援队伍，受令者要快速做好调整准备工作。

（4）进行调整的救援力量，指挥员要精心组织，按照上级指示或指挥部的调整方案，指挥所属队伍迅速调整到位，展开新的救援工作。

（5）紧急情况下，指挥部的调整命令可以越级下达，受令者接到命令后按要求迅速进行调整，同时应将调整命令报告自己的直接指挥员。

对危险性较大的应急救援现场，指挥员应建立险情观察哨，严密注视灾情变化。灾情发生突变，危及救援人员安全时，及时向救援人员下达撤退命令。

第二节　城市公共安全应急指挥救援体系

一、应急救援信息化建设目标与任务

（一）收集信息，确定对策

1. 收集信息

事故灾难具有突发性和偶然性，当接到报警或出动指令后，指挥员应立即通过各种手段，迅速收集事故灾难现场信息，全面掌握与应急救援紧密相关的各种信息。事故灾难信息是指挥员实施应急救援指挥的重要依据，能否及时、准确、全面地了解和掌握灾情信息，直接关系到指挥员对应急救援行动的力量调集、初步决策和战斗部署等，甚至关系到应急救援行动的成败。

2. 确定对策

应急救援指挥部把事故灾难现场收集和掌握的各种可靠情况、上级指示和有关方面的建议有机联系在一起，依据事故灾难发展规律、应急救援指导思想和原则，通过分析、判断或借助现代技术手段的处理，确定事故灾难现场主要方面和所需救援力量，提出救援行动的最佳方案。

（二）调配力量，协调行动

1. 调配力量

人员力量调配，装备调配，救援力量调配过程。

2. 协调行动

事故灾难由于具有危害范围广、涉及面大等特点，同时处置事故灾难往往涉及许多部门、救援队伍和若干环节，指挥员就要通过指挥手段，对救援力量进行合理部署，同时积极协调救援部门和事发单位，按照预定的应急处置方案，结合实际情况，协调行动步伐，保证应急救援任务顺利完成。

（三）督促检查，确保落实

督促检查下属执行指令的情况，是落实事故灾难处置决策和方案的重要措施，特别对执行重特大事故灾难处置行动的部门，显得更为重要。通过督促检查，真实掌握救援进展情况，及时发现救援中存在的问题，以便及时给予纠正、调整和帮助。

事故灾难处置的总体决策指令，要通过各参与部门、队伍的若干救援行动环节，认真、艰苦地落实才能实现。

（四）控制事故，消除危害

控制事故是消除危害的前提，而危险源是造成人员伤亡和财产损失的因素，只有控制住危险源，事故才会从根本上得到控制。特别是在人口稠密地区出现危险物质泄漏或可能发生重大爆炸事故的情形，控制危险源，在某些时候比抢救现场的人员更重要。

应急救援必须当事故现场得以控制，环境符合有关标准，导致次生、衍生事故的隐患消除后，也即事故危害消除后，才能宣布现场应急结束。因此，消除危害是应急救援的目标，也是应急救援的任务。

二、应急救援信息化平台

（一）应急救援信息化平台建设概述

1. 建立统一的应急指挥通信平台

实现对各类事故灾难应急救助电话的统一接警，“统一接报、分级处置”，对于重特大事故应急进行联动处理，集中管理、快速反应，构建全面的安全防范体系。整合并完善各种应急信息资源、通信资源及其他资源，采用先进的计算机辅助调度技术，使应急指挥中心及各业务单位的报警、接警、处警、资源管理、指挥调度、协同等过程更加科学、准确。

2. 建立横向互联与纵向贯通的事故应急救援信息化平台

通过与各地区、各部门、企业内部的信息互通和资源共享，围绕应急预案体系的实施，服务于各应急职能机构。实现国家总体安全生产应急预案与专项预案、部门预案、地方预案和企业预案相衔接，纵向到底，涉及国家、省、市、县和企业；横向到边，涉及公安、卫生、环保等部门，真正实现各区域和各部门之间的协同应急救援行动。

3. 建立一体化的应急技术标准体系和应急数据中心

为应急日常管理、应急响应、指挥调度和决策分析提供信息支撑，使离散化的数据库和应急信息资源实现真正的互联和共享。具体包括建立事故应急预警分级标准、应急能力评估标准、软硬件技术标准与规范、应急预案数据库、应急资源信息数据库、事故模拟预测模型库、地理信息数据库等。

4. 整合现有国家安全生产应急救援资源

依托国家安全生产现有通信资源及信息系统和国家公共通信资源，建设企业应急救援信息化平台体系的基础支撑系统和综合应用系统，实现事故灾难的监测监控、重大危险源监管、预测预警、信息报告、辅助决策和日常管理等主要功能，满足事故灾难的应急救援协调指挥和应急管理需要。

（二）应急救援信息化平台技术

1. 计算机网络系统

计算机网络系统包括总指挥部、二级指挥部与移动指挥部、业务执行机构（如应急队伍、医疗机构）之间的三级计算机网络及外部设备。从网络类型来看，包括局域网络（指挥部、业务机关网络）、广域网络（由中心与分支机构的网络构成）、无线访问网络（应急指挥中心与移动指挥中心的远程访问网络）。

2. 应急救援数据共享平台

对事故灾难作出快速反应首先要做到准确管理可能发生的危险信息，而快速获取相关信息是应急响应、减少损失和救助生命的关键。因此，信息畅通是应急救援信息化平台的基础。建立应急救援数据共享平台，实现跨地域、跨部门之间的应急数据共享；建立起包括基础应急信息、专业应急数据库、基于空间位置的应急预案库、应急决策支持数据库等应急救援信息体系，实现对事故灾难应急救援指挥的信息决策支持。

3. 集成通信调度系统

应急救援信息化平台应提供统一的通信系统，包括无线通信、有线通信和无线数据通信，集成综合语音通信调度台，以便实现应急指挥中心与一线应急作业人员之间的语音通信。通信调度系统可以根据事故需求，实现应急部门和人员之间的通信联络。移动数据传输则实现现场人员和车辆在移动过程中接收命令及发回现场报告。

4. 集成的视频显示体系

在应急指挥中心应有视频显示体系，实现包括视频会议、视频监控和大屏幕显示等功能，为应急指挥中心提供对监控点图像、GIS 系统信息、GPS 系统信息的调用和集成显示。总指挥部决策室要求具有视频电话会议功能，而且能与各应急部门现有的会议系统联网，可在此召开电视电话会议。视频监控系统对监控场所进行实时集中监控，对所需的各种视频、音频、计算机文字、图形信息等进行收集、选取、存储，并控制显示在大屏幕、大尺寸视频监视器和应急指挥多媒体终端等显示设备上，以便于整体统筹、指挥。

5. 支持决策的地理信息系统

统一标准建设共享的基础电子地图，实现基础信息和各类应急管理专业信息基于统一地图的可视化显示，并动态更新。系统的各个接处警席位的计算机终端上可以显示城市多级矢量图，提供地理信息和主要地表/资源的影像图。信息平台可以根据不同救援力量的需要智能显示各种专业目标信息，以及动态移动目标的定位信息，使得处警员可以方便地通过图形界面掌握各种资源分布和信息。

6. 基于物联网技术的应急管理平台

物联网又名“传感网”，是在传统意义的互联网基础上从“人”的元素向“物”的元素拓展。物联网通过在现实的物理世界中部署嵌入芯片和软件系统，使网络本身有感知能力和信息处理能力，从而实现信息的有效传输和实时处理，完成人与人、人与物、物与物之间的交互。

7. 应急救援信息化平台的安全体系

建立应急救援信息化平台的安全体系，统一建设信息安全基础设施。依托事故应急指挥中心或其他条件较好的信息指挥系统建设备用应急联动指挥部。在特殊情况下利用公共网络资源作为应急联动系统专网的备份，利用微波与卫星通信系统作为紧急通信手段。

（三）应急救援信息化平台的基本功能

1. 对重大危险源的监督管理

重大危险源是应急管理的重点防范对象，因此，应急救援信息化平台应设计对重大危险源进行实时监控和完善管理的功能。

2. 对事故灾难的应急救援指挥调度

在发生事故灾难的情况下，应急指挥中心通过应急救援信息化平台对事件的应急救援进行统一指挥调度。应急信息中心需要设置指挥决策室和接警处警席位。当事故发生时，由接警席位人员对事件进行过滤和判断，在有需要的情况下立即启动相应的应急预案，在主管领导的统一指挥下直接通过应急信息平台的各种指挥调度手段指挥调度相应的单位和人员，联合对事故灾难进行处理。在应急指挥调度过程中，要求依靠先进的信息技术和智能功能，为应急调度和决策提供信息支持。

3. 综合的日常应急信息管理

（1）事故应急信息管理。

（2）应急信息咨询处理。

（3）信息和数据的管理、查询、统计和报表。

（4）对信息平台本身进行管理。

（四）应急救援信息化平台系统组成

应急救援信息化平台系统结构如图 5-4 所示。

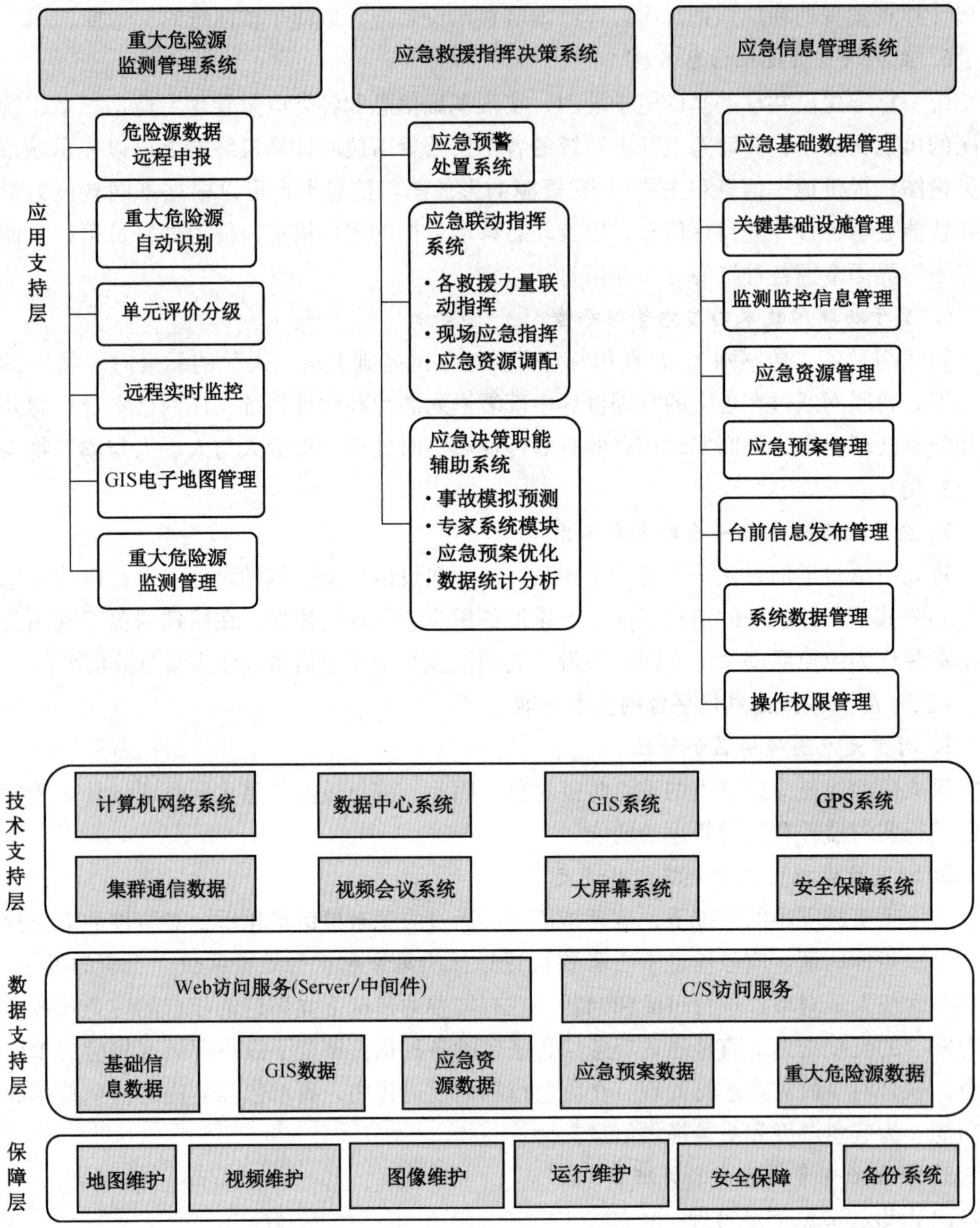

图 5-4　应急救援信息化平台系统结构

（1）保障层：包括地图维护、视频维护、图像维护、运行维护、安全保障等系统。

（2）数据支持层：包括 Web 访问服务（基础信息数据、GIS 数据、应急资源数据）、

C/S 访问服务（应急预案数据、重大危险源数据）。

（3）技术支持层：包括计算机网络系统、数据中心系统、GIS 系统、GPS 系统等。

（4）应用层：通过支持跨平台应用集成的解决方案，包括重大危险源监测管理系统、应急救援指挥决策系统、应急信息管理系统，面向城市公共突发事件及相关数据的共享和交换标准，提供相关的多种信息服务、各应急事件信息接报和紧急处置的实际应用功能。

三、应急救援保障

（一）通信与信息保障

1. 应急指挥场所

（1）大屏幕显示系统。大屏幕显示系统可以同时看到多个屏幕，可显示不同的应急信息和图像。

（2）音频视频系统。两个或两个以上不同地方的个人或群体，通过传输线路及多媒体设备，将声音、影像及文件资料互传，实现即时且互动的沟通。

（3）切换控制系统。切换控制系统可在指挥模式和会议模式之间切换。

（4）会议发言系统。应急指挥场所在平时可作为会议室使用，也可召开高级行政会议，还可实现会议自由讨论等。

2. 指挥通信信息平台

（1）调度通信平台。针对事故灾难危害程度、影响范围和控制事态能力的差别，建设总公司层面调度指挥平台和二级单位层面调度指挥平台。

（2）视频会议系统。可实现召开和接收视频会议功能，视频会议系统满足用户进行双向交互视频会议功能，对上可以作为分会场，对下可以作为主会场，各地分会场可自行组织召开会议，自动呼叫其他分会场的终端设备。

（3）视频监控接入系统。可对接应急事件现场的视频监控，直接了解事故现场的动态；还可掌握生产单位的在岗人员和重大作业及大型设备的生产作业动态。

（4）IPTV 视频广播系统。利用宽带多媒体网络传送清晰的电视节目，其图像音响质量远远高于现在的有线电视信号质量。

（二）救援队伍保障

1. 专业队伍

1）国家综合性消防救援队伍

公安消防部队、武警森林部队转制后，与安全生产等应急救援队伍一并作为综合性常备应急骨干力量，由应急管理部管理，实行专门管理和政策保障，采取符合其自身特点的职务职级序列和管理办法，提高职业荣誉感，保持有生力量和战斗力。目前，全国各地依托应急管理部消防救援队组建了省、市、县三级综合性应急救援队伍，整合医疗、交通、民政、地震、市政等相关部门的救援力量，统一纳入应急救援调度和指挥体系。

2）专业应急救援队伍

（1）专职消防队。专职消防队依据《中华人民共和国消防法》《城市消防站建设标准》《企事业单位专职消防队组织条例》等法律法规建设。专职消防队的人员都是层层选拔出来的，因为在防范检查过程中，只有对本单位的生产工艺流程，消防安全重点部位分布，每个车间存在何种危险因素，要采取哪些防范措施，制定哪些应急预案充分了解，才能真正做到心中有数。

（2）其他专业抢险队。具有特色的专业应急响应队伍，所有人员经过培训，掌握了应急救援技能，随时可以出动、参与并指导事故的应急救援行动。

2. 兼职队伍

兼职应急队伍是群众性的基层救援组织，是我国应急救援力量中一个重要组成部分，它由企事业单位在职职工组成，在自防自救中发挥着骨干作用。

3. 现场职工队伍

事故灾难现场所在地或单位的职工，是应急救援不可缺少的一支重要力量。企业应该按照专业救援和职工参与相结合、战时救援和平时防范相结合的原则，建设专业队伍为骨干、兼职队伍为辅助、职工队伍为基础的企业应急队伍体系。

（三）物资准备保障

1. 应急救援物资保障

应急救援物资在事故灾难应急救援中有举足轻重作用，是开展应急救援必不可少的条件。为保证应急工作有效实施，各应急部门都应当制定应急救援物资的配备标准，平时做好物资的保管工作，保证装备处于良好的使用状态，必要时应建立应急物资管理数据库，使得一旦发生事故就能立即投入使用。

2. 应急装备保障

应急装备指用于应急管理与应急救援的工具、器材、服装、技术力量等。装备保障是指组织救援装备技术保障力量，对应急救援装备实施的管理、调集、保养、补充和修理等活动，目的是保持装备的良好状态。

（四）应急技术保障

1. 技术人员保障

（1）指挥类技术人员，包括救援指挥、通信、爆破、心理、测绘等行业和部门的技术人员。

（2）服务类技术人员，包括气象、燃气、电力、供水、交通运输、医疗救护等行业和部门的技术人员。

（3）行业类技术人员，包括石油化工、建筑、工程技术、防化、地震、民防、海事、环保等行业和部门的技术人员以及事故所在单位的技术人员。

2. 情报信息保障

信息是有效开展应急处置行动的基础。环境信息、救援力量信息、事故灾难信息、预测预警信息、后果评估信息、辅助指挥决策信息、技术数据信息、现场监测信息、应急资源信息、邻近地区增援力量信息等对事故灾难应急处置及决策起决定性作用。

（五）后勤保障

1. 饮食保障

饮食保障主要包括热食、饮用水和其他饮食，饮食保障的总要求是“营养、卫生、方便、充足、可口”。

2. 防寒（暑）保障

重特大或特殊事故灾难现场要做好防寒（暑）保障，主要有住宿用物资、防寒服装等。

3. 运输与经费保障

运输保障和经费保障同样是应急救援保障的组成部分，对应急救援行动具有重要影响。

（六）卫生医疗保障

1. 基本医疗器械保障

医疗器械是指单独或者组合使用于人体的仪器、设备、器具、材料或者其他物品，包括所需要的软件。基本医疗器械保障主要指应急救援中紧急救治所用的医疗器械，是指当有任何意外或急病发生时，施救者按医学护理的原则，能临时及适当地为伤病者进行初步救援及护理的适用医疗器械。

2. 基本药品保障

事故灾难具有不可预知性、突发性和突变性。此时的药品保障工作必须打破常规，及时筹措，并应减少、简化手续，紧急提供。在应对事故灾难的紧急工作之后，还要预防灾情引发的连锁反应和多向发展，正确判断其发展趋势，做好充分准备，根据灾情变化调整药品种类和数量。另外，事故灾难一般存在阶段性，也就是事件的初期、中期和后期。

（七）社会联勤保障

1. 建立健全社会联动的战勤保障机制

1）建立社会联动保障体系

在各级政府的统一领导下，建立应急、公安、供水、供电、供气、环保、气象、地震、通信、市政、急救、民政、交通等行业和企业加入的社会联动体系，将重特大事故灾难战勤保障预案纳入各地重大事故灾难处置应急预案中，企业要与供电、供气、城建、卫生等职能部门建立联动协作关系。

2）建立应急救援社会联席制度

政府组织各职能部门和企业参与的应急救援社会联动力量联席会议，制定应急救援联动方案，对大型应急救援的通信、救灾物资、医疗救护、专业救援队、专项经费等方面明确保障的单位、程序和任务，建立应急救援单位资源数据库，形成一个在政府统一领导下的应急联动保障机制。

3）建立社会联勤保障协调指挥平台

依托各地综合性应急救援队建立集中统一、信息畅通、运转高效的综合协调指挥平台，将各联动单位、任务分工、物资装备、保障途径等基本信息形成网络图，录入信息系统，救援时由应急救援现场指挥部统一调度，调集事故现场所需的社会力量到场参与、支援事故处置，保证各类战勤保障物资装备、人员在协议规定的时间内到位，实现持续供给。

2. 搭建社会资源信息平台

1）建立应急救援物资信息库

推进信息化建设，建立集信息收集、分析、处理于一体的事故灾难信息综合平台，实现事故灾难信息资源共享，确保及时将应急救援的第一指令传达到相关救援组织。

2）建立专家咨询信息库

充分利用公共资源，建立以生化、环保、水、电、气、医疗等领域权威专家组成的专家咨询信息库，为重特大事故灾难救援提供技术支持和决策依据。

3. 充分利用社会资源，实现保障社会化

1）救援器材保障社会化

实行救援器材厂家备份储备，与当地供应厂家签订合同，一旦库存救援器材供应不足，直接从厂家调用。

2）实现油料社会化供应

应急救援队要与石油公司和物流公司签订应急油料保障协议，为救援队伍提供 24 小时全天候的应急油料保障服务。

3）生活保障社会化

对大型救援时饮食实行社会配送，与大型超市、饭店签订生活保障协议，根据需要通知就近的超市、饭店负责保障救援人员饮食。

4）建立医疗救护绿色通道

充分发挥“120”急救中心在人员、设备和覆盖本地区等方面的优势条件，距事故现场最近的“120”医务人员可以在最短的时间内到达，提供无偿医疗救援；开通综合医院和专科医院救治通道，达成应急医疗保障协议，建立定点医院专家救治制度。

4. 提高应急联动响应能力

1）部门联动，提高应急处置效能

依托应急联动中心指挥平台，建立各职能单位共同联动的应急处置网络体系。在发生重特大事故灾难时，由应急联动中心统一指挥、统一调用。

2）企业联勤，最大限度确保救援物资的供应和生活保障

由于事故发生的不确定性，应急救援队在加强部队战勤保障内部建设基础上，与地方单位建立战勤保障联动关系，确保救援时能得到有效保障。

3）适时组织协同演练

每年由应急救援部门牵头，以政府名义组织各联动单位进行演练，定期组织与相关部

门的联合拉动演练。发挥各自职能，搞好协同配合，提高协同救援和应急保障水平，增强抵御事故灾难的综合能力。

第三节　城市公共安全应急指挥救援方式与方法

一、应急指挥救援方式

（一）集中指挥与分散指挥

1. 集中指挥

集中指挥是指在整个应急救援过程中，只有最高指挥员才有权改变重大救援部署、任务、行动的时机和方向，未经批准，下级不得擅自变动，下级指挥员在完成应急救援任务过程中，必须依据上级指挥员的意图和自身担负的应急救援任务，规范救援行动。

集中指挥的优点：①便于指挥员统一组织救援行动，形成整体合力，协调一致地达成救援目的；②便于指挥员统揽全局、把握关键；③便于下级指挥员更好地完成任务。

集中指挥的适用范围：灾情和救援的关键方向比较明确，本级救援行动对全局有决定性影响，救援准备的时间较充分，组织多方力量联合救援，指挥手段能够保障等。

2. 分散指挥

分散指挥的优点：①更好地发挥下级指挥员的主动性和创造性；②有利于抓住时机；③可以增强指挥的稳定性。

分散指挥的适用范围：①特殊条件下独立方向上单独执行应急救援任务的队伍的指挥；②担任机动救援、穿插分割、重点突破、强攻近战队伍的指挥；③现场情况出现了预料之外的变化和通信联络不畅时的指挥等。

3. 集中指挥与分散指挥的关系

集中指挥与分散指挥是对立统一的关系。所谓对立，是指集中指挥强调指挥权相对集中，而分散指挥则强调指挥权相对“下放”，二者在不同条件下都有自己的特殊地位和作用价值。所谓统一，是指它们相互依赖和渗透，相互作用，共同促进指挥目的的实现。无论是集中指挥还是分散指挥，其着眼点都是如何有利于指挥效能的发挥。统一主要表现在：一方面，两种指挥方式是互相依存的。集中指挥离不开分散指挥，下级在上级的统一意图下勇于负责，果断行事，则有利于上级总意图和决心的实现；同样道理，分散指挥又离不开集中指挥，只有在集中指挥前提下分散指挥才有积极意义；下级指挥员越能全面、正确地理解上级意图，他的主动权就越多，创造性的指挥才有价值。另一方面，集中指挥与分散指挥历来都不是绝对的。职权上的绝对集中和绝对分散是不存在的。

（二）逐级指挥与越级指挥

1. 逐级指挥

逐级指挥的优点：①便于发挥各级的职能作用，提高整体指挥效能；②易于达成应急救援指挥的有序性和可靠性，维护按照应急救援需要确立的指挥关系。逐级指挥的缺点：①指挥环节多，层层请示报告，逐级下达救援命令，有时会影响指挥时效性；②一定情况下，一个指挥环节出现问题还会引起连锁反应，影响指挥稳定性。

2. 越级指挥

越级指挥的优点：①便于对应急救援力量实施及时有效的指挥，节省指挥时间，减少指挥层次；②有利于对关键性应急救援行动实施快速有效的指挥，抓住战机，对事故灾难现场紧急情况作出快速反应。越级指挥的缺点：主要缺陷是打乱了正常行使指挥职权的秩序，需要重新构建指挥关系，要有一个适应过程；同时，在一定条件下，越级指挥还会增加指挥员的指挥负担。实施越级指挥时，上级指挥员应将自己的指示通报被超越的指挥员；接受指挥的被指挥者在可能的情况下，要向直接上级报告受领的任务和执行情况。

3. 逐级指挥与越级指挥的关系

逐级指挥和越级指挥是一般与特殊的关系。二者在救援指挥实践中既对立又统一，既有区别又有密切联系。首先，逐级指挥是正常条件下实施的一种基本的、普遍的指挥方式，而越级指挥是上级指挥员在紧急情况下或对执行特殊任务的队伍超越一级或数级实施的指挥。另外，二者又具有对立统一的关系。所谓对立，就是两者在指挥层次上有不同要求。一个是从上至下的逐级指挥，一个是跨越一级或数级的指挥。所谓统一，就是两者相互作用、相互补充，没有逐级指挥，就不存在越级指挥；反之，没有越级指挥，就没有逐级指挥。

（三）计划指挥与临场指挥

1. 计划指挥

计划指挥的作用：①减少或避免盲目性；②争取时间赢得应急救援主动权；③提高事故灾难现场的应变能力。

计划指挥的划分：①一般救援计划指挥，指由事故单位救援队自行完成应急救援任务的事故灾难现场，计划指挥工作由事故单位救援队实施；②联合救援计划指挥，指除事故单位救援队外有增援救援队伍共同完成应急救援任务的事故灾难现场，计划指挥工作由上级应急救援机构组织实施。

计划指挥的实施：计划指挥绝不意味着指挥员要按应急预案一成不变地机械处理，指挥员应根据事故灾难现场的变化情况，对应急预案进行变动和调整，因为一切计划都必须服从于现场实际情况。

2. 临场指挥

（1）临场指挥应从事故灾难现场实际情况出发，认真贯彻救援原则，灵活运用救援方法，正确部署救援力量，最大限度地减少人员伤亡和经济损失。

（2）指挥员要组织好各应急救援力量之间的协调配合，尽力保持救援人员的体系，发挥下属救援的积极性。

（3）有较多救援队伍参加的事故灾难现场，指挥员应尽力使救援队伍保持前后方自成体系的救援整体。

（4）指挥员应尽快赶赴事故灾难现场，搜集情况、掌握信息，提前下达救援命令，使增援力量在到达事故灾难现场前就有充分的思想和物质准备。

（5）指挥员要通过各种手段，始终保持与下属的联系，督促、检查队伍认真执行上级指令情况，发现问题，及时纠正。

3. 计划指挥与临场指挥的关系

1）计划指挥优于临场指挥

计划指挥是在认真分析事故对象特点和灾情发展规律基础上制定的。计划指挥可以在平时有条不紊地进行，并结合实战考虑事故灾难现场可能出现的各种因素。

2）计划指挥与临场指挥互为依托

（1）临场指挥可以吸取计划指挥中许多先行考虑、先行设计、较为周密的措施，提高救援人员自觉性，减少临场指挥可能产生的盲目性，避免事故灾难现场的忙乱。

（2）由于预案设想不全或事故灾难现场情况突然变化，造成预案的部分行动计划与事故灾难现场实际不相符，这时可用临场指挥进行调整和完善，以适应事故灾难现场的实际需要。

（四）选择应急救援指挥方式的要求

1. 提高救援指挥效能

救援指挥效能是指救援指挥活动所产生的有利作用，它是衡量救援指挥活动有效程度的综合性指标。对救援指挥活动各要素，以及各运行阶段的所有努力，如改善救援指挥手段、提高救援指挥员素质、优化指挥过程、减少指挥层次、加强指挥保障等，都是紧紧围绕提高救援指挥效能来进行的。

2. 综合考虑多种制约因素

选择、运用救援指挥方式受诸多因素制约。从救援指挥要素来看，有指挥员、指挥对象的素质，救援指挥手段的高低等。从救援活动来看，有救援任务、战术应用、救援力量构成等，都是选择、运用救援指挥方式不可或缺的制约因素。各制约因素从不同角度、不同侧面对救援指挥的选择、运用产生直接影响，而且彼此不可相互替代。

3. 灵活运用各种指挥方式

任何事物都不是绝对的，同样，集中和分散、逐级和越级的救援指挥方式也不是绝对的，它们共同存在于救援指挥实践行动中。每种基本的救援指挥方式都有其各自存在的理由，都有各自的适用条件和范围，都有其他救援指挥方式所不具备的优点和不足。

二、应急指挥救援方法

（一）指令法

指令法是指现场指挥员通过下达命令和各种指示，赋予救援力量各项救援任务，并对其准备工作进行规范的方法，也是组织救援工作的主要方法。指挥员应将指挥决策或方案转化为命令和指示，及时要求救援人员做好各项救援准备。事故灾难处置中，要求救援人员到达现场后的救援展开要快，对现场主要方面的力量部署要周全。因此，指挥员必须按照指挥决策，并结合现场实际情况，不断通过下达指令和指示来规范救援力量的各项行动。

（二）指导法

指导法是指现场指挥员通过检查、监督、引导、协调等方式，发现并解决救援力量在救援准备和行动中存在问题实施指挥的方法。指挥员在下达命令后，应及时深入救援阵地检查救援人员对命令的理解程度和贯彻情况，协调解决在准备和行动过程中出现的各种问题和矛盾，督促救援力量及时完成救援任务。

（三）演示法

演示法是指通过计算机模拟、实地演示等方式，使各级指挥员了解熟悉并完善救援行动方案，组织救援力量进行准备和实施的方法。在演示过程中，指挥员必须采取有效方法指导各级指挥员熟悉各自的救援任务，以及相互的配合协同。通过演示，发现方案中存在的问题，并及时修正完善。

【本章重点】

1. 正确理解应急预案核心要素，包括：方针与原则，应急策划，应急准备，应急响应，现场恢复，预案管理与评审改进。

2. 掌握应急响应程序，包括：信息报告，预警，响应启动，应急处置，应急支援，响应终止。

3. 掌握应急救援程序，包括：掌握信息，启动预案；科学合理，调派力量；侦察检测，搜集灾情；科学研判，确定方案；下达命令；动态指挥。

4. 掌握应急救援体系建设，包括如何从技术、管理、功能等角度建立合理的应急救援系统。

【课后习题】

1. 简述应急预案核心要素及基本内容。
2. 简述应急响应与应急救援程序。
3. 综述应急救援指挥信息化体系建设程序。

|第六章|

城市公共安全管理绩效

随着区域经济一体化进程加快，超级城市群开始显现。在城市转型过程中，城市公共安全问题始终困扰着城市的发展，城市公共安全管理绩效的高低成为影响城市转型、城市居民幸福的重要因素。本章在讨论公共安全管理绩效基本概念的基础上，分析了公共安全管理绩效的必要性，构建了城市公共安全管理绩效的理论分析框架，并依据理论分析框架归纳了城市公共安全管理绩效生产的影响因素，概括介绍了城市公共安全管理绩效评估的方法，最后提出了提升城市公共安全管理绩效的对策。

第一节　城市公共安全管理绩效概述

绩效一直都是公共行政发展的主题之一。随着新公共管理运动的发展，政府绩效观念从隐性向显性转变，政府绩效管理也成为世界各国提升政府能力的重要手段，实现国家战略的重要抓手。十九大提出系统的国家安全观后，党的十九届四中全会再次提出坚持和完善共建共治共享的社会治理制度，保持社会稳定、维护国家安全。在推动城市公共安全管理过程中，迫切需要提升城市公共安全管理绩效，以实现城市发展战略。

一、城市公共安全管理绩效的内涵与特征

从词语结构来看，城市公共安全管理绩效是一个偏正结构的词语，即绩效是核心词，而城市公共安全管理是定语。因此，要清晰界定城市公共安全管理绩效，首先要厘清绩效的概念，然后分析城市公共安全管理的概念，最后界定城市公共安全管理绩效的概念。

（一）城市公共安全管理绩效的内涵

自人类诞生以来，绩效观念就伴随而生，作为评判和反思人类行为目标和行为结果的有效工具，它是推动人类不断进化和发展的重要途径和动力之一。现代社会绩效是评判政府管理水平和效率的重要依据。尚虎平运用原子图谱方法对绩效进行心像分析，分析结果表明结果、行为、目标是绩效概念的核心心像，效益、工作是绩效概念的准核心心像，过程、成绩、任务、活动等是绩效概念的重要心像。这表明绩效是政府为完成某项工作，在实现工作目标过程中所取得的成绩、成就或者效益。此外，还有学者在总结国内外权威文献的基础上认为，绩效概念可以分成结果说、过程说和能力说。实际上，上述绩效观都存在缺点，比如结果绩效观认为完成任务就是绩效，但实际上政府绩效更体现为政府行为、

价值和能力。因此，我们将绩效界定为：政府为满足公众之需要，通过资源投入和政策行为而得到显性或潜在的效益。

齐格蒙特·鲍曼认为流动性是现代社会的基本特征。正是现代社会流动性特征加速了社会的不确定性和易变性，风险社会来临。在此背景下，作为复杂综合体的城市是各种流动性元素的汇集地。在由传统城市向现代城市转型过程中，城市公共安全风险日益凸显。需要指出的是，这种现代城市公共安全风险不仅是转型过程中由于新旧体制转化而造成的公共风险，而且还是由于现代社会本身复杂性和不确定产生的内在公共安全风险，比如由于现代网络技术广泛运用造成的流动性产生了匿名社会。在匿名社会与流动性双重特征背景下，城市公共安全风险不仅表现在传统的自然灾害、事故灾难、公共卫生事件和社会安全事件等方面，而且还表现在网络信息安全事件方面。因此，我们把城市公共安全管理界定为在新时代背景下公共组织为应对城市自然灾害、事故灾难、公共卫生事件、社会安全事件以及网络信息安全事件而采取的一系列行动过程。

在界定绩效和城市公共安全管理两个概念的基础上，我们可以把城市公共安全管理绩效界定为新时代情境下公共组织为实现城市公共安全之目标而采取的一系列资源投入、政策措施以及行动所产生的效果。概言之，所谓城市公共安全管理绩效意指在进行城市公共安全管理过程中，围绕城市公共安全管理目标所产生的实际效果。

（二）城市公共安全管理绩效的特征

1. 内涵丰富

所谓城市公共安全管理绩效的内涵范围指的是其所指的具体内容，城市公共安全管理绩效的范围较为广泛，它既包括公共组织在实现城市公共安全管理过程中所投入的资源投入与结果之间的关系，即效率；也包括公共组织在实现城市公共安全管理过程中公共组织制定的制度、政策、条例所产生的实际效益；还包括公共组织在实现城市公共安全管理行动中所带来的效能。

2. 内容广泛

从城市公共安全管理绩效的内容来说，由于城市公共安全管理所包含的内容比较广泛，因此，城市公共安全管理绩效所涵盖的内容也比较广泛，既包括传统的自然灾害、事故灾难、公共卫生事件和社会安全事件，也包括在新时代背景下的网络信息安全事件。

3. 治理特征

自人类进入后现代社会，人类经济社会日益呈现复杂性和不确定趋势。在此情境下，城市现代化、智能化以及城市群的发展对城市公共安全管理提出了更高的要求，传统的单中心城市公共安全管理模式难以有效应对日益复杂的城市公共安全需求。因此，客观上需要转变原有的城市公共安全管理模式，由以政府为中心的城市公共安全管理模式转向以党和政府为主其他相关公共组织、企业以及个人有效参与的治理模式。总之，当代城市公共安全管理绩效生产具有较明显的治理特征。

二、城市公共安全管理绩效的类型

为了更清晰认识城市公共安全管理绩效，本节对城市公共安全管理绩效的类型进行了归纳。根据上述对城市公共安全管理绩效的界定，从城市公共安全管理绩效的内容、行为和结果三个维度归纳城市公共安全管理绩效的类型。

（一）基于城市公共安全内容维度的城市安全管理绩效

基于内容的城市公共安全管理绩效指的是城市公共安全管理所涵盖的领域的管理绩效。由于城市聚集性特点，城市具有脆性生态特征，因此，从内容上城市公共安全管理绩效大致可以分为自然灾害类管理绩效、事故灾难类管理绩效、公共卫生事件类管理绩效、社会安全事件类管理绩效和网络信息安全事件类管理绩效。

（二）基于城市公共安全管理行为的城市安全管理绩效

当前，城市公共安全一般具有突发性特征，因此城市公共安全管理都是基于应急管理视域下的管理过程，但我们认为，在后现代社会背景下，复杂性和不确定已经成为常态，由此我们应该从一般管理学角度重新认识城市公共安全管理。这就是说，城市公共安全管理应该视为城市管理的一般形态，而不是特殊形态。从这个角度出发，我们认为城市公共安全管理过程可以理解为城市公共安全决策、城市公共安全计划、城市公共安全领导、城市公共安全资源保障、城市公共安全激励和城市公共安全沟通几个环节。基于此，城市公共安全管理绩效行为可以分为城市公共安全决策绩效、城市公共安全计划绩效、城市公共安全领导绩效、城市公共安全资源保障绩效、城市公共安全激励绩效和城市公共安全沟通绩效。

（三）基于城市公共安全管理能力的城市安全管理绩效

城市公共安全管理绩效还可以从能力角度进行分类。按照城市公共安全管理目的所需具备的基本要求和其特征，将城市公共安全管理能力分为应急能力和协同能力。因此，城市公共安全管理能力绩效可以分为应急能力绩效和协同能力绩效。

首先，就应急能力绩效来说，由于城市公共安全具有突发性特征，因此城市公共安全管理过程中应急能力是衡量城市公共安全管理的重要指标。应急能力绩效旨在衡量在应对城市突发公共安全事件过程中所具备的预警能力、处置能力和恢复能力。

其次，就协同能力绩效来说，当代城市公共安全管理具有治理特征。按照治理的基本要义，城市公共安全管理需要政府组织、社会组织、企业、物业和个人等多主体的协同。因此，协同能力绩效旨在评估城市公共安全管理过程中多主体之间的协同绩效，包括目标协同能力绩效、联合行动能力绩效和资源整合能力绩效。

三、城市公共安全管理绩效的时代价值

党的十九大首次提出中国特色社会主义进入新时代。在新时代背景下，城市公共安全管理绩效有了新的价值，具体表现在以下几个方面。

1. 城市公共安全管理绩效能有效提升城市公共安全，满足人民群众多元需求

在城市公共安全管理绩效的实际生产过程中，通过运用评估手段，能客观、及时、准确地探知机构的公共安全管理绩效水平，分析优势和短板，通过绩效信息为城市公共安全管理决策提供必要信息和判断依据。同时在预算管理过程中，通过绩效信息的运用也能控制并引导下级时刻以城市公共安全管理绩效为主要目标，确保各相关部门做正确的事情，进而满足人民群众的需求。

2. 城市公共安全管理绩效能够提升政府公信力

党的十九大报告明确指出中国共产党人的初心和使命，就是为中国人民谋幸福，为中华民族谋复兴。这就是说，在城市公共安全管理过程中要把人民高兴不高兴、满意不满意、答应不答应作为检验城市公共安全管理绩效的标准。在城市公共安全管理绩效的生产过程中，运用绩效信息可以激励所有的利益主体去从事改善绩效所必需的工作，让人民群众看到并相信行政人员的机构正在做有价值的事情，继而提升政府公信力。

3. 城市公共安全管理绩效生产能够将城市公共安全制度优势转化为治理效能

党的十九届四中全会通过的《中共中央关于坚持和完善中国特色社会主义制度、推进国家治理体系和治理能力现代化若干重大问题的决定》提出“要把我国制度优势更好转化为治理效能”的要求。有研究表明，制度建设的顶层设计与强力落实在很大程度上影响着制度优势向治理效能的转化。就城市公共安全管理来说，也需要将当前已经形成的城市公共安全管理制度落到实处，才能将制度优势转化为治理效能，按照前面界定，城市公共安全管理绩效的生产本质上是围绕城市公共安全管理制度及其制度运行效果而展开的绩效生产活动，也即运用绩效管理机制将公共安全管理制度转化为制度绩效的过程。从这一意义上说，我们认为，城市公共安全管理绩效是城市公共安全管理制度优势转化为治理效能的机制。

第二节　城市公共安全管理绩效生产的影响因素

本节主要探讨城市公共安全管理绩效生产过程中的影响因素。在分析总结绩效生产的相关理论基础上，构建了城市公共安全管理绩效生产影响因素的三维框架，即绩效生产的价值建构维度、组织管理维度和领导维度；最后根据所构建的理论分析框架分析城市公共安全管理绩效生产的影响因素。

一、城市公共安全管理绩效生产：一个理论分析框架

（一）公共服务主导逻辑：绩效生产的理论基础

公共服务主导逻辑（Public Service-Dominant Logic，PSDL）由英国学者斯蒂芬·奥斯本根据商业营销管理理论发展而来。在企业管理领域中关于顾客价值一直存在两种理论范式，即产品主导逻辑和服务主导逻辑。服务主导逻辑认为服务的生产者和消费者共同创造

了价值（Co-creation）。那么消费者如何与产品的生产者共同创造了价值？服务主导逻辑理论认为，消费者通过个人消费体验来感知服务质量，并通过消费反馈参与行为来纠正服务质量，这就实现了价值共创（Value Co-creation），做到了生产者的专有知识技能与消费者的体验参与行为在交往互动中完美结合。虽然服务主导逻辑产生于市场营销领域的研究，但随着其理论不断成熟，其理论逐渐拓展到企业管理和公共管理领域。斯蒂芬·奥斯本认为，新公共管理理论及其在公共管理领域的实践导致人们普遍认同公共服务是由政府、社会组织和企业共同提供，然而新公共管理理论更突出强调政府组织的内部效率，因此有其局限性。事实上，在新公共管理盛行的同时，登哈特夫妇提出的新公共服务理论就强烈地反对新公共管理理论的诸多观点，他们认为公共服务价值的导向不能是顾客，应该是公民，因此新公共服务更加突出公共利益价值导向。无论是新公共管理理论还是新公共服务理论，都是站在公共服务生产者的角度分析问题，在公共服务供给链中是一种“供给者—接受者”单向链条，忽视了公民作为公共服务使用者的特殊体验以及公民参与对改进公共服务生产质量的作用。因此，斯蒂芬·奥斯本提出了以公共服务主导逻辑为核心的新公共治理理论。公共服务主导逻辑理论要点如下：

首先，公共服务是一项整合系统，不仅包括公共服务生产者及其内部交互网络，也包括公共服务使用者及其与生产者之间的交互网络。

其次，公共服务组织需要关注公共服务的可持续性，关注公共服务使用者的外部有效性。

再次，合作生产（Co-production）和价值共创（Value Co-creation）是实现有效公共服务的重要路径，也是公共服务主导逻辑理论的核心观点和核心内容。

最后，注重知识和技能（包括公共服务生产者和公共服务使用者的知识和技能）在有效公共服务供给的转化制度和路径。

虽然公共服务主导逻辑理论缘起于西方国家公共管理实践，然而我们认为，其基本理论主张与中国特色社会主义所包括的理论主张基本一致。党的十九大提出“以人民为中心”的发展观，一直主张人民群众是历史的创造者，这些都与公共服务主导逻辑价值观相同。因此，我们认为，公共服务主导逻辑理论是落实“以人民为中心”理论的路径。

（二）城市公共安全管理绩效生产的理论分析框架

新公共管理范式下，政府绩效评估的目的是客观评价政府绩效，形成绩效信息并按照绩效信息所指引的内容进行政府管理行为改进。然而，绩效管理理论启示我们需要超越评估思维，从绩效角度思考政府公共服务供给过程并加以管理，这就是说要将政府公共服务行为理解成公共服务绩效生产，从政府提供公共服务的源头开始就树立绩效思维，而不是仅仅将其作为公共服务结果的评估思维。

当前政府绩效管理领域中的很多学者和实践者一直将政府绩效管理作为提升政府绩效的工具。当然，我们不排斥政府绩效管理是一种有用的工具，但工具性思维大大降低了政府绩效管理的本质。实际上，如果将政府绩效管理看作政府绩效生产的指导理论和思维，政府绩效管理的价值和作用将得到最大程度的提高。基于当前公共管理实践中的治理特征，包国宪教授提出了基于公共价值的政府绩效治理理论。他认为，政府绩效生产过程中的逻辑起点应该是公共价值，通过政府、企业、社会组织和公民个体关于公共价值的建构形成政府绩效生产的目标，然后再通过一般公共行政管理过程，即政府绩效管理过程进行绩效生产；在公共价值建构和政府绩效生产过程的同时，突出政府绩效领导过程，这三个维度共同导致了政府绩效。

基于公共价值的政府绩效治理理论为分析城市公共安全管理绩效生产提供了非常有用的理论工具，按照这一理论，将城市公共安全管理绩效生产的理论分析框架界定如下。

1. 城市公共安全管理绩效生产的价值建构维度

城市公共安全管理绩效的价值建构维度本质上是分析并界定在城市公共安全管理过程中的价值目标的识别、确定及其引导具体公共安全管理行动的过程。我们认为，城市公共安全管理本质上是通过管理来实现公共服务的过程。因此，从公共服务主导逻辑理论观来看，作为公共服务的城市公共安全管理的价值目标应该基于“公共服务逻辑”的角度来界定，关注人民群众对城市公共安全管理服务的体验来调整和完善。公共价值是经由个体表达的人们共同期望的个体价值的增值效应。公共价值作为城市公共安全管理绩效生产的起点本质上是规范并识别哪些公民需求是城市公共安全管理所需实现的目标。

2. 城市公共安全管理绩效生产的组织管理维度

城市公共安全管理绩效的组织管理维度是绩效生产的具体操作环节，在这个维度中，参与城市公共安全管理绩效生产的相关组织和个人在公共价值目标的指引和规范下，通过资源投入、组织管理和绩效领导实现绩效生产。按照绩效管理理论，其具体包括城市公共安全绩效管理计划、绩效生产的组织模式、绩效沟通、绩效评估、绩效激励和绩效结果运用等环节。

3. 城市公共安全管理绩效的领导维度

如前所述，城市公共安全管理绩效生产的领导过程贯穿城市公共安全管理绩效生产的价值建构维度和绩效的组织生产维度，在整个城市公共安全管理绩效的生产过程中具有重要的引领和主导功能。城市公共安全管理绩效的领导维度主要分析组织领导在城市公共安全管理的绩效生产过程中运用合理的领导方式有效组织城市公共安全管理绩效生产的组织管理，以实现城市公共安全管理绩效目标的过程。

二、城市公共安全管理绩效生产价值建构维度的影响因素

（一）基于共识价值维度的城市公共安全管理绩效生产的影响因素

学界对公共价值的界定并没有形成共识，波兹曼（Bozeman）强调从共同认知或共识角度来界定公共价值。在波兹曼看来，公共价值是关于权利、义务和规范形成的共识，比如透明、公平、问责、服务、民主、公共利益等。从城市公共安全管理价值角度来说，在城市公共安全管理过程中透明、服务、问责、安全是重要的价值目标。从共识价值维度来

说，城市公共安全管理绩效的影响因素有宏观经济社会发展水平和政治文化。

1. 宏观经济社会发展水平

共识型公共价值是特定时空范围内人们基于共同认知而界定的公共价值类型。而影响人们共同认知的重要因素就是宏观经济社会环境。从宏观经济环境发展水平来说，有研究表明，随着经济发展水平提升，在解决温饱问题后，人们整体上会对公共服务水平和质量有较高的要求。就城市公共安全管理来说，为了公共安全的一些涉及公众切身利益的行为和措施，需要通过透明的程序和服务的出发点来获得人民的赞同和尊重。就社会发展水平来说，随着教育程度不断提升，公众权利意识增强，这种因素导致公众对城市公共安全管理过程中的服务、透明等价值诉求的提升。

2. 政治文化

政治因素对人民生活的方方面面有直接或间接的影响。政治文化因素直接影响人们的认知。中国共产党的初心是为人民谋幸福。执政为公，立党为民的政治文化理念影响了人们对城市公共安全管理的价值认知。这种价值认知就是在城市公共安全管理过程中必须以人民为中心，城市公共安全管理的所有环节必须服务城市公共安全的需要。

（二）基于结果价值维度的城市公共安全管理绩效生产的影响因素

马克 · L. 穆尔教授认为应该从公民需求角度界定公共价值，政府公共管理者应该根据公民期望来创造公共价值。张一洲、王义保通过对全国 31 个省会城市居民的公共安全需求进行问卷调查，分析认为在城市公共安全领域中信息安全、食品安全、社会保障安全、公共卫生安全等价值是当前城市公共安全管理的主要价值目标。当然，基于结果的公共价值会随时间和空间的变化而变化，比如，自 2019 年底新冠肺炎疫情暴发以来，人民群众对城市公共安全需求有所变化，公共卫生安全、信息安全将会发生排序的变化。从结果维度来说，城市公共安全管理绩效的影响因素有市场逐利泛滥、网络社会环境和老龄化社会环境。

1. 市场逐利泛滥

随着市场经济的发展，市场经济的理念逐步渗透到社会和政治层面。由于市场的逐利因素导致个别企业为追逐利润忽视了公共安全，地沟油、毒奶粉等食品安全事件时有发生。市场逐利泛滥导致公众对食品安全的需求日益提升，从而影响了公众对食品安全价值的整体性认知。

2. 网络社会环境

随着互联网技术和智能移动设备的普及，网络时代来临。网络时代背景下，一方面互联网技术推动的经济发展，方便了人们的生活，改变了人们的生活观念；另一方面互联网大数据的出现也客观上产生了不良影响，比如有些公司利用互联网数据“杀熟”、互联网诈骗等行为。网络社会环境因素导致公众对互联网技术信息安全的需求日益增加，提升了公众对互联网信息技术安全重要性的价值认知。

3. 老龄化社会环境

随着老龄化社会的来临，在应对老龄化社会的过程中，社会保障安全成为应对老龄化社会的重要举措。因此，公众对社会保障安全的认知和需求日益提高。因此，老龄化社会环境因素导致在城市公共安全管理中对社会保障安全价值的关注。

三、城市公共安全管理绩效生产组织管理维度的影响因素

在城市公共安全管理绩效生产过程中，明确其价值目标后，就进入具体的绩效生产组织管理过程。按照上述城市公共安全管理绩效的分析框架，绩效生产的组织管理过程包括行为因素、组织因素和保障因素三个维度。

（一）城市公共安全管理绩效行为维度的影响因素

1. 认知因素

人是目的性存在。那么，人的行为目的源自何处？早期行为主义研究理论认为，人的行为产生于刺激，即人对刺激的反应。但社会心理学理论认为，一般情况下，面对外界刺激，人的反应性行为并不是被动的，而是经由认知主动性行为。按照社会心理学理论，在城市公共安全管理绩效生产过程中，各绩效生产主体的认知对城市公共安全管理绩效生产有较明显的影响。城市公共安全管理绩效生产过程中，绩效生产的参与主体面对政策或制度以及公共安全事件的刺激，政策主体将其进行自我范畴化；进而，在社会交往过程中，根据对政策刺激自我范畴化的结果进一步使自我社会范畴化，通过共享经验和社会比较机制实现去个体化过程；在“内群偏私”的作用下，形成群体合作和群体冲突行为，而群体合作和群体冲突行为建构了城市公共安全生产绩效。

2. 自我效能感因素

自我效能是指个体和执行某个目标活动所达到的水平或从中表现出来的能力。而自我效能感是指个体或组织对是否有能力完成某个目标任务的主观判断或推测。在城市公共安全管理绩效生产过程中，采取什么样的行动以及行动持续的时间，往往根据组织的自我效能感进行判断和选择。因此，在城市公共安全管理绩效生产过程中需要通过各种机制培养和训练自我效能感。

3. 信任因素

当前城市公共安全管理绩效生产总是由多部门协同合作完成。研究表明，组织协同的内核在于信任，组织合作过程中信任因素在组织绩效中起关键作用。因此，在城市公共安全管理绩效生产过程中需要关注如何构建信任，以有效实现城市公共安全管理绩效生产。

（二）城市公共安全管理绩效的组织因素

按照绩效管理理论，城市公共安全管理绩效生产的组织管理过程可以分成绩效计划、绩效沟通、绩效评估和绩效反馈等环节。本质上说，绩效生产的组织管理过程是组织按照绩效目标投入资源，并通过组织管理实现绩效目标的过程。在这个过程中，我们认为，以下几个因素在城市公共安全管理绩效生产中具有重要的影响作用。

1. 组织结构因素

组织过程本质上是组织信息和权力流动的过程，而在具体的时空范围内，组织结构因素对组织信息和权力的流动有重要影响，并在绩效生产中起关键作用。随着社会复杂性和不确定程度日益提高，以往的官僚制组织结构出现了运行不畅的问题，这就需要弹性化组织结构。在城市公共安全管理绩效生产过程中必然涉及组织间协同合作行动。因此，在城市公共安全管理绩效生产过程中，需要关注组织结构因素对绩效生产的影响，客观上说，我们需要根据城市公共安全管理的特征重新设计组织结构和流程，让组织信息和权力能够有效流动，以实现高质量的绩效。

2. 组织协同能力因素

所谓组织协同能力是指在城市公共安全管理绩效生产过程中各绩效生产主体为实现城市公共安全管理绩效目标而联合行动所需要的能力。这包括城市公共安全管理绩效的目标达成能力、联合行动能力和协同资源保障能力。

3. 组织动员因素

动员是我国政府实现目标必备的工具，有效动员组织内成员的积极性，牵头单位如何有效动员其他城市公共安全管理绩效生产参与者的积极性是关键环节。然而，事实上，由于各种因素的影响，在城市公共安全管理绩效生产过程中，从事绩效生产的参与者往往各自为政，缺乏有效协同动机，因此，动员成为关键的克服瓶颈性障碍的因素。这就需要在城市公共安全管理绩效生产过程中不断完善动员激励机制、监督机制和责任追究机制。

（三）城市公共安全管理绩效的保障因素

城市公共安全管理绩效生产过程必定需要大量的资源投入，因此，绩效生产的保障因素也是需要关注的重要因素，内容包括人力资源保障、规制保障和物质保障。

1. 人力资源保障

在知识经济时代，人力资源因素是绩效生产的关键要素。公共服务主导逻辑理论强调在公共服务生产中主体之间知识和价值共同创造。同样，城市公共安全管理绩效生产过程中，除了一般的知识外，还需要关于自然灾害、网络安全等相关专业知识，这就需要在城市公共安全管理绩效的生产过程中关注人力资源保障因素，配备并培养专业的人力资源以保证绩效生产的专业性。同时，也要注重发挥不同专业人员知识之间的交流互动，实现价值共创。

2. 规制保障

在法治社会，任何政府行为必须严格按照既定的法律和规程操作，必须有法理依据。因此，在城市公共安全管理绩效生产中，首先必须具备完善的配套法律；其次在城市公共安全管理绩效生产过程中需要规制之间协同，减少不同部门规制之间的冲突；最后在城市公共安全管理绩效生产过程中的规制运行中还需要必要的职责权限保障。

3. 物质保障

城市公共安全管理绩效生产的物质保障实质上是指城市公共安全管理绩效生产中所需要的财政、空间、办公设备等保障。在城市公共安全管理绩效的生产过程中，经常出现因物质保障不完善而导致绩效生产效率不高。

四、城市公共安全管理绩效生产的绩效领导因素

绩效领导因素是贯穿价值建构和组织生产的关键要素。所谓“绩效领导”，是指一种将领导活动的各类要素，包括人、事、物、环境等进行统筹分析，追求领导活动实现最终高绩效产出的综合性、整合型领导绩效分析模型，能够实现从个体到组织、从过程到结果的全域性的领导绩效分析。进一步而言，绩效领导是以公共价值为基础，以绩效目标为对象，在领导者或领导团队引领和绩效领导功能结构的整体承载下，形成协同领导系统的一种机制，在治理过程中管理冲突、传导价值以实现治理目标。

（一）城市公共安全管理绩效生产的领导结构因素

结合上述绩效领导的界定，在绩效生产中绩效领导是以绩效为目标驱动的动态领导系统。因此，从功能上说，绩效领导包括三个重要功能机制，即价值领导、愿景领导和效率领导，分别对应绩效领导所具有的价值、战略和工具属性。具体来说，价值领导是指在绩效生产中界定公共价值，发挥界定绩效目标并广泛动员的作用和功能；愿景领导在公共价值基础上发挥动员、激励、协调之功能；效率领导则通过合作生产、组织管理过程快速、低成本、高产出实现目标的功能。在城市公共安全管理绩效生产过程中经常需要价值界定与传导、价值冲突化解、激励等基本领导核心功能，绩效领导结构在实现上述三项领导功能的具体作用上也不一样，具体来说：

首先从价值界定与传导角度来说，价值领导的主要功能是识别并界定公共价值，然后将界定的公共价值有效传导给绩效生产者和绩效消费者，以达到绩效目标共识，最终形成绩效合法性。愿景领导则在价值目标指引下，将价值转化为未来可期的愿景，并制定中长期制度安排以保障愿景可实现；效率领导则是在具体的绩效生产中通过合作生产等措施实现价值和愿景的过程。

其次从价值冲突化解角度来说，价值领导的功能是通过发挥价值引领动能，在冲突化解过程中发挥社会资本的作用，形成价值共识，从根本上化解价值冲突；愿景领导通过发挥战略功能，积极运用沟通、谈判、协商等手段化解价值冲突；效率领导则通过专业的技术和知识化解价值冲突。

最后从激励角度来说，价值领导需要在激励中发挥价值承诺作用，并充分授权给绩效生产主体；愿景领导在绩效生产过程中提炼愿景目标，通过愿景进行激励；效率领导则在物质激励和精神激励方面发挥作用。

（二）城市公共安全管理绩效生产的协同领导体系因素

上面从功能角度分析了绩效领导的结构体系，以下从城市公共安全管理绩效生产主体角度分析绩效的协同领导体系。将绩效协同领导体系分成三个维度，即党政协同领导体

系、政社协同领导体系和条块协同领导体系。

1. 党政协同领导体系

2018 年 2 月，党的十九届三中全会通过的《中共中央关于深化党和国家机构改革的决定》和《深化党和国家机构改革方案》提出了一系列党政机构合设、合署的制度安排。在城市公共安全管理绩效生产过程中，也需要积极探索党政融合领导体系，积极发挥党委和行政两种主体的功能，在城市公共安全管理绩效生产中发挥价值领导、愿景领导和效率领导的功能。

2. 政社协同领导体系

政社协同领导体系是在城市公共安全管理绩效合作生产中，通过协商、互动等方式调节政府、社会组织、企业等绩效生产主体共同发挥作用，通过协商、谈判等方式在价值、愿景方面达成共识，并在绩效生产的组织管理中发挥效率领导作用，保障并激励组织内部成员完成绩效目标。

3. 条块协同领导体系

在政府组织结构中，条块结构发挥着重要功能。然而，由于各自的职责和权限范围不同，条块结构经常产生一些矛盾。事实上，城市公共安全管理绩效生产是一个系统的体系，客观上需要条块之间合作。条块协同领导体系就是通过价值领导、愿景领导和效率领导过程，实现条块之间的有效衔接，减少不必要的冲突，增加条块之间的整体目标协同，有效实现绩效目标。

第三节 城市公共安全管理绩效评估

一、城市公共安全管理绩效评估的背景与意义

（一）城市公共安全管理绩效评估的背景

1. 绩效管理已成为落实国家战略的抓手

中国现代意义上的政府绩效考评缘于 20 世纪 80 年代的目标责任制。当时，实施目标责任制的目的在于有效落实“经济建设为中心”的国家战略要求，国家通过目标责任制将国家战略规划以“首长目标责任制”的方式分解到各部门，一则抓住“首长负责”这个牛鼻子；二则起导向作用；三则起效能监察作用。进入 20 世纪 90 年代，随着西方新公共管理运动的理论与实践成果介绍到我国，我国地方政府开始探索政府绩效评估实践，如山东烟台的“社会服务承诺制”、福建漳州的“效能政府建设”。进入 21 世纪，中国政府绩效评估实践获得了全面发展，一方面学者开始系统介绍研究政府绩效评估的理论；另一方面政府绩效评估实践从地方探索向国家顶层设计转变。2011 年，国务院发布《关于开展政府绩效管理试点工作的意见》，对政府绩效管理在各级政府的实践进行指导；2012 年，党的十八大报告明确提出“推进政府绩效管理”的要求；2018 年，出台《中共

中央国务院关于全面实施预算绩效管理的意见》，这表明实施政府绩效管理已成为国家顶层设计的要求。在组织层面上，2011 年国务院批准建立政府绩效管理工作部际联席会议制度，联席会议办公室设在监察部。通过上述中国政府绩效评估实践发展历史可以看出，政府绩效管理始终是落实国家战略规划、重大政策的抓手，是党和国家战略方针有效落实的需要。

2. 城市公共安全风险日益凸显

改革开放 40 多年以来，我国经济社会不断发展，区域经济一体化趋势日益显现。在区域经济一体化驱动下，城市化进程不断加强，超大规模城市和城市群规模日趋增多，城市化进程不断加强。超大规模城市和城市群的发展一方面表明中国城市化进程的进步；另一方面由于城市聚集性特点，使得城市脆性日益突出，城市公共安全问题日益增多，如 2019 年底突然暴发的新冠肺炎疫情就对城市公共安全造成了重大挑战。因此，如何加强城市公共安全管理的绩效成为未来城市化发展的瓶颈性问题。

3. 新时代人民对公共安全的需求日益提升

美国心理学家马斯洛认为安全需求是人类生存的基本需要之一。新时代背景下，人民对美好生活的向往要以公共安全为基础，这就是说安全需要直接关系人民群众的幸福，关系人民群众对美好生活的向往。随着中国城市化不断发展，城市公共安全问题日益突出。2019 年中共中央办公厅、国务院办公厅印发《关于推进城市安全发展的意见》，意见指出"随着我国城市化进程明显加快，城市人口、功能和规模不断扩大，发展方式、产业结构和区域布局发生了深刻变化，新材料、新能源、新工艺广泛应用，新产业、新业态、新领域大量涌现，城市运行系统日益复杂，安全风险不断增大。一些城市公共安全基础薄弱，安全管理水平与现代化城市发展要求不适应、不协调的问题比较突出"。新时代背景下，人民对城市公共安全需求的增加客观上要求城市公共安全管理过程中要做到精准识别、精准预判和精准管理，这些都离不开对城市公共安全管理的评估。

（二）城市公共安全管理绩效评估的意义

1. 城市公共安全管理绩效评估的决策价值

所谓城市公共安全管理绩效评估的决策价值是指运用城市公共安全管理绩效评估的绩效信息作为决策依据，以更好地识别政策问题，选择恰当的决策方案并有效执行决策。任何政府决策都需要信息。城市公共安全管理绩效评估将会产生科学、准确、客观、全面的关于城市公共安全管理的绩效信息，决策者通过这些信息可以更准确地了解当下城市公共安全管理绩效生产过程中存在的问题，从而依据绩效信息作出恰当决策。

2. 城市公共安全管理绩效评估的导向价值

城市公共安全管理绩效评估的导向性是指通过对城市公共安全管理的效果评价，将城市公共安全管理的价值判断标准和行为准则都转向绩效评估的结果上来，通过绩效的整体设计使得政府行为完全改变，工作形式彻底创新。城市公共安全管理绩效评估的导向功能实质是城市公共安全管理价值目标与城市公共安全管理绩效生产者价值相互建构的过程，或者说，城市公共安全管理绩效生产过程中，上级部门如何将其管理价值目标传递给其他生产者的过程。通过城市公共安全管理绩效评估可以有效地将上级部门的价值目标传递给下级或其他合作者。

3. 城市公共安全管理绩效评估的控制价值

所谓城市公共安全管理绩效评估的控制价值是指上级部门通过绩效评估结果的运用以激励被评估组织按照上级要求规范自身绩效生产行为。政府绩效管理的核心要义是通过绩效评估结果的运用适当激励绩效生产者按照上级要求规范其行为。这就是说绩效评估具有激励功能，通过激励机制控制绩效生产者的行为，即让下属知道做正确的事情。

二、城市公共安全管理绩效评估的基本原则

绩效评估作为一种管理手段，要获得合法性和可持续性，必须遵循一些基本原则。如果在绩效评估过程中没有这些原则的规范，作为管理手段的绩效评估有可能导致被评估者对评估行为的抵制，并形成欺上瞒下的共谋行为，丧失合法性依据的绩效评估将会导致“绩效致死”的悲剧。在城市公共安全管理绩效评估中也需遵循评估基本原则（明确性、时限性、客观性和价值性）。

1. 明确性

评估过程的明确性原则是指在城市公共安全管理绩效评估过程中评价目标、评价指标、评估实施等环节需要被评估者认知和理解，不能出现模糊，甚至前后逻辑矛盾的地方。

2. 时限性

评估过程的时限性原则是指在城市公共安全管理绩效评估过程中评价目标和评价实施必须关注时限，明确评估周期。

3. 客观性

客观性原则是指在城市公共安全管理绩效评估过程中评价目标和指标体系必须符合实际情况。城市公共安全管理领域经常出现一些评估指标不符合客观实际的情况，比如生产公共安全领域有一个“死亡指标”，这个死亡指标在实际运行中，由于被评估单位出于“追责压力”经常导致瞒报、虚报死亡人数，本质上对公共安全管理绩效提升有错误导向作用。这个指标其实违反了客观性要求。

4. 价值性

价值性原则是指在城市公共安全管理绩效评估过程中必须以公共价值为基础，以人民公共安全需求为出发点制定绩效目标，开发指标体系。只有以公共价值为基础的绩效评估才能保证绩效生产产出即绩效。

三、城市公共安全管理绩效评估的指标体系建构

城市公共安全管理绩效评估过程中，指标体系建构是评估的核心环节。如何使评估指

标设计能够完全反映城市公共安全管理的真实绩效非常关键，一旦设计的指标体系与真实绩效存在差异，就会出现评估偏差。这个评估偏差会严重影响绩效评估的合法性和可持续性。这就要求在指标设计过程中，必须遵循一定的原则以保证指标体系与真实绩效的一致性。

（一）城市公共安全管理绩效评估指标建构原则

1. 过程与结果相结合

按照上述对绩效的理解，绩效既包括结果也包括绩效生产过程，因此设计指标体系时必须遵循城市公共安全管理过程与城市公共安全产出结果相结合的原则。

2. 客观指标与主观指标相统一

城市公共安全管理过程中有些指标是可以量化的，比如投入指标；有些指标难以量化。因此，为了反映真实绩效，需要遵循客观指标和主观指标相结合的原则。

3. 差异性

城市公共安全生产管理所包含的内容宽泛，并且不同部门的城市公共安全管理的内容和方式不同，这就要求设计指标体系时必须尊重这些差异，体现差异性原则。

（二）城市公共安全管理绩效评估指标内容构建思路

1. 城市公共安全管理绩效评估指标体系构建理论基础

城市公共安全管理绩效评估指标体系构建的理论基础是上述对绩效内涵的理解以及基于公共价值为基础的政府绩效治理理论。在城市公共安全管理绩效内涵中我们强调绩效包括过程指标、结果指标和能力指标，在基于公共价值为基础的政府绩效治理理论中我们突出绩效生产过程，包括城市公共安全管理绩效的公共价值建构、组织生产过程和绩效领导过程。这就是说，在城市公共安全管理绩效评估指标建构中要按照这些维度进行思考。

那么，如果将上述理论所要求的因素整合到评价指标体系之中呢？或者说，运用什么评估方法才能实现上述评价思想？我们认为平衡计分卡评价方法可以实现要求。平衡计分卡最初是由美国学者卡普兰和诺顿提出，其目的是将组织战略、行动与绩效结合起来。平衡计分卡以组织战略使命为起点，构建了顾客维度（顾客如何看待我们）、财务维度（我们怎样满足股东）、内部流程维度（我们必须擅长什么）和学习成长维度（我们能否持续提升并继续创造价值）四个维度的组织绩效评估指标体系。我国学者方振邦根据平衡计分卡原理结合中国政府实际情况重新设计平衡计分卡模型，采用组织战略使命、愿景和公共价值、利益相关者、实现路径和保障措施几个维度。我们采用方振邦修正后的平衡计分卡构建城市公共安全管理绩效的评估指标。其理由是：第一，平衡计分卡符合城市公共安全管理绩效评估的目标。前已述及，在新时代背景下，城市公共安全管理旨在“保障人民生命安全。坚持人民至上、生命至上，把保护人民生命安全摆在首位，全面提高公共安全保障能力”。第二，平衡计分卡能够有效实现前述基于城市公共安全管理绩效理论基础所提出的评估要素，比如公共价值指标可以在平衡计分卡的使命和战略中得以体现；过程、结果和能力指标可以在平衡计分卡的内部流程管理、客户、学习与成长等维度得以体现。第三，修改后的平衡计分卡更适合中国政府组织绩效评价的实际。方振邦提出的修正平衡计分卡评估模型在实际中得到了一定程度的运用。

2. 城市公共安全管理绩效评估指标体系的内容

1）城市公共安全管理绩效的使命维度

随着中国城市化进程不断发展，城市已经成为人类生存交往互动的主要场所。然而，由于现代社会的流动性特征，以及城市的社会系统相对开放，导致各类要素在城市空间内高频率流动，城市公共安全脆性日益突出，城市公共安全治理呈现出高度的不稳定性与不确定性，城市公共安全成为影响人民群众幸福的重要因素。在此背景下，城市公共安全管理绩效的核心使命可概括为"与社会、公众良好合作，构建可持续城市公共安全生态环境"。根据此项使命设计二级指标：城市公共安全服务质量的共识度和公共机构领导班子的使命认知。

2）城市公共安全管理利益相关者维度

此维度是根据平衡计分卡通用框架的财务层面与客户层面改造而成。根据上述对城市公共安全管理绩效生产性质的理解，城市公共安全管理绩效生产具有治理性质。因此，城市公共安全管理绩效生产利益相关者不仅包括传统以政府为核心的公共部门，而且涵盖企业、社会组织和公民个体三大类。该维度主要考察在城市公共安全管理绩效合作生产中各主体之间的合作绩效。以此为基础，该维度二级评价指标为：各部门信息共享实现率、各部门协同目标共识程度、各部门联合行动能力、各部门联合行动满意度。

3）城市公共安全管理绩效实现路径维度

此维度是根据平衡计分卡内部业务流程层面改造而成，着重城市公共安全管理组织内部为实现公共安全管理目标作出的内部措施。因此，该维度主要针对各城市公共安全管理绩效生产单位内部组织流程，其具体二级指标如下：城市公共安全信息收集与分析、城市公共安全管理绩效领导力、城市公共安全组织韧性、城市公共安全管理组织危机处置能力。

4）城市公共安全管理绩效的保障维度

此维度与原来的学习与成长层面相对应，着重评价在城市公共安全管理绩效生产中为实现绩效目标而必须投入的保障性资源。其具体二级指标有：城市公共安全管理物力保障、城市公共安全管理人力资源、城市公共安全管理制度保障、城市公共安全管理技术保障。

（三）城市公共安全管理绩效评估指标权重

在设计完城市公共安全管理绩效评估指标体系后，还有一个问题有待解决，即如何确定指标体系的权重。下面介绍两种权重设计方法，即德尔菲法和层次分析法。

1. 德尔菲法

德尔菲法也称专家调查法，1946 年由美国兰德公司创始实行，其本质是一种反馈匿名函询法。具体操作方式是，首先选取政府相关专家、学者以及城市公共安全管理绩效生产主体，将构建的指标体系以及构建说明发放给各个专家，让他们根据重要程度打分；其次根据收集上来的重要程度初步给各个指标体系赋权，然后将初步赋权的指标体系再分别发给专家打分；最后根据专家打分重要程度决定指标体系最终权重。

2. 层次分析法

层次分析法（AHP）是美国运筹学家匹茨堡大学教授萨蒂于20世纪70年代初创立的。其基本原理是：根据问题的性质和要达到的总目标，将问题分解为不同的组成因素，并按照因素间的相互关联影响以及隶属关系将因素按不同层次聚集组合，形成一个多层次的分析结构模型，从而最终使问题归结为最低层（供决策的方案、措施等）相对于最高层（总目标）的相对重要权值的确定或相对优劣次序的排定。其具体操作步骤如下，首先根据上述构建指标体系建立层次结构模型，其次构造判断矩阵；再次层次单排序；最后是一致性检验。

第四节　提升城市公共安全管理绩效的对策

基于公共价值政府绩效治理理论，本节从树立正确的城市公共安全管理绩效观、推进并优化城市公共安全管理绩效的合作生产和加强城市公共安全管理绩效的领导三方面提出提升城市公共安全管理绩效的对策。

一、树立正确的城市公共安全管理绩效观

（一）新时代城市公共安全管理绩效观的内涵

在中国情境下，正确的绩效观与正确的政绩观有重合的部分。正确的政绩观是指在政府行政过程中克服过度追求短期经济效益，片面追求GDP增长，忽视生态环境、健康、公共安全等其他关系人民幸福生活的公共价值。同时，正确的政绩观还要克服为实现考核目标为官不实、数据造假等现象。习近平总书记在2018年两会期间参加山东代表团审议时讲话指出：“‘功成不必在我’，不是消极、怠政、不作为，而是要牢固树立正确政绩观，既要做让老百姓看得见、摸得着、得实惠的实事，也要作为后人作铺垫、打基础、利长远的好事，既要做显绩，也要做潜绩，不计较个人功名，追求人民群众的好口碑、历史沉淀之后真正的评价。”这段论述深刻揭示了正确的绩效观的基本内涵，所谓正确的绩效观是指城市公共安全管理中始终以公共价值为基础，在城市公共安全管理绩效生产中始终以人民为中心，让人民群众成为绩效的评价者、拥有者，尊重绩效生产过程中的客观规律，既要做显性绩效，也要做潜在绩效，从整体出发，重视非任务型公共价值创造。

（二）新时代城市公共安全管理绩效观的内容

1. 城市公共安全管理绩效的人民主体性

所谓城市公共安全管理绩效的人民主体性是指在城市公共安全管理绩效生产过程中始

终坚持以人民为中心，这就需要充分认识到：第一，在城市公共安全管理绩效生产中始终坚持城市公共安全为人民的思想，即从人民群众的公共安全为出发点进行管理。第二，城市公共安全管理绩效的人民主体性还需要提高人民群众的有效参与，让人民群众成为绩效的生产者之一。当代社会，人们已充分认识到政府已经不仅仅是绩效生产的主体，人民群众作为绩效的体验者和拥有者也需要参与到绩效生产中来。按照价值共创理论，人民群众也可以运用自身的知识介入城市公共安全管理绩效生产中来，并发挥独特的作用。

2. 城市公共安全管理绩效生产的协同性

新时代情景下，正确的城市公共安全管理绩效观还需要树立协同思维。在经济社会日益呈现复杂和不确定特征下，城市公共安全诱发因素也趋于复杂，因此，城市公共安全管理过程中必须多方合作共同实现城市公共安全管理绩效。城市公共安全管理绩效生产的协同性特征要求：首先，加强城市公共安全管理各部门之间的信息协同。信息往往具有不对称性，由于部门主义泛滥，导致信息孤岛现象日趋增多，这更加导致信息的不对称性。因此，加强城市公共安全管理各主体之间的信息协同成为必然选择。其次，加强城市公共安全管理各主体之间的信任很关键。信任是有效协同的前提，没有信任的协同仅仅是形式协同。

3. 城市公共安全管理绩效生产过程的法治性

法治是现代国家的标志之一。2021 年 1 月，中共中央印发《法治中国建设规划（2020—2025 年）》，要求各地区各部门认真落实。这表明，城市公共安全管理绩效观必然包含法治观念。这就要求，在城市公共安全管理绩效生产过程中必须按照法治政府的基本原则和要求，在城市公共安全管理绩效的生产过程中必须有遵循程序正义和实质正义的原则。

（三）新时代城市公共安全管理绩效观的培育

树立新时代城市公共安全管理正确绩效观必须加强对正确绩效观的培育。尽管政府绩效管理已经在我国政府广泛推行，但错误的绩效观不仅不能提升组织绩效，反而对绩效管理的可持续有消极影响。要培育正确的绩效观需要做到以下两点。

1. 落实城市公共安全管理绩效观需要“一把手”重视

在我国“一把手”作为一个部门或一个单位的主要领导，在领导班子中居于核心地位，负有总揽全局、协调上下的重要责任。其作用发挥如何，直接影响地方、部门、单位的发展方向和工作状况。在城市公共安全管理绩效中，“一把手”是城市公共安全管理绩效高低的关键变量。“一把手”对城市公共安全管理绩效生产的目标、措施有重要影响，因此，树立正确的绩效观必须从“一把手”做起。

2. 注重从城市公共安全管理绩效行动中培养正确的绩效观

2017 年习近平主席新年贺词中“撸起袖子加油干”成为热词。这句朴实的热词启示我们正确的城市公共安全管理绩效观要从行动中培养。首先，从行动中培养正确的绩效观是绩效生产实践性的需要。城市公共安全管理绩效是一种实践，这就需要从实践中证明绩效观的正确性。其次，通过实践行动培养正确的绩效观也符合人类的认知规律。社会认知理论表明，正确的认知总是在社会实践中产生并在社会实践中加以验证且不断强化。在城市公共安全管理绩效生产过程中，正确的绩效观会提升城市公共安全管理绩效，继而获得各方认同，这也会继续强化城市公共安全管理绩效的生产者对正确绩效观的认知，从而形成路径依赖，最终培育正确的绩效观。

二、推进并优化城市公共安全管理绩效的合作生产

新时代，超大城市作为国家或地区的政治经济和文化核心，其庞大的人口规模、复杂的社会环境和脆弱的城市环境，导致任何城市突发公共安全事件都会产生放大效应，进而带来极为恶劣的负面影响。因此，城市公共安全管理绩效生产迫切需要加强各部门之间的协同以有效应对城市公共安全挑战，而推进并优化城市公共安全管理绩效的合作生产是制约城市公共安全管理绩效的关键要素。

（一）加强城市公共安全管理绩效生产主体目标协同能力

城市公共安全管理绩效生产过程涉及政府部门、社区、企业、个人等主体，从协同治理角度来说，经常因为职责、立场等因素影响，使得各利益主体的具体目标存在差异。因此，若想提升城市公共安全管理绩效，首先要提升各主体之间的目标共识能力。所谓协同主体目标共识能力是指在城市公共安全管理绩效生产过程中，各利益相关主体通过目标挖掘和整合以构建城市公共安全管理共同目标的能力。在这个过程中需要做到以下几点。

1. 突出城市公共安全整体环境的认知，构建共同目标

尽管在城市公共安全管理绩效生产过程中各利益相关主体之间的目标有所差异，但从宏观环境来说各利益主体所处的大环境具有相似性，因此整体目标相同，只是由于各利益主体因所属部门职责不同、立场不同而忽视了整体目标的相同性质。基于此，加强城市公共安全管理各利益主体对宏观环境的整体性认知有助于构建共同目标。

2. 挖掘各利益主体内部需求，实现城市公共安全管理绩效协同目标

内部需求是行动者参与城市公共安全管理的重要驱动力。城市公共安全管理绩效生产过程中，虽然为了效率最大化根据职能分成不同部门，但随着城市公共安全管理环境的复杂性和不确定增加，各利益相关主体之间的相互依赖也在增加，因此，可以挖掘内部需求来实现城市公共安全管理各主体协同目标的共识。

（二）加强城市公共安全管理绩效生产协同行动能力

在城市公共安全管理绩效生产过程中，协同目标共识能力是前提，但协同目标并不一定能够产生协同行动，需要通过提升城市公共安全管理绩效生产过程中各利益相关主体的协同行动能力才能有效将协同目标转化成协同绩效，这就需要在城市公共安全管理绩效生产过程中各管理主体通过动员能力、黏合能力来构建共同的行动规则。

1. 加强数据共享以提升协同行动能力

马克斯韦伯官僚制模式的负面效应表现之一是各部门之间缺乏信息共享，信息孤岛现

象普遍存在。在当代城市社会日益凸显的复杂性和不确定背景下，城市公共安全管理绩效生产过程中客观上需要绩效生产主体之间加强信息共享，然而信息孤岛现象不利于各主体之间协同行动。因此，需要积极利用互联网技术，打破城市公共安全管理主体之间的信息孤岛效应，实现数据共享，这样才能促使各管理主体协同行动。

2. 建立健全明确的操作指南

很多情况下，协同行动之所以难以形成是因为各主体缺乏明确的行动指南。这就需要在城市公共安全管理过程中重塑管理流程，编制可操作化的协同行动指南，让各部门明确各自的职责和权力边界，以此形成协同行动能力。

3. 加强绩效考核，形成绩效问责压力

绩效考核作为有效实现管理绩效的现代管理技术在各国普遍运用。在我国的行政管理体制中，压力型政府是一个重要特征，因此，要促成有效的协同行动必须发挥压力型体制的积极作用，以绩效压力实现协同行动。这就要求在城市公共安全管理绩效生产过程中，必须加强协同行动的绩效考核，形成绩效压力以促成协同行动。

（三）加强城市公共安全管理绩效生产协同保障能力

协同行动是一个复杂的关系网络，在城市公共安全管理绩效生产过程中，还需要加强协同行动的保障能力。所谓协同保障能力是指在城市公共安全管理绩效生产过程中各管理主体的资源整合和供给能力。有效的协同保障能力需要做到以下几点。

1. 加强协同平台建设

在网络时代，城市公共安全管理网络平台是保障城市公共安全管理绩效的重要载体。城市公共安全管理平台不仅承载着信息归集和整理，同时也是协同行动大脑。通过构建城市公共安全管理平台实现数据共享，并形成有效的协同行动，因此，在网络时代加强信息平台建设是城市公共安全管理绩效的重要保障。

2. 加强协同的人财物保障

在城市公共安全管理绩效生产过程中的协同行动过程中必然产生协同成本，比如高素质的协同人员，充足的协同经费保障和必要的协同场所以及其他物质保障。然而，事实上，由于城市公共安全管理理念陈旧，在新时代背景下还是按照以往各自为政的管理模式，这种管理模式导致协同保障不足、协同绩效不高，因此加强协同过程中人财物保障是协同行动的题中应有之义。

3. 加强协同制度建设

在城市公共安全管理绩效生产中制度建设必不可少。在建设法治国家的背景下，制度作为规则集对协同行动至关重要。需要建立健全城市公共安全管理过程中协同行动的相关制度保障工作，比如常态化的城市公共安全管理联席会议制度、城市公共安全管理过程中的人财物保障也需要通过制度来实现和保障。

三、加强城市公共安全管理的绩效领导

按照本章最初构建的理论分析框架，城市公共安全管理绩效生产过程中的绩效领导作

用非常关键，因此，若想提升城市公共安全管理绩效必须加强绩效领导。

（一）狠抓“一把手”工程，加强绩效领导培养

在我国行政管理体制中，一把手掌握着绩效生产的重要资源，因此，一把手具有重要作用。这就需要培育一把手的绩效领导素养。

1. 加强协同领导学习机制，提升绩效领导能力

城市公共安全管理过程中很多技能具有可推广性，因此可以通过学习机制得以培养。一把手绩效领导的培养需要通过组织学习机制得以实现。因此，在城市公共安全管理过程中可以通过调研、互访、培训等学习机制，提升绩效领导能力。

2. 加强一把手公共素养，形成共同目标和愿景

在城市公共安全管理绩效生产中，各管理主体一把手缺乏整体意识，总是从部门利益出发而不是从整体利益出发进行管理，本质上，这种一把手思维还是“私利逻辑”而不是“公益逻辑”。因此，需要培养一把手的公共素养，形成整体性思维，从城市公共安全的大局出发，抛弃狭隘的部门利益，形成共同目标和愿景，这样才能树立正确的绩效领导观。

（二）优化协同领导体系

在城市公共安全管理绩效生产中协同领导体系至关重要，因此，如何优化城市公共安全管理过程协同领导体系是提升城市公共安全管理绩效的重要途径。

1. 优化协同领导制度

在城市公共安全管理中联席会议制度或者牵头单位制度非常普遍，然而，这一制度因为各部门权力和责任不均衡以及部门利益等因素导致运行不畅，必须优化协同领导制度，建立健全完备的责任共担和利益共享体系，并建立和健全权责协商机制以保障协同领导制度有效运行。

2. 优化政府与社会组织协同领导体系

在复杂性和不确定背景下，社会组织在城市公共安全管理中发挥着越来越重要的作用。然而，长期以来的控制思维和资源依赖效应，导致城市公共安全管理过程中社会组织参与不足，更不要提社会组织在城市公共安全管理中的领导作用。实际上，在绩效生产过程中的不同环节，各绩效生产主体也可以发挥绩效领导作用。因此，在新时代背景下，城市公共安全管理迫切需要优化政府与社会组织的协同领导体系，既要发挥政府在城市公共安全管理中的作用，也要发挥社会组织的积极性。这就需要创新政府与社会组织协同的体制和机制，形成政府与社会组织相互信任、相互依赖的共识。

3. 优化条块协同领导体系

工业化背景下，条块分割制度最大限度地实现了分工和控制功能，能够实现效率最大化。然而，超大规模城市群的出现，城市公共安全管理条块分割体制虽然容易控制，却不利于协同行动。因此，必须优化条块协同领导体系，既要保证条块体制控制功能，也要落实协同需求。实际上可以通过优化城市公共安全管理流程再造、价值共识、共同愿景、绩效考核等管理手段优化条块协同领导体系。

【本章重点】

1. 城市公共安全管理绩效的概念。城市公共安全管理绩效是指公共组织为实现城市公共安全之目标而采取的一系列资源投入、政策措施以及行动所产生的效果。

2. 城市公共安全管理绩效的特征。新时代背景下，超大规模城市群的出现导致城市公共安全管理绩效不仅具有传统政府绩效管理的特征，还具有治理特征。

3. 城市公共安全管理绩效生产的影响因素。城市公共安全管理绩效的影响因素包括三个维度：一是城市公共安全管理绩效生产的公共价值维度；二是城市公共安全管理绩效生产的组织生产维度；三是城市公共安全管理绩效生产的绩效领导维度。

4. 城市公共安全管理绩效的评估指标体系。基于平衡计分卡的评估方法，从组织使命、利益相关者、保障和实现路径四个维度构建城市公共安全管理绩效评价指标体系。

5. 提升城市公共安全管理绩效的对策。按照价值共创和基于公共价值为基础的政府绩效治理理论，从科学的绩效观、合作生产和绩效领导三个维度分析提升城市公共安全管理绩效的对策。

【课后习题】

1. 新时代背景下城市公共安全管理绩效有哪些特征?
2. 关于城市公共安全管理绩效的理论有哪些?
3. 城市公共安全管理绩效的影响因素有哪些?
4. 城市公共安全管理绩效评估指标有哪些?
5. 如何提升城市公共安全管理绩效?

第七章 安全智慧城市建设

安全智慧城市的建设是为了解决中国城市化进程的不断加快，而导致的一系列问题，比如群体性事件、生产安全事故、社会治安等公共安全事件，进而支撑整个城市的发展。

第一节 安全智慧城市概述

“安全智慧城市”作为城市公共安全研究的主要体系，它的发展首先解决的就是人类的安全问题，实现城市和谐发展、城市宜居、城市高效运行、城市生态环境保护，建设一个可持续发展的城市，对社会、对人类都有重大意义。

一、建设安全智慧城市的意义

目前我国处于经济高速增长期和社会转型期，公共安全形势总体非常严峻。据数据显示，中国每年因公共安全问题造成的经济损失达6500亿元，约占GDP总量的6%。突发公共安全事件的高发以及造成后果的严重性警醒人们必须加强突发事件应急管理体制、机制建设，建立城市公共安全技术保障体系是有效途径之一。安全智慧城市通过将物联网、云计算等先进信息技术和公共安全科技相结合，建立起相关事件、资源、过程、信息等诸要素协同一致的公共安全管理技术支撑体系，从而维护城市公共安全运行、实现智慧应急管理、保障城市稳定发展。智慧公共安全的透彻感知、全面共享、智能处理等特性为保障城市公共安全和维护社会稳定提供了强有力的技术支撑。开展安全智慧城市建设，对于保障城市健康稳定运行具有重要意义。

1. 促进城市化进程平稳和谐发展

城市化进程时期，人口和产业向城市加速聚集，城市快速发展与防灾能力不足的矛盾将日益尖锐，城市脆弱性风险隐患将日益突出。如何最大限度地降低城市脆弱性，切实有效地提高城市防灾减灾能力，推动城市化安全和健康发展，已成为当前必须面对的重要问题。建立安全智慧城市平台预防和减少事故灾害的发生，当事故灾害发生时才能及时、有效地实施应急救援，减小公共事故给城市带来的危害。这是目前城市化进程中的必然要求。

2. 支撑城市公共安全运行管理及科学决策和指挥

通过安全智慧城市平台获取的大量城市运行实时监测数据为城市公共安全运行管理决

策提供了全面的信息支撑，为政府科学决策和指挥提供了依据。目前政府应急指挥平台接入的信息主要为系统直报、视频接入等方式，领导在决策和应急指挥时，缺乏有效的、大量的数据信息支撑，无法全面、实时掌握事件全景，导致领导很难掌控全局，进行及时、科学决策和指挥调度。

3. 增强城市对突发事件的监测预警能力

公共安全事件发生的隐患越早被识别，处理就可以越及时，损失就越小。管理公共安全事故的重点应该在发生前，而不只是在发生之后。安全智慧城市系统通过对各种危险源的实时监测，实时获取各种预警信息，为及时采取防控措施，避免突发事件发生提供了保障。公共安全管理的关键是预先感知，增强对安全管理对象的实时监测，可以通过管理对象的异常变动判断突发事件发生的可能性，及时采取控制措施进行预防和控制，避免突发事件发生。

4. 提高突发事件预警信息发布的准确性和实时性

通过安全智慧城市平台建立权威、畅通、有效的突发公共安全事件预警信息发布机制，规范突发事件预警信息的发布流程，实现自然灾害、事故灾难、公共卫生事件、社会安全事件四大类突发事件的预警信息发布，确保预警信息发得出、发得快、收得到、用得好，让预警信息发布更准确、更快捷、更科学。突发事件的及时准确发布，可最大限度地保障国家财产和人民群众生命财产安全。

5. 增强对突发事件的分析及综合研判能力

突发事件应对过程中，在专业部门预测预警、风险隐患监测防控及应急保障系统的基础上，结合事件链及现场监测数据，运用分析模型预测可能发生的次生、衍生事件，确定事件可能的影响范围、影响方式、持续时间和危害程度等，结合预警分级指标提出预警分级的建议，为城市管理者对突发事件的处置提供科学支持。

6. 增强对突发事件的处置和救援能力

在突发事件的处置和救援过程中，通过全面感知的各种信息为救援提供指导，通过物联网相关跟踪定位技术，实现对现场人、物体的跟踪监控，为救援提供技术支撑。

总之，以透彻感知、互联互通、紧密联动、精细管理、智能应用、服务创新为特点的安全智慧城市平台的建设将大大促进城市的公共安全管理水平，为城市和谐平稳发展提供强有力的保障。因此，非常有必要在原有应急平台建设的基础上进行安全智慧城市建设。

二、安全智慧城市的概念、特征及建设原则

（一）安全智慧城市的概念

安全智慧城市是以运用新一代信息技术为基本手段，以全面感知、深度融合、智能协同为城市运行的基本方式，以提高城市公共管理和公共服务效益为基本目标，以实现城市可持续发展和为人类创造美好城市生活为根本目的的信息社会的城市发展形态。强调将城市中的人和物抽象成城市系统中的一部分，充分建立系统中各主体的交互与

联系。

安全智慧城市利用信息技术，通过分类、识别、检索等自动化手段，对城市中有关公共安全的各种要素和设施进行多渠道信息采集，形成公共安全大数据资源体系，全面、准确、实时地掌握特殊危险源的动态发展，有效实现监测、预警、评估、决策、响应、处置的一体化与智能化，提升整个公共安全管理系统的智慧化程度。从本质上看，安全智慧的理念把城市本身作为一个生态系统，城市中的市民、交通、能源、商业、通信、水资源构成一个个子系统。与传统的公共安全管理模式比较，智慧城市公共安全管理在安全管理主体、信息获取、信息共享、技术应用、系统运作等诸多方面存在本质化改变与革新。智慧安全管理与传统公共安全管理特征比较见表 7-1。

表 7-1　智慧安全管理与传统公共安全管理特征比较

比较内容	传统公共安全管理	智慧安全管理
安全管理的主体	政府部门为主	政府主导下的多元主体合作
安全信息的获取	分散的、不完整的、不系统的信息收集	全面、系统的信息数据搜集和数据库系统建设
安全信息的共享	较为封闭的、不对称的、不畅通的信息渠道	共享式、交互式、参与性较强的信息公布
安全技术的应用	经验式的决策较多，缺乏科学依据和技术支撑	物联网、云计算和互联网综合技术的应用，打造准确性、智慧性、联动性更高的技术平台
安全系统的运作	主体的行动能力较分散，缺乏整体联动性	主体协同运作的整合，无缝隙连接，实现主体行动的一致性和协同性

（二）安全智慧城市的特征

安全智慧城市建设中，实现信息化、工业化与城镇化深度融合，有助于缓解“大城市病”，提高城镇化质量，实现精细化和动态管理，并提升城市管理成效和改善市民生活质量。具体来说，安全智慧城市需要具备四大特征。

1. 数据融合

使用数字技术进行信息处理，利用数字网络对地理、资源、环境、人口、经济、社会等进行管理。安全智慧城市利用各类随时随地的感知设备和智能化系统，智能识别、立体感知城市环境、状态、位置等信息的全方位变化，对感知数据进行融合、分析和处理，并与业务流程智能化集成，继而主动作出响应，促进城市各个关键系统和谐高效运行。

2. 资源优化

利用大数据技术对城市功能进行分析与判断，对城市人口流动进行分析，对城市资源利用的合理性进行分析，从而对城市资源进行优化。在构建安全智慧城市过程中，科技是最强大的势能。安全智慧城市需要通过技术手段来检测、分析、整合城市运行核心系统的各项关键信息，从而对包括民生、环保、公共安全、城市服务、工商业等活动在内的各种需求作出智能响应，最大限度实现资源合理配置，让城市管理和运行更加高效。

3. 可持续发展

构建安全智慧城市的可运营能力，应通过运用社会资源参与到智慧城市建设中，从而实现安全智慧城市的可持续发展。在生态方面应开发清洁能源，如风能、水能、太阳能等，创造循环经济，实现生态平衡。

4. 以人为本

城市最终是服务于人的，正所谓“人民城市人民建，人民城市为人民”。安全智慧城市的建设尤其注重以人为本、市民参与、社会协同的开放创新空间的塑造以及公共价值与独特价值的创造。注重从市民需求出发，并通过维基、微博等工具和方法强化用户的参与，汇聚公众智慧，不断推动用户创新、开放创新、大众创新、协同创新，以人为本，实现经济、社会、环境的可持续发展。

（三）安全智慧城市的建设原则

安全智慧城市的建设原则主要包括以下三点内容：

（1）坚持生命至上、安全第一。牢固树立以人民为中心的发展思想，始终坚守发展决不能以牺牲安全为代价这条不可逾越的红线。为人民群众提供更有保障、更可持续的安全感。

（2）坚持立足长效、依法治理。加强安全生产、职业健康法规制度和标准体系建设，增强安全生产法治意识，健全安全监管机制，规范执法行为，严格执法措施，全面提升城市公共安全生产法治化水平，加快建立城市公共安全治理长效机制。

（3）坚持统筹推动、综合施策。充分调动社会各方面的积极性，优化配置城市管理资源，加强安全生产综合治理，切实将城市公共安全发展建立在总体布局合理，产业结构优化；灾害防控及应急救援体系健全完善，安全及避险疏散设施、城市生命线配置合理完备，保障到位；人民群众安全意识不断增强、从业人员安全技能素质显著提高，生产经营单位和城市运行安全保障、事故防范能力及本质安全水平显著提升的基础上，有效解决影响城市公共安全的突出矛盾和问题。

三、智慧城市与数字城市的关系

从智慧城市的定义或内涵看，智慧城市是以数字城市为基础，依托物联网、云计算、传感设备等信息技术，融合更海量的时空信息，把人类的知识充分应用到信息化条件下的城市规划、设计、建设、管理、运营和发展中，形成智能化专题应用，并通过相互之间的优化组合，最终使城市具有智慧、变得智能，以实现人口、产业、空间、国土、环境、社会活动和公共服务等领域智能化管理为目标的全新城市形态。两者的差异见表 7-2。

表7-2 数字城市与智慧城市内涵的差异

数字城市	智慧城市
通过城市地理空间信息与其他相关信息的数字化在虚拟空间再现传统城市	在数字城市的基础上，进一步利用传感技术、智能技术，实现对城市运行状态的自动、实时、全面透彻的感知
基于互联网形成初步的业务协同	注重通过网络、移动技术，实现无所不在的互联和随时随地随身的智能融合服务
关注数据资源的生产、积累和应用	更关注为用户服务
注重利用信息技术实现城市各领域的信息化，以提升社会生产效率	更强调人的主体地位，更强调市民参与、用户体验，及以人为本，实现可持续创新
致力于通过信息化手段实现城市运行与发展各方面功能，提高城市运行效率，服务城市管理和发展	更强调通过政府、市场、社会各方力量的参与和协同，实现城市公共价值塑造和独特价值创造

从以上差异分析可知，智慧城市是数字城市的高级形态。因此，智慧城市建设应充分借鉴数字城市建设的经验，充分整合数字城市建设的成果，避免另起炉灶，造成巨大浪费。同时，智慧城市各方面的建设要求要远远高于数字城市（表7-3）。

表7-3 数字城市与智慧城市建设内容的不同

比较内容	数字城市	智慧城市
理念	任务导向，技术驱动。 建设者和使用者分离	问题导向，创新驱动。 建设者和使用者合一
顶层设计	部门规划，纵向为主	全局规划，纵横并重
数据库	结构化、集中部署	混合结构、分布式或云端化
平台、软件、硬件	模式化、紧耦合	自主、可控、安全、自适应
网络	集中式、单一的网络为主	泛网络（三网融合、移动、专网等）
业务流程	被动适应	依法主动优化和智能耦合
建设模式	政府主导	政府引导、全民参与
应用模式	但求功能实现	一切皆为服务（XaaS）

第二节 安全智慧城市建设内容

在智慧城市建设过程中，公共安全事件频发，城市公共安全管理面临严峻挑战。因此，提升智慧城市公共安全管理方面的建设是刻不容缓的任务。

一、安全智慧城市建设目标和任务

（一）建设目标：构建网络体系

1. 城市公共安全管理的触角

城市规模不断扩张而人力物力资源相对有限，在此情形下，如何实现对城市全方位、多层次、宽领域的监测是一个难题。物联网技术则可以很好地实现城市安全眼的功能。正是因为物联网具有全面感知、可靠传递、智能处理的特点，才可在不需要人工干预的情况下实现对所需观察事物的精细化、智能化监测，实现“全方位、全天候、全因素、全过程”的无死角监测，弥补传统公共安全管理的不足和缺陷。

2. 城市公共安全管理的神经系统

智慧城市网络架构的形成，在于将物联网和互联网进行连接与融合，形成系统内彼此要素间的联系与互动。目前城市公共安全管理缺乏整体的系统构建意识，停留在孤立的、单一的、封闭的联系圈内，不仅不利于彼此间公共安全信息的交流与共享，也不利于信息的扩散和传递。互联网、信息技术的应用在于将人和数据与各种事物以不同方式连入网络，将数据整合为城市核心系统的运行全图。通过信息网络，彼此间的联系增强，传播速度加快，可在第一时间做到零距离感知和接触，无论是危机预防还是灾难救援都能实现最短时间内的反应和救助。

3. 城市公共安全管理的决策中枢

城市公共安全管理离不开数据的支撑。目前对城市公共安全管理数据的整理局限在事故统计数据、伤亡人数数据、救援参与数据等层面上，缺乏从海量数据中找出有价值信息和知识的方法，更缺乏从数据中分析安全管理漏洞和有效预防预警安全形势的能力。智慧城市的云计算管理平台可以充分利用技术优势解决这样的难题，通过物联网技术传递回的有效信息，将公共安全管理信息汇总成数据库的形式。云计算则通过智能手段对数据进行有效挖掘、分析和整理，使数据不仅仅是字母含义，而具有了预测预警功能，可在庞大繁杂的数据中整合有用信息，分析事物发展的特征和规律，为城市公共安全管理作出及时、精确、有效的决策奠定基础。

（二）建设任务

城市中良好公共安全环境的实现不仅有赖于智慧安全管理理念及运作模式的有效推行，还在于强化组织体制、评估机制等制度保障。只有在制度和技术合力推动下，城市公共安全管理才可以更加协调、有序和可持续发展。

1. 完善智慧安全管理组织机构体系

建立智慧安全管理体系，首先要明确公共安全管理的部门机构和工作职责。公共安全管理的智慧化实质上是打破不同管理主体在处理危机事件中的碎片化状态，做到资源在主体间的统一整合和配置，加强联系与互动，提升整体的行动能力。当危机发生时，由国家公共安全管理委员会组织、协调建立应急管理委员会，与地方公共安全管理机构相互配合，通过联合应急机制，使各部门的相关人员形成联合指挥部，统筹调度人力、物力和信息等资源，促进危机处理的协调性与合理性，实现资源优化配置，避免救援行动的无组织和混乱状态。

2. 深化安全监测网络覆盖建设

首先，城市公共安全管理要充分运用互联网和物联网等技术，建立全面覆盖城市的公共安全监测网络和监管体系。依托物联网的技术优势，在城市恶劣、危险、复杂及人所不能及的特定环境中布置传感器，实现无人看守情况下的实时监控。

3. 落实智慧救援的“快速精准”

诚然，智慧城市也无法避免不可抗力自然灾害等安全事故的发生。当危机发生时，应当立即启用良好的组织动员和完备的智慧系统。另外，智慧安全管理离不开全社会的动员和参与，“智慧”不仅是系统的良好运转，更是政府、企业、公民和社会的良好沟通互动。只有不同主体间在每个流程节点上环环相扣，才能最大限度减少灾难发生，即使灾难发生后也能得到及时救援和有效控制。

4. 健全智慧安全评估机制

智慧安全管理是链条式的管理过程，在事前预防和事中救援有效落实的基础上，事后评估也是必不可少的环节。智慧安全的事后评估，是根据已经预测到的或者对已经发生的公共安全危机进行系统分析，总结危机发生发展规律。公共安全危机评估报告制度的建立有助于形成完整的公共安全管理体系。

二、安全智慧城市建设思路

（一）安全智慧城市建设的主要影响因素

安全智慧城市是一个复杂的巨系统，内涵广泛，今天我们可以看到影响安全智慧城市建设的因素很多，不仅包含城市的信息化基础设施，也包含城市的治理系统与人文系统，涉及政治、经济、人文、技术等多个方面。因此，对安全智慧城市进行全要素的系统化分析尤为重要。

系统的结构能够洞悉自然和社会系统的结构，能理解系统并作出明智决策。而要洞悉系统结构，需要掌握系统化思维。下面从系统思维的角度简单说明影响安全智慧城市建设的六个要素。

1. 文化

从狩猎和采集野生动植物的原始文明，到靠天吃饭依靠土地种植的农耕文明，以及蒸汽机的发明开启的工业文明，直至现在的工业文明后期，信息文明或生态文明的开启之时，文明的更迭本质上是人类生产力不断提升的过程。人类已经从经历最初的无法生存，到解决温饱，直至现在物质极大丰富，已经跨越了最初的生存阶段，逐步过渡到发展阶段。在人类的发展阶段文化与精神将会成为下一阶段的发展主流，安全智慧城市的建设要提供文化发展的土壤。

2. 经济

在目前城镇化发展的高速阶段，如何促进城市群的区域功能协调发展；如何促进中心城市的升级转型，向高质量的创新城市发展；如何促进城市群中人等各要素的自然流动；

城市群与城市群之间如何协调发展；如何促进城市群与农村的协调有序同步发展，这在安全智慧城市建设中也是亟待考虑的重要因素。

3. 城市规划

城市在发展过程中，在具有人类发展的基本诉求后，城市具备自身的发展规律，经过一定时间会自然成长，而不一定需要人为干预和规划，这种自然的发展称为自组织进程。另一种是指人类有意识对自组织进程进行干预，使得它更高效，发展更公平合理的他组织进程，如城市规划就属于他组织进程。

利用现有的技术我们可以第一次如此接近真实的城市，触摸城市的自组织规律，将城市实实在在的实体系统在虚拟空间完整地镜像，将城市中的万事万物连接起来，找出各个要素之间的规律，探寻城市的奥秘。通过自组织和他组织在城市规划中的结合，促进智慧城市良性发展。

4. 人

人是智慧城市创新与建设的核心要素，在物质已经极大丰富的今天，人对居住城市的要求与考量已不单单仅是经济因素，还包括城市的居住环境、创业环境、人文环境等围绕人的精神与享受相关的因素，人往高处走决定了人在现阶段会趋向于流动到越来越具备综合因素的城市。

城市的意义在于通过聚居去提升空间上的接触机会，使人生活得更便利美好。在智慧城市的建设上以人为本，辨识出不同类型城市人的需求，平衡人的自存与共存，满足人的理性与物性需求是发展安全智慧城市需要考虑的重要因素。

5. 技术

近些年涌现的云计算、大数据、物联网、人工智能、区块链等新技术，让我们快速感受到世界的日新月异。技术渗透于生活的方方面面，未来的社会通过信息连接将成为一个整体。社会整体的迭代和创新速度将超过以往，与之前单一的物体或者小系统的迭代相比，未来是整个系统的迭代与更新。在万物互连的时代，信息和创新的传导会在短时间内传遍整个系统，并驱动整个系统的创新。

6. 安全

随着社会文明进程的加速，与我们的祖辈相比，人们的生活快速面临很多变化与冲击，尤其在未来一段时间内自动化代替原有人类的重复性与体力性劳动，人心理的变化冲突所带来的不安全感，对未知事物的不确定感，基于这种心理导致社会不稳定影响的安全都是需要考虑的。因此，未来提升人们差异化的专业技能，转化思维模式，提升人的意识，是更好地面对与迎接未来安全智慧城市到来的最主要因素。

不仅系统化思维影响智慧城市的一些要素，在智慧城市实际的落地过程中，还有一些要素或者其他系统正在影响智慧城市。因此，要秉承系统化思维，全面了解与理解要素之间的变化，利用信息化手段辅助掌握城市发展的客观规律，及时调整与修正，迎接安全智慧城市发展的美好明天。

（二）安全智慧城市建设指导方针

1. 集约建设，共建共享

全市统筹规划建设包括党政机关网络、政务云平台、共性应用支撑平台、大数据中心和基础信息资源库等在内的统一信息化支撑体系，为各区、各部门提供网络、计算、存储、灾备，以及统一、实时、准确的基础数据等服务。各部门应在全市统一的信息化支撑体系上构建业务应用，避免单独建设、重复建设。各区可建设区级政务云平台和区级大数据中心，为本区信息化应用提供支撑服务。市、区政务云平台和大数据中心应实现统一监控管理、互联互通和数据共享，各区、各部门数据原则上应向市级大数据中心归集。

2. 统筹推进，统分结合

按照统一部署，统筹推进安全智慧城市应用系统建设，并根据不同特点采用不同建设模式。对于覆盖市区两级和多个部门的全市性应用，如行政审批、安全生产、应急指挥等，应由市级部门统筹规划建设，应充分考虑市区和各部门业务需求，并建立市—区—部门联动机制，各区、各部门不再重复建设。市级部门统一建设的垂直应用平台，应向各区开放平台接口及数据。对于涉及同级多个部门协同的业务系统，如商事登记、政府投资管理等，应由行业牵头部门统一建设，建成后在各部门应用部署，形成完整、不间断的业务处理链条。对于单个部门业务应用，应加强一体化设计和流程优化，充分利用全市统一支撑体系，以模块化方式在政务云平台上进行建设和完善。

3. 政府引导，多元参与

加强政府统筹协调和组织引导，充分发挥市场机制和企业作用，提升新型智慧城市建设活力。鼓励各部门加强和行业优势企业的长期战略合作，持续提升本行业信息化建设成效。在面向民生服务的领域，鼓励 PPP（政府和社会资本合作）或政府购买服务模式，通过政府开放数据和服务接口，企业投资建设运营，以移动互联网方式向市民提供服务，提升市民体验和项目可持续运营能力。

4. 建立机制，保障安全

全市统筹建设完善网络与信息安全管理制度、技术标准和应急处置方案，各区、各部门遵照执行、协同联动，确保网络空间安全运行。采用安全可信的网络产品和服务，提升新型智慧城市建设安全可控水平。强化信息资源和个人信息保护，确保信息共享和大数据的安全使用与管理。

（三）安全智慧城市指标体系

根据现阶段智慧城市建设的主要内容，“指标体系”主要分为智慧城市基础设施、智慧城市公共管理和服务、智慧城市信息服务经济发展、智慧城市人文科学素养、智慧城市市民主观感知 5 个维度，包括 19 个二级指标、64 个三级指标。

城市公共管理和服务是智慧城市建设的最核心领域，主要包括智慧化的政府行政、道路交通、医疗卫生、教育、环境监测、安全防控、能源管理、社会保障等方面的管理和服务，是城市居民幸福感的直接影响因素。主要包括 8 个二级指标，34 个三级指标。

（1）智慧化的政府服务。指当地政府部门整合各类行政信息系统和资源、提供开放协同、高效互动的行政服务方面的发展水平。包括 5 个三级指标：行政审批事项网上办理比例应在 90% 以上；政府公务行为全程电子监察率应达 100%；政府非涉密公文网上流转率应达到 100%；企业和政府网络互动率应在 80% 以上；市民与政府网络互动率应在 60% 以上。

（2）智慧化的交通管理。指通过信息化技术，改善车辆通行效率，提高交通流畅度，优化市民出行体验，使城市交通管理更为精细化和智能化。主要包括 5 个三级指标：市民对交通信息的关注率应在 50% 以上；公交站牌电子化率应在 80% 以上；市民交通诱导信息服从率应在 50% 以上；停车诱导系统覆盖率应在 80% 以上；城市道路传感终端安装率应在 100%。

（3）智慧化的医疗体系。指市民可切实享受到的具有便捷性、准确性的医疗卫生服务。主要包括 3 个三级指标：市民电子健康档案建档率应达到 100%；电子病历使用率应达到 100%；医院间资源和信息共享率应在 90% 以上。

（4）智慧化的环保网络。指通过各种传感终端和感知网络，对环境（主要是大气、水源等）进行监测、预警，并作出相应处理。主要包括 3 个三级指标：环境质量自动化监测比例应达 100%；重点污染源监控水平应达到 100%；碳排放指标，即单位国内生产总值二氧化碳排放量，智慧城市的碳排放量比 2005 年下降 40% 以上。

（5）智慧化的能源管理。指城市能源管理的智能化水平，这是体现城市绿色低碳的重要指标。包括 5 个三级指标：家庭智能表具安装率在 50% 以上；企业智能化能源管理比例应达 70% 以上；道路路灯智能化管理比例应在 90% 以上；新能源汽车比例应达 10% 以上；建筑物数字化节能比例应达 30% 以上。

（6）智慧化的城市公共安全。包括城市应急联动、食品药品安全、安全生产、消防管理、防控犯罪等领域。主要包括 6 个三级指标：食品药品追溯系统覆盖率应达到 90% 以上；自然灾害预警发布率应在 90% 以上；重大突发事件应急系统建设率应达 100%；城市网格化管理的覆盖率应在 99% 以上；危险化学品运输监控比例应达 100%；智慧城市户籍人口及常住人口信息库应覆盖 99% 以上的城市内人员。

（7）智慧化的教育体系。指市民获得各类教育资源和信息的便捷、精准程度，以及教育设施的信息化程度。主要包括 3 个三级指标：城市教育支出水平占 GDP 的比例应达 5%；家校信息化互动率应在 90% 以上；网络教学比例应在 50% 以上。

（8）智慧化的社区管理。指依托信息化手段，对社区（以居委为单位）管理中的居民管理、信息推送、养老服务等提供便捷。主要包括 4 个三级指标：社区信息服务系统覆盖率应在 99% 以上；社区服务信息推送率应在 95% 以上；社区老人信息化监护服务覆盖率应在 90% 以上；居民小区安全监控传感器安装率应达 95% 以上。

三、安全智慧城市建设顶层规划

（一）安全智慧城市管理平台构建标准体系

在新型智慧城市标准体系及数据平台标准体系基础上，通过对智慧城市公共安全管理平台相关标准进行研究分析和科学分类，结合智慧城市公共安全管理工作特点，以公共安全数据治理、信息共享、应用设计、系统对接和业务协同及效能为目标构建智慧城市公共安全管理平台标准体系总框架，如图 7-1 所示。

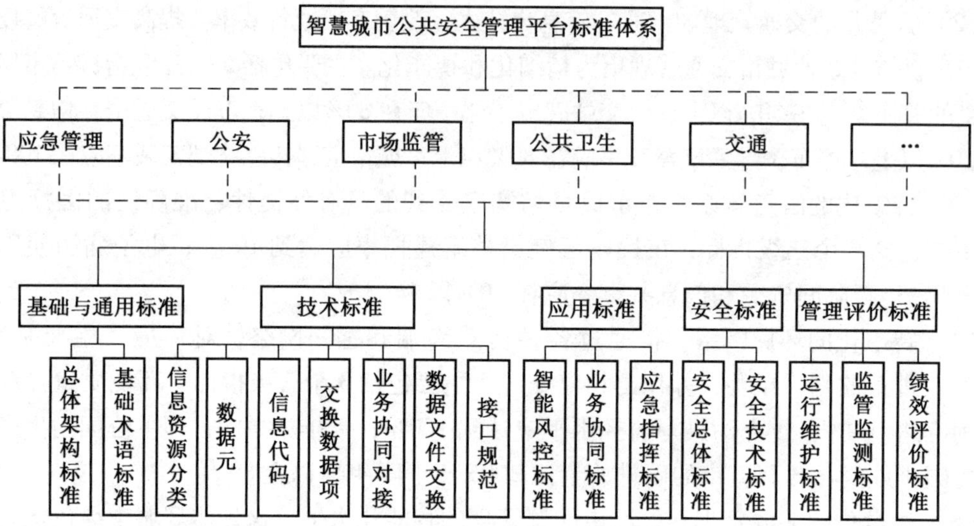

图 7-1　智慧城市公共安全管理平台标准体系总框架

1. 基础与通用标准

基础与通用标准包含智慧城市公共安全管理平台建设所涉及的总体架构标准、基础术语标准。智慧城市公共安全管理平台总体架构标准涵盖平台的逻辑架构、部署架构以及应用架构标准和数据治理、要素管理、分析监测、管控处置、共享服务、系统管理、应急指挥等功能要求。通过对公共安全管理的整体规划，为公共安全管理平台的设计和建设明确方向并确定纲领性意见。基础术语标准则包括智慧城市公共安全管理平台术语、基础术语和专业术语、主题词表等方面内容。

2. 技术标准

在智慧城市公共安全管理平台构建过程中，数据和接口的规范以及传输控制和交换共享是重要的技术关键点。技术标准为数据落地方案的制定提供有效依据，特别是在数据的清洗、关联、比对、标识等处理方法、数据分析及数据存储等方面进行规范，将促进公共安全管理平台数据共享机制的建立。

3. 应用标准

应用标准主要包括智能风控、业务协同、应急指挥等标准。智能风控是公共安全管理平台风险隐患分析挖掘和预警处置的核心，基于事件驱动，通过风险挖掘引擎的处理，将符合风险模型特征的事件推送到风险预警库，通过研判进行风险评估，通过业务协同流转到相关部门处置。业务协同确定协同调度支撑系统要求，以实现部门间的协同，与外部应用系统、部门业务系统的交互，一般应具备值班值守、协同调度、任务办理、查询统计、电子监察等基本功能。应急指挥应是指政府及其他公共机构在突发事件的事前预防、事发应对、事中处置和善后管理过程中，通过建立必要的应对机制，采取一系列必要措施保障公众生命财产安全、促进社会和谐健康发展的有关活动，应急指挥系统可以全面地提供如现场图像、声音、位置等具体信息。

4. 安全标准

智慧城市公共安全管理平台按照《信息安全技术网络安全等级保护基本要求》（GB/T 22239—2019）规定的相应安全保护能力（等级）进行安全建设，并根据现有的安全防护基础设施现状，在相应安全保护能力（等级）要求的基础上，具体细化部分特殊或附加要求。

5. 管理评价标准

管理评价标准主要包括平台运行维护、监管监测、绩效评价等标准。其中平台运行维护标准应包含对智慧城市公共安全管理平台内的设备与软件状态进行管理监控，发现故障、跟踪处理情况，展现运维结果、质量、系统使用效能等内容与要求。平台监管监测标准应包含平台作业管理、人员管理、设备管理、日常监管等内容，为公共安全管理平台管理工作提供良好的管理数据。而平台绩效评价标准应是智慧城市公共安全管理平台运行情况的评价，通过数据收集、分析比较，实现对平台分类绩效数字化、分类评价透明化，提高平台工作效率、管理水平，有效保障人民的生命和财产安全。

总之，上述智慧城市公共安全管理平台标准体系是由一系列具有内在联系的国家标准、行业标准、地方标准以及相关规范组成的有机整体。由不同种类、不同层次的标准相互联系、相互协调、相互支持构成的智慧城市公共安全管理平台标准体系作为重要组成部分也为智慧城市标准体系的完善提供了坚实基础。

（二）安全智慧城市建设体系规划

城市公共安全规划已随人为因素对于城市公共安全的影响逐步加深，仅靠传统的空间结构规划已经难以适应城市公共安全环境的动态发展，人们开始考虑通过城市公共安全规划的方法来保障城市的安全运行。从而城市公共安全规划在经历了侧重对外军事防御方面、自然灾害方面、空间结构方面、防控城市犯罪方面的发展阶段之后，开始向系统整合的方向发展。

作为由农村向城镇化转变的主体，中小城市是推进我国城市化进程，建设宜居城市的中坚力量，城市公共安全规划对中小城市安全运行起主要作用。构建中小城市公共安全规划体系，是当前中小城市安全运行的重要保障手段之一。然而中小城市公共安全规划体系，要着眼于城市整体功能的实现与运作，即要保证在尽量不改变、不影响现有城市总体布局规划前提下，对城市所属范围内的企事业单位进行排查，分析评价城市中具有安全隐患的风险点，根据其定量指标进行评判，最终形成以安全风险隐患辨识为基础的安全管控体系，主要包括：

（1）城市运行安全保障机构组成。

（2）危险有害因素辨识及等级划分方法。

（3）企业危险源风险等级统计。

（4）城市生活风险管控。

（5）城市公共卫生及社会安全突发事件风险管控。

（6）城市应急救援与监督监管能力评估。

（7）城市运行安全总体规划。

（三）安全智慧城市技术体系规划

安全智慧城市建设是城市需求与技术创新发展的双轮驱动结果，它的核心思想是充分运用信息技术手段广泛收集民众普遍反映强烈的突出问题，保障技术在具体实施过程中能够为民提供便利，避免流于形式、有名无实。物联网、云计算、无线通信等技术作为安全智慧城市的重要技术支撑，需要对其体系进行规划，从而实现更有效的管理体系。

1. 安全智慧城市云计算技术应用

安全智慧城市的良好发展，离不开整体数据和资源的整合。中国的城市化建设不断加快，城市人口急剧增多，为城市带来了巨大压力，云计算可以规划出更多的决策与方法。总体来说，云计算技术在智慧城市发展建设中具有非常大的现实意义。

云计算技术在安全智慧城市中的应用主要有以下几个方面。

1）物流服务体系构建中的应用

安全智慧城市建设并不单单指城市中某一部分的发展，而是一个多元化、全面化的发展过程。云计算与物联网技术在物流服务体系构建中更是扮演着十分重要的角色，为物流服务体系构建提供了非常重要的技术支持，而且也为物流产业的顺利发展提供了有效支撑，在一定程度上实现了物流行业的信息化、高效化、智能化和自动化。

目前，在我国智慧城市物流服务体系中大数据采集与处理、射频识别技术、传感器技术、自动感知技术、GPS定位技术、互联网一体化技术、扫描技术等云计算技术得到了广泛应用，也被越来越多的人所了解和认知。这些技术在一定程度上有效促进了智慧城市物流领域的完善与优化建设，使得智慧城市的信息化、智能化发展有了有力支撑。

2）道路交通体系中的应用

云计算技术对于道路交通改造起到了非常重要的作用。我国传统道路建设过程中存在许多问题，比如交通管理质量低下、交通堵塞问题较多以及事故频发但处理不及时等。在安全智慧城市道路交通体系的构建过程中，对云计算技术进行了升级和更好的应用，能够解决上述问题，从而不断提升道路交通管理质量，有效缓解城市道路交通的负担和压力。

总体来说，安全智慧城市的建立与云计算技术密不可分，而且安全智慧城市的根本在于社会资源的整合运用。云计算技术的应用，可以为城市居民提供更加良好和舒适的服务，促进我国安全智慧城市的完善和发展。

2. 安全智慧城市物联网技术应用

物联网技术是在计算机网络技术的基础上形成的，物联网技术在各行各业都有非常广泛的应用，也改变了行业的发展形态，为相关技术提供了有效支撑。物联网技术以互联网为核心，能够实现信息交流和数据互传。

安全智慧城市建设需要物联网技术提供有效的技术支撑。物联网技术将智慧城市中的各个体系进行科学结合，与基础设施进行有效连接，推动了数字城市向智慧城市的有效转变，为智慧城市各服务体系的构建提供了新的创意和思路。

3. 安全智慧城市无线通信技术应用

无线通信技术的应用范围愈加广泛，尤其是基于物联网的发展，从简易的单片机系统或嵌入式系统发展到智能家居、智慧农业等都有无线通信技术的应用。

1）无线通信技术在安全智慧城市中的应用研究

建立安全智慧城市，高度信息化数据化是基础，无线通信技术在这里起重要作用。无线通信技术在城市的发展与应用愈来愈广，利用卫星通信的无线移动通信方式更是满足用户需求最多的技术。

对于无线通信系统，在智慧城市的发展过程中，可以从日常衣食住行几个方面考虑其应用：构建无线通信的智能办公系统；部分城市正在开展的智慧交通，如公交、地铁、汽车站与火车站等通过 NFC 手机支付；智能家居延伸到智慧酒店，可以辅助智慧旅游、酒店的智慧管理系统，以及对周边景点、交通、商场店铺等的信息智能管理；医院目前已经实现网络挂号预约，开通联网电子病历，可以辅助开展远程医疗类的网络通信；部分企业比如京东、阿里巴巴、顺丰等在物流方面正在建设新的运输系统，将物联网、传感网与现有的互联网整合实现物流的自动化、智能化。

2）无线通信技术在安全智慧城市中的具体应用

安全智慧城市归根结底是极大限度地为老百姓在医、食、住、行、游、教等方面提供更加便捷的服务，当前智慧城市首要解决的问题是智慧交通。如何有效实现民众在城市里自由有序高效的交通出行是每个城市管理首先要考虑的问题。通过初步调研，下面以广州智慧交通 ITS 为例进行说明。

广州市在 2011 年 12 月提出“低碳经济、智慧城市、幸福生活”的新型城市发展概念后，就一直致力于建设人民满意理想的城市，智慧城市的实践，在智慧交通方面飞速发展。2016 年广州交警与高德地图合作，发布实时交通动态，有助于市民出行获取实时路况，智能避堵；用户通过手机高德地图 APP 进行线路信息查询，还可以实现路况语音播报。2017 年 5 月广州市委携手高德地图共建大数据时代下的“智慧交通”，使得广州市委可以快速获取包括城市拥堵点排行、交通事件研判分析、拥堵点异常检测等在内的各种信息，基于高德地图平台进行交通疏导，充分发挥政府的调控能力，有效缓解交通拥挤。基于 RFID 的 ETC 电子收费，实现了收费站不停车直接根据电子卡预存处理，3 秒即可过站，极大地加快了交通流通。政企合作已经实现了广州大部分区域停车位的智能查找，解决开车“最后一公里”问题。2018 年 11 月广州多数公交系统、地铁系统实现刷手机上车，支付方式从微信、支付宝、羊城通等延伸到腾讯支付、银联 IC 信用卡或手机闪付等便捷方式。

安全智慧城市实现的是对城市的管理数字化、智能化，为国家信息化现代化奠定基础。网络互联在其中承担重要的角色，而无线通信技术则是现在通信技术中的主流趋势，也是用户更喜欢使用的通信网络。因此，无线通信技术在智慧城市的发展建设中将发挥非常重要的作用。

四、安全智慧城市软环境建设

软环境是相对硬环境而言的一个概念，它是指物质条件以外的诸如政策、文化、制度、法律、思想观念等外部因素和条件的总和。

（一）政策法规方面

伴随安全智慧城市的兴起，我们可以看到一套全面的物联网法规的逐渐兴起。监管机构开始起草广泛的物联网安全保护法规，对多年来不断发生的数据泄露和网络攻击提供了政策性保障。2012 年，《关于国家智慧城市试点暂行管理办法》的出台拉开了我国智慧城市建设的序幕。2014 年，智慧城市长期规划、指导意见陆续出台。从 2016 年开始，国家与各省市“十三五”规划相继出炉，都把智慧城市建设作为未来城市发展的重心，同时分别从总体架构到具体应用等角度对智慧城市建设提出了鼓励措施，一系列政策的颁布实施为我国智慧城市建设提出了方向与目标。

截至 2021 年 5 月，我国智慧城市建设相关政策汇总如下：

2013 年，国务院及相关部委针对智慧城市建设模式和运作模式的改革发布了重要的政策文件，如《关于印发“十二五”国家自主创新能力建设规划的通知》（国发〔2013〕4 号）、《关于推进物联网有序健康发展的指导意见》（国发〔2013〕7 号）等。同时，各部委对有关智慧城市试点做了相应的政策指导和规定，并对实践中产生的相关问题提出了明确的解决方式，如《关于国家智慧城市试点评审有关事项的通知》（建科研函〔2013〕3 号）、《关于做好国家智慧城市试点工作的通知》（建办科〔2013〕5 号）等。2013 年被认为是智慧城市建设模式和运作模式进入更深层次探索和实践的一年。

2014 年 8 月 27 日，国家发改委联合七部委发布《关于促进智慧城市健康发展的指导意见》。意见强调智慧城市的建设必须以人为本、务实推进；因地制宜，以城市发展需求为导向；市场为主，同时杜绝不必要的行政干预。

2015 年 11 月 3 日，国家发改委、国家标准委、中央网信办联合发布了《关于开展智慧城市标准体系和评价指标体系建设及应用实施的指导意见》。意见明确到 2017 年将完成智慧城市总体、支撑技术与平台、基础设施、建设与宜居、管理与服务、产业与经济、安全与保障 7 个大类 20 项急需标准的制订工作，到 2020 年累计完成 50 项左右的标准。同时，从 2015 年起至 2016 年同步开展整体指标及成熟领域分项指标试评价工作，到 2018 年初步建立我国智慧城市整体评价指标体系，到 2020 年实现智慧城市评价指标体系的全面实施和应用。

2016 年 11 月 22 日，国家发改委发布了《关于组织开展新型智慧城市评价工作务实推动新型智慧城市健康快速发展的通知》。通知明确新型智慧城市是以创新引领城市发展转型，全面推进新一代信息通信技术与新型城镇化发展战略深度融合，提高城市治理能力现代化水平，实现城市可持续发展的新路径、新模式、新形态，也是落实国家新型城镇化发展战略，提升人民群众幸福感和满意度，促进城市发展方式转型升级的系统工程。

2017 年 9 月 20 日，国家测绘局发布了《智慧城市时空大数据与云平台建设技术大纲（2017 版）》。2017 版技术大纲进一步明确了测绘地理信息部门在智慧城市中的工作定位，突出了时空大数据和时空信息云平台两项重点任务，明确了建设目标、建设思路、技术路线及建设要求；进一步明确了测绘地理信息部门的任务是开展智慧时空基础设施建设及应用，为智慧城市建设提供时空基础。

2018 年 6 月 7 日，国家市场监督管理总局联合中国国家标准化管理委员会发布了《智慧城市顶层设计指南》，给出了智慧城市顶层设计的总体原则、基本过程及需求分析、总体设计、架构设计、实施路径规划的具体建议。

2019 年 1 月 24 日，自然资源部办公厅公布了关于印发《智慧城市时空大数据平台建设技术大纲（2019 版）》的通知。通知提出建设智慧城市时空大数据平台试点，指导开展时空大数据平台构建；鼓励其在国土空间规划、市政建设与管理、自然资源开发利用、生态文明建设以及公众服务中的智能化应用，促进城市科学、高效、可持续发展。

2020 年 11 月 26 日，2020 世界 5G 大会在广州召开，会上正式发布了《全光智慧城市白皮书》。白皮书首次提出了全光智慧城市的发展理念，通过阐述 F5G（第五代固定宽带网络）技术演进与技术优势，加速全光基础设施的部署升级，以高质量连接构筑城市智慧，推动基于智慧城市的创新应用场景。

2021 年 4 月 28 日，住房和城乡建设部、工业和信息化部公布了《关于确定智慧城市基础设施与智能网联汽车协同发展第一批试点城市的通知》（建办城函〔2020〕594 号）。通知提出，确定北京、上海、广州、武汉、长沙、无锡等 6 个城市为智慧城市基础设施与智能网联汽车协同发展第一批试点城市；同时要求试点城市建立健全统筹协调机制，落实资金等保障措施，确保试点工作取得成效，形成可复制可推广的经验。

2021 年，我国多地在“十四五”规划中指出，要加快智慧城市、新基建等规模部署，推进新技术等基础设施建设，推动传统基础设施升级，建设新一代信息基础设施体系。

自 2020 年全国两会，“新基建”被首次写入政府工作报告，如何让“城市大脑”变得更聪明成了智慧城市建设破局的关键。2021 年的两会，关于新型智慧城市建设的讨论持续升温。“十四五”规划和 2035 年远景目标的核心内容之一就是：统筹推进传统基础设施和新型基础设施建设，加快数字化发展，打造数字经济新优势，协同推进数字产业化和产业数字化转型，加快数字社会建设步伐，提高数字政府建设水平，营造良好数字生态，建设数字中国。

（二）领导体制方面

突出组织领导机制、规划引领机制、项目统筹机制建设，着力构建以项目集约化建设、政务信息资源共享为主要抓手，各级行政首长负责的新型安全智慧城市建设领导体系。

在每个试点安全智慧城市中，应建立市安全智慧城市建设领导小组以作为市安全智慧城市建设的领导机构。各区县（含高新区、经济开发区、旅游度假区）要成立相应机构，形成各级行政首长负责制的安全智慧城市建设领导体系。市领导小组实行联席会议制度，定期召开政府会议，主要对重大决策、重大事项、重大问题等进行集体研究和部署，加强对安全智慧城市建设工作的统筹协调，指导和推动各级各类安全智慧城市建设朝规范、有序、集约、高效方向发展。

市安全智慧城市建设领导小组办公室应设在市政府办公厅，各级政府办公部门分级牵头负责。各级各部门各单位要认真贯彻落实政务信息系统整合共享实施方案精神，按照统一机构、统一规划、统一网络、统一软件的“四统一”总体要求，调整整合电子政务、政府网站、信息化、大数据、智慧城市等相关工作职能，明确统一的管理机构，层层建立责任制，确保责任落实。

（三）安全智慧城市品牌方面

1. 建立城市特色形象定位

建立城市特色形象定位是进行城市品牌形象设计的基础。可以引导城市品牌形象的建设，保证在整体建设和设计过程中不会出现短视行为。同时，需要对一座城市有充分了解和深入调研，只有完整地了解城市发展的现状和特色，才能结合实际情况对城市品牌形象构建定位策略，并对其进行必要的可行性论证，这对安全智慧城市理念下的城市品牌与形象的设计具有至关重要的作用。除此之外，城市品牌形象的设计更是对城市精神文化、历史底蕴的囊括。城市品牌的塑造和提升不仅可以吸引更多优秀的人才资源，还能够从城市内在凝聚人心，使得城市发展与人类文明进步实现和谐共生、可持续发展。

2. 简化智慧城市品牌形象系统

智慧城市理论下城市品牌形象的构建并不是越复杂、越多样化就越好。事实上，认知学研究表明，人类的视觉系统最多只能记忆 4~5 种元素，而多余的元素会对人类视觉系统造成干扰和妨碍，降低我们对城市的理解，以至于出现理解不全面或者错误情况。这对我们塑造城市品牌形象有很大启发，过多的、意义不鲜明的、辨识度过低的城市品牌形象会降低人们对城市品牌形象信息的接受程度，甚至会起适得其反的作用。

因此在智慧城市品牌形象的构建系统中，我们应该认真选择和筛选图案、颜色、符号以及三者之间的融合方式，思考应该如何一针见血，简洁明了地向人们展示城市品牌信息，从而最大限度地简化智慧城市品牌形象系统，避免错误信息对人们造成干扰。

3. 建立安全智慧文化标志，开放视野独立文化

城市本身具有独立性和民族主体性，而安全智慧设施却具有开放性和世界性，构建安全智慧城市不仅能够塑造一个开放的民族形象，还能够形成浓烈的民族内聚力。通过营造开放包容的文化氛围，来培养市民正确的价值观、人生观和世界观，让每个市民都能够感受到先进的城市处世哲学。

安全智慧城市赋予了我们独立的民族文化骨骼，这是一个国家文化软实力的重要组成部分。通过建设智慧城市，让各个市民能够从更深层的意识中了解其渗透出来的人文力量，将其转化成各个市民主动关心热爱、珍爱所居住城市的自觉行为，促使广大市民能够正确认识并掌握城市公共服务设施的使用技巧，并不会在先进的技术面前迷失自我，也不会在舒适的环境中忘记前进的方向。

综上所述，城市品牌形象的塑造与提升一直都是提高城市竞争力的重要策略，如今安全智慧城市概念的提出给城市品牌形象的塑造与提升提供了更多可能。安全智慧城市下城市品牌形象的塑造和提升获得了更多可能性，城市品牌形象中所蕴含的不仅是对于物质发展的表达，更是对于城市精神文化、历史底蕴的囊括。安全智慧城市这种全新的城市形态是在数字化城市发展到一定程度进行的进阶化转变，智慧城市不仅对全球可持续发展提供了新的活力，也对城市品牌形象的更新与提高起到了推进作用。

第三节 安全智慧城市管理建设

在推进安全智慧城市的建设过程中，城市公共安全管理已经成为各地政府及相关部门考虑的重点。因此，加强城市公共安全管理方面的建设尤为重要。

一、城市管理的内涵、特征及发展趋势

（一）城市管理的内涵

城市管理是指以城市这个开放的复杂系统为对象，以城市基本信息流为基础，运用决策、计划、组织、指挥等一系列机制，采用法律、经济、行政、技术等手段，通过政府、市场与社会的互动，围绕城市运行和发展进行的决策引导、规范协调、服务和经营行为。

从广义上讲，城市管理是指城市人民政府对整个城市的工业、商业、基本建设、基础设施、公安交通、城建环保、文化教育、体育卫生、公用事业等各项工作的综合管理。从狭义上讲，城市管理是指对城市的市政工程、公用事业、园林绿化、市容和环境卫生以及城市规划、房地产等行业的管理。我们通常所讲的城市管理主要是指狭义上的城市管理。城市管理在城市经济社会发展中具有基础性作用，履行法律、法规、规章规定或人民政府规定的其他执法职责。

（二）城市管理的特征

现代城市管理一般具备以下几个方面的主要特征：

（1）城市管理理念的先进性与科学性。现代城市管理的特征首先体现在城市管理理念

的进步。城市管理理念可以分为两种基本类型：一种是以经济为中心的城市管理理念产生的“经济主导型”城市管理模式；另一种是以人为中心，以社会为本位的城市管理理念产生的“社会主导型”城市管理模式。相对而言，社会主导型管理理念与模式是对经济主导型管理理念与模式的一种超越和进步。

（2）城市管理体系的完整性与系统性。现代城市管理要求对城市活动的方方面面进行系统性与综合性管理，要求建立完整的城市管理体系，形成既有专业分工又有综合协调的分层分类管理模式。

（3）城市管理的法治化与规范化。现代城市管理基于法治的基础，它包含一套系统的城市管理法律法规体系、城市管理执法机构与社会监督机制，要求严格执法、规范管理，做到依法治市。

（4）城市管理的社会化。管理的社会化是指政府从一切社会能够而且应该承担的城市管理领域退出，保留和强化社会需要但又无法承担的城市管理职能，社会自治是城市管理的最高境界。

（5）城市管理的市场化运作。城市管理的市场化运作是指把有条件通过市场运作、依靠市场投入产出机制消化成本的城市管理部分从政府职能中剥离出去，保留与强化市场失灵的城市管理职能，以降低城市管理成本，提高管理效率。

（6）城市管理技术手段的现代化。现代科学技术的发展为城市管理提供了先进的技术手段与工具。现代城市管理要求建立现代化管理技术装备，并普遍运用电子计算机等先进技术，将城市管理建立在精确、高效的技术平台之上。

（7）城市管理专业化。城市管理专业化是指无论是社会化还是市场化管理，以及政府的管理，都应由受过专业训练的专门人员来从事，其中相当一部分管理应由社会专业机构来组织实施。城市管理的专业化，可以使城市管理更加科学、规范和具有效率。

（三）当代城市管理发展趋势

准确认识和把握城市管理的发展趋势，是做好城市管理工作的前提。21 世纪以来，我国城市管理主要表现出以下几点趋势。

1. 城市管理综合化

城市管理是一项综合性很强的系统工程。从过程上看，涉及城市的规划、建设和运行等环节；从内容上看，涉及经济、社会、文化、生态建设与发展等方面。市政、市容管理工作与社会治安综合治理、精神文明建设、社会建设的交叉越来越多，综合性越来越强。

2. 城市管理规范化

城市管理的规范化也就是城市管理的标准化。城市管理强调规范化、标准化的目的是保障城市有序、有效、低成本运行。为满足城市管理与发展的客观要求，我国陆续出台了一系列与市容建设管理有关的标准和规范，一些省市也制定了自己的标准、规范和规程。

3. 城市管理科学化

城市管理是一门科学，特别是在快速城镇化的今天，城市的规划、建设和运行都要讲究科学意识，树立科学理念，运用科学技术，遵从科学标准，推动科学发展。

4. 城市管理法治化

法律是所有社会规范中最具执行力的规范，没有城市管理的法治化，也就没有城市管理的规范化、科学化和民主化。城市管理的法治化具体表现在3个方面：一是城市管理的各个环节依法行事，包括依法规划城市，依法建设城市，依法管理城市运行；二是城市管理者尤其是执法监管部门带头学法、知法和执法；三是各级领导干部树立法律意识，强化依法行政理念，在旧城改造、城中村拆迁、违章建筑拆除、“三乱”治理、市场监管和食品安全等领域，切实做到依法行政，管理到位。

5. 城市管理民主化

从本质上看，城市管理民主化是民主政治在城市公共管理中的体现。城市善治理论强调城市中的利益相关者共同治理城市，运用服务、协调、倡导、引领、法律和规范等理念与方式管理城市。以人为本的科学发展观必然要求公众参与城市管理，这样可以降低城市管理成本，满足人的多样化需求，促进城市管理的科学化。城市管理的民主化要求增加管理的开放度、政策的透明度，通过加强公众参与制度的建设，完善公众全程参与城市治理的机制。

6. 城市管理立体化

现代城市管理既重视地上空间的规划建设与运行，又重视地下空间的规划建设与管理。地上空间的管理包括地面、墙面的清洁，广告牌匾的设置，绿地、水域、公共设施的保洁，空气质量的改善等。同时，中心城市纷纷建设了完备的地下基础设施、立体化的交通和商业设施等，以完善城区功能，充分发挥城市空间效应。可见，城市管理已经由平面空间的管理走向立体化、全方位管理。

7. 城市管理信息化

用信息化推进城市现代化是当下城市管理的重要命题。城市管理的信息化是城市发展的必然选择，是提升城市竞争力的重要手段。现代城市面临越来越多的经济社会事务、纷繁复杂的问题以及瞬息万变的大量信息，城市管理必须充分利用现代信息技术，逐步走向数字化、信息化。城市管理的信息化包括两个方面：一是城市管理主体的信息化，政府等管理主体广泛采用计算机网络技术和现代通信技术建立城市电子政务系统和应急联动系统；二是城市管理物质对象的数字化，在城市管理中，将管理对象的地域、形象、属性等特征数字化，并采用计算机网络等信息技术手段对其进行存储、传输、整合和分析，最终以文字、音像和图形等形式输出，作为城市管理的技术依据，以维护和拓展城市综合功能。我国城市管理的信息化工作起步虽晚，但发展较快，“数字城市管理新模式”已在许多城市推行，掀起了一场城市管理的革命。

8. 城市管理柔性化

传统的城市管理是以技术、生产等物的管理为中心，以行政命令、制度约束为主导的管理手段。20世纪90年代以来，尤其是科学发展观提出后，城市管理开始转向柔性化的文化管理，注重以文明手段促进城市发展，逐步实现管理的网络化、智能化与人本化。文化管理尊重人的尊严和生存权，将理性管理和非理性管理、“硬”管理和“软”管理、依法管理和以德管理相结合，以自我控制、自查自律为主要管理手段，实现从以物为中心到以人为中心的转变，是一种具有人情味的人性化管理。文化管理需要思想文化的灌输、良好风气的熏陶、价值观的认同和情感的互动，它纠正了传统管理见物不见人的倾向，顺应了知识经济兴起、第三产业发展、人们文化水平提高、脑力劳动比重加大等变化，实现了高效率与高士气的良性循环。城市管理的柔性化还表现为由以人、财、物等“硬件”为重点的管理，转向以知识、素质等“软件”为重点的管理。建设创新型城市、培养敬业精神和创新精神成为现代城市管理的重要任务和目标。

9. 城市管理长效化

为改善城市环境，一些城市以大会战的形式开展城市环境集中整治活动，但活动结束不久，城市面貌又回到了原样。可见，城市管理的难点是建立长效机制。

10. 城市管理精细化

随着社会经济的飞速发展，人民生活水平的提高，粗放型的城市管理模式已经不能适应现代化城市的要求，只有进行精细化管理，才能营造良好的公共空间和城市环境。城市管理的精细化是指变粗放、低效管理为精准、高效管理，变突击运动式管理为经常性、可持续性、深入每个角落的管理，并将管理主体的分散、职责的交叉变为上下左右的无缝对接。这就要求城管等职能部门的工作由低效、迟钝变为高效、敏捷，现代信息技术的运用使城市管理的精细化成为可能。

二、安全智慧城市管理的原则、定位和目标

（一）安全智慧城市管理的原则

在社会经济新常态背景下，城市建设由增量扩张向存量优化转型，空间生产的主体由国家和集体向个人、企业和社会组织等转变。《国民经济和社会发展第十三个五年规划纲要》提出，加强社会治理基础制度建设，构建全民共建共享的社会治理格局，提高社会治理能力和水平。在这样的背景下，应以信息技术为支撑，通过城市管理的智慧化和多方参与的协同互动，从满足人的多元需求入手，实现城市发展模式的演进。以下为新时期安全智慧城市管理七大原则。

1. 安全智慧城市管理应以人为核心

“城市即人”，人是城市的灵魂和城市发展的核心动力。我国智慧城市的建设应重视三个方面，即要以所有人为本、要让人参与、要为后人着想。把人纳入城市多元协作、协商治理的体系中，让人深度参与解决方案的制定过程，可以防止数字鸿沟的拉大，促进智慧技术的人性化转型，推动人和城市共同的智慧化进步。

2. 全面感知城市环境

随着物联网、云计算、大数据技术的广泛应用，以及城市传感技术的终端采集装备不

断完善，安全智慧城市也开始逐步实现对城市环境更为直接和细致的全面感知，深度挖掘和综合分析能力将为优化城市政府的公共服务与社会管理职能提供有力的技术支持。

基于物联网和互联网的城市运行监测系列项目“城市数据网格计划”，通过在 100～1000 m 的网格中部署城市环境感知设备，形成城市环境感知网格；通过在路口和公共空间进行布设，与环境感知网格结合，形成城市行为感知网格。从硬件产品到平台应用，持续探索城市运行监测的技术方法路径，构建人流、车流和环境的综合动态数据系统与数据资源共享系统，并结合三维空间信息和可视化动态图表，对区域整体运行态势进行精细化监测与管理，极大地优化了城市存量街区的运营管理和规划建设。

3. 公众参与

公众参与是城市治理体系的重要组成部分。信息社会有力地提升了公众的主体意识，在由互联网引领的城市变革中，开源的软件和数据、信息共享及众包，为公众介入城市事务带来了新途径。信息与通信技术可以促进电子参与，促进公众民主意识的增强，进而促进基于信息平台的城市问题共同治理机制的形成，而多元共治的格局也将帮助城市形成完善、成熟的公民社会。

4. 数据开放

大数据是智慧城市发展的重要基石，而开放数据有利于更好地发现城市中看不见的问题，挖掘潜在价值。同时，数据开放也是政府体现公正透明、增进与民众互信的有力手段，这间接为更好地与民众沟通，解决城市问题创造了条件。

5. 与利益相关方一起寻找解决办法

成功的智慧城市治理模式的构建，需要更多利益相关主体的参与。智慧城市规划，应当建立不同利益方信息交流的平台，对涉及多方利益的城市公共事务展开充分讨论，鼓励各方对各自的利益进行表达，最后在综合各方诉求后得出科学的解决方案。

6. 建设城市数据集成与动态分析平台

城市数据集成与动态分析平台是智慧城市的神经中枢，由数据收集、数据挖掘分析及智慧模块组成，融合了城市地理空间尺度的 GIS（地理信息系统）数据以及建筑尺度的 BIM（建筑信息模型）数据和城市人口数据，并对各维度、各尺度的城市数据进行整合。共享数据库的建立，可以打破信息壁垒，实现不同行业和部门间的信息畅通，统筹城乡信息。

7. 共享平台整合推动城市数据运营

依靠开放数据，通过建立城市数据实验室与城市数据研究院等，可以整合智慧城市的各个系统数据，以数据挖掘、分析、研发和运营为中心，推进政策研究和科研创新的集成示范。城市数据运营将静态、物质性、阶段性的智慧城市建设为动态、人本、全周期的智慧城市运营，对社会关系机制进行协同调控，并通过信息的双向和多向反馈，实现智慧城市“自下而上”和“自上而下”结合。

综上所述，安全智慧城市是内涵不断丰富、理念不断提升的智慧城市升级版，是城市管理和社会治理现代化的必然要求。通过提供开放、多元融合、全程式的服务，智慧城市的核心价值越来越体现在为居民提供高质量的生活。合理制定智慧城市的发展原则，可以从原则上保证人性化的智慧城市顶层设计，为城市的规划、投资建设与运营设立以人为本的门槛，保障城市的智慧化发展，不断提升居民福祉。以问题为导向、数据为中心，遵循以上七大原则，将有效突破固有模式，促进创新要素的智能融合和应用，推动大众参与城市管理，实现城市综合治理的精细化和智慧化。

（二）安全智慧城市管理的定位

1. 价值定位

安全智慧城市管理的首要价值在于它是城市现代化的根本动力。城市是社会生产力发展的产物，它好比一部大的机器，按照规划蓝图建设生产出来以后，重要的问题在于启动运转。城市这架大机器只有运转正常才能产生良好效益，才能显示出蓬勃的生命力。而城市现代化运转的根本动力在于城市管理。通过管理，充分调动城市主体——人的积极性和自觉性，把最活跃的人的因素同其他各种物的因素有机结合起来，从而推动城市各个系统实施现代化的有效运行。

2. 原则定位

现代安全智慧城市的管理，要求科学化、合理化。而管理科学化、合理化的实现，必须制定相应的管理原则和方法，以确保社会主义城市充分发挥各种功能，满足人民生产、生活的多种需要。安全智慧城市管理原则，就是管理者在对城市进行管理时所必须遵守的行为准则与规范。尽管每个城市的条件、实现的目标不一，所遵守的原则也各不一致，但总体来说必须共同遵守以下基本原则：最大限度满足人的需要；统一规划、统一投资、统一建设、统一管理；追求综合效益；因市制宜，保护生态平衡，建设可持续发展城市。

3. 方式定位

现代安全智慧城市管理方式的定位，意味着要根据现代化变迁的大背景及其发展需要，努力实现城市管理中管理职能、管理重点、管理行为、管理体制以及管理方法等方面的现代化转换。

（三）安全智慧城市管理的目标

未来我们应该建成一大批特色鲜明的安全智慧城市，聚集和辐射带动作用大幅增强，综合竞争优势明显提高，在保障和改善民生服务、创新社会管理、维护网络安全等方面取得显著成效。

1. 公共服务便捷化

在教育文化、医疗卫生、计划生育、劳动就业、社会保障、住房保障、环境保护、交通出行、防灾减灾、检验检测等公共服务领域，基本建成覆盖城乡居民、农民工及其随迁家属的信息服务体系，公众获取基本公共服务更加方便、及时、高效。

2. 城市管理精细化

市政管理、人口管理、交通管理、公共安全、应急管理、社会诚信、市场监管、检验检疫、食品药品安全、饮用水安全等社会管理领域的信息化体系基本形成，统筹数字化城市管理信息系统、城市地理空间信息及建（构）筑物数据库等资源，实现城市规划和城市基础设施管理的数字化、精准化水平大幅提升，推动政府行政效能和城市管理水平大幅提升。

3. 生活环境宜居化

居民生活数字化水平显著提高，水、大气、噪声、土壤和自然植被环境智能监测体系和污染物排放、能源消耗在线防控体系基本建成，促进城市人居环境得到改善。

4. 基础设施智能化

宽带、融合、安全、泛在的下一代国家信息基础设施基本建成。电力、燃气、交通、水务、物流等公用基础设施的智能化水平大幅提升，运行管理实现精准化、协同化、一体化。工业化与信息化深度融合，信息服务业加快发展。

5. 网络安全长效化

城市网络安全保障体系和管理制度基本建立，基础网络和要害信息系统安全可控，重要信息资源安全得到切实保障，居民、企业和政府的信息得到有效保护。

三、安全智慧城市的管理

（一）理论基础

1. 安全智慧城市管理的三要素理论

20 世纪 90 年代中期，我国学者提出安全三要素理论，认为人、物（自然物、人造物）及人与物的关系三者在特定的状态下，均可各自独立地实现安全的充分条件而达到安全。在安全智慧城市管理中，将三要素进行整合，不仅仅表现在对智慧技术的充分运用，更表现在从城市公共安全的实体、管理与技术三者之间的关系上突破传统的管理模式，使得城市公共安全应急管理更加科学、智慧。

在安全智慧城市建构过程中，管理层面要充分重视建立完善与智慧城市相适应的制度法规和完善的智慧管理体系，形成规范化管理。在各层级建立与此适应的组织机构形成自上而下的纵向公共安全应急管理体系，并且不断加强与其他部门之间的沟通协作能力，形成网络化的公共安全应急管理结构，打破部门之间的束缚，形成灵活、互动的运行模式。减少信息不对称，形成安全信息的“零缝隙”管理，提高各部门的整体行动意识，使城市公共安全管理机制系统化、制度化。

在智慧城市公共安全建构的技术层面，强调智慧理念与智能技术的有机结合，以物联网技术为基础，以信息技术、云计算平台、智能技术和多网融合为依托，实现城市公共安全应急管理的数字化、网络化和智能化管理，从根本上改变城市公共安全应急管理的被动、封闭、单一模式，通过技术的运用拓宽城市公共安全应急管理的时间和空间范围，提升城市管理的效能和品质。

在智慧城市公共安全建构的主体层面，营造人人都是城市主体、共同参与的城市公共安全应急管理氛围，使城市公共安全应急管理融入政府的服务理念、市场的灵活应变、社会的协调沟通和公民的参与意识，人人都是智慧主体，主动预防、控制、应对城市的公共安全。形成以政府牵头，公民为中心，市场为动力和社会为保障的全方位、多层次、宽领域公共安全应急管理主体体系，充分发挥各主体在智慧城市公共安全应急管理过程中的作用。

2. 整体性治理理论

佩里·希克斯在《迈向整体性治理：新的改革议程》（2002 年）一书中明确指出，“整体主义的对立面是碎片化，而不是专业主义”。整体性治理并不否定分工和专业化，其主要目的是解决 20 世纪 80 年代和 90 年代初的政府改革中不断强化的碎片化或分散化现状。

佩里·希克斯认为碎片化的治理模式主要存在以下问题：部门间问题的转嫁，让其他部门来承担责任，部门间政策目标的相互冲突，部门相互间缺乏沟通，需要作出反应时部门各自为战等。产生以上问题的原因主要有两方面，一方面属于体制性的碎片化，另一方面是治理系统中功能性的碎片化。

智慧城市的管理尤其强调非公共部门主体的管理，社会公民对城市公共安全应急管理的参与，不同主体都可以融入城市环境中，形成良好的沟通协调机制，发挥共同治理的优势和作用。同时特别注重“整体性”概念，改变过去安全应急管理过程中孤立的、零碎的、分散的碎片化模式，从全局整体出发，整合各方力量，形成政府、企业、公民和社会的有序运转，整合各方力量，加强地区间、部门间沟通协作，形成统筹调度、协调一致、运行有序、专业及时的城市公共安全应急管理合力，促进城市公共安全的合理统一调度。

3. 网络化理论

美国著名学者斯蒂芬·戈德史密斯（Stephen Goldsmith）和威廉·埃格斯（William D. Eggers）（2008）在其合著中提出了“网络化治理”这一新概念。主张关注公共部门和私人部门之间的合作，并以“公私合作程度”和“网络管理能力”两个维度，“高”“低”两个层次辨析了层级制政府、第三方政府、协同政府和网络化政府四种不同的政府管理形态，前三种政府形态都无法同时满足公私合作的程度高且对此网络管理能力强，所以说网络化治理是跨界合作的最高境界，因为它涵盖了公私合作的特性又具有强大的网络管理能力，是集第三方政府及协同政府所有优势于一体的一种新型治理模式。

（二）安全智慧城市管理的特点

智慧城市通过更透彻的感知、全方位的联通和高度的职能化，使城市具有自感知、自预防、自应对危机的特性，实现更加安全的城市管理。无论是抵御自然灾害，如地震、洪水、暴雨、瘟疫，还是防御和处理人为灾害，如恐怖袭击、突发公共事件等，安全智慧城市管理具有零距离感知、事先性预防预警、智能回馈信息、科学分析决策、果断采取救援、无缝隙沟通协作、妥善实现灾后恢复等方面的能力，从而确保城市居民生命和财产安全。传统公共安全应急管理与安全智慧应急管理的特征比较见表 7-4。

表7-4 传统公共安全应急管理与安全智慧应急管理的特征比较

比较项目	传统公共安全应急管理	安全智慧应急管理
安全信息的获取	分散的、不完整的、不系统的信息收集	全面的、系统的信息数据收集和数据库系统的建立
安全信息的共享	较为封闭的、不对称的、不畅通的信息通道	共享的、交互式的、参与性较强的安全信息公布
安全技术的应用	经验式的决策较多，缺乏科学依据和技术支撑	物联网、云计算和互联网综合技术的应用，打造准确性、智慧性、联动性更高的技术平台
安全系统的运作	主体的行动能力较分散，缺乏整体联动性	主体协同运作的整合，无缝隙连接，实现安全主体行动的一致性和协同性

（三）安全智慧城市管理新思路

公共安全管理是国家安全和社会稳定的基石，是经济和社会发展的重要条件，是人民安居乐业的基本保证。以移动互联网、物联网、云计算、大数据、GIS、网格化、监测预警等新一代信息技术为基础，构建智慧城市公共安全管理平台，可为公共安全提供全方位、全过程的数据服务和应用支撑。而在公共安全管理平台的建设过程中，迫切需要对现有的技术体系、应用功能、业务流程等进行规范，用以指导其整体建设和应用，为城市治理大数据和信息共享提供标准化技术支持。

实现“智慧城市”与城市管理运营的多赢。让信息成为运营城市的新资源，把开发支撑城市运转的信息资源作为首要任务，重点建设数字城市公共服务平台，使政府及社会的数据、信息、知识、能力、应用、服务等进行有机整合，抢占城市在智能信息化方面的先机与主动权。

实现信息技术与城市管理运作的有机融合。智慧城市的建设结合城市功能定位、产业布局、历史文化等特点，将政府信息化与社会信息化、企业信息化、家庭信息化等结合起来，实现城市数字化与管理、运营的有机融合。

（四）安全智慧城市管理实践探索

通过物联网技术实现城市基础设施智能化管理及自动化运行，为市民提供更加便捷、高效、安全的生活方式，为城市管理者提供更加科学精准的管理模式。

1. 基本内容

在现如今全国各大城市相继建设“智慧城市”的进程中，各种行业业务系统产生了大量的行业数据。物联网是大数据的重要来源，物联网的核心价值正在于其数据。大数据和物联网结合衍生出更多增值价值，充满无限可能。

城市大脑已然是物联网最大的应用领域。在城市运营管理方面，可通过物联网前端传感器采集城市部件实时数据，通过宽带物联网（NB-LoT 网络）将城市部件海量实时数据上传至信息平台，之后结合其他传统大数据（如人口大数据、交通大数据、房产大数据等）进行大数据分析，形成多层次、多维度的城市运行状况展示，各级政府、相关部门作出多层次的及时响应，并作出相应的态势感知与预测，给城市运营管理工作提出科学、合理建议。

物联网产生大数据，大数据助力物联网。物联网与大数据的深度融合势必碰撞出更大的火花，不仅为今后“城市大脑”建设提供基础数据平台，还可以通过丰富的对外数据接口与其他平台对接。城市运营管理创建了物联网平台，并确立了一数一源的数据流向及技术架构，输出了一系列的技术标准文件（设备接入标准、平台接入标准、编码赋码规范等），为未来物联网项目建设规划了路线。

2. 系统整体架构

城市公共安全运营管理作为“城市大脑”的重要数据来源，是其运行、展现的重要支点，项目建设可为城市运行管理、应急支撑和领导决策等提供服务。系统的逻辑结构主要包括感知层、基础设施层、数据层、应用支撑层、应用层、门户展现层、政策法规与标准规划体系、组织与安全保障体系、系统运维体系等，如图 7-2 所示。

1）感知层

根据城市公共安全运行管理工作要求，针对排水、电力、燃气、供水、热力、城市交通、消防、市容环境设施安全进行感知设备布放，实现远程监测、实时监测、自动告警等功能。

2）基础设施层

软硬件基础设施提供共享服务平台运行的基础环境，软硬件部分包括服务器设施、存储设施、安全设施、输入/输出设施，还包括保障这些硬件设施正常运行的基础软件环境（如操作系统等）。保证数据的安全存储、高效管理和快速传输，也为整个软件系统提供了安全、高效和稳定的运行环境。

3）数据层

数据层是整个平台的基础。平台数据分为三个部分：一是基于项目标准体系建设的城市公共安全运行管理平台基础数据库；二是在基础数据库的基础上，经过处理与整合形成的基于业务应用需求建设的城市公共安全运行物联网数据共享数据库；三是通过共享服务系统形成的各部门专题数据库。表现形式上，基础数据库、共享数据库、专题数据库存储于共享服务系统，各部门的业务专题详细数据存储于各应用部门。

4）应用支撑层

为物联网相关应用提供支撑的物联网平台以及后续大数据中心其他应用支撑平台。实现诸如菜单管理、项目管理、用户管理等，并提供数据接口，完成对各类物联网平台基础信息资源的对外共享和发布。认证层的设计对于平台系统及其信息资源的安全保障非常必要，保证只有授权用户才可以访问和使用平台所提供的相关资源。

5）应用层

应用层包括基于系统服务接口建立的城市公共安全运行管理平台、实时监测专业子系统、数据管理子平台。用户通过使用城市公共安全运行管理平台所提供的各类基础功能，

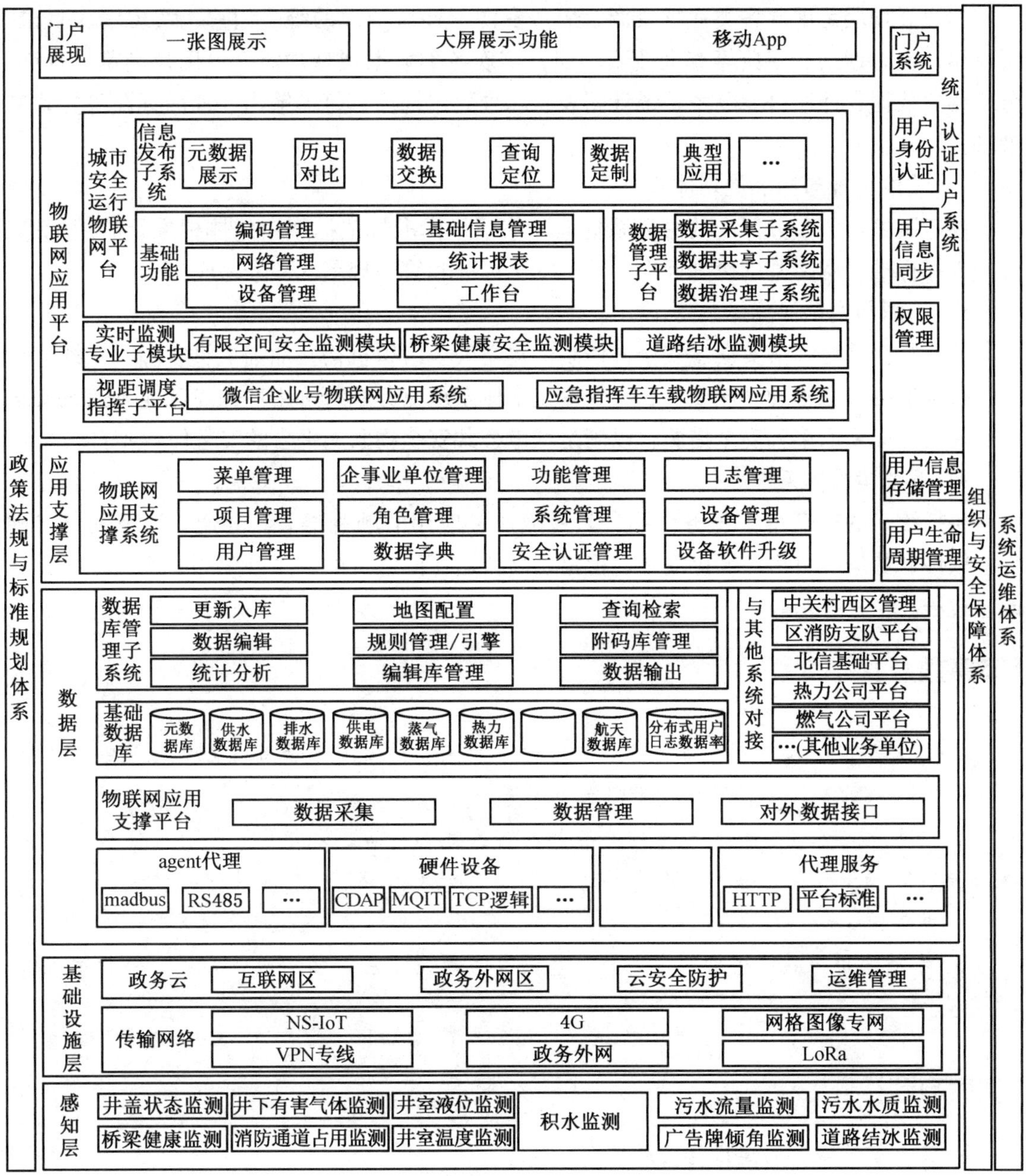

图 7-2　城市公共安全运营管理系统架构

建立不同的应用展示系统，为各需求方使用平台提供的各类物联网感知数据及服务提供途径。数据管理子平台提供与统计局等委办局的数据采集、共享、治理子系统，为一张图可视化展示提供数据支撑。

6）门户展现层

门户展现层是展现各类数据资源、服务资源、接口资源的统一门户，实现资源目录，提供用户资源搜索、字典等查询搜索功能，实现各类数据展现功能，供用户浏览、查询、分析相关数据，并通过专题图、统计图表、二维数据叠加、打印输出、地图标注等方式来展现。

7）政策法规与标准规划体系

参考国家电子政务标准的总体系框架，该项目标准规范框架由总体标准、应用标准、应用支撑标准、网络基础设施标准、信息安全标准和管理规范六部分组成。

8）组织与安全保障体系

确定安全策略，落实信息安全责任制，建立安全组织机构，加强人员管理、系统建设和运行维护的安全管理。该项目安全保障技术体系从业务系统可用性保障和业务信息安全性保障两方面采取多种安全措施，以满足城市公共安全物联网平台的安全保障要求。

9）系统运维体系

包括统一的运营维护服务体系，为保障业务应用的顺利部署、开通，以及网络、硬件、软件、数据、机房环境等安全、稳定、高效运行而进行的一系列策划、实施、检查与改进过程。

【本章重点】

1. 理解公共安全管理中建设安全智慧城市的意义，将大大促进城市的公共安全管理水平，为城市的和谐平稳发展提供强有力保障。

2. 掌握城市公共安全管理中安全智慧城市的建设内容。城市中良好公共安全环境的实现不仅有赖于智慧安全管理理念及运作模式的有效推行，还应强化组织体制、评估机制等制度保障。

3. 掌握城市公共安全管理中安全智慧城市的管理方法，加强城市公共安全管理方面的建设。

【课后习题】

1. 安全智慧城市的建设意义是什么？
2. 影响安全智慧城市建设的主要因素是什么？

第八章
城市基础设施安全管理

城市基础设施（Infrastructure）一词源于拉丁文 Infra，意为“底层结构”“下部结构”，主要是指为社会生产和居民生活提供公共服务的物质工程设施，是用于保证国家或地区社会经济活动正常进行的公共服务系统。它是社会赖以生存发展的一般物质条件，是国民经济各项事业发展的基础，主要包括交通、邮电、供水供电、商业服务、科研与技术服务、园林绿化、环境保护、文化教育、卫生事业等市政公用工程设施和公共生活服务设施等。

就我国城市发展及其安全防灾减灾现状而言，多数城市的基础设施缺乏自我保障能力，带来的城市公共安全隐患大为增多，灾害后果产生的损失也逐渐增大，因此，更加凸显出城市基础设施系统安全管理的重要性。

第一节　城市基础设施概述

供水、供电、供气、供热、通信类设施是保障城市运行的关键性基础设施，它们不仅是城市运行的“血脉”与“神经”，而且彼此之间还存在密切耦合的相互依赖关系，造成灾害链条不断延伸、叠加。保障城市基础设施安全，首先应该保障这些关键性基础设施平稳运行。

一、城市供水基础设施

供水基础设施主要包括取水设施、输水系统（指将取水构筑物取集的原水送至水厂处理的管、渠设施及水厂出水送至配水管网始端的系统设施，由输水管、供水管、附件、连通管等组成）、水厂内设施（用于对原水进行处理，以达到用户对水质要求的各种构筑物）、调节及增压构筑物（用于储存和调节水量、保证水压的构筑物，如清水池、水塔、增压泵房，可设置在水厂内外）、居民供水管网（将符合要求和标准的水送至用户的管道及附属设施）。

二、城市供电基础设施

供电基础设施主要包括发电、变电、输电等环节的各类设施。

发电、变电设施包括发电厂、变电站、换流站、开关站等厂、站内的设施，如发电机以及为了保证电力设施正常运行所需要的继电保护和自动装置、计量装置、通信和电网调度自动化设施等；发电厂、变电站外各种专用设施，包括各种专用的管道（沟）、储灰场冷却水塔、油库、堤坝、铁路、道路、桥梁、码头、消防设施及其有关辅助设施；水力发电厂使用的通信设施及有关辅助设施，包括水库、大坝、引水渠道、调压井（塔）、露天高压管道、厂房、尾水渠、厂房与大坝间的通信设施及其有关辅助设施。

输电设施即电力线路设施，包括：架空输电设施，包括杆塔、基础、拉线、接地装置、导线及其跨越航道的保护设施、巡视检修专用道路、船舶和桥梁及其有关辅助设施；电力电缆及相关设施，包括架空、地下、水底电力电缆和电缆联结装置，电缆管道、电缆隧道、电缆沟、电缆桥、电缆井及其有关辅助设施；电力线路辅助设施，包括配电室、箱式变电站及其有关辅助设施；电力调度设施，包括电力调度场所、电力调度通信设施、电网调度自动化设施、电网运行控制设施。

三、城市燃气基础设施

城市燃气主要包括天然气、人工煤气、液化石油气三种，其所涉及的基础设施主要包括气源厂站设施，如煤气制气厂、液化石油气供应基地（储配站）、液化石油气气化站与混气站、城市煤气储配站；城市燃气输配设施，有储配站、调压站和液化石油气瓶装供应站等；城市燃气管网，可分为一级管网系统、二级管网系统、三级管网系统和混合管网系统四类，燃气器具，如燃气取暖器具、燃气交通运输工具等；城市燃气输配系统，由城市燃气门站、燃气储配站、输配管网、燃气调压站及调度管理机构组成。

四、城市供热基础设施

供热系统是由热源、管网、用户组成的一个复杂系统。供热基础设施主要包括：热源生产设施，如热电厂、锅炉房、低温核能供热、热泵、工业供热以及地热和垃圾焚化厂等；管网设施，主要由热源至热力站（在三联供系统中是冷暖站）（一级管网）和热力站（制冷站）（二级管网）至用户之间的管道、管道附件（分段阀、补偿器、放气阀、排水阀等）和管道支座组成；户内采暖设施，如户内供热管道、散热片、热计量仪器等。

五、城市通信基础设施

通信基础设施主要包括邮政通信、固话通信、无线通信、广播电视等通信方式涉及的基础设施。其中，邮政通信基础设施主要包括各级各类邮政局、邮政所，各类邮件、货物等；固话通信基础设施一般由电话网、电信局楼、电信业务光缆接入点组成，电话网又可分为本地电话网、国内长途电话网和国际长途电话网；无线通信设施主要包括基站、移动电话局；广播电视基础设施包括总前端（相当于市汇接局）、分前端（相当于城市端局和县局）、光接点（光缆-铜缆接口）。

第二节　城市基础设施安全管理内容

基于上述基础设施分类，本节从灾害事故演化拓扑结构、定性分析、定量分析三个维度讲述城市基础设施安全管理的具体内容。

一、明晰基础设施的相互作用关系

案例 1：2011 年 16 日 9 时 30 分，北京四道口发生供热管道爆炸事故。爆炸将路面炸开直径数米洞口，管道中热气大量外喷，在路面形成积水，周边道路全部封锁。事发路口有不少行人没能及时躲避，被水蒸气烫伤，至少有 7 人被送往医院，现场有一辆小汽车出现损毁情况。

从上述具体的突发事故可以看出，一个基础设施的损害会影响多个基础设施，带来广泛影响。

下面从五个维度描述城市重要基础设施和关键资源的相互作用关系，包括基础设施和关键资源系统的内部特点、它们相互作用关系的类型、程度、表现形式以及外部环境因素等，如图 8-1 所示。

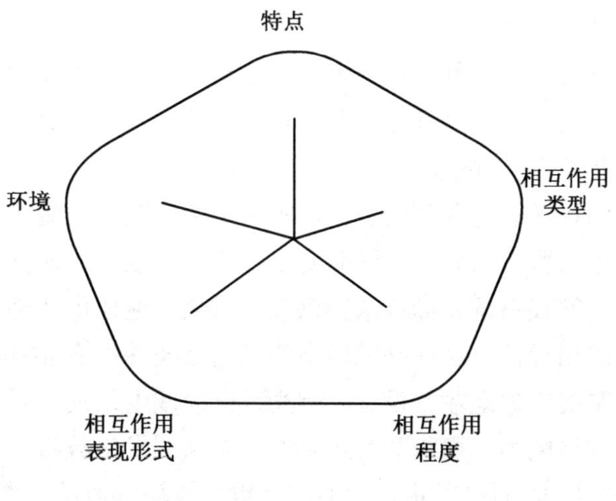

图 8-1　基础设施和关键资源相互作用的维度

（一）基础设施相互作用的类型

城市基础设施之间的相互作用是多种多样的，并且每一种都有自己的特性和影响。城市基础设施和关键资源之间相互作用的四种主要类型特点不同，但彼此不排斥。

1. 功能型关系

即两系统功能上依存，一个系统的失效使得另一系统也同样无法正常发挥作用。功能型关系中两个系统之间的相互依赖性表现为一个基础设施的状态依赖于另一个基础设施物质的、能量的或信息的输出。例如，铁路系统和发电厂，一方面铁路系统为发电厂运输燃料，并为发电机提供所需的大型维修和替换零件；另一方面电厂及电力系统为铁路系统的信号、转换和控制中心提供动力，特别在电气铁路中电力系统直接为火车提供动力。一个基础设施的状态（铁路系统能否为电力系统提供充足的燃料）直接影响另一个基础设施的状态（电力系统能否生产足够的能源满足铁路的需求），反之亦然。以这种方式，一个基础设施发生的扰动可以传递到另一个基础设施上。这样，使得一个基础设施系统上发生扰动或偏差的风险成为另一个与之具有相互依赖性的基础设施风险的函数。

案例 2：2003 年 2 月 15 日，北京站因信号故障影响列车正点发车。记者从北京站了解到：昨天下午，该站始发和到达列车共计十几趟受影响。故障原因是车站附近的地方供电系统出现故障，瞬间停电造成车站的信号系统出现“红光带”，即所有信号全部变成显示故障的红色，使得车站无法正常接发列车。故障发生在 16 时许，经过紧急抢修，18 时故障排除。由于故障发生的这一个多小时正是“夕发朝至”列车发车比较集中的时间，因此，约有 7 趟始发列车受影响。受影响的到站列车也有 5 趟左右，主要是京沪线和京山线列车。此次事故正是由于电力系统为交通系统提供能源，存在功能上的相互依赖，因此一个系统的故障会影响另一系统。

2. 地理型关系

这种关系又可细分为两种，其中一种表现为在局部共同环境作用下，布设在共同地理区域的基础设施同时发生故障。这种地理型的相互依赖性发生在具有地理相邻性的多种基础设施上。由于这种相邻性，外部的突发事件如爆炸或火灾可以在这些地理相互依赖性的基础设施中产生相连的扰动。这种相关变化不是由于两个基础设施之间物质的、信息的或能量的联系，而是表现为所有基础设施同时受干扰或发生故障。例如，交通系统中的桥梁坍塌会使得沿桥布设的管线系统，如供水、供气、供热、通信电缆随之被破坏。这种联系仅仅是因为地理空间的相近性，这些基础设施的状态之间并没有相互影响。例如，前面所述在正常情况下，桥梁的交通运输并没有影响光纤电缆或电线的传送，但是由于地理型相互作用，桥梁的损坏使得电力、通信和交通基础设施共同发生故障。

案例 3：2003 年 8 月 15 日，某市发生一起严重的毁坏电力设施事故，经过 4 天 4 夜抢修恢复正常。据该市供电公司人士介绍，该事故由油罐车爆燃引起，一辆油罐车在某院落内爆炸燃起大火，烧毁架空输电线和通信光缆。在此事故中输电线和电信光缆之间并没有直接的相互作用，而是由于布设的相邻性，在外部环境作用下同时发生损害。

案例 4：某市三个典型事故。2004 年 4 月，远大路自来水施工，挖坏通信管道两大孔、光缆 2 条，损失 12 万元，影响 2.5 万用户收看电视；2005 年 7 月，朝阳路道路施工，挖坏通信管道 12 大孔，损失 24 万元；2005 年 8 月，二环路雍和宫桥东燃气施工，挖坏管道 8 孔、联通光缆 1 条，损失 18 万元。

另一种地理型关系指一定地理空间范围内，一个系统的失效对相邻布设的另一个系统产生影响或直接造成损害。也可以理解为一种特殊的功能型相互作用，它们之间的物质、能量或信息交换是由于相近的地理位置，而具有一般功能型相互作用关系的基础设施系统，不在同一地理区域内也会产生相互影响。

案例5：2009年7月3日，北京朝阳区东三环路京广桥东南角辅路污水管线发生漏水事故，导致三环路南向北方向部分主辅路塌陷，同时污水灌入正下方地铁10号线施工现场，正在地下施工的40名工人因及时疏散，未造成人员伤亡。事故在京广桥东南角三环主路东侧形成了一个长20 m、宽10 m、约10 m深的大坑，坍塌面积达200 m^2，事故造成许多电缆管线断裂，以三环路京广桥事故现场及影响区域为中心，三环路主辅路和朝阳路主辅路双向交通已断行，维修工期至少需要3天。这是一个典型的由于地理相邻发生的相互作用关系，其中供水系统的状态发生改变，影响了交通系统的状态。

3. 替换型关系

即一个系统的失效造成对可替换系统的过量需求。替换型关系也可以理解为一种特殊的功能型关系，一个基础设施的状态依赖于另一个基础设施的输出能力。例如，供气系统中断将使得作为可替换能源的电力消耗明显增加。

案例6：2004年12月21日以来，北京气温骤降，同期日平均温度比常年低2.8 ℃，是1985年以来的最低值，并持续18天处于低温状态，导致城市天然气用量剧增，但是受陕京一线输气管线输气能力和地下储气库库存总量限制，北京冬季总的供气量是固定的，因此许多地区出现了停热现象，面临非常严重的供热压力。停热现象造成供热系统部分失效，导致本市工业企业生产用气停止或部分停止；部分天然气公交车停运，调整为燃油公交车；市热力集团等大型燃气锅炉和区域燃气锅炉的用气量减少，改用燃煤或其他原料代替。此事件中，由于供热系统能力不足，会增加煤炭、石油等其他代替能源的使用，使得运煤及运油的交通运输压力加大。

4. 恢复型关系

这种关系体现在有关的基础设施系统恢复程序计划和恢复进度安排方面的冲突。例如，地震中大范围基础设施发生故障，但是由于道路交通遭到破坏，救援人员无法顺利到达其他基础设施的救援现场，影响恢复进度。恢复型关系也是功能型关系的一种表现形式。

通过以上对重要基础设施和关键资源相互作用关系类型的研究，可以看出每种分类都体现了相互作用的特点，但是这些分类并不互相排斥，只是为了更好地理解基础设施和关键资源之间的相互作用关系并把握其作用机理。

（二）基础设施相互作用关系的程度

这些基础设施之间的相互作用关系，可以根据它们的程度分为紧密型关系和松散型关系，这种关系可以理解为在时间上的维度的定义。

紧密型关系指基础设施之间的高度依赖，即具有时间上依赖的紧密性。例如，供气系统和电力系统相互作用的关系中，发电机和燃气管道存在紧密型关系，因为如果缺乏本地燃气储备且没有可替换的能源导致供气紧缺，则会直接影响依靠燃气发电的发电机工作，供气故障同时会对发电系统产生影响。

松散型关系指基础设施之间存在相对依赖性，这种关系在时间上的依赖性比较松散。例如，利用燃煤发电的发电机和为其运输原料的铁路系统之间的相互作用就表现为松散型关系。对于利用燃煤发电的发电机而言，尽管资金紧张会降低燃煤储蓄，但是一般都会有两到三个月的储蓄量。因此铁路系统短期的故障对发电系统并没有直接影响，它们之间的关系是松散的。

（三）基础设施相互作用的关系链表现形式

基础设施之间的相互作用关系可以用链式关系来表示。两个基础设施之间直接关联，或者一个或多个基础设施之间间接关联可以通过链式关系之间的顺序表示。

例如，基础设施 I、J 和 K，若 I 和 J 相联系，J 和 K 相联系，但是 K 没有与 I 直接相联系。根据基础设施的特性和它们之间的联系，基础设施 I 状态的改变，会使基础设施 J 的状态发生变化，进而影响基础设施 K 的状态。这种非直接的联系和状态变化通常可以理解为 N 级联系或带来 N 种影响。这里 N 指联系数量。特别地，在这 N 级联系中也可以存在反馈环路。例如，基础设施 I 与 J 联系，J 与 K 联系，同时 K 通过另一条路径与 I 联系，这样一条 I—J—K—…—I 的反馈环路存在于这个链式关系中。

前述案例 1 供热管道爆炸就是一个简单的存在反馈回路的链式关系。在这起事件中，交通系统通过一种链式关系影响供热系统，供热系统以另外一种链式关系影响交通系统。它可以表现为：基础设施之间的相互作用可以进一步划分为线性或复杂的链式关系。线性的相互作用指那些可预期、熟悉的生产和维修发展顺序，即使没有计划也是可以观察到的；复杂的相互作用指那些不熟悉的事件发展顺序，它们的反映路径往往是没有计划或不熟悉的，既不可见也不能被立刻理解。一个基础设施网络可以包含许多线性和复杂的相互作用。

例如，若不考虑供气管道及其他基础设施和环境，燃气的输送会表现为一个线性过程：气体从源头流出，进入燃气处理工厂，穿过许多压气站和闸门，最终到达用户。但是在一个更大范围内，包括同其他基础设施和环境的联系与相互作用，这时线性的相互作用会演化为复杂的相互作用。例如，电网通过供气管道提供天然气发电，并且产生电力为燃气处理工厂和压气站提供动力，这样供气管道-供电系统的相互作用表现为一系列复杂的相互关系而不是两个独立的、线性的基础设施，如图 8-2 所示。

基础设施和关键资源之间的联系越多样，相互作用也就越复杂。许多对基础设施的分析是以线性方式进行，但是这些分析有一个基本前提，那就是提供支持的基础设施会持续提供产品和服务，不考虑它们对被支持系统的任何扰动。这个假定割断了支持系统和被支持系统之间的联系，更专注单个基础设施系统内部的联系，而不是它们之间的相互关系。这些简单的方法对于某些基础设施的分析可能很有效，但是考虑不同种类基础设施组成的网络，现实中往往很复杂。

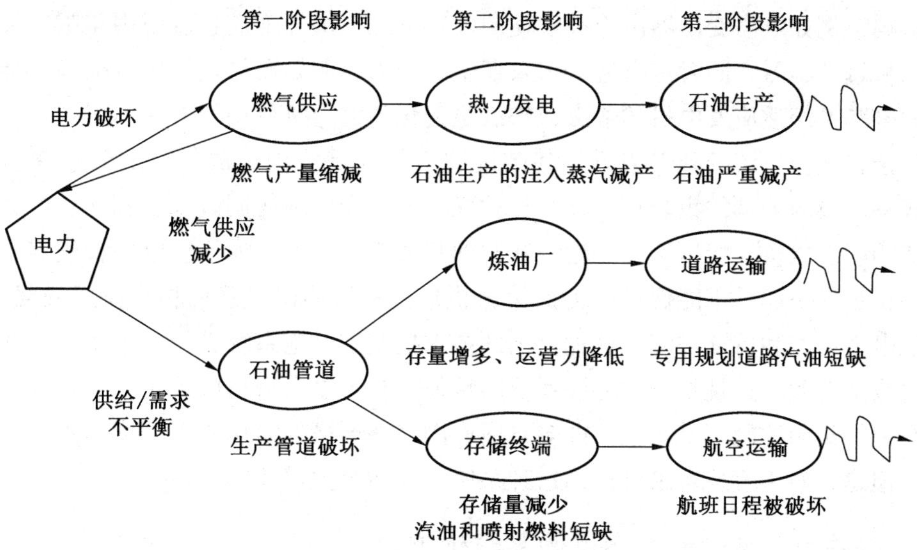

图 8-2 基础设施之间相互作用的链式关系表现形式

（四）基础设施相互作用的环境

基础设施和环境的相互影响，决定了基础设施和关键资源相互作用关系的结构与演化路径。例如，自然因素（地震等）、人为因素（人为操作不当甚至恐怖袭击等）、物的因素（施工事故等）、社会因素和经济因素也对基础设施的抗灾能力有重要作用，这些因素会对基础设施系统产生作用，如图 8-3 所示。

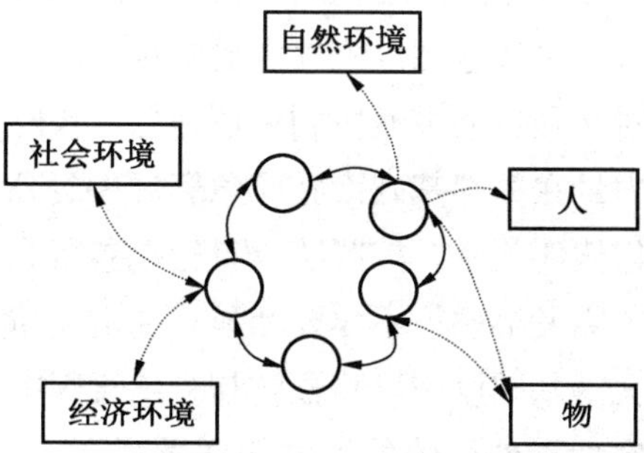

图 8-3 基础设施相互作用的环境

（五）基础设施系统的特点

重要基础设施系统尽管有不同的类型和功能，但是它们有一个共同的属性——都是由相互制约的部分组成的，它们的变化是学习过程的结果，也就是说基础设施系统是复杂的自适应系统。从这个观点来看，有益于我们对基础设施系统的建模和分析，一个基础设施的每个组成部分都构成了形成整个基础设施复杂网络的一小部分。这些组成部分都受过去经验的影响，例如电力变压器由于过度使用质量下降，供气管道超过使用年限。许多组成部分可以从过去学习，同时也有适应未来期望的能力，例如操作人员通过提高技能和利用实时性的电脑系统适应发电机的输出，来满足变化的电力负荷。

从复杂自适应系统的观点来看，基础设施不仅仅是它们组成部分的简单集合。特别地，组成基础设施的部件集合在一起并且相互影响，会出现协同效果。例如，电力系统的可靠性依赖于发电机、变压器、传输线和其他相关部件。但是如果仅以一种固定方式简单地把部件集合在一起并不能保证电力的可靠供应，需要构建一系列相互作用的复杂网络，才能保证电力可靠和持续供应。这种复杂性要求把基础设施系统看作一个整体，而不是部分的简单叠加总和，这是复杂自适应系统的特征。对于复杂自适应系统，其行为的产生并不需要有力的集中控制。事实上，许多自适应网络在严格的运作程序下反而不能正常发挥其作用。但是，对于管理者来说识别这种系统的性质至关重要。

二、实施面向基础设施网络的系统化管理

（一）形成对非常规突发事件进行多元协同治理的网络

在关键基础设施应急管理中，部门分割、条块分割、政企分割、各自为战素为人们所诟病，成为非常规突发事件高效应对的障碍。非常规突发事件往往形成管理边界模糊的跨界危机，使得常态事务管理中既有的管理职责划分失灵。十八届三中全会后，我国政府从全能政府向有限政府加速转变，政府与企业关系面临深刻的调整。为了应对城市关键基础设施非常规突发事件，必须革新以政府为单一中心、以指挥-控制为主要特征的应急管理模式，引入公共危机治理理念，使企业、社会组织及公民个人也能有序地参与到应急管理中来，形成多元主体相互协调、合作的网络，以多元治理网络来应对关键基础设施网络发生的非常规突发事件。如果说城市关键基础设施发生的常规突发事件可以用政府主导模式来处置，则非常规突发事件的应对必须贯彻多元协同治理理念。政府必须扮演主导角色，不仅要明确政府、企业和其他社会力量在关键基础设施应急管理中的角色和职责定位，还要使多元主体之间形成稳固的应急合作伙伴关系，按照统一目标配置各自的应急资源，并联合制定应急预案、开展应急演练、处置突发事件；不仅要凸显企业的主责地位，还要引导公民自治组织、社会团体、行业协会在关键基础设施风险预防与应急管理中发挥更大的作用。

（二）营造防范非常规突发事件风险的协同合作局面

今天的风险具有很强的延展性与扩散性。单凭任何一个行业、任何一个企业、任何一个部门都难以应对关键基础设施非常规突发事件。就国外情况看，关键基础设施应急管理最大的问题就是：基础设施在技术上是相互关联的，但基础设施的运营、管理与监督却存在“制度碎片化”（Institutional Fragmentation）倾向。城市关键基础设施应急管理必须打破行业、部门界限，统一调动铁路、民航、路政、电力、水务等多个基础设施相关行业、部门的力量，形成合成应急局面。当城市关键基础设施发生非常规突发事件后，多元主体打破地理边界及行政隶属界限，相互合作，协同应对，协调联动。城市关键基础设施应急

管理要遵循预防为主的原则，建立风险防范机制，360°全方位、24 小时全天候监测城市基础设施的风险，并调动各种力量进行及时有效地处置，使城市始终处于正常、稳定、可持续的良好运行态势。城市关键基础设施的规划、建设与运行必须贯穿安全理念，摒弃 GDP 膜拜，切实做到“不以安全作为发展的代价”，增强城市系统的弹性和反脆弱性。同时，应急管理者还要系统应对城市关键基础设施的风险问题，不仅要了解突发事件可能对城市基础设施系统各组成部分所带来的影响，也要防止一个组成部分崩溃而对整个系统产生的“负的外部性”，引起其他基础设施崩溃，即特别关注非常规突发事件的风险。为此，关键基础设施风险防范要推行“一体化风险管理”理念，加强政府基础设施管理部门、运营企业、社会组织与社区公众之间的风险会商、交流、协调、合作，营造协同防范风险的局面。这样做不仅可以防止风险演变为突发事件，也可以防止常规突发事件演变为非常规突发事件。

（三）构建以能力建设为重点，以适应性、灵活性与创新性为特点的应急响应体系

由于全球气候变化的影响，自然灾害的不确定性与不可预测性凸显。现代城市运行依赖高技术含量的基础设施，脆弱性极强。恐怖袭击等社会安全事件的非线性演进特征明显。人类的风险感知与预测能力因此受到了空前挑战。未来，城市关键基础设施的安全运行将遭受一系列不确定因素的扰动，非常规突发事件发生的可能性与破坏力增大。常规突发事件应对的理念是以确定来应对不确定，非常规突发事件应对的理念则是以适应、灵活、创新来应对不确定。为了有效应对非常规突发事件，关键基础设施应急管理不能基于对未来威胁精准的预测与预判，而是要以应急响应能力建设为重点，构建一个以适应性、灵活性与创新性为特点的富有弹性的应急响应体系。它可以有效地应对自然、人为、技术、电子等各种因素给城市关键基础设施带来的突发事件（包括非常规突发事件），灵活性强。同时，它也可以应对从小灾、中灾到巨灾不同级别的关键基础设施突发事件，适应性强。此外，它还可以根据关键基础设施突发事件的规模、影响范围、复杂程度等因素，在短时间内模块化式地组合各种应急资源，临时形成强大的应急处置能力，创新性强。这样，以能力而非以威胁为基础的应急响应体系不仅能够有效应对常规突发事件，也可以有效应对非常规突发事件。

第三节 基础设施安全管理方法与策略

不同功能的基础设施系统，构成“系统的系统”（集成系统），它们之间相互联系，因此必须考虑它们的相互依赖性。即基础设施之间往往通过各种不同的机制在多个点上相连，因此任意两个给定的基础设施之间存在一种双向关系；也就是基础设施 i 通过一些连接依赖于 j，并且 j 通过其他的一些连接依赖于 i。这是两个基础设施之间的一个双向关系，通过每个基础设施影响或与其他基础设施相联系。在实际中，基础设施之间的相互依赖显著增加了整个集成系统的复杂性。

尽管基础设施之间的相互关系在概念上容易理解，但是在实际中，基础设施之间的相互依赖性却使整个集成系统的复杂性显著增加。这些复杂关系需通过复杂的拓扑结构来描述。在这个复杂网络中，发生在一个基础设施上的故障或灾害影响可以传播至多种基础设施。因此把一个基础设施的行为与环境以及其他基础设施隔离开来分析和理解是不可能的。相反，必须用整体方法考虑基础设施之间的多种相互联系。

一、构建灾害事故演化拓扑图法

结合多方资料得到城市供水管网破裂事故灾害演化过程拓扑结构（图 8-4）、城市供电管网破裂事故灾害演化过程拓扑结构（图 8-5）、城市供气管网破裂事故灾害演化过程拓扑结构（图 8-6）。

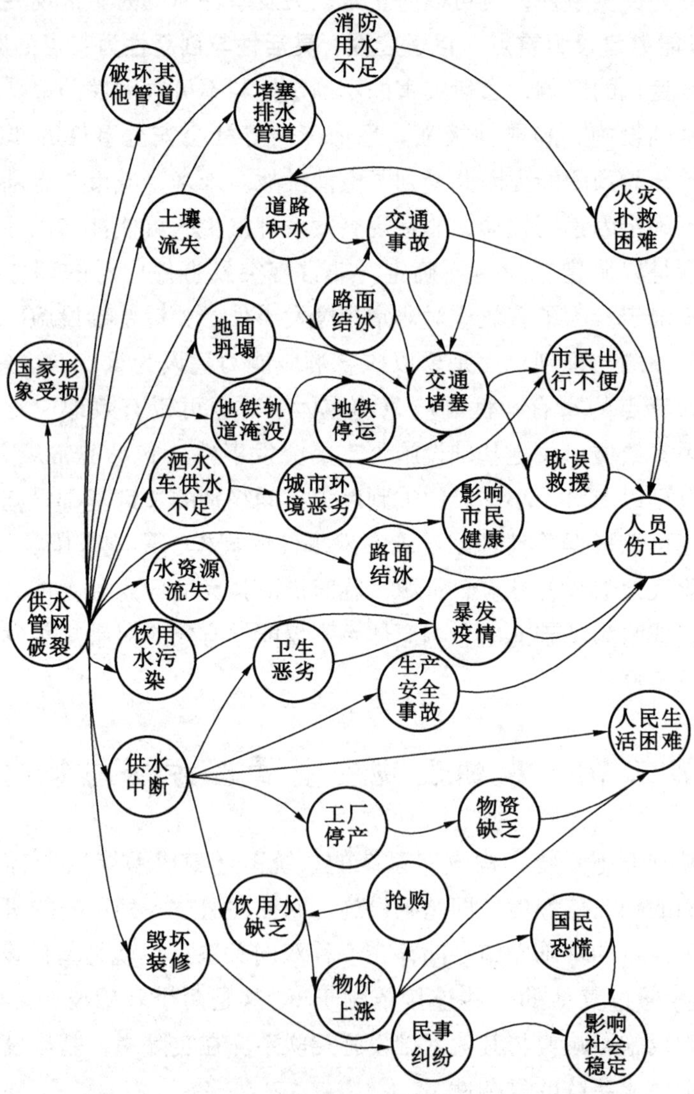

图 8-4　城市供水管网破裂事故灾害演化过程拓扑结构

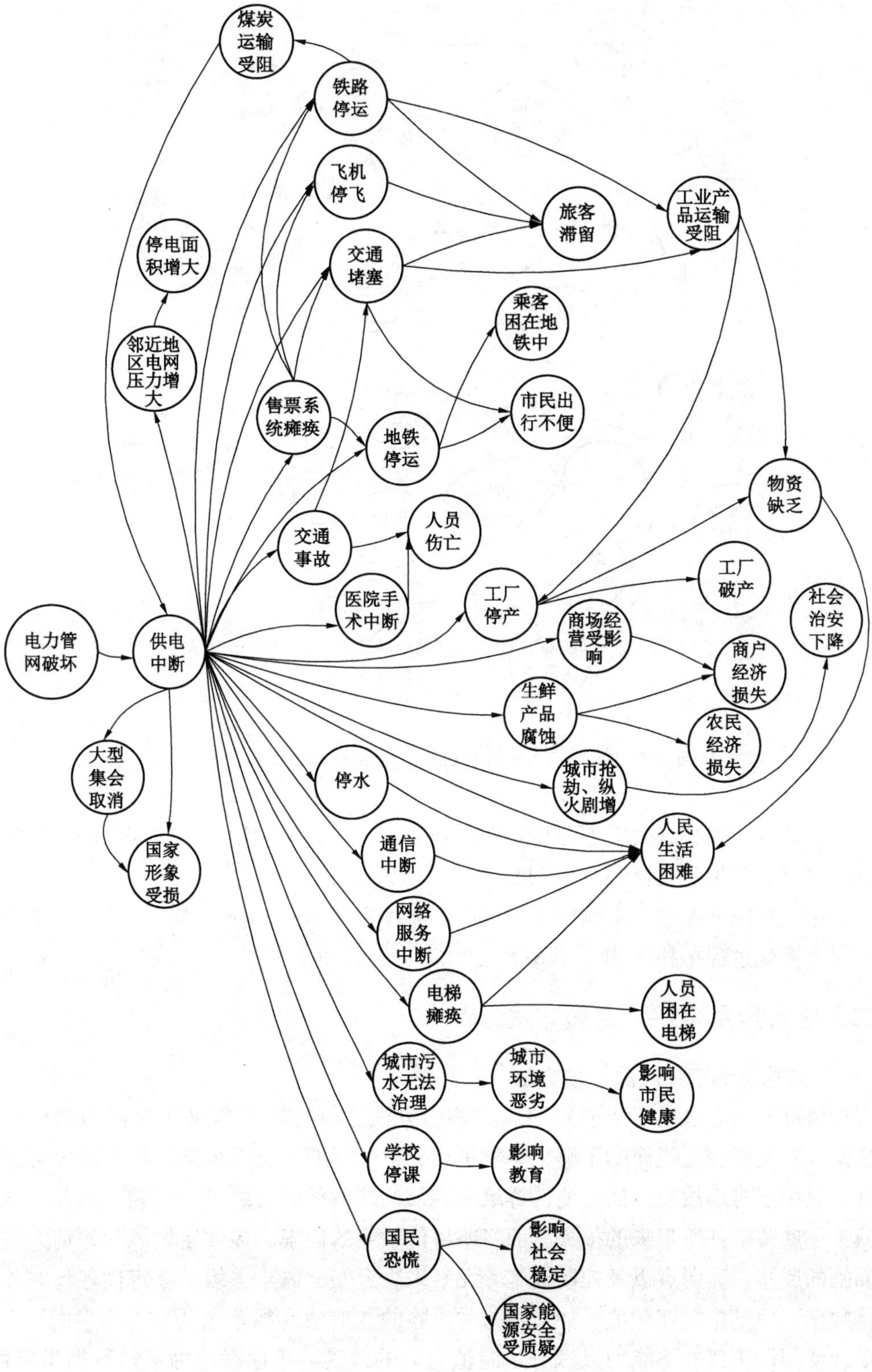

图 8-5 城市供电管网破裂事故灾害演化过程拓扑结构

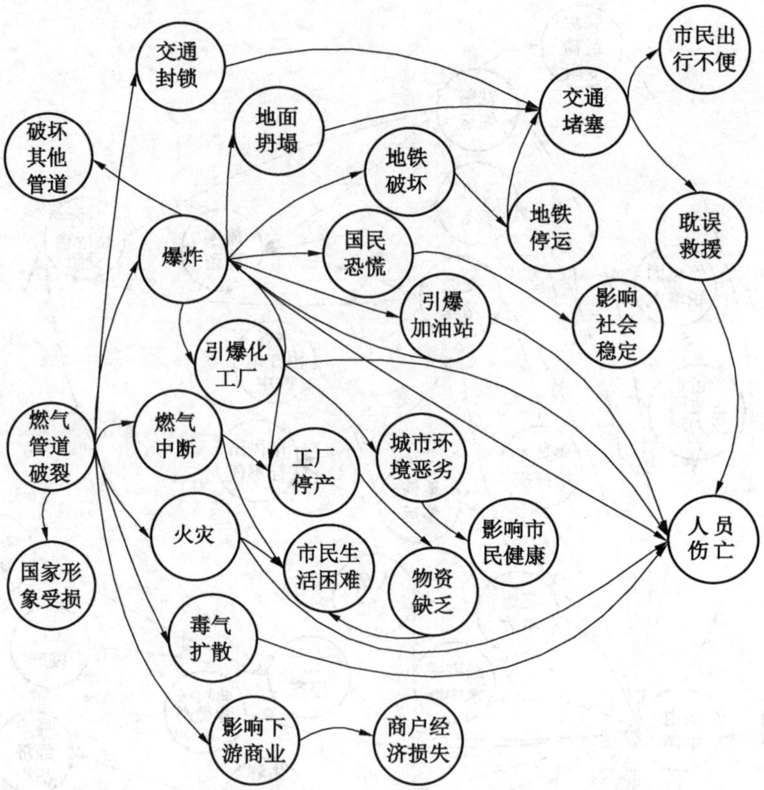

图 8-6　城市供气管网破裂事故灾害演化过程拓扑结构

结合供热管网破裂事故案例分析和管道破裂灾害演化单元划分，总结出城市供热管网破裂事故灾害演化过程拓扑结构（图 8-7）。

结合通信管网破坏事故案例分析和城市生命线灾害单元划分，总结出城市通信管网破坏事故灾害演化过程拓扑结构（图 8-8）。

二、综合运用定性与定量方法

（一）定性与半定量风险评估方法

定性风险评估方法是广泛使用的风险评估方法。该方法是借助于对事物的经验、知识、观察及对发展变化规律的了解，科学进行分析和判断。定性风险评估不对风险进行量化处理，只用于对事故发生的可能性等级和后果的严重程度等级进行比较，因此，该方法通常只关注威胁事件所带来的损失，而忽略事件发生的概率。多数定性风险评估方法依据系统面临的威胁、脆弱点以及控制措施等元素来决定安全风险等级。在定性评价时并不使用具体数据，而是指定期望值，如设定每种风险的影响值和概率值为“高”“中”“低”。有时单纯使用期望值并不能明显区分风险值之间的差别。可以考虑为定性数据指定数值。此时，此种定性评估方法可认为属于半定量方法。例如，设“高”的值为 3，“中”的值

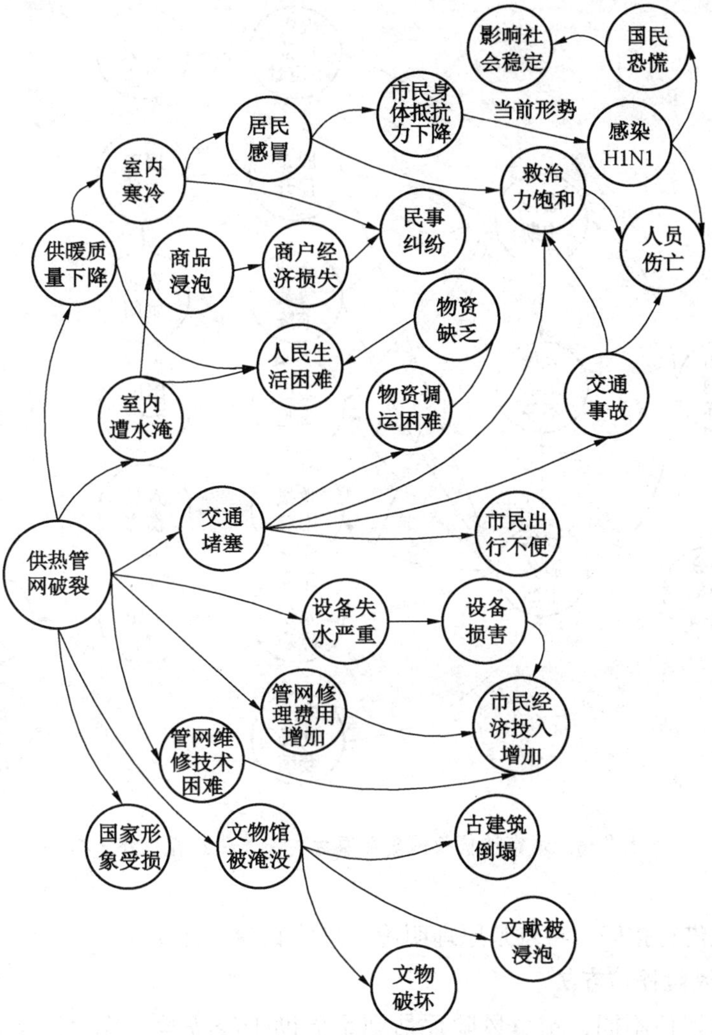

图 8-7　城市供热管网破裂事故灾害演化过程拓扑结构

为 2，“低”的值为 1。但是要注意的是，这里考虑的只是风险的相对等级，并不能说明该风险到底有多大。所以，不要赋予半定量评估方法相对等级太多的意义，否则会导致错误决策。下面是两种常用的半定量风险评估方法。

1. 专家打分法

该方法是一种最常见、最简单、易于应用的分析方法。它的应用由两部分组成：首先，通过风险辨识将系统中可能发生的所有风险一一列出，设计风险调查表；其次，利用专家经验对风险因素的重要性进行评价，再综合整个系统的风险。

2. 概率和影响矩阵

该方法用概率和影响矩阵方式对风险事件发生的可能性和影响进行描述，计算其风险

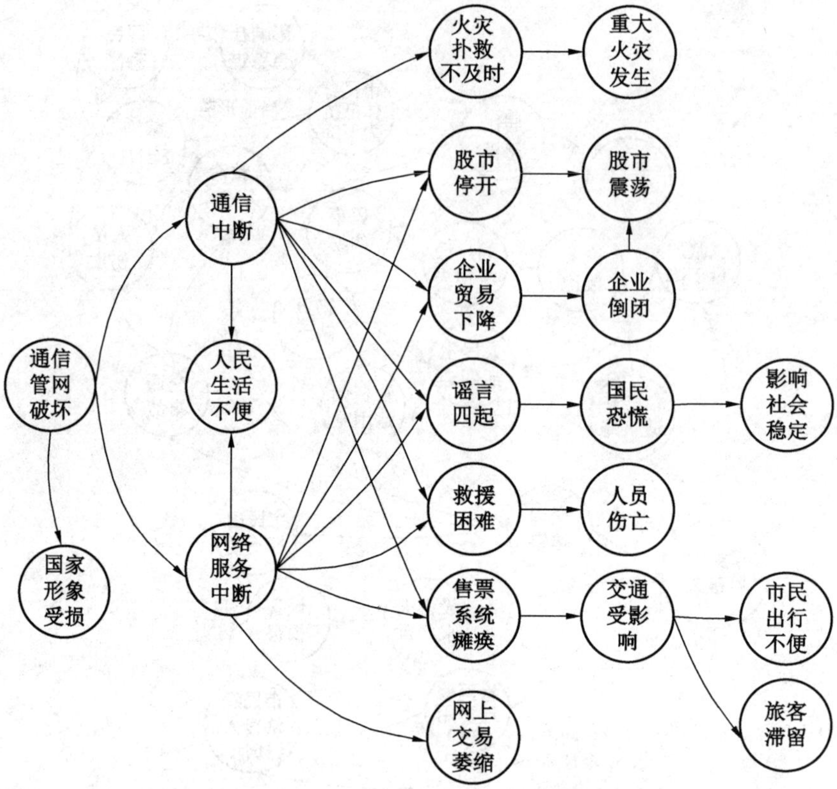

图 8-8　城市通信管网破坏事故灾害演化过程拓扑结构

等级，依据等级进行排序。特点是原理明确、形式直观、计算简易。

（二）定量风险评估方法

和定性风险评估不同，定量风险评估则是借助于经济学、数学、计算机科学、统计学、概率论以及决策理论来进行逻辑分析和推理。定量风险评估方法要求特别关注量化数据，但是这种方法存在一个问题，就是数据的不可靠和不精确。对于某些类型的安全威胁，存在可用信息。例如，可以根据频率数据估计人们所处区域自然灾害发生的可能性（如洪水和地震），也可以用事件发生的频率估计一些系统问题的概率，例如管道爆裂和阀门损坏。下面是几种常用的定量风险评估方法。

1. 蒙特卡洛模拟法

该方法又称统计试验法或随机模拟法。该方法是一种通过对随机变量的统计试验、随机模拟求解数学、物理、工程技术问题近似解的数学方法，其特点是用数学方法在计算机上模拟实际概率过程，然后加以统计处理。

2. 模糊综合评价

该方法是指对多种模糊因素所影响的事物或现象进行总的评价，又称模糊综合评判。对城市基础设施系统风险的模糊综合评价就是应用模糊综合评价方法对城市基础设施系统的安全、危害程度等进行定量分析评价。

3. 危险概率评价法

该方法是较精确的系统危险定量评价方法，它通过评价某种伤亡事故发生的概率来评价系统的危险性。在应用该方法进行分析时，关键是确定对系统的危险性评价指标。目前常用的指标有安全指数和死亡事故发生概率。

4. 重大事故后果分析法

该方法来自世界银行国际信贷公司编写的《工业污染事故评价技术手册》，主要用于工业污染事故评价。由于该方法主要是针对泄漏、火灾、爆炸、中毒等重大事故的后果进行分析，在分析过程中运用数学模型，因此可以较精确地计算出事故后果的严重度。

（三）定性与定量相结合的风险评估方法

在实际评价方法应用中，还有一些方法是定性分析与定量分析相结合的。下面是几种定性与定量相结合的风险评估方法。

1. 层次分析法

该方法是对风险评测的一种定性与定量相结合的决策工具，已经得到了广泛应用。这种方法改变了最优化技术处理问题的局限，而且简单、直观，容易掌握，同时也是一种很好的风险评估方法。

2. 故障树分析法

该方法采用逻辑方法，按照找出顶事件、建立故障树、定性或定量分析故障树这一步骤形象地进行危险的分析工作，特点是直观、明了，思路清晰，逻辑性强，可以做定性分析，也可以做定量分析。

3. 事件树分析

该方法按事故发展的时间顺序由初始事件开始推论可能的后果，从而进行危险源辨识。它既可以定性地了解整个事件的动态变化过程，又可以定量计算出各阶段概率，最终了解事故发展过程中各种状态的发生概率。

三、人工智能方法

近年来，人工智能方法在关联风险分析方面有其独到优势。常用于风险评估的人工智能方法有人工神经网络和支持向量机。

1. 人工神经网络

因影响系统安全性的基本因素多，关系复杂，数据干扰大，因素测度难以确定，将高度非线性的人工神经网络模型应用于风险分析与评价，通过不同层之间神经元之间的学习、组织和推理，以网络输出层的评价模式作为分析评价结果，为系统风险分析与评价提供了新思路。

2. 支持向量机

利用传统的统计学方法进行风险评估，前提是有足够多的样本来进行推断，当样本数目有限时难以取得理想效果。支持向量机是20世纪末建立的一种统计学习理论的学习方法，对于解决有限样本情况下的机器学习问题非常有效，近年来也逐渐应用在风险评估与分析领域，尤其是评价对象具有小样本、非线性和多特征等问题。

四、关联风险管理实施战略

基础设施关联风险管理的实施战略可以用6个关键词来描述，即风险评价、协调机制、理念整合、信息管理、多方参与和公共意识。

（一）风险评价

建立科学而完善的基础设施关联风险评价流程和风险的全过程监控机制，将关联风险评价列入保护和维护基础设施的必要步骤，并作为保护手段的一个首要参考。

（二）协调机制

构建基础设施关联风险管理的协调机制和法制体系：建设各相关部门的相关风险管理行政体系，并形成一整套关联风险管理方法，保证沟通的畅通性。同时，明确各相关部门之间的职能与权责，保证横向的协调性。政府要形成一套有效的关联风险管理的行政体系，改变传统的行政管理方式，提高政府公务员和管理者的关联风险意识，增加应对关联风险的主动性。政府各部门行政能力的提高靠两个坚实的基础：立法和责任。立法主要解决两大问题：一是明确各个部门及其相关人员进行基础设施关联风险管理的责任和权限，二是确认与基础设施风险管理有关的机构、设施、投资等的法律地位。

（三）理念整合

将减少灾害对基础设施的影响这一理念和对设施管理整合到正在进行中的社会发展规划和过程中：建立关联风险管理的行政机制，将基础设施风险管理政策纳入各部门的日常规划中，把对基础设施的保护以及应对突发事件所带来的风险同社会基础设施的发展结合起来作为相关部门的重要任务来抓。

（四）信息管理

改进基础设施风险信息共享和信息管理的方法和手段：建立跨部门的政府综合风险管理信息系统和决策支持系统，包括基础设施资料库、知识系统、规范模型、灾害的预警系统、电子信息技术的应用平台等；建立有效的综合风险管理沟通机制和制定风险信息共享计划，实现各部门间、各级政府间、宏观决策机构与救灾部门间灾害信息的及时传送与交换和风险信息的共享。

（五）多方参与

鼓励和引导企业、社区、民间组织和民众等多元管理主体参与基础设施的风险管理：由于不同的个人或团体掌握的知识不同，对措施的利弊观点各异，发达国家向来重视鼓励不同利益方共同参与风险管理。研究表明，公众参与决策管理不但有助于减少日后的各种矛盾冲突，更重要的是通过给参与者提供信息，使人们了解自然灾害风险性以及基础设施受到危害后的严重性，可以增加社会民众和企业的责任感，抑制滥占土地和无序开发。

（六）公共意识

广泛普及“预防文化”和“风险管理”理念，提高全民对基础设施的保护意识及灾害降临时的应对意识：全民动员，加强全民尤其是相关人员的防灾意识，通过实践教育使保护基础设施的理念深入人心。

未来，中国的城市化进程存在巨大的增长空间。可以预测，关键基础设施的数量、规模将日益增大，复杂性与脆弱性将同步提升。如何加强城市运行安全、有效处置关键基础设施发生的非常规突发事件，是城市应急管理部门必须面对的重要问题。

【本章重点】

1. 了解城市基础设施的主要类型及其特征，特别是涉及城市安全平稳运行的关键性基础设施类别及其重要组成部分。

2. 从灾害事故演化的拓扑结构、定性分析、定量分析三个维度，分别掌握水、电、气、热、通信等关键性城市基础设施的安全管理主要内容，并了解针对不同设施灾害事故的安全风险分析方法。

3. 学会结合典型事故案例来理解和认识城市基础设施之间的相互作用关系，知晓用于分析设施间关联风险的主要评估方法，并理解和思考如何运用关联风险相关理论方法构建关键城市基础设施的安全管理策略。

【课后习题】

1. 城市燃气系统中最常使用的天然气主要成分是什么？
2. 从安全角度来看，城市基础设施之间一般有几种相互影响作用的形式？

第九章
城市社会安全管理

进入21世纪，城市越来越成为社会生活和交往互动的中心。作为日趋庞大的复杂系统，城市在引领经济社会发展潮流的同时，也暴露出越来越多的矛盾和问题。人们的不安全体验和对安全的需求，使得维护和保障公共安全成为城市管理者的重要任务。其中，社会安全作为城市公共安全的基本盘和压舱石，守护着城市的稳定、秩序和安全。有效的城市社会安全管理，要认识城市社会安全（及事件）的基本内涵、范围和特征，理解社会安全管理的主体、过程和手段，把握当前城市社会安全管理的总体形势，厘清社会安全管理的主要内容和基本原则，在实践中不断总结提升社会安全管理的经验做法。

第一节　城市社会安全管理概述

一、社会安全与社会安全事件的概念

（一）社会安全

社会安全从词语构成上看，由“社会”和“安全”组成。通常认为安全是指客观上的危险、威胁、事故被控制在可以接受范围的一种稳定状态，主观上没有危险、不受威胁的认知和感受状态。社会安全涉及的客体或范畴是“社会”。“社会”是人与人之间关系的一种总和，指一种公共的、许多人共处一起的环境和关系。理论上的“社会”指相当数量的人按照一定的规范发生交互行为与相互联系的生活共同体，也指一定时期与范围内各种人际关系和群际关系的综合。

对社会安全的概念及其内涵，学术界主要有政治安全论、问题领域论、事件罗列论、广义狭义论等。多数学者是从问题与领域等方面对社会安全加以界定，认为社会安全包括人权安全、跨国犯罪、移民难民、洗钱贩毒、走私偷渡等安全内容。社会安全有狭义和广义之分。狭义上的社会安全是指除政治和经济系统之外的其他领域的安全；广义上的社会安全是指整个社会系统能够保持良性运行和协调发展，使其不安全因素和影响最小化的社会运动状态，包括政治安全、经济安全、思想文化安全、社会生活安全等方面。

尽管对社会安全的界定和看法不同，但存在基本共识。主流意见认为，社会安全与经济安全、政治安全、文化安全等在性质、表现上具有明显差异，因此通常认为社会安全主要是社会子系统的安全，是社会子系统的一种稳定状态，反映的是人与人之间的紧张或对

抗关系，产生的根源在于社会中存在的各种矛盾，社会安全是当前社会矛盾的外在表现。基于此，可以将社会安全界定为由社会原因诱发，人与人之间的社会紧张关系所引发，影响人与人之间正常关系或者整体利益，以及公民生命财产和社会治安秩序的一种状态。从本质上看，社会安全是指“社会正义得以伸张、社会公平得以体现、社会矛盾得以化解、社会冲突得以调适、社会和谐得以实现”。社会安全的关注对象主要定位为个体意义或集体意义上的“人”，社会安全以对人的安全需求和安全保障为终极关怀，将免于恐惧，实现人的自由、生存和尊严作为人的安全的核心价值取向。

（二）社会安全事件

对社会安全事件的界定比较模糊。一方面，在我国现行法律政策和相关文件中，“社会安全事件”一词并不多见，并且没有明确界定这一概念。例如，《中华人民共和国突发事件应对法》中只是将其列为四类突发事件之一，《国家突发公共事件总体应急预案》也只是以列举方法概括社会安全事件的外延。另一方面，社会安全事件也不是一个非常严谨的学术概念，学者根据研究的实际需要，对社会安全事件的界定和解读存在较大差异。

从政法体系和相关管理部门的实务工作来看，现实生活中社会安全事件的形态多种多样，且其管理范畴和职责范围已经远超制度规定。因此，仅以列举方法或简单的少数几种事件对社会安全事件进行界定，难免存在以偏概全的问题。

所谓“事件”，是指历史上或社会上发生的不平凡的大事情。从社会安全的角度，“事件”打破了社会正常的稳定状态。社会安全事件是以“事件”为表征的社会安全风险。尽管当前学者对社会安全事件的外延界定还存在一定分歧，但社会安全事件毫无疑问与自然灾害、事故灾难以及公共卫生事件有显著差异。因此，社会安全事件是社会系统内的社会问题和社会矛盾积累，经由导火索突然诱发并危及公众生命财产、社会秩序和公共安全，需要政府相关部门采取应对措施的公共事件。

二、社会安全事件的范围

《中华人民共和国突发事件应对法》将社会安全事件与自然灾害、事故灾难、公共卫生事件并列，主要是指以维护社会秩序和社会稳定为主要内容的具体安全范畴。根据《国家突发公共事件总体应急预案》，社会安全事件主要包括恐怖袭击事件、经济安全事件和涉外突发事件等。

各省、自治区、直辖市对社会安全事件的认定范围大致归为四类。

第一类，与《国家突发公共事件总体应急预案》保持一致。如贵州、湖北、河北、江西四省与国务院发布的预案对社会安全事件的认定完全一致。

第二类，常规意义上的范围扩展。社会安全管理实践中，社会安全不仅局限于国务院公布的三种主要类型，还包括重大刑事案件、交通安全事件、民族宗教事件、网络与信息安全事件等基本内容，而这类社会安全事件都是以公安机关为治理主体，多数省份在应急预案中采取了这种归类方法。

第三类，基于特殊社会安全管理实践而具有特殊的范围。如四川、江苏和天津等增加了油气供应中断突发事件，青海增加了劫持民用航空器事件和粮食安全事件。

第四类，大范围认定。主要是重庆和云南两地对社会安全事件范围采取了具体的大范围界定方式。

国务院公开的三类认定范围很大程度上是作为一个指导性纲领，各地可因地制宜以及根据实际应对需求，权宜认定各自预案中的社会安全事件类型。

三、社会安全事件的特征

（一）社会安全事件的一般特征

根据《中华人民共和国突发事件应对法》和《国家突发公共事件总体应急预案》，社会安全事件属于突发事件范畴，具有与其他突发事件的共性特征。通常来说，社会安全事件具有以下几个一般性特征。

1. 社会性

社会性指事件引起一定范围内公众的高度关注，事件的产生危及公共利益，对社会秩序、公共安全、公共财产、一定规模民众的生命财产构成了严重威胁或损害。

2. 紧急性

紧急性指事件需要立即处理。紧急性表明，社会安全事件的产生具有极大的突然性；在事件爆发时，很难准确掌握事件性质、起因和未来发展趋势等相关信息；由于事件突发且发展迅速，可能在短期内造成严重威胁，需要管理部门在有限条件下作出紧急决策和应急处置。

3. 危害性

社会安全事件的爆发，不仅对直接指向的对象形成挑战，还将在发展过程中引起一连串相关反应，危及公共利益，对社会秩序和社会稳定造成威胁。

（二）社会安全事件的专有特征

虽然同属突发事件范畴，但社会安全事件无疑具有不同于其他三类突发事件的一些特征。通过对比发现，社会安全事件除了具备突发事件的一般性特征外，还有其相对专有的特征。

1. 诱发因素的人为性

通常来说，突发事件的诱因主要分为自然因素和人为因素两类。在我国的突发事件分类中，自然灾害、事故灾难、公共卫生事件基本是由自然原因、人为原因或者两种因素综合影响造成的。与其他三种类型的突发事件显著不同，诱发社会安全事件的因素具有典型的人为性，即它完全是由人为原因引发的。其一，当前所发生的各种类型的社会安全事件，直接原因可以排除自然因素，体现出较为明显的人为性；其二，社会安全事件发生后，相关主体回应处理失当失据容易导致次生安全问题和链式安全问题。

2. 发生领域的特定性

社会安全事件主要发生在社会公共安全领域。由突发事件相关法律法规、各级政府应急预案的规定可以发现，社会安全事件的涵盖范围和发生领域具有特定性。它所冲击的是人与人之间的各种社会关系，危及不特定或多数人的生命、健康和财产安全。

3. 事件性质的复杂性

社会安全事件的性质明显更加复杂，具有更多的政治色彩。自然灾害是由于不可控的自然力引发的危及人类社会的突发事件，基本与“人”的因素无关；事故灾难的原因或许涉及“人”的安全意识差、违规操作行为等，但通常不会波及对社会制度、政府的不满；公共卫生事件主要是具有较强传染性的疾病引发威胁多数人健康和公共卫生安全的事件，它的产生和传播也无关政治制度，很大程度上是一种技术性处理。社会安全事件是社会领域中发生的很多事件的集合体，性质不像其他三类突发事件那么单纯，很难一概而论，要具体事件具体分析。

4. 事件升级的破坏性

社会安全事件指向的客体是不特定规模的人或者公共机构。相对其他三类突发事件，社会安全事件演化的过程性更加明显，也就是说事件隐含的风险因素与破坏性是在其逐步演化和升级中才得以体现，而不像自然灾害或事故灾难一经发生，其破坏性和危害性就很明显地出现。现实中的社会安全事件，往往是一些小矛盾、小问题甚至一些看似无关的小事情，在长期发酵和情绪感染过程中经由意外的导火索刺激引发，是矛盾长期积聚和偶然引爆的结果。相关管理主体通常是闹大闹炸升级后介入，处理难度自然被放大。

5. 事件处理的特殊性

诱发因素的人为性和事件性质的复杂性，决定了社会安全事件处理的特殊性。自然灾害、事故灾难和公共卫生事件处理的首要考虑和主要任务是最大可能地降低生命财产损失。与之不同，人的复杂性加深了社会安全事件处理的难度。如群体性事件的性质是人民内部矛盾，是社会矛盾长期得不到有效解决的结果，这就决定了必须满足合理的利益诉求，但民众在争取正当利益的同时往往采取一些激烈的、具有破坏性的表达方式，这恰恰是游离于法律之外的；无直接利益相关者的正当诉求也应该得到正视和解决；对借机发泄、实施打砸抢的犯罪分子必须依法严格惩处。很明显，社会安全事件的处理具有特殊性，要区分不同的人群、区分合理的与不合理的利益要求、区别对待理性表达与非理性破坏行为等。

四、社会安全管理的主体、过程和手段

社会安全管理可以理解为社会各类主体运用多样化手段对居民共同面对的社会风险、威胁、事故进行协同应对，以使其达到稳定可控状态的过程和活动。

（一）社会安全管理的主体

传统的社会管理是单中心模式，城市社会安全管理的责任主体主要在政府，由政府来处理安全威胁，维护城市安全与社会稳定是责无旁贷的。几乎所有可能危及城市社会安全的社会矛盾、社会问题和治安事件都由政府的相关部门负责处理回应。随着快速的城镇化

进程，城市越来越开放、越来越复杂，城市集中了大量人口，也由此产生和累积了复杂的社会问题，城市的脆弱性相应更明显。传统单中心的社会安全管理已经难以适应城市发展形势的需求，政府难以背负过多的安全管理任务。加之社会组织和公民个体的发展壮大，对公共事务以及自身权益有关事务的参与热情与日俱增，行动能力逐渐成熟，具备了共同参与社会安全管理事务的客观条件。

当前，已经构建了党委领导、政府主导、综治协调、各部门齐抓共管、社会力量积极参与的社会治安综合治理工作格局。根据要求，各级党委和政府应当切实加强对社会治安综合治理的领导，将其列入重要议事日程，纳入经济社会发展总体规划，认真研究解决工作中的重要问题，从人力物力财力上保证社会治安综合治理工作的顺利开展。政府为主导，在职责范围内，凭借其权威性、强大的动员能力和资源优势，以解决多主体行动中的“群龙无首”问题。具体的各部门各单位各负其责，充分发挥职能作用，积极参与社会治安综合治理，主动承担好预防和减少违法犯罪、维护社会治安和社会稳定的责任。充分动员和发挥社会力量的作用，形成群防群治、联防联治，构建起全面、立体的社会安全管理体系。

（二）社会安全管理的过程

社会安全事件是由小及大、从量变到质变的过程，体现了周期性变化的特征。在不同时期，具体的风险情景、威胁程度、风险等级等具有差异性，因此社会安全管理相应的职责和作用亦不同。

城市社会安全管理一般需要经历四大阶段。第一，社会安全风险的预防预警。该阶段可以借助大数据技术，基于历史和现实的相关数据，对风险区域、风险人群、风险问题等进行科学诊断和预测，展开社会稳定风险评估，由此开展全方位、多层次和多手段的预警和预防。第二，回应处理。通过有效及时的回应，解决民众诉求，回应民众关心关注的问题，修复相关各方关系，避免矛盾升级和扩大化。第三，应急处置。对已经发生的较大社会安全事件展开有效的现场应急处置，及时果断采取措施，对现场进行疏散隔离、控制安抚情绪、公开发布信息、严厉打击违法犯罪活动，尽可能快速控制事态，降低事件带来的损失。第四，恢复重建。事件平息后，针对事件暴露的问题进行事后评估、恢复重建、全面调查、反思总结等，通过危机后学习，防范类似事件发生。

（三）社会安全管理的手段

社会安全管理综合运用了多样化的方式、方法、手段和措施，归纳起来主要有三类。第一类，法规治理。即依法依规管理，通过有效的法律、法规、规章、制度、预案、操作细则等的制定和实施，为社会安全管理提供有力的制度支撑，使得社会安全管理有法可依、有章可循。第二类，技术治理。随着城市面临的社会安全问题和挑战与日俱增，以信息技术为代表的科学技术越来越多地被引进城市社会安全管理领域，“天网工程”“雪亮工程”“智慧城管”等已成为城市应对安全风险的常规技术手段，而互联网及物联网+大数据+人工智能的“三浪叠加”必将为城市社会安全管理提供先进的丰富的技术手段和平台。第三类，道德治理。即借助优良的传统道德和社会主义道德资源，通过宣传、教育、感化、引导、示范、心理干预、帮扶等具体的道德手段，提高城市居民的道德素质，提升各类组织的道德责任，增强居民的道德自觉，促进客观的法律制度内化为行为选择的内部动力和判断依据。

第二节 城市社会安全管理的总体状况、趋势和内容

一、我国社会安全管理的总体状况

整体来看，我国的社会安全大局持续保持稳定。作为公共安全的基本盘，良好的社会安全长期以来一直是安全管理和安全服务的重点任务，社会治安综合治理、安全城市建设、平安中国建设持续推进，成效显著，关系群众获得感、幸福感、安全感的社会安全问题和社会安全事件得到了及时回应和解决，有效地维护了社会安全，保障了社会稳定，社会安全持续向好。

（一）反映社会安全的关键性指标表现良好

我国是治安保障最好的国家之一，是国际上公认的最安全国家之一。犯罪率、群体性事件、信访总量、非正常上访量等反映社会安全的关键性指标都呈现明显的下降趋势。

命案发生率被广泛视为社会安全的一个关键指标。中央政法委公开的数据显示，我国在2014—2017年每10万人的命案发生率分别是0.7起、0.7起、0.62起、0.81起。中国社会科学院法学研究所发布的《法治蓝皮书（2020）》显示，多年以来，我国的命案发生率每10万人低于1起，明显低于美国、加拿大、法国等西方国家以及巴西、印度等发展中大国，是世界上命案发生率最低的国家之一。

党的十八大以来，作为反映社会安全管理关键性指标的公安机关立案的刑事案件数量以及受理的治安案件数量总体呈现出明显而较为稳定的下降趋势。根据国家统计局公布的数据，相比2011年，2019年公安机关立案的刑事案件总量降低了19.03%，下降了将近五分之一；公安机关受理的治安案件总量降低了26.89%，下降了四分之一强。

过去近十年，我国各级政府和部门通过不懈努力，持续打击影响社会安全的刑事犯罪和治安犯罪，社会安全管理水平不断提高，有效保障了群众的安全需要和维护了社会稳定。

（二）民众社会安全感稳中向好

社会安全是民众生活、发展运行的基础，是所有相关各方共同的诉求。社会安全感是民众对一定时期所处地区社会安全状况的主观认知、感受和评价，也是民众对自身生命、财产受到或可能受到侵害以及及时获得保护的综合心理反应。社会安全感反映了社会安全管理的效果，同时也是新时代美好生活的重要标志。十八大以来，我国打破了西方社会现代化发展必然伴随犯罪率升高的“魔咒”。

近年来，从中央到地方，社会安全是贯彻落实安全管理的重点方面，聚焦民众安全感，政法系统和相关部门重拳频出，净化社会治安环境，提升民众的满意度和安全感。针对民众社会安全感的调查结果显示，我国民众对社会安全的评价得分相对较高，而且呈现稳中有升

趋势。例如，根据中国社会科学院“中国社会状况综合调查（CCS）”结果，2013—2017年，我国居民的总体社会安全感进一步提升，尤其是个人和家庭财产安全感、人身安全感提升显著。《公共安全感蓝皮书：中国城市公共安全感调查报告》（2018—2020）连续三年的报告显示，全国省会城市和6个副省级城市居民的社会治安安全感调查得分较高，且保持稳定高位，居民对政府部门的社会安全服务和管理展示了较高的满意度和认可度。

（三）充分发挥制度优势，持续改进社会安全管理效能

从根本上讲，我国的高社会安全感、低犯罪率、良好的治安保障，是中国经济长期稳定发展的应有之义，是中国制度优势的效能体现。良好的社会安全是中国之治的优越性，中国的制度优势是社会安全稳定的基础。改革开放以来，在党的领导下，政府充分发挥制度优势、组织优势，积极调动与利用各种资源与力量，持续改善社会安全管理能力和水平，为民众安全生活提供有效保障。

社会治安综合治理是独具中国特色的社会安全治理模式，充分将安全治理的制度优势转化为实际的治理效能，对维护社会安全稳定起到了关键性作用。20世纪80年代以来，经过几十年的探索和发展，社会治安综合治理体制机制不断完善，形成了党委领导、政府主导、综治协调、各部门齐抓共管、社会力量积极参与的社会治安综合治理工作格局。在不断创新社会治理过程中，围绕民众切身相关的社会安全领域，党和政府探索科学、立体的社会治安防控体系，完善多元化的预防和化解矛盾机制，在依法治国背景下进一步推进平安中国、平安城市建设，深入推进信访体制改革等。

二、我国社会安全管理的趋势预测

尽管当前我国社会安全管理和服务的效果良好，社会安全形势总体稳定，但是面临错综复杂的环境变化，各种新风险、新问题、新威胁不断涌现，民众对安全的需求越来越高，社会安全的难点、痛点也出现了新的变化，社会安全管理仍然面临严峻的形势和挑战。

（一）多重环境的叠加与交织

社会安全形势在保持总体稳定的同时，安全环境更趋复杂，国内外环境交织对社会安全的影响不断加大。从国内环境看，我国经济建设和改革发展处于“三期叠加”，传统安全风险与非传统安全风险相互交织，金融安全风险、网络信息安全风险、生态安全风险等新兴风险逐步显现，冲击社会安全和社会稳定。从国际环境看，虽然冷战后和平与安全成为时代主题，但人类社会所面临的风险却有增无减，因民族、宗教、恐怖主义、跨国犯罪、网络空间安全等带来的挑战明显上升，促使社会安全的内涵和领域不断拓展。与此同时，国内国际两个环境、内部安全与外部安全日益交织，社会安全管理的视野扩大、难度提升。

致灾因子叠加化，不同领域风险复杂交织，风险化解难度加大。城市是现代社会的中心，快速发展的城镇化使得城市越来越大、越来越开放，当然也越来越复杂，作为受灾主体，面临各种不同类型安全风险的威胁。城市中不同领域的风险、不稳定因素不断积聚扩张，风险的跨领域溢出产生涟漪效应和附带威胁，相互叠加、耦合和演化，脆弱性随之增大，出现安全问题后的后果更加严重。当较为严重的洪灾、地震发生后，可能引发偷盗抢劫、哄抬物价、谣言传播扰乱社会秩序等社会领域的安全问题；新冠肺炎疫情发生后，公共卫生安全风险的传播及其防控措施在一些地区引起了个别治安犯罪和扰乱公共场所秩序的社会安全问题。

（二）复杂多变的普遍性威胁

作为燃烧物质的安全风险源复杂多变。21 世纪是复杂性的时代，全球风险上升。人类现在处于系统性崩溃的黄金时代，高复杂性、高耦合性的系统崩溃的风险越来越大，人类在面对复杂系统的风险时变得更加脆弱。尽管我国已经步入新时代，但是过去积累起来的相当多的人民内部矛盾并没有得到有效解决，社会紧张关系的修复、社会信用的重塑、社会不满与怨恨情绪的消融、贫富差距的缩减等都需要过程。因此，现在和将来相当长一段时期，仍然存在各种威胁社会安全的风险。

风险社会时代，风险是普遍的。复杂风险的相互交织，不可避免地放大了风险的不可预测性，单体的、偶然的突发安全事件极易快速放大，演变成威胁不特定多数人或公共利益的群体性安全事件，加大了社会安全管理的难度。受利益牵绊和诉求的作用，相关个体或群体有可能跨地串联、抱团造势、非法聚集、频繁上访等，预防化解社会矛盾、处理群体性事件面临更加严峻的考验。

风险的主观性放大，导致风险的客观状况与主观认知感受产生巨大反差。风险的社会放大理论主要聚焦于风险是如何被放大或弱化的，主要关注信息过程、制度结构、社会团体行为和个人反应共同塑造风险的社会体验，从而影响或促成了风险后果，特别是那些看起来非常微小的风险是如何引起大规模的公众关注和重大的社会影响。现实社会中，有些微小的安全风险经过各种因素的作用被放大后可能会酿成极其严重的后果。由于城市安全风险源的多样化，因主观认知上的人为放大而导致类似安全事件的概率提高，增大了社会安全管理的难度。

（三）合理与越轨性行动纠葛

社会安全事件由于其诱发因素的人为性、事件性质的复杂性等特征，加之现实呈现出的各种影响社会安全稳定的集体行动，使得防控处置具有更高的复杂性和难度。其原因在于，相比其他突发事件，社会安全事件参与者的复杂性导致利益诉求、争议问题、行为展现等错综纷繁，合理因素掺杂了越轨因素，在管理上难以简单厘清和割裂。具体来说，利益表达中掺杂着借机闹事，多数民众的实际问题和少数人的闹事纠葛在一起，对待合理的利益表达需要尊重和有效保障，对借机闹事行为应该坚决打击，维护法律权威；合理要求中掺杂着无理取闹，也就是说在合理的主张和要求基础上，借机漫天要价，存在典型的“不闹不解决、小闹小解决、大闹大解决”的机会主义心理；温和抗议中掺杂着过激行为，即多数行动是相对温和的，可以通过积极引导和疏导对话有效回应，但是实践中温和行为有可能在没有得到及时有效回应后升级为过激行为甚至是破坏性的违法犯罪行为；经济诉求掺杂着其他方面的诉求，从整体上看绝大多数的社会安全事件源于具体的经济诉求，但是不可避免地带有其他方面的诉求，不能将诉求简单化处理，从而忽视了相关信息公开、真相还原解释、有效道歉和承诺等民众对权利和情感等方面的诉求。

（四）安全需求与预期的上涨

根据马斯洛需求层次理论，在社会发展的不同阶段，在生活水平发展的不同层次，民众需求具有不同层次。当前，我国社会的主要矛盾已经转变为人民日益增长的美好生活需要和不平衡不充分的发展之间的矛盾，解决这一矛盾的基本着力点是提升人民群众的获得感、幸福感和安全感，是切实解决好人民群众最直接最现实的利益问题。人民群众最大的利益和需要已经不是过去简单的衣食住行问题，而是有了更高的要求，如对安全的需要，安全成为重要的民生问题。因此，筑牢社会安全的防火墙，建设越来越安全的社会，不断增进民众的安全感，正是美好生活的重要内容和应有之义。

对社会安全的需要是刚性的。进入新时代，民众对社会安全充满了新的期待，提出了新的更高的要求。通常来说，通过公共部门所提供的社会安全管理和安全服务具有基础性、均等性，它只能起兜底作用。但是，不同群体、不同阶层、不同地区对安全的需求必然具有层次上的差异性，基础性的安全供给可能难以满足对更高质量、更多样化，甚至带有较强个体化、小共同体特征的安全需求。从心理层面讲，民众对公共部门提供的安全管理和服务的需求呈现为正向预期的特点，也就是说民众期望政府能够提供更多、更优质的社会安全服务，民众对社会安全的期望只会越来越高，社会安全只能越来越好。

（五）新的典型社会安全问题涌现

进入新时代，除了面对过去相对更为熟悉的风险源和安全问题外，一些新的典型社会安全问题不断涌现，非传统安全因素对社会安全造成的影响越来越大，越来越多。网络社会的兴起在为生产生活、社会交往互动带来诸多便利的同时，也对社会治理提出了新的问题和挑战。

互联网的普及和迅猛发展酿就了无限扩展的虚拟社会空间，使得网络成为社会安全风险的集散地、发酵场和放大器。网络产生了更强的放大效应和叠加效应，线上和线下同频共振，由线下的直接的社会安全问题引发的次生事件和衍生事件增多。网络空间场域中自由开放的自媒体平台，为信息发布提供了多元化选择，加速了信息传播，导致网络海洋中信息呈现出碎片化、泛娱乐化、真假难辨、巨量化等特征，现实世界中累积的负面情绪、矛盾问题、不同价值观等映射到网络空间中，导致生活世界和虚拟世界发生联动共振，造成大量的负面舆论、网络谣言等新生社会安全问题，传统的安全管理理念和模式相对难以奏效。尤其是网络犯罪趋势突出，成为新型犯罪的主导类型。网络空间的网络暴力、网络黑客、网络谣言、侵犯个人信息等层出不穷且花样不断翻新，网络黑灰产业生态圈形成，犯罪利益链条化、组织集团化、跨境化等特征明显，网络黑恶势力案件数量持续增长。这类利用网络平台的非接触式犯罪无疑对社会安全管理提出了新的更高的要求。

互联网+某某业态的蓬勃发展同样带来了诸多安全隐患。网约车这种新型业态诞生之初，在全国很多城市引发了出租车与网约车的利益矛盾，引起出租车司机停运事件。随着网约车发展，新的治安问题和安全隐患逐渐暴露出来，如连续不断的网约车失联事件，司乘之间的治安纠纷等。与之类似，互联网+购物、互联网+物流、互联网+直播等，同样产生了未知的安全风险。这些新的安全问题客观上要求公共部门及时更新观念、技术、手段，对回应性的需求和要求更高。

三、我国社会安全管理的主要内容

（一）聚焦安全维护、文明建设和福利增进的价值定位

随着城市发展和城市化水平的提升，城市建设发展的内涵不断拓展升级。2010 年上海世博会拟定了“城市，让生活更美好”的主题，该主题成为近十年全国城市发展的指导方向和重要内容。基于此，社会安全管理的价值定位在于安全维护、文明建设和福利增进三者的深度融合、协同促进。

安全维护是基石。安全是衡量一个城市是否优秀的重要标准，甚至可以说是首要标准。平安，毫无疑问是城市社会安全的底线。没有良好的安全维护，民众就没有安全感，其他任何事情都无从谈起。

文明建设是引领。社会主义精神文明是我国社会主义现代化建设总体布局的重要内容，良好的安全和秩序是其重要标志。社会安全维护的基本目标正是实现良好的社会秩序和安全状态。二者具有内在一致性，相互影响、密不可分。社会安全维护从属于文明建设，是文明建设的重要内容。净化社会治安环境，可以为文明城市建设提供助力。文明城市创建引领社会安全，提高城市居民素质，倡导新风尚，引导广大城市居民自觉维护社会安全和社会秩序。

福利增进是归宿。“治国有常，而利民为本。”以人民为中心绝不是一句空洞的口号，民生改善成就美好生活，保障和提升居民的安全感就是具体抓手。社会安全是重要的民生，是民众关注的最直接最现实的问题之一，是民众的切身利益指向。通过各种治安管理、安全维护行动，增强城市居民的安全感，最终的归宿就是满足民众需求、增进民生福祉。

（二）构建人防、物防和技防“三位一体”的安全保障

国内政法系统中流传着一个理念，光打不防、越打越忙。有效的防范才是实现发案少、秩序好、社会安全稳定的良药。社会安全管理实践中，人防、物防和技防是安全防范的三个基本范畴，是安全防范体系的三个基本单元。2015 年 5 月 29 日，中共中央政治局就健全公共安全体系进行第二十三次集体学习时，习近平在主持学习时强调，要“构建公共安全人防、物防、技防网络，实现人员素质、设施保障和技术应用的整体协调”。

社会安全实践中，各地政府及相关部门以打造“三防”体系作为基层社会安全防范的着力点，组建人防、改造物防、强化技防，织密社会安全防控的立体网络。第一，打造基层社会安全防控的人防基础。目前，全国几乎所有的城市都在下沉警力，在社区层面建立社区警务室、配备社区民警，协同和动员物业、居委会、业委会、志愿者以及其他社会力

量，构建多级防控网，开展治安巡逻守护和安全防范工作，着力打造基层安全防控的有生力量体系，有效化解基层社会安全管理和服务中人力资源匮乏的难题。第二，加强安全防控的硬件设施建设。坚持全覆盖和重点优先保障原则，着力打造安全防控的硬件基础。第三，借助科技发展，探索引入新技术打造智能化的安全防控。当前绝大多数城市持续推进的“天网工程”“雪亮工程”，以及随着技术进步成熟，新的防范系统的引入，如人脸识别系统、红外线报警系统等，必将推动转向以技术为主导的安全防控体系。

（三）基于社会安全管理的功能和任务创新手段矩阵

社会安全管理的功能就是相关主体从事安全管理和安全服务活动的大体方向和社会作用。通常来说，它发挥如下功能：一是社会控制，即掌握社会动态和有关安全信息，打击违法犯罪活动，对各类集体行动的报备审批和管理，通过街面的日常巡逻维护城市街头的安全状态；二是秩序维护，即对各类生产生活、交通道路、重要公共场所、公共空间等地区的秩序进行有效维护和保障；三是危机处置，即在突发的社会安全事件以及其他可能危及社会安全的突发事件中，履行治安管理职能；四是权益保护，即在社会治安执法和其他安全管理日常活动中，尊重和保护民众的合法权益；五是其他功能，即通过社会安全管理发挥功能，如通过调解纠纷矛盾、治安整顿和打击治安违法犯罪等促进社会、经济、文化等事业顺利发展。

从社会安全管理的功能来审视，它的主要任务集中体现在四个方面：一是预防、发现和控制违法犯罪活动。如通过对流动人口、刑释人员、失足人员等重点人群进行控制和管理，打造良好的社会安全环境，抑制违法犯罪活动产生的空间；对脆弱群体、敏感群体进行安全教育、重点关注、特殊保护等，防范其受到违法侵害。二是依法查处治安案件、治安事故，处理社会安全事件，打击刑事违法犯罪活动，切实保护民众生命和财产安全。三是在职责范围内协助、配合地方党委政府以及其他职能部门的工作。四是其他相关工作，如救助危难，参加社会公益，在职能范围内采取兜底行为等。

从主要功能和任务来看，社会安全管理是一项系统工程，涉及社会安全的方方面面，需要融合探索各种有效手段，形成手段矩阵。具有我国特色的社会治安综合治理，就是综合运用政治、经济、文化、教育、行政、法律等多种手段打造社会安全。随着城市社会持续发展，面对新的安全环境和安全管理任务，以及民众对安全管理的更高期望和要求，社会安全管理有必要在实践中探索新的手段和方法，形成丰富的手段矩阵。

（四）加强对社会安全重点群体的关照和源头管理

在社会安全领域中，有两大类型的群体需要重点关注。一类是社会安全的脆弱群体或敏感群体，主要是老人群体、学生群体、女性群体、青少年群体等。这些群体安全防护能力相对较弱，是潜在的被侵害群体，容易受到违法犯罪行为的威胁和伤害。如近年来媒体报道的网络诈骗侵害对象大多为老年人、在校学生，网约车事件的受伤害对象多为女性人员，大学生、青少年群体易成为网络不良信息尤其是网络情色、网上赌博犯罪的对象。针对以上群体，社会安全管理部门应该提供精准的安全服务和安全保障，提升其安全防范意识和能力，从源头上规避可能遭受的威胁与伤害。

另一类是社会安全的高危人群。社会安全管理实践中主要涉及流动人口、社会闲散或无业人员、心理疾病患者、问题少年、失足人员、刑释解教群体等。针对这类群体形成的潜在的安全威胁或可能造成现实的安全危害，需要精准聚焦、精准施治。当然，对高危人群绝不是一味采取打压严防管控，而是在尊重基础上采取宣传教育、帮扶矫正、心理干预等多样化的管理服务手段，帮助其树立积极的人生态度和健全的人格，尽可能降低其从事违法犯罪行为的概率。

（五）建立高效有序的安全事件现场应急处置

社会安全事件最典型的表现是一定规模人群的现场聚集，其间夹杂各种不同的负面情绪，以及可能伴随的一些过激行为和潜在的暴力破坏行为。因此，社会安全事件的现场应急处置具有不同的内容和要求。无论是制度规定还是实践经验，通常都强调现场处置中应当遵循防止矛盾激化、慎用警力和强制手段、慎用警械、果断处置等原则。根据公安部发布的《公安机关处置群体性治安事件规定》以及地方政府发布的一些相关应急预案，结合学者的研究，社会安全事件的现场应急处置主要涵盖以下内容：

第一，安抚群体情绪。一定规模聚集的人群容易受情绪感染刺激，产生行为模仿，因此及时安抚控制群体情绪对现场处置非常关键。第二，展开有效对话，公开解决方案。在现场的众声喧哗中综合凝练民众的具体诉求，给出可接受的回应性方案。第三，通过真诚道歉和有效承诺修复信任关系。第四，实施现场管制。封锁事发地现场，区隔参与者和围观群众，设立警戒区域，防护重点目标，强行驱散滞留人员，依法带离施暴者。第五，善后处理，及时救治受伤人员，清理现场，恢复正常秩序。第六，及时发布信息，公开事件处理结果。

第三节　城市社会安全管理的原则、方法与实践

一、社会安全管理的基本原则

（一）处理好维稳与维权的关系

在社会安全管理实践中，各种社会矛盾交织，成为影响社会秩序和社会稳定的突出问题。其中，大量的社会矛盾多是由利益纷争引起的，如征地拆迁、企业改制、邻避设施选址、劳资纠纷等。这必然要求社会安全管理者正确认识和处理好维稳与维权的关系。维稳与维权这一对基本关系也困扰着社会安全管理实践。

究其原因在于，过去相当长时期，基层社会安全管理主体承受了严格的社会稳定考核压力，相关的排名评比、定期或不定期的绩效考核，使得社会稳定成为悬在头顶之上的达摩克利斯之剑。结果容易形成“不稳定幻象”，对待社会稳定难以脱敏，导致维稳与维权相互脱节，陷入两者难以兼容的困境。要么是过于强调维稳，忽视了对民众合法权利的维护保障；要么是过于注重维权，陷入“不闹不解决、小闹小解决、大闹大解决”的恶性循环。当然，

还存在较多强调民众要依法维权，较少强调社会安全管理者同样也需依法维稳的问题。

历史反复告诫人们这样一个事实：在社会发展的任何阶段，稳定都是发展的前提和基础，它无关制度、文化、社会结构等因素。中国特色社会主义进入新时代，面临两个一百年的历史交汇，党和政府肩负历史重任，离开了稳定，什么都难以实现。

从内在逻辑上看，维稳与维权是相辅相成、相得益彰的关系。维稳就是维权，维权就是维稳。因为维权是维稳的基础，民众的合法权益得不到有效保障，维稳就是奢谈；维稳的实质就是维权，民众权利得到了维护，民心才能安定，社会才有长期稳定。

从实践操作来看，维稳与维权都要在法律框架下进行。进入新时代，依法治国是治国理政的基本方略，全面依法治国的要义在于社会各主体、各方面的活动都要依照法律进行。因此，民众要依法维权，社会安全管理者同样要依法维稳，要通过依法有序的利益诉求表达、对立观点的交流、利益分歧的协商与仲裁、非理性行动的有效制动等制度化、法治化的渠道与平台实现维稳与维权兼容。

从变化发展的角度看，需要在动态变化中实现维稳与维权的平衡。尽管二者在本质上是一致的，但是具体实现手段的较大差异决定了二者之间的张力关系。维稳与维权的关系并非一成不变，而是要在动态过程中实现二者平衡发展。维稳与维权所面对的客体一致，都是客观存在的社会安全问题及其如何化解，这是二者和谐共赢的基础。随着社会安全问题及其嵌入的社会环境的变化，社会安全管理的具体手段和方式亦要随之调整，促进维稳与维权在发展中实现平衡。

（二）处理好综治与法治的关系

综治是我国社会管理实践中产生和逐步发展起来的一种治理模式，是指运用政治、经济、文化、教育、法律、行政等多种手段综合治理社会问题。通常意义上，综治是指社会安全领域中的社会治安综合治理。法治是现代社会的一种基本框架，法律是社会运行中各种活动的最高规则，没有任何主体可以凌驾于法律之上。

法治与社会治安综合治理既相互联系，也相互区别。第一，综治之上的法治。社会治安综合治理必须在法治指导下进行，也就是依法综治，绝不能出现以无法治理违法，更不能出现以违法治理违法，必须发挥法治在综治中的权威作用。第二，综治之中的法治。根据综治的内涵可知，综治中包含法律方式，法治是综治必不可少的一种手段。从某种程度上讲，综治的其他手段都需要法治化。第三，综治工作的有效推进为法治的全面实现做增量。良好的法治环境、民众的法治意识等有赖于社会治安综合治理的成效。

法治是必需的，这一点毫无疑问。法治是现代社会发展的指向，是现代政治文明的基本坐标，也是治国理政的基本方式。但是，法治的实现不是一朝一夕之功，需要具备相应的基础和条件，绝不能一厢情愿。高水平的法治是一个不断积累和发展的过程。众所周知，我国是一个发展中的大国，过去几十年经济社会快速转型，由此出现了诸多复杂的治理难题。客观上讲，在这样具有较大变动性、复杂性和不确定性的社会发展阶段中，当然需要发挥法律在内的各种制度的效力。但实际上，当社会不具备一定条件、法律资源的门槛与模糊性或受民众观念结构的影响，法治的作用可能要打折扣。特殊的国情客观上造就了综治和维稳这样具有我国特色的社会安全管理方式，综治机构和维稳机构在各自的功能领域中发挥了非常重要的作用。

过去，从机构设置来看，社会治安综合治理的职责和工作范围主要由特定的综治机构来承担，在实践中表现为各级综治委（或领导小组）和综治办。2018 年党和国家机构改革方案中提出，“不再设立中央社会治安综合治理委员会及其办公室，其有关职责交由中央政法委员会承担”。与此同时，“不再设立中央维护稳定工作领导小组及其办公室，有关职责交由中央政法委员会承担”。党的十八大、十九大以来，我国持续推进全面实施依法治国方略，全力推动依法治国从理论到实践，法治成为国家治理体系中的关键一环。包括社会安全问题在内的社会治理面临深刻变革，必须在全面依法治国战略下厘清法治与综治的关系。

（三）处理好常态与应急的关系

常态与应急是包括社会安全事件在内的各类突发事件处理过程中面对的最基本也是最重要的一对关系。常态与应急是社会安全问题的两种不同状态。社会安全状态不同，对回应和管理的要求亦不同。

在正常的社会安全状态下，或许存在社会的不满情绪、紧张关系，甚至在一定范围和程度上出现了矛盾和冲突等影响社会安全的问题，但总体上不存在激烈的冲突和对抗，没有发生突发性的社会安全事件，社会生活依然有序，社会秩序基本稳定。这时需要的是常态管理，社会安全管理者只需要发挥对常规性社会安全事务的一般管理职能。在应急状态下，往往是已经发生了一定规模民众的参与的社会安全事件，或较为严重的社会安全问题，各种非理性行为甚至是暴力现象打乱了常态的社会生活和社会秩序，对社会安全产生了较为严重的危害。这时需要社会安全管理者采取应急管理措施，尽快控制事态，及时恢复和稳定社会秩序，修复社会关系，进而使社会恢复到常态管理。

常态管理与应急管理各有特色，具有明显区别。具体来说，主要表现在以下方面：

第一，核心价值理念的差异。常态管理追求的核心价值是民主、平等，通过相关各方的有效互动和沟通实现社会生活有序和谐、社会秩序稳定；应急管理关注效率和效果，要通过各种控制处置措施尽快有效地恢复社会秩序，最大限度降低社会安全事件产生的损失和伤害。

第二，存续时间的差异。社会生活的主流是冲突，社会安全事件从统计学意义上是小概率问题，所以社会安全管理从持续时间来看是常态管理居多、为主，应急管理居少、为辅。常态管理是持续性的管理过程，应急管理基本上是一种临时性的管理活动。

第三，管理手段和强度的差异。常态管理对应社会安全的常态，主要以对话、协商、服务、支持、协调、调解、心理干预等软性手段为主。应急管理面向的是社会安全的应激状态，如果事态得不到有效控制将产生不可预知的更大危害，因此主要表现为强制控制、隔离、疏散、强行征收等带有强硬色彩的手段。

第四，管理的决策程序有差异。常态管理下的决策，要遵循严格的程序要求，有较充足的时间进行信息收集、反复论证、修改完善，以便尽可能兼顾各方诉求，达到多赢效果。在应急状态下，需要管理者在有限时间快速决策、快速回应，因此管理的决策程序被大大简化。

实践中，常态和应急的临界点表现为突发性社会安全事件的产生，它是常态管理走向应急管理的换挡期。两种管理的主体都是政府，最终目的都是保障社会安全。因此，要构建常态与应急相结合的社会安全治理体系。该体系不是常态管理与应急管理简单的物理式相加，而应该是一种“你中有我、我中有你”的化学式融合。这就需要充分发挥两种社会安全管理方式的比较优势，形成两者之间的互利互补。找到常态管理和应急管理结合的关键点，既能够将常态管理的优势向应急管理中延伸，也能及时在常态条件下修正应急管理中暴露出来的问题和失误。

（四）处理好表层与深层的关系

客观上讲，社会安全风险和问题是不可避免的。那么，社会安全管理从战略目标定位上可以归结为表层平静和深层稳定两个层次。

表层平静是指各种潜在的社会安全风险得到了有效控制，没有形成公开的上访、集体抗争、群体性事件等造成社会不稳定的社会安全事件，或者是公开的安全事件在规模、范围和烈度方面得到了及时有效的控制和限制，伤害和代价相对较低的社会安全状态。实践中，表层平静形成了两种截然不同的效果。一种是以枫桥经验为代表，形成了“小事不出村、大事不出镇、矛盾不上交”的基层社会安全治理智慧，在基层管理者的努力下基层社会产生的矛盾冲突不上传、不外溢、不扩大。此外，还有部分基层政府过度追求表层平静，从而“大事化小小事化了”，运用暂时性的、被动的、选择性的策略主义，扭曲了社会安全管理，被一些学者概括为“不出事”逻辑，形成了“搞定就是稳定、摆平就是水平、没事就是本事”的错误心理。

深层稳定的战略目标定位追求一种动态平衡的理念，贯彻了动态、主动、韧性的管理思维。它并不是没有社会安全事件，而是允许社会安全问题存在，由安全风险的暴露发现社会安全管理中存在的漏点、痛点、难点、堵点，通过各种有效的社会安全管理制度、机制，实现社会的长治久安。

要处理好表层平静和深层稳定的关系。第一，表层平静和深层稳定在一定条件下是相互对立的，但又都是必要的。追求深层稳定可能需要暂时牺牲表层平静，表层平静的实现可以为深层稳定奠定基础，通过快速控制事态、恢复社会秩序，进而为追求深层稳定提供必要的缓冲和各项准备。第二，表层平静的实现要求讲究手段和技巧，不能一味依靠强制、压制、命令，而是考虑相对温和的手段。第三，风险社会时代，在处理二者关系上要注意几个方面。①切忌追求“绝对安全”“不出事”的效果。没有纯粹“万无一失”的安全。作为社会安全管理者，应尽可能通过各种努力改善社会安全状态，不断提升民众的社会安全感。②尽可能避免“鸵鸟心态”。著名的“海因里希法则”表明所有的社会安全事件都有其源头、征兆。不能对安全风险视而不见听而不闻，更不能盲目乐观，心怀侥幸，力求杜绝“不求有功但求无过”的不作为、懒政现象。③矫正“不稳定幻想”心理。应坦然面对社会安全风险，不能“谈险色变”，认为社会系统和社会生活中充满了不安全问题。

二、社会安全管理的方法

（一）基于“过程-事件”的方法

社会安全事件在本质上一个从量变到质变的演化过程，从社会关系的紧张、社会矛盾的积聚、群体能量的聚积、偶发导火索的诱发直至最终演化为产生危及社会秩序和社会稳定的突发事件。因此，社会安全事件绝不是偶然的离散随机事件，而是具有其生命周期和发展阶段的复杂动力学演化过程。基于此，应该围绕过程-事件对社会安全问题进行回应。在全生命周期视角下，一个社会安全事件通常可以分为潜伏阶段、酝酿阶段、激化阶段、全面爆发阶段和消退阶段。

1. 潜伏阶段

潜伏阶段即社会安全风险的潜藏孕育阶段，是燃烧物质滋生的温床。根据社会燃烧理论，潜伏阶段是社会安全事件中各种“燃烧物质”的准备阶段。快速的深度社会转型在带来经济社会繁荣发展的同时，也带来了经济体制的深刻变革、社会结构的深刻变动、利益格局的深刻调整、思想观念的深刻变化，常态化、有效的社会管理和社会建设的缺失和不足，社会结构的断裂、社会怨恨情绪的积聚、利益格局的分化重组、利益表达的失效和低效。这些成为社会矛盾冲突常发、多发的根源，成为零星抗争、上访的诱因。

2. 酝酿阶段

社会安全风险如果得不到及时疏解和释放，不断累加积聚的结果必然是冲击社会系统承载能力的峰值和极限，个别偶然发生的导火索事件将成为诱发社会安全事件的“最后一根稻草”。此时单纯的导火索事件成为普遍不满、怨恨等负面情绪的敏感点，具有相似社会地位、类似不平遭遇的原子式个体聚合为乌合之众，成功先例产生的示范效应形成的误导性预期刺激行动者的参与热情。在此阶段，管理者对事件的反应和回应既有可能成为有效平息、抑制事态升级的积极因素，也有可能成为事态恶化升级的推动因素。

3. 激化阶段

激化阶段是在各种因素的综合作用下，社会安全事件从静态转向动态、从隐性转向公开、从公开到逐步升级的过程。这是一个微妙而危险的阶段，是不特定规模群体从潜在的参与意愿转化为实际参与行动的过程。对导火索事件处理的失效成为事件升级的温床，未能及时有效地回应初始事件为众多无直接利益参与者创造了借机表达甚至是发泄不满情绪的空间。如果政府管理部门采取负面定性，或过多强制性甚至是带有偏私性的手段，将会在很大程度上刺激一定规模群体的升级行动，采取一些挑战管理者容忍边界、踩线或打擦边球的行动。

4. 全面爆发阶段

该阶段是社会安全事件在前期各演化阶段上未能得到及时有效处理，导火索事件引发次生安全风险，各种事件发生链式反应，从而推动社会安全事件彻底走向高潮。该阶段是社会安全事件达到失控的峰值，参与者规模急剧膨胀，有效信息供给不足导致大量针对性谣言，群体情绪感染，非理性、极端性行为等成为该阶段的常见剧目。从现实中的社会安全事件来看，发展到全面爆发阶段后，行动对象更多转向地方政府或相应部门，甚至波及其他无辜主体，体现出冲突社会学意义上非现实冲突的特征，群体情绪能量的发泄代替具体的目标诉求。

5. 消退阶段

消退阶段是指政府及其相关部门采取有效的应急管理和善后处理措施后，社会安全事件从爆发高潮渐次走向平息，社会秩序得以逐步恢复。一般情况下，该阶段的典型表现是群体情绪的安抚、有效而可信的承诺、大规模聚集群体消散、事件调查与结果公开、相关责任人问责等。当然，事件消退后可能还有一个较长的长尾期。

（二）基于“情景-应对”的方法

社会安全事件的应对需要进一步对“事件”进行细分。相对“事件”，情景更加细致。情景分析是风险管理的典型工具，它明确了可能发生的情景（事件情景）、后果（紧急情况）和任务或能力（应急回应）之间的逻辑关系。制定应急预案是当前我国各级政府和相关主体应对和处理突发事件的主要策略。各级各类突发事件应急预案编制的前提和基础是基于情景的分析。情景是决策和管理主体面对突发事件发生和演化进行的态势描述或假设，是形成应急决策和处理方案的重要因素。

在社会安全事件产生和演化过程中起到推动作用的是各种情景的刺激，情景演化是支撑社会安全事件应急和处理的关键和挑战。它主要包含两个层面：一方面是突发事件当前所处的状态，是突发事件从产生到现在的结果，它反映的是“发生了什么”；另一方面是突发事件未来时间点上的发展态势，是基于当前状态的未来发展结果，它反映的是“按照某种趋势发展会怎么样”。在社会安全事件应对中，必须在充分发现和厘清当前事件状态的基础上，对未来的发展态势进行科学分析和评估。根据突发事件的发展过程，情景演变可以分成初始情景、中间情景和结束情景。一般来说，社会安全事件应对的情景分析包括风险源、事件发生地/发生场所、事件起因、影响范围、事件影响及可能造成的危害等内容。

（三）基于“结构-行为”的方法

“结构-行为”视角着重探讨各种社会结构与实际行为之间的联结关系。涉及社会安全事件的行动主体在既定的社会结构、社会生活中形成的观念、价值、认知、信仰等，使得行动者建构出一套行为动力，进而形成潜在的行动意愿或实际行动。政治机会结构理论从客观结构出发，主要关注促成集体行为（或集体行动）中的结构性因素，在宏观的国家、政治、经济、社会、文化、阶级等层面分析社会安全事件产生的根源，例如阶层关系、资源分配的公平性、政治机遇结构等要素。有鉴于此，有效处理社会安全事件需要找到社会结构源头，才能从深层次解决社会安全的风险来源。

社会安全事件呈现的剧目和表演手法是参与者的各种行为。将现实的行为主体作为关注中心，可以通过行为的观测、描述来挖掘和解读社会安全事件中人的行为、心理等。一种是基于理性假设或非理性假设可以分流为两种方向。一种是基于理性假设的研究，以搭便车理论为代表，将行为主体视为理性个体，认为主体的行为决定是对成本风险收益进行理性计算的结果。可计算出的结果是个体卷入社会安全事件的主要依据。也就是说，"人们为了获得特别的好处而聚在一起""集体成员身份的吸引力并不仅仅在于一种归属感，而在于能够通过这一成员身份获得一些什么"。另一种是基于非理性假设的研究，以勒庞在《乌合之众》中阐述的群体社会理论为代表，描述了群体感染、群体模仿等现象和心理，认为群体中的个体具有从众心理、法不责众心态、易受暗示、专横偏执等特点，导致其容易产生极端言行和群体发泄。

三、当前社会安全管理的典型实践

（一）网格化管理

网格化管理是社会管理创新的基本经验，也是当前全国各地加强基层社会安全管理的一种有效武器。网格化管理主要是指地方政府以街道和社区为基础，按照一定的面积或人口为标准将行政区划分为一个个单元网格进行管理。它是无缝隙政府在基层治理实践中的探索，融合了精细化管理的思维，撬动和衍生出了基层社会的微治理。

网格化管理适应了当前我国经济社会发展的基本特性，能够有效回应和解决基层社会治理的瓶颈问题。改革开放几十年的发展，我国社会表现为城镇化、信息化、多元化、人口流动化等主要特征。城市作为现代社会的中心，自身机体不断扩容的同时伴随各种城市病，城市问题越来越多、越来越复杂、越来越难以控制。

网格化管理的出现，转变了基层政府维稳、社会安全管理的理念和方法，提升了基层维稳能力和社会安全管理水平。2013 年 11 月，《中共中央关于全面深化改革若干重大问题的决定》中提出"以网格化管理、社会化服务为导向，健全基层综合服务管理平台"后，网格化管理在前期探索发展的基础上在全国各地大规模推广，在基层社会治理中的作用愈发重要。2015 年，中办和国办联合印发的《关于加强社会治安防控体系建设的意见》明确提出，"2020 年实现全国各县（市、区、旗）的中心城区网格化管理全覆盖"。

过去的社会安全管理遵循的是行政区行政原则，不可避免存在两个缺点："最后一公里"难题导致的安全服务与管理难以落地，以及中心-边缘模式导致的安全服务与管理的非均质化。网格化管理则是按照一定标准划分成若干单元格，整合基层各种服务和管理资源，将人、地、事、物、组织等各种要素纳入网格中，并充分引入多种数字信息技术，建立起全员、全覆盖、全天候的社会安全治理系统和平台，解决了过往社会安全管理中存在的真空和盲区，将安全管理和服务下沉到微小的单元网格和居民，能够有效进行安全风险的防范与管控，有助于提升社会安全服务和管理水平。

（二）社会稳定风险评估

伴随经济高速发展，社会矛盾和社会问题日渐积累，尤其是涉及群众利益的重大事项、重大决策，如以林钢事件为代表的国有企业改制决策、以厦门 PX 事件为代表的重大投资项目决策、以唐福珍事件为代表的征地拆迁决策等，如果处置不当极易产生社会冲突甚至群体性事件，对社会安全造成严重威胁。引入社会稳定风险评估，健全重大决策社会稳定风险评估机制，能够通过预见性治理从源头上发现潜在风险和威胁，预防和减少安全风险，有效避免群体性事件。

社会稳定风险评估（简称稳评）是指与群众利益密切相关的重大决策、重要政策、重大改革措施、重大工程项目、与社会公共秩序相关的重大活动等重大事项在组织实施、制定出台之前，要对可能影响社会稳定的风险进行科学预判、分析和评估，制定相应的风险应对策略和预案。作为重大事项决策的必经法定程序，社会稳定风险评估的实施能够对重大事项可能引发的社会安全风险进行有效规避、预防和控制。自 2005 年四川遂宁市在全国率先实施社会稳定风险评估以来，全国很多省市纷纷移植和效仿，陆续出现了很多颇具特点的稳评模式，如“淮安模式”“上海模式”“平阳模式”“铜仁模式”“张家口模式”等，呈现“遍地开花”局面。在社会安全领域中，社会稳定风险评估已然成为维护社会稳定的重要抓手，成为社会治安综合治理考核的重要内容。

如果“遂宁模式”的探索只是一个尝试，其他地方有样学样，党中央和国务院在地方发展稳评的同时，及时用规范的制度文件巩固稳评探索成果。社会稳定风险评估的相关要求和制度不仅越来越健全、成熟，更是被提高到重要的党政国策，成为社会安全管理和维护社会稳定的重要指导。从其产生和发展过程来看，尽管只是经历了十五六年的时间，发展却非常迅速，大致可以划分为四个阶段。一是粗放阶段，稳评直接指向待评事项，主要研判发生群体性事件的风险；二是规范阶段，在事项实施前通过全面科学地分析可能的风险，预测威胁程度和风险承受能力，评定风险等级；三是精细阶段，发展为系统运用评估方法，全面评估可能的社会安全风险，客观预测责任主体和主管部门的控制水平和合作能力，评估利益相关群体的可承受程度和风险的负面影响，制定相应的预防和处理预案，进而对风险进行定级，并形成循环；四是人性阶段，指稳评要兼顾民众抵触和抗议的最小化以及民众满意度的最大化两个维度。

（三）群防群治

进入风险时代和复杂时代，社会安全管理从来都不是哪一个主体或政府一家单打独斗的事，群众力量的动员与发挥变得尤为重要。20 世纪八九十年代以来，以英国、美国为代表的西方国家大规模推动“邻里守望”计划，依靠和动员居民预防犯罪；巴西、印度等一些发展中大国也采取了类似的行动计划。提及我国的群防群治，一些颇具知名度、耳熟能详的案例跃然而出，如被媒体和网友称为北京四大神秘组织的“朝阳群众”“西城大妈”“海淀网友”“丰台劝导队”。这些在北京非常活跃的治安志愿者队伍，近些年来因其在社会安全领域所发挥的作用备受关注。实际上，它不是北京独有的，内蒙古、广东、辽宁、江苏等全国很多省（区）近些年来都在动员治安志愿者参与社会安全管理。这就是具有我国特色的群防群治，它是群众性、互助性的自防自控活动，是在各级党委政府和专门机关的指导动员下，群众自发组织起来，参与预防和治理违法犯罪活动，维护社会安全和社会秩序的一种活动。

群防群治在基层社会安全管理中的地位和作用尤为重要。第一，我国传统文化中“远亲不如近邻、近邻不抵对门”体现了朴素的生活道理和相处艺术，强调邻里相助、患难相恤的社会合作美德。第二，新中国成立以来群防群治的长期实践。从20世纪50年代在全国推广群众性治安保卫组织，到60年代“枫桥经验”的出现，改革开放之初治安联防队如雨后春笋般涌现，再到如今北京“朝阳群众”等代表的新做法，都体现了群防群治的色彩。第三，群防群治是党的根本工作路线——群众路线——在基层社会治理和社会安全领域的体现和实践。有效动员基层社会力量，团结合作进行群防群治，是我国基层应对社会安全事件、实施社会安全管理的基础性策略，彰显了我国基层社会治理的鲜明底色。

群防群治的实现依赖两大基础。首先是基层群众的合作。“大家的事大家办”，合作是人类社会中广泛存在的一种基本关系，合作在解决具有外部性的公共事务和社会问题中不可或缺。在基层社会层面，面对纷繁复杂的社会安全问题或社会安全事件不期而遇时，基层群众的合作所发挥的作用更为明显，群众的参与织构起严密的社会安全防护网，能够确保各类不稳定因素、安全隐患靠前发现、及时化解。其次是群防群治的实现需要引导。需要指出的是，群防群治虽然从本质上说是一种群众自发性的自防自控活动，但是群众合作通常需要有一种主导力量的牵引，通过思想动员、组织动员、资源动员等各种渠道和方式，融合分散群众力量，尽可能发挥群防群治的最大功效。

【本章重点】

1. 理解社会安全事件的一般特征和专有特征。社会安全事件除了具备突发事件的一般性特征外，还表现为诱发因素的人为性、发生领域的特定性、事件性质的复杂性、事件升级的破坏性和事件处理的特殊性等相对专有特征。

2. 理解社会安全管理的主体、过程和手段。当前已经建立了全面、立体的社会安全管理主体体系；一般需要经历预防预警、回应处理、应急处置和恢复重建四大阶段；综合运用多种手段，可归类为法规治理、技术治理和道德治理。

3. 掌握当前我国社会安全管理的总体状况和主要趋势。整体来看，我国社会安全大局持续保持稳定，反映社会安全的关键性指标表现良好，民众社会安全感稳中向好，社会安全管理效能持续改进。但仍面临多重环境的叠加与交织、复杂多变的普遍性威胁、合理与越轨性行动纠葛、安全需求与预期的上涨、新的典型社会安全问题涌现的挑战。

4. 认识和理解社会安全管理的原则、内容和实践做法。从原则看，社会安全管理要处理好维稳与维权、综治与法治、常态与应急、表层与深层的关系；从内容看，包括明确价值定位、构建安全保障、创新手段矩阵、加强源头管理、高效的现场应急处置等内容；基于“过程-事件”“情景-应对”“结构-行为”，社会安全管理的方法有差异；实践中的典型做法有网格化管理、社会稳定风险评估、群防群治等。

【课后习题】

1. 如何认识和理解社会安全事件?
2. 社会安全事件的专有特征是什么?
3. 简述社会安全管理的主体、过程和手段。
4. 如何认识当前我国的社会安全形势?
5. 社会安全管理应该遵循哪些原则?
6. 概述实践中社会安全管理的典型做法。

第十章
城市交通安全管理

城市交通的目的是满足城市交通参与者的交通需求，交通安全作为交通参与者的基本需求之一，其地位是不言而喻的。随着人们生活水平的不断提高，对交通安全的需求也相应提高，不再是仅仅满足基本的出行需求，而且对环保性、舒适性、时效性也提出了更高的要求。如何通过交通安全管理降低交通事故的发生率，降低事故损失，保障城市交通系统的正常运作仍是一个亟须研究的课题。

第一节　城市交通安全管理概述

城市交通系统是指为城市出行需求提供满足途径的全部交通方式。包括公路交通、城市道路交通、城市轨道交通和城市水上交通等，其中城市道路交通系统和轨道交通系统是现代城市交通系统的主体。不同城市由于其经济和地理条件的差异，而具有不同的客运交通系统。一般城市客运交通系统的构成如图 10-1 所示。

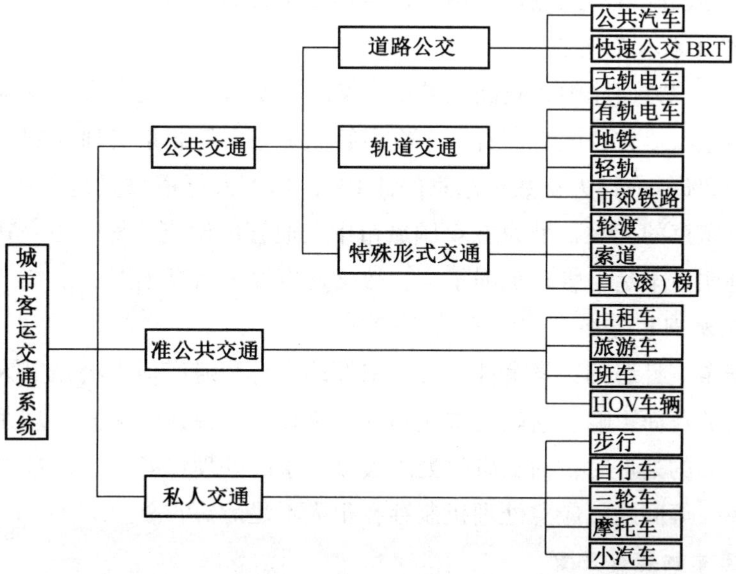

图 10-1　城市客运交通系统构成

城市交通安全系统是指对城市交通中人、车、路系统在运行过程中的安全性、可靠性作出系统分析与评价，同时提出安全保障措施的系统工程。

一、城市交通安全现状

伴随城镇化和机动化进程的不断加快，我国城市规模和城市交通发展快速，但也面临一些诸如道路容量严重不足，路网布局不合理，停车设施不足，城市交通污染严重，缺乏整体的交通发展战略等问题。城市交通拥堵、交通秩序混乱，进而造成交通事故频繁，就是其中比较突出的问题。

1. 机动车增长速度过快

中国的机动车保有量保持高速增长态势。据公安部统计，截至2020年6月，全国机动车保有量达3.6亿辆，其中汽车保有量达2.7亿辆，占机动车总量的75%；摩托车保有量达6889.6万辆，占19.14%。机动车驾驶人4.4亿人，其中汽车驾驶人4亿人。交通资源的供给远远满足不了机动车过快的增长速度，对城市交通安全管理也提出了严峻挑战。

2. 城市交通设施供需不平衡

我国城市交通设施供给力度远远赶不上机动车的增长速度，而大运量公交系统建设缓慢，公交运力结构失衡，没有真正发挥大运量城市公共交通方式在大城市交通出行中的主力军作用。

3. 车辆混行导致交通拥堵加剧

人车混行、机动车与非机动车混行、其他车辆与公交车混行使交通状况更加复杂化，导致许多公共交通设施得不到完善利用，也增加了相关部门的管理难度。

4. 交通管理技术水平低下

由于历史和认识方面原因，我国大城市中交通控制管理和交通安全管理的现代化设施很少。就北京与东京比较，两市都有一个交通管制中心，但北京交通控制中心控制的交叉口数只有东京的3%，人行天桥数是东京的4.8%，地下人行道数只是东京的5%，每公里交通标志数只有东京的15%。北京在全国城市中交通管理设施算是好的，其他城市更可见一斑。由于设施明显不足，管理疏漏不少，故交通事故率居高不下。

5. 应急处置机制不健全

公共交通安全一旦遇到突发事件，可能引发的人身和财产损失将是巨大的，对整个社会也会造成很大的负面影响。这就要求应建立一个合理、快速的应急处理系统。而我国在面对公共交通事故的处理时，面临事故处理缓慢、事故处理设备不足、事故信息掌握不全面、处理方法单一等问题，应急处理机制存在很大不足。

6. 公共交通车辆超载严重

由于路线、车次等方面设置的不科学，在高峰期公共交通车辆处于超载状态。超载使车辆的行驶稳定性、制动性能、转向稳定性趋差，轮胎爆胎可能性增大，极易引发交通安全事故。

7. 驾驶员素质参差不齐

交通用具的驾驶员来自不同环境，素质参差不齐。提高交通用具驾驶员自身综合素质、降低行车事故、改善交通安全刻不容缓。

8. 法律法规不完善，监管力度不够

我国在城市交通安全方面的法律、法规不完善，造成对交通的管理无章可循、无法可依，导致政府部门的监管力度不够。

二、城市交通安全管理的含义

城市交通安全管理就是以城市交通安全为目的，进行有关决策、计划、组织和控制方面的活动。控制事故可以说是安全管理工作的核心，而控制事故最好的方式就是实施事故预防，即通过管理和技术手段的结合，消除事故隐患，控制不安全行为，保障劳动者安全，这也是“预防为主”的本质所在。

城市交通运输系统是由道路交通和轨道交通等多种运输方式组成的一个综合系统，城市交通安全管理以交通运输系统的安全问题作为其研究对象，涉及道路交通安全管理和轨道交通安全管理等。

（一）道路交通安全管理

道路交通是由人、车、道路与外部环境等要素组成的复合动态系统。道路交通事故就是由构成道路交通的诸多要素在某一时空范围内的劣性组合造成的。

导致道路交通事故的原因通常有道路路况条件、车辆安全性能、驾驶员安全素质、参与交通者的安全意识及交通安全管理的水平等。此外，缺乏对道路交通事故发生规律及预防对策的深入研究，也是导致道路交通事故形势严峻的重要原因。因此，道路交通安全管理应通过对道路状况（包括道路路面、道路线形、道路横纵断面、交叉路口及事故多发地段等）、车辆的结构性能（包括驾驶视野、报警装置、碰撞保护装置、仪表、照明和信号装置、驾驶员工作环境、制动性能、操纵稳定性、车辆类型等）、驾驶适应性及其影响因素、交通环境（如交通量、气象条件等）、交通控制（包括交通安全法规、交通执法设备系统等）及道路交通事故发生原因等进行深入研究，提出预防和减少道路交通事故的有效措施。

（二）轨道交通安全管理

城市轨道交通是一个高速运转的“人-机-环境”动态系统，其安全问题尤为突出。轨道交通的特点决定了轨道运输作业过程是由许多子系统相互作用而完成的，它要求车务、机务、工务、电务、车辆、客运、工程等部门联合作业。轨道交通使用的设备数量庞大、种类繁多。此外，自然环境、社会环境等因素的影响也不容忽视。

轨道交通安全管理主要通过对运输安全有关人员（包括运输系统内人员、旅客、机动车驾驶人员等）、设备（包括线路、机车、车辆、通信信号、供电供水等基础设备和安全监测、监控、事故救援、自然灾害预报与防治等运输安全技术设备）、环境（包括自然环境和社会环境)、管理(包括安全组织管理、安全法制管理、安全技术管理、安全教育管理、安全信息管理和安全资金管理)进行深入研究,发现安全的薄弱环节,进而提出预防和减少事故的有效措施。此外,为确保列车运行及调车作业安全,还必须对轨道运输作业过程进行深入研究,包括行车调度指挥安全、接发列车作业安全、调车作业安全、中间站作业及运转车作业安全、装卸作业安全、旅客运输安全、机务作业安全、车辆作业安全、工务作业安全、电务作业安全、非正常情况下(如恶劣气候、设备故障、电话中断等)的作业安全及应急处理作业安全(如列车火灾应急处理、列车冒进信号应急处理等)。

三、城市交通安全影响因素

(一) 道路交通安全影响因素

人、车辆、道路和交通环境是构成交通系统的基本要素,因此在分析造成交通事故发生的原因时,也要从这几个方面入手分析。

1. 人的因素

人既是交通事故的制造者,又是交通事故的受害者。同时,人是交通安全中的一个能动因素,所以人是交通安全的主体。人对交通事故形成的影响,主要表现在以下几个方面:

(1) 自身的生理、心理状况等不符合交通安全的要求。

(2) 自身违章行走、违章操作、违章装载、违章行驶等酿成事故。

(3) 对他人的交通动态及道路变化、气候变化、车况变化观察疏忽或措施不当等引起交通事故发生。

从交通事故发生的原因分析中可以看出,有80%~85%的交通事故是由于人的违章行为造成的,人是交通事故发生原因中一个最主要的因素。

2. 车辆因素

车辆是现代城市交通的主要运行工具。车辆技术性能的好坏,是影响道路交通安全的重要因素。主要是由于车辆发生了制动失效或不良、灯光失效、转向失效等机械故障,从而使驾驶员无法及时避免事故发生。也有事故因车辆装载超高、超宽、超载及货物绑扎不牢固所致。另外,车辆种类的多样化使驾驶员对所驾车辆的性能并不熟悉,这也是导致交通事故发生的一个主要原因。

3. 道路因素

道路交通安全取决于交通过程中人、车、路、环境之间是否保持协调,道路本身的技术等级、设施条件及交通环境作为构成道路交通的基本要素,它们对交通安全的影响是不容忽视的,在某些情况下,它们可能成为导致交通事故发生的主要原因。

在人、车、路三要素中,驾驶人是环境的理解者及指令的发出和操作者,因此是系统的核心。车和路的因素必须通过人才能起作用,人、车、路组成的系统时刻在变化,三者靠人的干预达到平衡，因此人是交通事故的关键因素。

人对所处环境的认知和反应在很大程度上取决于人固有的生理和心理，因此车辆和道路环境对人的行为会产生很大影响。

4. 交通环境因素

1）交通量的影响

在影响驾驶员行车的诸多交通因素中，交通量的影响起主导作用。交通量的大小，直接影响驾驶员的心理紧张程度，也影响交通事故率的高低。

2）交通混杂程度与行车速度的影响

我国的混合交通和交通混杂程度严重，不同速度的交通出行者处于相同的交通环境中，是交通事故率高的重要原因之一。

3）交通信息特征与交通事故

汽车是在错综复杂的环境中行驶的，行车过程中驾驶员总是通过自己的视觉、听觉、触觉等从不断变化的交通环境中获得信息，并通过对它们的识别、分析、判断和选择作出相应的反应。

不同的信息特征，经驾驶员分析、判断后会产生不同的心理反应，也就有不同的安全感，即驾驶员的安全感与道路安全保证的不同组合，决定了道路交通安全程度的高低。

上述分析重在阐明交通事故的微观发生机理，它告诉我们，人、车辆、道路和交通环境都是可能引起事故的重要因素。另外，从宏观上看，交通运输量、机动车保有量的大小，对交通事故发生的多少有决定性影响。显然，当事故发生概率相同时，运输车辆越多，运输里程越长，事故的发生次数就越多。

（二）轨道交通安全影响因素

1. 人员因素

轨道交通系统中的人员包括从事和参与轨道交通运营的相关人员、机车乘务人员、各工种的调度人员、车站行车人员以及行车设备操作、管理、维护人员等；接受轨道交通系统服务的人员包括车站内候车的乘客、列车上的乘客等。人对轨道交通安全产生影响，主要源于人的可靠性和操作行为，人的可靠性包括心理生理因素、精力分散、反应迟钝、采取措施不当等；而人的操作行为则包括违反规定、业务不熟悉、操作失误等。

2. 设备因素

设备既是保证轨道交通系统正常运营的物质基础，又是城市轨道交通安全的重要保证。轨道交通系统设备主要包括运输基础设备和安全技术设备。其中，运输基础设备又分为移动设备和固定设备，移动设备包括机车、车辆、通信设备等；固定设备包括线路、车站、信号设备等。安全技术设备则包括安全监控及监测设备、灾害预报和防治设备、事故救援设备以及其他安全设备。

3. 环境因素

轨道交通系统环境包括社会环境、自然环境和人工环境。其中，社会环境和自然环境属于外部大环境，人工环境则主要指系统内部的作业环境，如图 10-2 所示。其中作业环境和内部社会环境是可控的，而外部社会环境和自然环境是不可控的，通过改善可控的内部小环境来适应不可控的外部大环境，从而保证系统运营安全。

自然环境中如雨雪、迷雾、台风、水灾、地震等也会对运营安全产生一定影响。社会环境包括社会的政治环境、经济环境、技术环境、管理环境、法律环境及社会风气、家庭环境等，都对轨道运营安全有不同程度的影响。

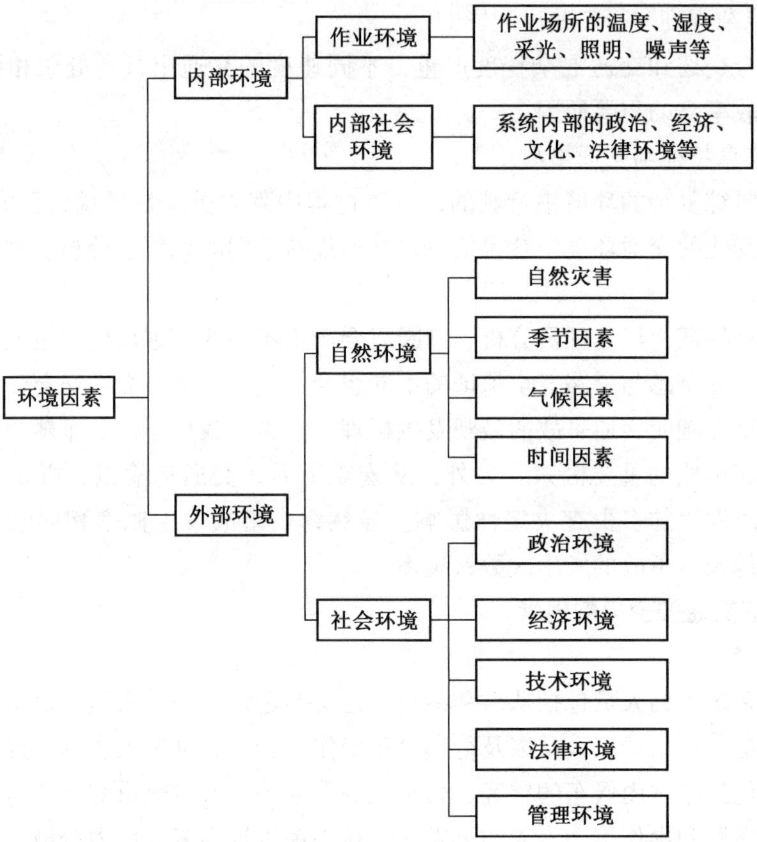

图 10-2　影响城市轨道交通系统安全的环境因素

4. 管理因素

轨道交通系统安全管理是充分组织、协调、控制的人-机-环境所组成系统的各个元素的过程，因此，管理的疏忽和失误通常是造成事故的根本原因。管理主要包括对轨道交通行车人员、设备、行车组织的管理。包括编制有关行车的规章、制度、条例、细则、方法和行车组织方法等，并监督其贯彻执行及进行行车事故救援和路内外联防等的安全管理。

轨道交通系统各安全影响因素之间相互独立又相互联系、相互影响，其关系如图 10-3 所示。

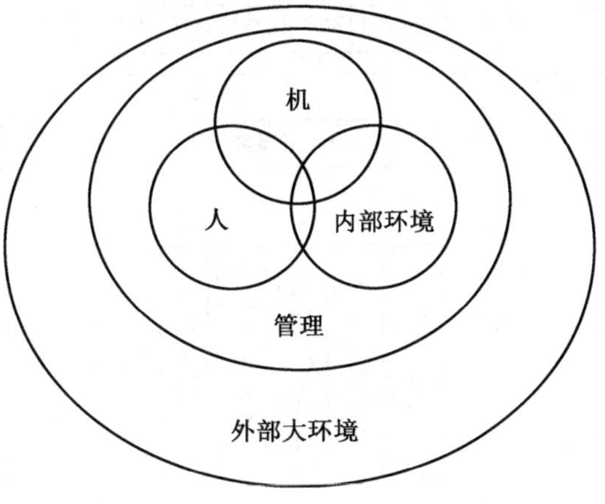

图 10-3　城市轨道交通安全系统各影响因素间的关系

四、城市交通安全系统

这里从交通参与者、车辆、基础设施、交通环境等方面系统分析其与交通安全的关系。

（一）交通参与者与交通安全

在城市交通系统中，交通参与者处于整个系统的中心位置，所有交通参与者都与交通安全有直接关系。交通参与者可以分为机动车参与者、行人、乘客和非机动车参与者，机动车参与者主要指驾驶人，驾驶人的感知、判断、动作执行等任何一项行为不当，均可引起交通事故。交通参与者也可以指对交通产生直接影响的人员，包括提供服务者、被服务者及其他人员。

（二）车辆与交通安全

车辆动力性、制动性、操稳性、平顺性等性能及技术状况与交通安全有密切关系，因此而发生过很多严重的交通事故。为避免发生事故或发生事故后避免或减轻对人员、车辆的伤害程度，道路交通机动车辆广泛应用了防抱死制动系统、电子制动力分配系统、驱动防滑系统、电子稳定系统、安全气囊等被动安全技术，以及车辆巡航控制系统、机动车自动防撞系统、安全辅助驾驶系统等主动安全技术。轨道交通普遍采用行车自动化系统、列车自动控制系统 ATC（图 10-4）等行车安全运行技术保证列车运行安全。

（三）基础设施与交通安全

城市交通基础设施是城市区域范围内所拥有的或能控制的，且需要先行由政府有效供给的，对社会经济效益起基础作用的重要公共资源。包括道路设施、公共交通设施（地面常规公交、轨道交通、快速公交系统）、停车与枢纽设施等。与城市交通基础设施有关的因素主要涉及道路线形、交叉口、路面及交通安全设施等。

如果交通基础设施的线形设计不合理，不仅减低了通行能力，而且可能诱发交通事故。

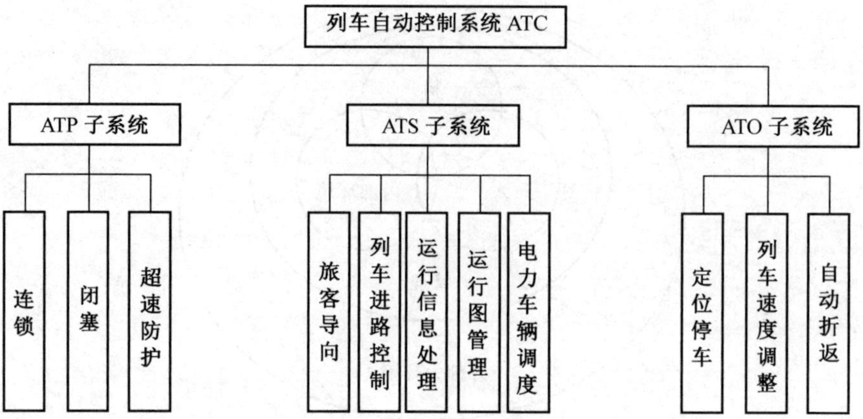

图 10-4　城市轨道交通列车安全运行技术

路基高度、边坡坡度及路面平整度对车辆的行驶性能乃至交通安全有较大影响。交叉口是各种车辆和行人汇集的地点，是交通冲突的主要来源，机动车、骑行者、行人等各种交通相互干扰，降低行车速度、造成交通阻滞，容易发生交通事故。

（四）城市交通环境与交通安全

1. 交通条件与交通安全

交通量大小与交通事故的发生有非常密切的关系，交通量与交通流饱和度直接相关，而交通流饱和度影响交通事故的频率与严重程度。图 10-5 所示为交通事故率与交通饱和度的关系。城市道路交通实际表明，道路交通流的类型构成越复杂，对交通安全越不利。车速与交通事故有密切关系，随着车速提高，驾驶人可以支配的时间明显减少，作出错误决定的可能性就会相应增加，从而导致交通事故发生的可能性变大，且一旦发生事故，危害程度更为严重。

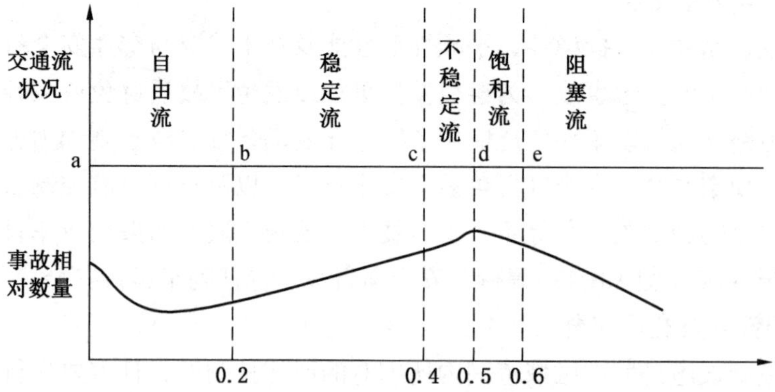

图 10-5　交通事故率与交通饱和度的关系

2. 交通景观与交通安全

交通景观是一种带状的人文和自然相结合的大地风景，是由城市交通附属设施、周边自然环境及人的活动等因素所构成的一个总的空间概念，反映了路域环境特征，也是人文与自然环境相结合的建筑艺术。交通景观对交通安全有促进作用和制约作用，促进作用体现为：延缓驾驶员疲劳和紧张，促进交通安全；合理的景观具有视线引导性，可提高驾驶人行驶的安全性；缓解自然环境的明暗变化；改善交通环境，提升交通安全水平。而分散驾驶人的注意力，遮挡视线、增加碰撞的风险、视觉误导等景观制约作用会影响交通安全。

第二节　城市交通安全管理因素及系统管理

一、城市交通安全管理因素

交通安全管理影响因素涉及面很广，内容非常丰富，包括安全组织、安全法制、安全技术、安全教育、安全信息及安全资金等，如图 10-6 所示。

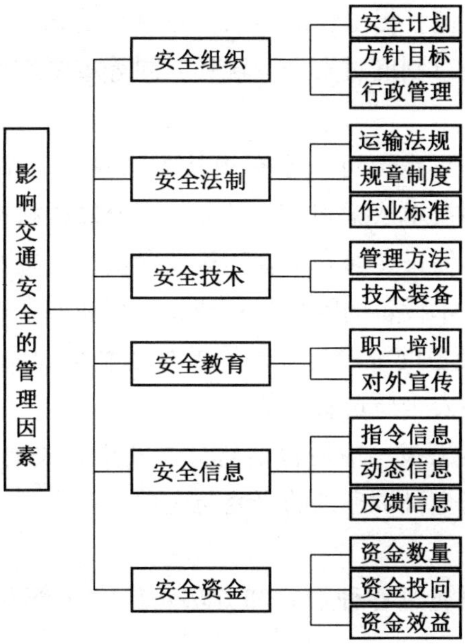

图 10-6　影响交通安全的管理因素

（一）安全组织管理

安全组织管理是安全管理的实施主体，负责安全的组织领导、协调平衡、监督检查工作，使运输企业安全管理体制有效正常运转，保证安全目标实现。其主要内容有：

（1）安全计划管理。安全计划管理负责交通安全的中长期规划和近期计划的编制与组织实施，以及方针、目标和政策的制定与落实。

（2）安全行政管理。安全行政管理包括各级安全管理机构的设置和职责划分、安全工作组织领导原则和方法的确定以及保证职工安全生产的组织手段。组织手段包括：①安全劳动管理，对直接制约交通安全的关键因素如人员配备与组合、定员与班制、劳动定额和分配关系等合理规定与协调；②职工生活管理，为保证职工以饱满热情和旺盛精力投入安全生产，在职工物质生活、精神生活和医疗卫生等方面所作出的妥善安排；③安全行为管理，主要是运用各种安全管理手段对个人行为、群体行为、管理行为及人际关系进行激励、约束和协调。

（二）安全法制管理

安全法制管理的任务是严格遵循国家有关交通安全的法律、法规等条文规定．对各种运输规章制度和作业标准进行研究、制订、修改、完善、贯彻和落实，使交通安全管理工作做到有法可依、有法可循、违法必究、违章必查。其主要工作有以下两项：

（1）建立健全工作。安全法规要在尊重实践、尊重科学的基础上，通过建立、修订、补充逐步形成相对稳定、协调一致、切实可行的规章制度和作业标准体系。

（2）增加废止工作。技术条件和作业环境的变化，必然会对交通安全规章制度和作业标准的针对性、有效性和规范性提出新的要求。在原有基础上，及时增加运输生产急需的规章规定和废止不适用的规章制度对安全运输具有同等重要作用，不可偏废。

（三）安全技术管理

安全技术管理的任务是正确执行国家有关技术政策、标准、规程和铁路主要技术政策，为交通安全提供可靠的技术依据和技术措施，充分发挥科技是第一生产力的作用，不断吸收现代科技先进成果，促进交通安全管理科技含量日益提高。由此可见，交通安全技术管理包括对交通安全硬技术设备的维护与管理和对交通安全软技术的开发与应用。

（1）交通安全硬技术设备的维护与管理是指对运输基础设施和安全技术设备的研制、试验、引进、装配、维护和安全质量管理等。

（2）交通安全软技术的开发与应用包括与交通安全有关的各种操作办法、管理方法、交通安全管理基础理论及安全科学理论的研究与应用。

（四）安全教育管理

为实现交通安全，必须通过各种形式和方法对广大干部和职工进行经常性的安全教育，其内容主要有：

（1）安全思想教育。这是安全教育的重点所在，内容包括安全生产方针、政策、重要意义，劳动纪律、作业纪律，各项规章制度和典型事故案例教育等。通过正反两方面的教育使基层作业人员和各级管理人员牢固树立“安全第一”思想，强化“预防为主”意识，正确处理好安全与效率、效益的关系。

（2）安全知识教育。安全知识教育包括安全生产技术知识教育和安全管理知识教育，目的是解决应知的问题。前者包括运输生产特点、安全特性、设备性能、各部门作业方法及规范要求、事故成因及预防等；后者主要是针对安全管理人员而进行的安全教育，内容包括交通安全管理体制和各部门安全管理体系的构成与运作、事故预警和预防，系统安全评价的基本原理和方法，人机工程学、安全心理学、行为科学等有关知识与应用。

（3）安全技能教育。这是通过对作业人员进行长期、反复训练及本人实践，把所学到的安全知识转化为动手能力的过程，主要是解决应会的问题，内容包括岗位熟练操作、防止误操作和处理异常情况的技术、知识和能力。

（4）事故应急处理教育。事故应急处理教育一般应包括事故应急处理知识教育、自我保护和自救互援教育、事故现场保护方法教育和事故应急处理演习等。通过上述教育有效防止事故损失扩大，为清理事故现场和迅速恢复正常运输秩序创造有利条件。

此外，交通安全是一项全员参与的活动，对各种交通参与者进行交通安全知识、交通安全常识及安全法制宣传、教育也是安全教育管理的重要内容，应与地方政府配合进行。

（五）安全信息管理

安全信息一般是指在运输生产过程中，对一切有利于安全生产的指令和系统安全状态的描述或反映。安全信息既是安全管理的对象，又是安全管理的重要支持。安全信息包括安全指令信息、安全动态信息、安全反馈信息、其他如安全科学技术与管理信息等。

从某种意义上说，交通安全管理就是准确、及时、经济地收集、加工、传递、存储、检索、输出一切对交通安全有用有利的管理信息，并用交通安全所需的安全指令信息、安全动态信息、安全反馈信息和其他先进的安全科技和管理信息，精心指挥、精心组织、精心管理运输生产，不断开创交通安全生产新局面。为此，就要有严密的组织和先进的手段加以保证，如建立健全各种信息中心和网络，并广泛应用电子计算机和各种先进的信息处理技术。

（六）安全资金管理

要搞好交通安全，必须有相应的安全资金保证。安全资金管理包括对保证交通安全所需资金的筹集、调拨、使用、结算、分配等，并进行安全投资的经济评价与经济分析，实行财务监督等。

二、城市交通安全系统管理

安全系统管理是根据安全系统分析和安全系统评价结果，按照“安全第一、预防为主、综合治理”原则，构建安全管理体系，强化和落实安全管理机制和措施。依照交通安全系统管理的基本原理和要求，安全系统管理的基本内容包括以下三个方面。

（一）交通安全总体管理

交通安全总体管理是针对交通运输人-机-环境系统整体的安全管理。交通安全总体管理的目的是提出一定时期的交通安全要求，并构建根据目标运转的交通运输安全人-机-环境控制系统。在交通运输管理工作中，有计划、生产、技术、质量、物资、设备、劳动、财务管理等各个方面，一切服务于安全生产的各管理部门，为确保交通安全所做的工作都应纳入总体安全管理的范畴，包括安全组织、安全法规、安全技术、安全教育、安全信息、安全资金等，形成安全管理工作的总体。

（二）交通安全重点管理

为保证和实施交通安全，一方面要认真做好安全基础管理（即总体安全管理）的各项工作；另一方面应根据实际需要和生产规律对影响安全的关键因素进行重点管理，点面结合，更好地把握交通安全生产的主动权。凡对交通运输生产安全起决定性作用的影响因素及系统薄弱环节应重点加强安全管理和控制，如人员设备管理、标准化作业控制、结合部作业控制和非正常情况下作业控制等，使有限的安全管理资源发挥更大效用。在交通运输人-机-环境系统中，由于各组成要素相互关系错综复杂，系统内外情况变化多端，因此，在不同时间、不同作业空间、不同部门工种及不同客观条件下，对人、设备、环境、作业的管理要求和侧重点亦有所不同，从而形成了交通安全重点管理的对象和内容，它们是交通安全系统管理中的重要组成部分，也是安全动态管理的具体体现。

（三）交通安全事后管理

交通安全事后管理是交通事故发生后的安全管理工作，它是交通安全系统管理不可缺少的重要组成部分。交通事故发生后，主管部门和有关单位需要做大量调查和处理工作。如减少事故损失和防止事故扩大的抢险、救援及事故定性定责，总结经验教训，采取防范措施等，以防止同类事故重复发生。但更为重要的是对于导致事故的直接和间接原因及其相互间的内在联系进行实事求是、深入细致地分析，形成有利于改善安全状况的共识和对策，并将其上升为交通安全总体管理和重点管理的新内容。

尽管事故发生不以人的意志为转移，但遵循事故发生的客观规律和运动法则，强化事后安全管理，可以更好地认识、掌握、运用事故信息资源，把坏事变成好事，更有成效地预测、控制、杜绝交通事故发生。

交通安全系统管理，即通过安全总体管理、重点管理和事后管理的综合实施和全面加强，促进交通运输安全全过程（计划、实施、监控）、全员（领导、干部、职工）、全要素（人员、设备、环境等）的全方位管理，有效实现从“事故消防”向“事故预防”、从“重治标，轻治本”向“标本兼治，从严治本”、从“条块分割，各自为主”向“条块结合，以块为主，逐级负责”等方面转变，切实把握交通运输安全生产的主动权。

第三节　城市交通安全管理内容

城市交通安全管理的流程为：城市交通系统安全分析（识别与预测危险），安全性评价（包括人、载运工具、环境、组织等），时空尺度下安全性比较，安全性综合评价，提供最佳的安全决策。其中，城市交通系统安全分析和评价是安全管理的核心，只有分析准确、评价科学，才能得出最佳决策，由此采取的安全措施才能得力。安全措施是针对存在的问题，对城市交通系统进行调整，对危险点或薄弱环节加以改进。安全对策主要有两个方面：一是预防事故发生的措施，即在事故发生之前采取适当的安全对策，排除危险因素，避免事故发生；二是控制事故损失扩大的对策，即在事故发生之后采取补救措施，避免事故继续扩大，使损失减少到最小。

一、城市交通安全分析与评价

（一）城市交通安全分析

城市交通安全分析是城市交通安全管理的“排头兵”。通过对交通安全状况和各类交通事故的调查、统计、分析，可以全面了解交通安全现状，查找安全隐患，预测交通安全发展态势，从而分析各种因素对交通安全的作用和影响。要进行交通安全分析，首先要了解交通事故的一般分类及特征，选取恰当指标，从不同维度刻画事故的形态、责任、原因等，进而建立事故预测模型，揭示交通事故与各种要素之间的必然联系，为交通安全管理提供科学的、可推广的决策。安全分析方法有多种，在危险因素辨识中广泛应用的安全分析方法主要有以下几种。

1. 统计图表分析（Statistic Figure Analysis，SFA）

统计图表分析是一种定量分析方法，适用于对系统发生的事故情况进行统计分析，便于找出事故发生规律。

2. 因果分析图（Cause-Consequence Analysis，CCA）

将引发事故的重要因素分层（枝）加以分析，分层（枝）的多少取决于安全分析的广度和深度要求，分析结果可供编制安全检查表和事故树用。该方法简单、用途广泛，但难以揭示各因素之间的组合关系。

3. 安全检查表（Safety Check List，SCL）

按照一定方式（检查表）检查设计、系统和工艺过程，查出危险性所在。该方法简单、用途广泛，没有任何限制。

4. 预先危险性分析（Preliminary Hazard Analysis，PHA）

确定系统危险性，尽量防止采用不安全的技术路线，危险性的物质、工艺和设备。其特点是把分析工作做在行动之前，避免由于考虑不周而造成损失，当然在系统运转周期的其他阶段，如检修后开车、制定操作规程、技术改造之后、使用新工艺等情况，都可以采用这种方法。

5. 故障模式及影响分析（Failure Model and Effects Analysis，FMEA）

以硬件为对象，对系统中的元件进行逐个研究，查明每个元件的故障模式，然后进一步查明每个故障模式对子系统以至系统的影响。该方法易于理解，是广泛采用的标准化方法。但一般用于考虑非危险性失效，费时较多，而且一般不能考虑人、环境和部件之间的相互关系等因素，因此主要用于设计阶段的安全分析。

6. 危险性和可操作性研究（Hazard and Operability Analysis，HOA）

研究工艺状态参数的变动，以及操作控制中偏差的影响及其发生原因。其特点是由中间的状态多数的偏差开始，分别向下找原因，向上判明后果，是故障模式及影响分析和事故树分析方法的延伸，具有二者的优点，适用于流体或能量的流动情况分析，特别是大型化工企业。

7. 事件树分析（Event Tree Analysis，ETA）

由初始事件出发，按照逻辑推理推论其发展过程及结果，即由此引起的不同事件链。该方法广泛用于各种系统，能分析出各种事件发展的可能结果，是一种动态的宏观分析方法。

8. 事故树分析（Fault Tree Analysis，FTA）

由不希望事件（顶事件）开始，找出引起顶事件的各种失效事件及其组合，最适用于找出各种失效事件之间的关系，即寻找系统失效的可能方式。该方法可包含人、环境和部件之间的相互作业等因素，加上简明、形象化特点，已成为安全系统工程的主要分析方法。

（二）城市交通安全评价

1. 安全评价的内容

城市交通安全评价的目的是查找、分析和预测工程、系统存在的危险、有害因素及可能导致的危险、危害后果和程度，提出合理可行的安全对策措施指导事故预防，以达到低事故率、最少损失和最优的安全投资效益。

交通系统安全评价包括危险性辨识和危险性评价两方面。危险性辨识通过一定手段判定、分析交通系统中固有的和潜在的危险，并对系统中已经查明的危险进行定量化处理，为危险性评价提供依据。危险性评价旨在减少或消除危险源。交通系统安全评价内容如图10-7所示。

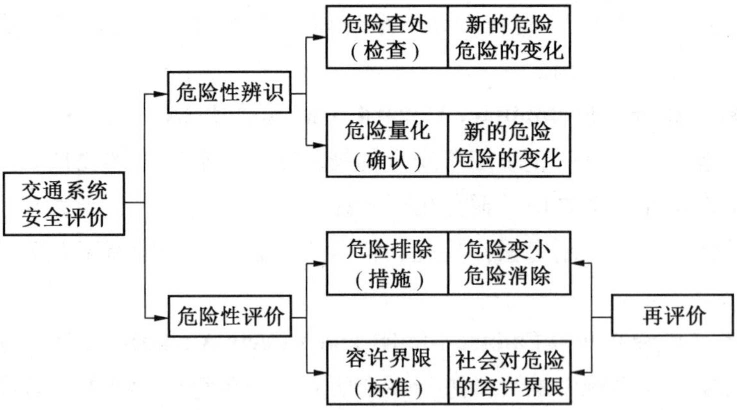

图10-7 交通系统安全评价内容

2. 安全评价的流程

交通系统安全评价流程主要包括准备阶段，危险、有害因素识别与分析，定性、定量评价，提出安全对策措施，形成安全评价结论及建议，编制安全评价报告，如图10-8所示。

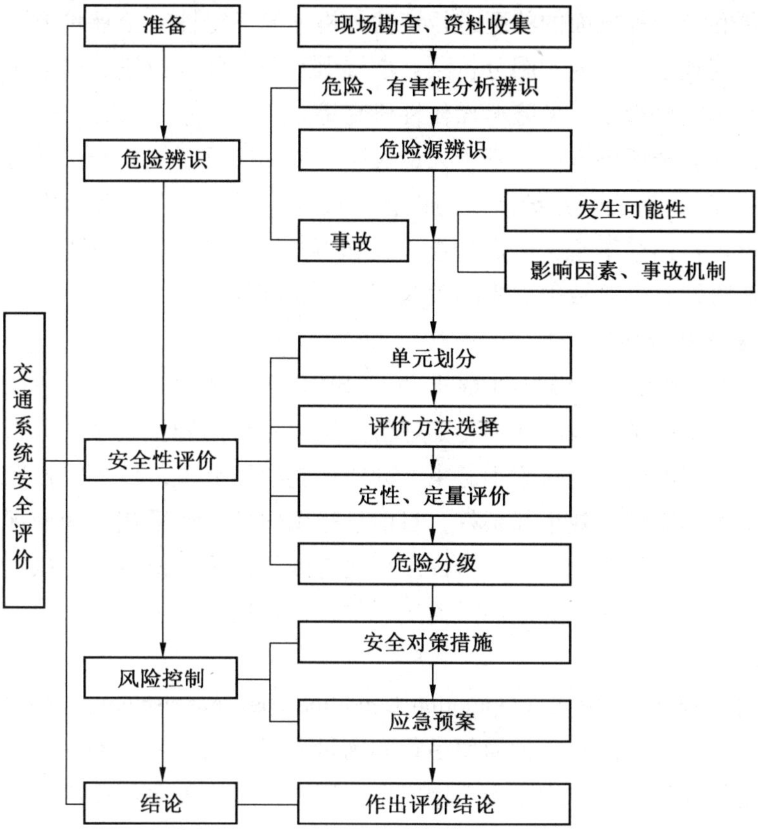

图 10-8 交通系统安全评价流程

（三）安全评价的方法

1. 按照危险源类型划分的方法

1）第一类危险源的危险性评价

评价第一类危险源危险性的主要方法有后果分析和划分危险等级两种方法。

后果分析法通过计算意外释放的能量、危险物质造成的人员伤害和财物损失，定量评价危险源的危险性。后果分析法需要的数学模型准确度较高，需要的数据较多，计算复杂，一般应用于危险性特别大的重大危险源的危险性评价。

划分危险等级是一种相对的评价方法，它通过比较危险源的危险性，人为地划分出一些危险等级来区分不同危险源的危险性，为采取危险源控制措施或进行更详细的危险性评价提供依据。划分危险等级的方法因其简单易行而得到了广泛应用。

2）第二类危险源的危险性评价

第二类危险源按照安全结果的量化程度，交通系统安全评价方法大致包括定性评价和定量评价两类。

定性交通系统安全评价方法，根据经验和直观判断能力对交通系统涉及的设备、设施、环境、人员和管理等方面的状况进行定性分析，属于定性安全评价方法的有安全检查表、专家现场询问观察法、因素图分析法、事故引发和发展分析法、作业条件危险性评价法、故障类型和影响分析法、危险可操作性研究等。

定量交通系统安全评价方法，基于大量实验结果和广泛事故资料统计分析获得的指标或规律（数学模型），对交通系统涉及的设备、设施、环境、人员和管理等方面状况进行定量计算。安全评价的结果是一些定量指标，如事故发生的概率、事故的伤害（或破坏）范围、定量的危险性、事故致因因素的关联度或重要度等。

2. 常用安全评价方法

1）安全检查表评价法（Safety Check List，SCL）

安全检查表评价法是一种简便易行的评价方法，它根据经验或系统分析结果，把评价项目自身及周围环境的潜在危险集中起来，列成检查项目清单，评价时依照清单逐项检查和评定。该方法虽然简单，效果却很好，目前已被国内外广泛采用。为使评价工作得到关于系统安全程度方面量的概念，开发了许多行之有效的评价计值方法。根据评价计值方法不同，安全检查表评价法又分为逐项赋值法、加权平均法、单项定性加权记分法和单项否定计分法。

2）作业条件危险性评价法（Operation Condition Risk Assessment，OCRA）

作业条件危险性评价法是一种简便易行的衡量人们在某种具有潜在危险的环境中作业的危险性的半定量评价方法，它是由美国安全专家格雷厄姆和金尼提出的。该方法以与系统风险率有关的三种因素指标值之积来评价系统人员伤亡风险的大小，并将所得作业条件危险性数值与规定的作业条件危险性等级相比较，从而确定作业条件的危险程度。众所周知，作业条件的危险性大小取决于三个因素：发生事故的可能性大小（L），人体暴露在这种危险环境中的频繁程度（E），一旦发生事故可能会造成的损失后果（C）。

$$D=L\times E\times C \tag{10-1}$$

D 值大，说明该系统危险性大，需要增加安全措施，减少发生事故的可能性，或者降低人体暴露的频繁程度，或者减轻事故损失，直至调整到允许范围。

3）概率风险评价法（Probability Risk Assessment，PRA）

这是一种定量安全评价方法，根据事故的基本致因因素的事故发生概率，应用数理统计中的概率分析方法，求取事故基本致因因素的关联度（或重要度）或整个评价系统的事故发生概率，然后结合事故后果严重度的估值进一步计算风险，以风险大小确定系统的安全程度，以此衡量系统的危险程度是否超过可接受的安全标准，以便决定是否需要采取相应的安全措施，使其达到社会所公认的安全水平。

概率安全评价的标准是风险，即单位时间系统可能承受损失的大小，它综合了事故发生概率和造成后果的损失严重度两个方面因素。事故发生概率是单位时间内事故发生的可能性，损失严重度是指发生一次事故损失的大小。如果事故发生的概率很小，即使后果严重，风险也不会很大；如果事故发生的概率很大，而每次事故的后果却不严重，那么风险同样也不会很大。

4）安全综合评价法（Comprehensive Safety Assessment，CSA）

对指标体系的安全综合评价方法叫多指标安全综合评价法，它是把多个描述被评价对象不同方面且量纲不同的定性和定量指标转化为无量纲的评价值，并综合这些评价值以得出对该评价对象的一个整体评价。多指标安全综合评价法具有多指标、多层次特性，能较好地处理大型复杂系统的安全评价问题，因而得到了广泛应用。

5）模糊聚类分析（Fuzzy Cluster Analysis，FCA）

这是数理统计中的一种多元分析方法，它是用数学方法定量确定样本的亲疏关系而客观地划分类型。当聚类涉及事物之间的模糊界限时，需运用模糊聚类分析方法。其实质是根据客观事物间的特征、亲疏程度、相似性，通过建立模糊相似关系对客观事物进行聚类的分析方法。

6）伤害（或破坏）范围评价法（Range of Injury Assessment，RIA）

根据事故的数学模型计算事故对人员的伤害范围或对物体的破坏范围的安全评价方法。这类方法适用的数学模型包括液体泄漏模型、气体泄漏模型、气体绝热扩散模型、爆炸冲击波超压伤害模型、蒸气云爆炸超压破坏模型、毒物泄漏扩散模型等。

7）交通冲突技术（Traffic Conflict Technology，TCT）

交通冲突技术是按照一定标准，对冲突发生过程及严重程度进行定量测量与判别，并应用于安全评价的技术方法。交通冲突技术是一种典型的非事故统计间接评价法，以“近似事故”的间接观测为基础，依照一定标准，对冲突发生过程及严重程度进行定量测量与判别，是一种较为有效的交通安全评价方法，也是目前国际上用于定量研究多种交通安全问题及其对策的重要方法。

8）主成分分析法（Principal Component Analysis，PCA）

这是研究如何将多指标问题转化为较少的综合指标的一种重要分析方法，它能将高维空间问题转化到地维空间去处理，使问题变得比较简单、直观，而且这些较少的综合指标之间互不相关，又能提供原有指标的绝大部分信息。

9）危险指数评价法（Hazard Index Assessment，HIA）

应用交通系统的事故危险指数模型，根据系统及其物质、设备（设施）和工艺的基本性质及状态，采用推算办法，逐步给出事故的可能损失、引起事故发生或使事故扩大的设备、事故的危险性以及采取安全措施的有效性的安全评价方法。常用的危险指数评价法有蒙德火灾爆炸毒性指数评价法，易燃、易爆、有毒重大危险源评价法等。

10）事故多发位置（Accident Prone Locations，APL）

它是指在所定的统计周期内，特定的路网范围对应某种算法得到的交通事故发生水平评定指标明显高于类似地点、类似交通状态下区域路网上的平均指标。合理地确定统计时间周期、特定的路网范围、评定指标和鉴别方法等，是鉴别事故多发位置的关键。

由于工艺、设备设施不同及事故类型、事故模式等不同，因而所采用的分析和评价方法是不同的。交通安全分析和评价方法很多，几乎每种方法都有较强的针对性，对具体的评价对象，必须依据实际情况，考虑分析和评价的目的、资料的影响、系统特点、分析和评价结果表现形式、经济与技术条件等因素选出合适的方法才能取得良好的评价效果。

二、城市交通安全技术

现代通信和计算机技术的发展，为交通安全控制系统的建立创造了条件。因此，交通安全技术的发展趋势表现在实时化、信息化、智能化方向。

（一）交通安全技术的基本内容

为解决交通安全问题，交通运输部门采取了各种安全方法和手段。这些方法和手段，基本遵循了以下措施的实施步骤：

（1）从设计入手，达到从根本上保证安全的目的，即从道路、线路、车辆、航空器等的设计入手，解决各种危害交通安全的事故隐患，或加强对交通事故的防护等。因此，提出交通安全的设计技术。

（2）在交通运行过程中，加强对移动设备、固定设备、环境等的状态以及运输对象实时监控。采取最先进的技术，对影响交通安全的因素进行监控，随时发现问题并解决问题，达到预防事故和消除事故隐患的目的。因此，提出交通安全的监控和检测技术。

（3）基于维护、维修的移动设备和固定设备的安全检测。在交通设施设备运行过程中，为保持其完好状态，需要随时对其进行维护和维修。利用先进的检测技术，可帮助维修人员发现需要维修之处和确定维修时间等。由此，提出基于维护和维修的安全检测与诊断技术。

（4）紧急救援。交通安全管理的基本方针应是“安全第一、预防为主”。尽管采取了各种安全预防措施，但还是存在事故发生的可能性，还会产生一定数量的交通事故．这就需要采取紧急救援技术和措施，最大限度降低事故损失。

安全技术可以划分为预防事故发生的安全技术及防止或减轻事故损失的安全技术，这是事故预防和应急措施在技术上的保证。

（二）预防事故的交通安全设计技术

通过设计来消除和控制各种危险，防止所设计的系统在研制、生产、使用中发生导致人员伤亡和设备损坏的各种意外事故，是事故预防的最佳手段。为了全面提高现代复杂系统的安全性能，在系统安全分析的基础上，系统设计人员必须在设计中采取各种有效措施来保证所设计的系统具有满足要求的安全性能。因此，为满足规定的安全要求，可以采用不同的安全设计方法。主要的安全设计方法有控制能量、危险最小化设计、隔离、闭锁、锁定和连锁、故障-安全设计、故障最小化、告警等。

（三）避免和减少事故损失的交通安全设计技术

只要有危险存在，尽管可能性很小，就存在导致事故的可能性，而且没有任何办法精确地确定事故发生时间。另外，事故发生后如果没有相应的措施迅速控制局面，则事故规模和损失可能会进一步扩大，甚至引起二次事故，造成更大更严重的后果。因此，必须采取相应的应急措施避免或减少事故损失，至少能保证或拯救人的生命。这类措施在技术上包括隔离、个体防护、逃逸、避难和营救措施等。

选取减少事故损失安全技术的优先次序为：①隔离和屏蔽；②接受小的损失；③个体防护；④避难和救生设备；⑤营救。

三、城市交通应急管理

城市交通突发事件是指在城市交通区域范围内突发的造成城市交通系统紊乱或失控的各类事件，直接或间接地对公共交通产生重大影响。包括自然灾害事件（如台风、地震、暴雨雪、洪水等）、生产事件（如毒品毒气施放或泄漏、火灾、爆炸、车辆脱轨和碰撞伤亡、大客流拥堵等）、社会公共事件（如游行、演唱会、节日等大型活动）、战争和恐怖袭击事件等。城市交通应急管理是指城市交通运营管理部门针对突发事件的前后过程，通过建立必要应对机制和采取具体措施，形成一套有效的预警—预防—控制—处理—恢复—评估的应急系统，确保应急组织指挥统一顺畅，处置及时妥善，最大限度地减少人员伤亡和财产损失的有关活动。

（一）交通事故预测与预防

1. 交通事故预测

交通事故是随机事件，它不仅受道路系统中各要素的影响，还受社会、自然等多种偶然因素的影响，事故发生的时间、空间和特征等呈现出偶然性。其实，交通事故偶然性的表象始终受其内部规律所支配，它揭示了交通事故相关要素之间的必然联系。这种联系不断重复出现，在一定条件下经常起作用，并决定交通事故的发展变化。因此，认识并利用交通事故的客观发展规律，就可对交通事故的发展变化进行科学预测。

1）交通事故预测流程

交通事故预测一般分为三个阶段。第一阶段是设计，从确定预测目标开始，通过收集、分析有关信息，到初步选定预测技术；第二阶段是建模，建立预测模型并验证模型的合理性；第三阶段是评价，进行预测并对预测值进行检验、评价，在此阶段要综合分析各主要相关因素的影响，采用多种方法研究和修正。通过科学判断得到预测结果后，还要对预测结果进行跟踪监测，以证实是否适用，并在必要时修正预测值。交通事故预测流程如图 10-9 所示。

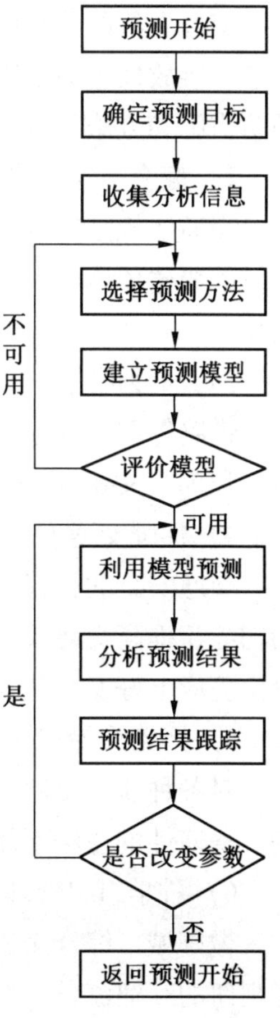

图 10-9　交通事故预测流程

2）交通事故预测方法

在交通事故预测中，常用的预测方法有主观判断法、时间序列分析法、回归分析法和灰色预测理论等。

2. 交通事故预防管理

交通事故预防管理的定义为运用现代科学的管理方法、工程技术及行政和法律手段，分析并研究交通事故的现象、发生规律、演化机理等影响因素，探索预防和减少交通事故或者降低交通事故损害对策的活动。其目的是运用各种手段调整城市交通安全系统的结构，协调各要素之间的关系，预防和减少交通事故危害，最大限度地提高社会效益和经济效益。具体来说，交通事故预防是运用系统工程的思想和方法，综合运用系统论、控制论、行为科学、管理科学和工程技术等方面的知识，对交通事故的演化机理、相关因素进行定性和定量分析，研究交通事故防治对策的分析、评价和优化方法及技术，以及对城市交通安全系统进行控制的方法。

交通事故预防对策亦称交通安全对策，包括预防和减少交通事故的计划决策和各种管理与工程措施。

1）有计划地组织对交通事故的分析研究

交通事故的分析研究是交通科学研究的重要组成部分，只有充分研究交通事故的主要因素，事故发生的成因、规律、特点及机理，才能有计划、有针对性地、分清主次地制定预防措施和方法。

2）健全与完善交通法规、章程和条例

交通法规是交通参与者和交通管理人员共同遵守的行为规范，是处理交通违章和交通事故的法律依据。为适应交通运输业的迅速发展，应及时补充、修订和完善各种交通法律法规。

3）加强道路等基础设施的建设

道路等固定设施是交通运输的渠道，是车辆赖以通行的基础，既要保证道路数量、道路面积率，又要有较高的质量，有坚固平整的路面和相应的附属设施。

4）加强交通安全教育与宣传

交通安全的教育与宣传工作是执行交通法规、维护交通秩序、保障交通安全、发挥道路功能、提高交通效率的有效手段。交通安全教育要广泛、深入、持久进行，对于中小学学生更应上好安全教育课，以期不断提高交通参与者的交通行为素质和交通管理水平。

5）严格取缔违法行为

对各种违反交通安全法规及地方交通法规的行为，要依法严肃处理。特别是对于严重的、普遍性的违法不能手软，并尽可能将处罚与教育相结合，做到处一儆百。

6）科学组织管理道路与轨道交通

做好城市综合交通的宏观控制和交通规划，均衡利用道路，减轻城市主干路及主要交通枢纽的交通流量，有利于对交通流与时间的分离和隔离，减少冲突，保证交通安全。

7）加强事故伤害急救工作

认真做好交通事故伤害的急救工作，主要从建立急救业务体制和急救医疗机构两个方面予以解决。同时开展对驾驶人事故伤害急救知识培训，使他们掌握事故现场急救方法。这对于减少事故死亡率，挽救伤员，开展积极、正确、有效的自救互救意义重大。

（二）交通事故应急和预警管理

1. 交通事故应急管理

交通事故应急管理是指政府及其他公共机构应对突发交通事件的事前预防、事发应对、事中处置和善后管理过程中，建立的有效机制和采取的必要措施，其目的是保障参与交通活动的人员生命财产安全，促进交通运输行业可持续发展。

1）应急管理流程

交通事故应急管理是对重大事故的全过程管理，贯穿事故发生前、中、后的各个过程。交通事故应急管理是一个动态过程，包括预防、预备、响应和恢复四个阶段。在实际生产生活中，每一阶段既有各自明确的目标，又相互交叉。因此，预防、预备、响应和恢复相互关联，构成了重大交通事故应急管理的循环过程。

（1）预防阶段，从应急管理角度出发，防治紧急事件或事故发生、避免应急行动的工作。工作内容主要包括：①根据交通事故特点，进行交通应急规划和安全技术研究；②制定安全法律、法规，各种安全管理制度，安全技术标准和行业规范；③对交通企业和社会公民进行宣传与教育。

（2）预备阶段，为了应对重大交通事故发生，应提高应急行动能力、推进有效的响应工作。工作内容主要包括：①制订应急计划和应急预案；②成立区域应急救援中心，建立应急联动系统；③准备充足的应急资源，并组织应急培训和演练。

（3）响应阶段，事故发生后应采取有效行动保护人员生命安全，使得财产损失、环境损坏程度最小化。工作内容主要包括：①启动应急预案，向社会发布通告；②各部门协同开展应急救援，控制事态恶化；③开展营救和搜寻、疏散和避难工作。

（4）恢复阶段，在响应阶段后立即进行，采取有效手段恢复生产、生活、环境等。工作内容主要包括：①清理废墟，消毒防疫；②评估损失，保险理赔，恢复重建；③评估应急效果，复查应急预案。

2）应急预案管理

应急预案是针对可能发生的突发事件（或重大事故），为保证迅速、有效开展应急与救援行动，降低突发事件（或重大事故）损失而预先制订的计划或方案。需要事先辨识和评估潜在的突发事件（或重大事故）发生的可能性、发生过程、发生后果，对应急机构及其职责、人员、技术、装备、设施（备）、物资、救援行动、指挥等作出具体安排。

常见的应急预案包括应急行动指南或检查表、应急响应预案、互助应急预案和应急管理预案四类。应急管理预案的核心内容包括：

（1）总则：说明编制预案的目的、工作原则、编制依据、适用范围等。

（2）运输生产单位的危险性分析：包括单位地址、业务范围、从业人数、隶属关系以及重大风险源、重要设施、目标、场所和周边布局情况；本单位运输生产业务中存在的风险源及风险分析结果。

（3）组织指挥体系及职责：明确各组织机构的职责、权利和义务，以突发事故应急响应全过程为主线，明确事故发生、报警、响应、结束、善后处理处置等环节的主管部门与协作部门；以应急准备及保障机构为支线，明确各参与部门的职责。

（4）预警和预防机制：包括信息监测与报告，预警预防行动，预警支持系统，预警级别及发布（建议分为四级预警）。

（5）应急响应：包括分级响应程序（原则上按一般、较大、重大、特别重大四级启动相应预案），信息共享和处理，通信，指挥和协调，紧急处置，应急人员的安全防护，群众的安全防护，社会力量动员与参与，事故调查分析、检测与后果评估，新闻报道，应急结束等。

（6）信息发布：明确事故信息发布的部门、发布原则。事故信息应由事故现场指挥部及时准确地向新闻媒体通报。

（7）后期处置：包括善后处置、社会救助、保险、事故调查报告和经验教训总结及改进建议。

（8）保障措施：包括通信与信息保障，应急支援与装备保障，技术储备与保障，宣传、培训和演习，监督检查等。

（9）培训与演练：明确对本单位人员开展的应急培训计划、方式和要求；明确应急演练规模、方式、次数、范围、内容、组织、评估、总结等。

2. 交通事故预警管理

交通事故预警管理是指为完成事件酝酿过程中一些征兆信息的确认、搜集与监测，确定不同预警级别的阈值或定性判据，并在事件形成前提供一定程度的遏制或减缓方案。目前预警管理广泛应用在交通领域，比如大型临时性活动人流预警，地铁高峰期人群密度流速预警，交通事件和交通拥堵预警等。

1）交通事故预警管理体系

一个完整的交通事故预警管理体系应由外部环境预警系统、内部管理不良预警系统、预警信息管理系统和事故预警系统构成，其构成要素关系如图 10-10 所示。

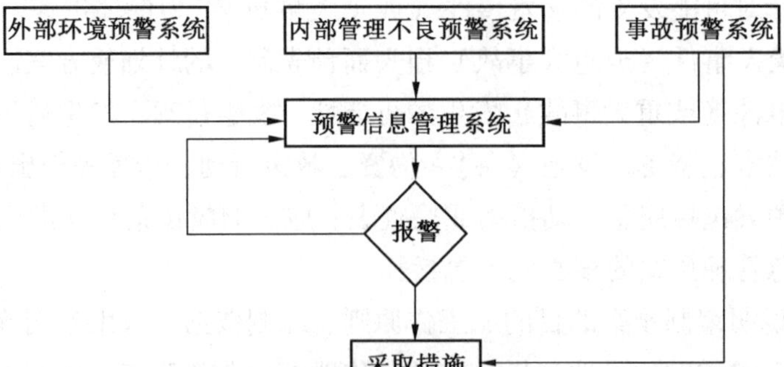

图 10-10　交通事故预警管理体系

外部环境预警系统主要由自然环境突变预警、政策法规变化预警、技术变化预警构成。交通运行环境突变诱发的事故，一方面是由自然灾害造成，另一方面人类活动的破坏所造成的环境突变（如环境污染、社会治安等）反过来也会导致生产安全事故发生。内部管理不良预警系统主要由质量管理预警、设备管理预警、人的行为活动管理预警构成。预警信息管理系统以管理信息系统（MIS）为基础，专用于预警信息的管理，主要是监测外部环境与内部管理信息。预警信息的管理包括信息收集、处理、辨伪、存储、预测等流程。

2）交通事故预警机制

预警机制是指能灵敏、准确地告示危险前兆，并能及时提供警示，使机构能采取有关措施的一种制度。预警机制的作用在于能超前反馈、及时布置，防风险于未然，最大限度地降低由于事故发生对生命造成的侵害和对财产造成的损失。预警机制作为一种制度，需要利用高科技手段将监测到的各种异常信息进行预告。这就要求明确报警、接警、处警部门和第一响应队伍的工作要求与程序，明确预警方式、方法、渠道和监督措施。在构建预警机制过程中，需要综合考虑以下因素：

（1）处理好点与面之间的关系，既要做到重点突出，又要防止顾此失彼。处理好社会敏感与实际危害之间的关系，虽然两者之间具有一定的相关性，但社会敏感的突发公共事件未必就是危害性重大的。

（2）处理好高发生概率与高危险之间的关系，有些事故发生概率很高，但危险性却未必高；而有些事故危险性很大，但风险未必大，二者之间缺乏必然联系。

（3）处理好预警机制硬件与软件之间的关系。任何有效的预警机制都必然是由设备、设施等构成的硬件与由技术、制度、政策、管理等构成的软件组成，需要理顺二者之间的关系。

（三）交通事故应急救援

交通事故应急救援的目的在于最大限度地减少交通事故导致的人员伤亡和财产损失，快速恢复交通运行。城市交通事故应急救援是一项涉及面广、专业性很强的工作，必须把各方面力量组织起来，形成统一的应急指挥中心，实现各部门之间的信息和资源共享。各级交通、安全、医疗救护、公安、消防、路政等部门应快速响应，密切配合，协同作战，迅速、有效地组织和实施应急救援，尽可能地避免和减少损失。我国交通事故紧急救援流程一般包括以下四步。

1. 信息采集与异常交通状态判断和预测

这里的信息是指城市道路环境（气象等）和交通状态（交通流量、密度、速度、排队长度、异常交通现象等）信息。异常交通现象类型的判断、确认是在信息采集的基础上，通过交通管理中心的人员来实现的。异常交通状态可用状态模型加以预测。

2. 提供交通信息服务

当发生异常交通现象时，应及时向其上游车辆提供交通信息。这样做既可以让这些车辆了解前方的交通状态，采取适当对策预防二次事故发生，又可以诱导上游交通流绕行，一方面减少这些车辆的等候时间，另一方面降低事故突发路段的交通压力，为迅速恢复正常交通提供条件。目前主要通过可变信息板或车载广播提供事故地点和类别信息、流入和流出诱导信息、车道或行驶速度限制信息等。

3. 紧急救援方案的决策

在获悉异常交通现象发生后，应视其异常交通的类型和程度，迅速提供救援方案，包括突发事件现场的调查与管理方案，紧急救援技术方案与装备，救援线路方案，上游流入交通流诱导方案，交通网络协调控制方案。

4. 应急救援

控制中心生成救援方案并通知相关部门派救援力量进行救援。应急救援措施和注意事项有：接受调度，赶赴现场；现场警戒，侦察检测；分析判断，制定现场救援方案；迅速排险，抢救伤员；医疗急救，迅速转送。

四、城市交通安全管理动向

（一）安全科学管理理论的应用

随着科学技术的进步，安全科学得到了较快发展，安全系统工程、风险评价理论、多目标决策理论、控制理论、人机工程学和安全心理学等与交通安全生产结合得更加紧密。日本轨道交通列车自动控制系统（ATC）采用机器优先的运作方式，只有当机器发生故障时才有人干预，安全成效极佳。

我国交通安全管理在努力运用现代科学技术，不断提高运输设备安全可靠性的同时，注重发挥人的主观能动性作用。通过安全系统分析强化系统结合部的管理和控制，实施劳动安全站区联控和行车安全车机联控，建立了比较完善的纵横交织的联控组织和信息管理网络以及考核监控制度；在交通安全系统评价方面，从安全评价方法研究，到安全评价指标体系的建立和安全模糊综合评价理论及方法的探讨等，都做了大量开创性工作，取得了丰硕成果。

（二）重视人的生理、心理因素

国内外普遍认为，在交通安全中，人是起决定作用的因素，交通安全对不同人员有不同的素质要求（图 10-11）。日本轨道交通根据高速化特点，特别要求机车乘务人员具有良好的职业生理和心理条件。他们通过 JR 行车适宜性检查和心理检查，选拔职业生理和心理素质符合要求的人担任司机，淘汰不合格或不良者，提高机车乘务人员工作的可靠性。同样，俄罗斯等国通过自动心理生理测试电子仪，对司机的心脏、皮肤等部位进行测试，确定在单调工作条件下紧急动作的准备程度，据此并结合解除疲劳能力的指标，评价中央神经系统功能状态及心理生理状况，择优录用。

我国对交通运输人员生理心理因素的理论研究、实验设备、实验手段和方法等方面的科学研究和实践从未间断过，并主要集中在对交通安全负有重大责任的调度员、乘务员和值班员身上。

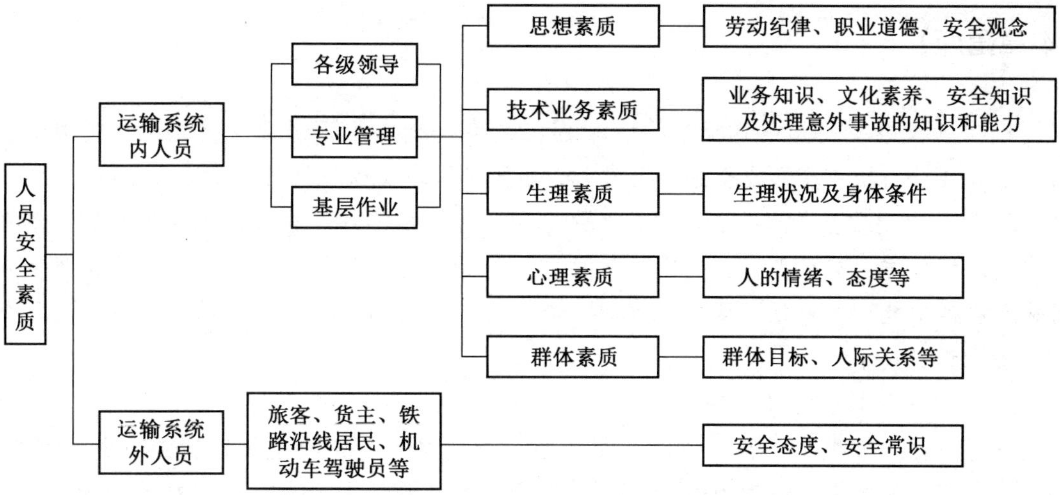

图 10-11 交通运输安全对不同人员的素质要求

（三）加强安全技术设备管理

世界各国采用现代技术，强化技术设备的安全性能。如广泛应用新型交通车辆、高性能稳定的线路结构、先进的通信信号设备、运行调度指挥自动化系统等现代技术设备确保设备安全。

国外在大量采用安全技术装备时，非常注重技术设备的安全性指标要求，十分重视制定标准和规程这类安全基础研究。各国对电子技术的安全性标准十分重视，不仅要符合法律条文，还要考虑人的素质和技术的发展，并对标准和规程定期加以修订，以适应运输要求和技术发展的变化。

我国交通为优先实现安全技术装备现代化的战略目标，不断加大资金投入，提高安全技术装备的现代化水平。实施过程中，不仅考核先进技术装备的覆盖率，还考核技术装备的有效率。近年来，我国交通为适应交通强国建设需要，加大了对交通安全技术设备研发及管理等方面的投入。

（四）推广安全文化

安全文化是企业文化的重要组成部分，是现代企业安全管理思想和理论的升华，它的丰富内涵主要由安全价值观念和安全行为准则构成，其核心思想是通过安全文化教育提高人的安全素养，如安全观念、安全意识、安全态度、安全知识、安全技能等，防止和消除人的差错对安全带来的危害。交通运输企业安全文化建设的任务主要是提高企业内在安全素质，为企业树立良好的外部形象；在职工队伍中形成安全第一、规范行为、从我做起的积极响应；完善交通运输安全的组织保障体制，包括安全方针、政策的制订与落实，合理划分安全责任和权限，组织实施安全生产目标等。通过全员自觉的安全行为和完善的安全组织保障体制，使交通运输安全法规、作业标准和作业制度得以彻底贯彻落实。

【本章重点】

1. 城市交通安全影响因素。人、车辆、道路和交通环境是构成交通系统的基本要素，因此在分析城市交通安全影响因素时，也要从城市交通系统的角度进行系统分析。

2. 城市交通安全管理分析与评价方法、预防事故的交通安全设计技术。城市交通安全分析与评价方法有很多种，应掌握每种方法的特点及适用性。交通安全技术的发展趋势表现在实时化、信息化、智能化方向，应理解掌握交通安全设计的基本原则，主要的交通安全设计技术。

3. 交通事故预防管理方法、应急管理的基本流程。交通事故预防管理是运用现代科学的管理方法、工程技术及行政和法律手段，分析并研究交通事故的现象、发生规律、演化机理等影响因素，探索预防和减少交通事故或者降低交通事故损害对策的活动，应从基础设施设计建设、交通管理与控制等方面理解交通事故预防管理方法。交通事故应急管理是一个动态过程，包括预防、预备、响应和恢复四个阶段，应掌握每个阶段的工作内容。

【课后习题】

1. 城市轨道交通系统存在的安全问题主要涉及哪些方面？
2. 城市交通安全管理影响因素涉及哪些方面？
3. 城市交通安全评价的流程和主要方法是什么？
4. 城市交通事故应急管理的流程是什么？
5. 预防交通事故的安全设计方法有哪些？

第十一章
城市食品安全管理

民以食为天，食以质为本，质以安为先。对食品安全问题的关注，源远流长，由来已久。延续至今，食品安全又是一个社会热点话题。

第一节　城市食品安全管理概述

城市作为一定地域范围内的社会大系统，经济发达、人口密集，居民消费水平高、食品消费量大、消费的食品种类多、同一类食品可供选择的品牌丰富。在相对较多的食品消费数量的情境下，城市成为食品安全问题的高发地，因此城市食品安全管理显得尤为重要。

一、食品安全的概念

20 世纪 80 年代前，食品安全的重点在食品数量上。联合国粮食及农业组织（FAO）在 1974 年给出的食品安全定义为：需要可以确保能够共享获取到有利于生存饮食的健康安全品质需要的充分的食物，包含所有人在任何条件下。随着食品品质提高，人们对食品安全问题的重新定位和重新认识也在不断转变提高。世界卫生组织（WHO）在 1984 年的《食品安全在卫生和发展中的作用》一文中倡导，如果想要获得安全的食品，应该从生产各个环节，如生产、加工、储存、运输、分配、制作等环节采取措施和有效手段，实现有益于人消费并且适合健康的必备条件。综上可知，食品安全具有两层含义，其一代表数量保障方面的安全，主要针对粮食数量的供应满足，且能够保障消费者获得解决生存的物资；其二代表卫生、营养质量方面的安全。《中华人民共和国食品安全法》规定：食品安全指食品无毒、无害，符合应当有的营养要求，对人体健康不造成任何急性、亚急性或者慢性危害。从该定义可知，我国对食品安全的关注重点已经从量转变到质，突出食品的健康与质量安全，重点关注“食品质的安全”。这也是本章研究的概念基础。

食品安全究竟体现为一种绝对性安全还是相对性安全呢？吴永宁认为，在现实中，食品安全处于相对性安全状态。一是食品安全是一个永无休止的动态过程，它与人类生存息息相关。只要存在饮食，就难以杜绝发生。二是食品安全常常是相对的。因为当环境发生改变时，任何一种食物若因食用条件或者食用过量等，都可能造成身体或健康的伤害。比如，由于人体的个体差异，个别会因食用毛桃或者鸡蛋过敏，甚至会引发过敏性哮喘，而对健康造成危险。

说到食品安全，还有两个概念也经常被提及：食品质量与食品卫生。1996 年，联合国粮食及农业组织（FAO）和世界卫生组织（WHO）在《加强国家级食品安全性计划指南》中对食品安全和质量进行划分，指出食品安全是一种担保，它是对食品进行制作烹饪，通过进食不可能产生伤害，对于社会大众来说，食品质量则被表述为食品能够符合标准规范或者“食品满足消费者具体的或者暗含的需要的属性”。根据世界卫生组织（WHO）的定义，食品安全被界定为“从食品的生产、制造到最后消费之间，为确保食品安全、卫生、完好而采取的所有必要措施”。在我国，食品卫生安全问题主要表现为农（兽）药残留、滥用添加物、有害微生物污染及环境污染等。其实这三个概念都是食品安全管理的应有之义。国内食品安全专家、中国工程院院士陈君石曾多次强调，食品安全问题重在源头管理，即食品的质量管理。安全的食品不仅包含食品卫生、食品质量，而且包含食品营养等具体层面。因此，食品安全并不仅限于源头，它既包括生产安全，也包括经营安全；既包括结果安全，也包括过程安全；既包括现实安全，也包括未来安全。

二、城市食品安全管理发展

习近平总书记强调，“能不能在食品安全上给老百姓一个满意的交代，是对我们执政能力的重大考验。”食品安全是政府一项重要的行政职能，体现着政府监管能力的水平和效能，同时也是老百姓日常关注的焦点，是人民生活幸福指数的一个晴雨表，更体现着负责任国家对外形象和国计民生。通过回溯与比较国内外城市食品安全管理的发展历程，能更好地理解城市食品安全管理的重点规律与发展趋势，以期为我国城市食品安全管理的制度优化提供思路。

（一）国外城市食品安全管理的发展历史

英国《经济学人》杂志旗下智库发布的《2019 全球食品安全指数报告》（Global Food Security Index 2019，GFSI 2019）显示，在 113 个被评估的国家和地区中，新加坡、爱尔兰和美国连续第二年被评为食品安全三强，排名靠前的国家主要集中在大部分欧洲国家，北美的美国和加拿大，大洋洲的澳大利亚和新西兰，亚洲的新加坡、日本和中东部分国家，见表 11-1。而中国排第 35 位，较 2018 年上升 11 位。受篇幅所限，本节仅对新加坡、美国的食品安全管理发展历程进行简要分析。

表 11-1　《2019 全球食品安全指数报告》前 25 名国家列表

排名	国家	得分	排名	国家	得分
1	新加坡	87.4	7	瑞典	82.7
2	爱尔兰	84.0	8	加拿大	82.4
3	美国	83.7	9	荷兰	82.0
4	瑞士	83.1	10	奥地利	81.7
5	芬兰	82.9	11	德国	81.5
6	挪威	82.9	12	澳大利亚	81.4

表 11-1（续）

排名	国家	得分	排名	国家	得分
13	卡塔尔国	81.2	20	葡萄牙	77.8
14	丹麦	81.0	21	日本	76.5
15	比利时	80.7	22	阿拉伯联合酋长国	76.5
16	法国	80.4	23	意大利	75.8
17	英国	79.1	24	波兰	75.6
18	以色列	79.0	25	智利	75.5
19	新西兰	78.8			

1. 新加坡的城市食品安全管理

新加坡的城市食品安全管理可分为三个重点方面：

一是严抓“输入”安全。新加坡 90% 以上食品和食用农产品从境外输入，因此对输入型食品质量实施最严格的监管制度成为保障安全的关键。首先是“最严谨的标准”。新加坡注重食品安全基础制度建设，实施严格的安全标准和认证制度。除极个别本地特色食品外，该国食品安全标准几乎完全与国际食品法典委员会接轨，从源头提高保障水平。其次是“最严格的检查”。为减少不合格食品流入，农粮兽医局专门制定了一套完善的检验检疫程序。再次是“最严厉的执法”。由于食品不符合安全标准等原因，新加坡每年要召回和销毁数千吨进口食品。

二是加强本地监管。新加坡农粮兽医局对国内所有食品企业实施分级管理，确保食品制造商遵守良好行为规范从而生产清洁安全的食品，同时十分重视食品检验的基础设施建设。早在 2004 年，新加坡就耗资 2000 多万美元建设了一座面积近万平方米的食品安全和公共卫生中心。新加坡政府每年在食品检验检疫上投入的资金均超过 10 亿新元（约合 50 亿元人民币），充分反映出政府对食品安全的重视。

三是治理小餐饮。从 20 世纪 70 年代初开始，新加坡政府大力推行街边小贩迁徙计划，由政府建屋发展局在组屋区内规划建设小贩（熟食）中心，以低租金等优惠政策将小贩从人行道引入室内集中经营并规范管理。政府还有权指定摊贩的种类和分布。小贩（熟食）中心有完备的卫生设施，并且配备公用集中冷库、装货平台和餐厨垃圾处置系统。通过“政府建设，市场运行”方式，中心的清洁、设施维护等费用由摊位租金支出。政府后来规定，开发商在建设组屋和商业设施时，必须同步规划建设小贩（熟食）中心。政府还联合第三方力量协作培训从业者。所有注册的餐饮从业者必须通过食物卫生基本课程培训和考试，取得证书方可从业。而新加坡的法规精细化水平也是非常高的，法规体系基本覆盖食品卫生安全管理每一项内容，制度设计注重可视化、可操作性、有效性，条文内容详尽且具体，少有疏漏和矛盾之处。

2. 美国的城市食品安全管理

在美国，上至总统，下至普通百姓，对食品安全都非常关注。美国的城市食品安全管理有三个特色：

一是齐全的食品安全法律法规。美国至少有30部法律涉及食品安全管理。《联邦食品药品和化妆品法》是美国食品安全监管的基本大法。该法于1906年首次通过，当时称《联邦食品药品法》，1938年修订时改称《联邦食品药品和化妆品法》。该法明确了食品安全生产的基本要求以及监管部门的主要职责，授予美国食品药品监督管理局（FDA）对假冒伪劣食品强制召回的权力。1906年美国作家辛克莱发表纪实小说《屠宰场》（The Jungle）之后通过了《联邦肉产品检查法》；1957年通过了《家禽产品检查法》；1978年美国1家婴幼儿配方乳粉的主要生产企业调整了该公司两款产品的配方，减少了产品中盐的含量，导致许多婴幼儿患低氯性碱毒症，该事件促使美国国会于1980年通过了《婴幼儿配方乳粉法》并于1986年重新修订。2011年美国对食品安全法律进行了70多年来的最大一次修订，通过了《食品安全现代化法》。《食品安全现代化法》强调预防为主的食品安全监管理念，要求食品生产企业制订详细的食品安全风险预防计划，要求美国食品药品监督管理局（FDA）针对水果、蔬菜产品的种植、采收和包装制订安全标准，并加大对食品生产企业的检查频次，密切联邦、州和地方食品安全监管机构之间的合作。美国食品安全监管史就是一部与各种食品安全危机不断斗争的历史。每次食品安全危机都促进了美国食品安全监管法律的制订或修订。

二是庞大的食品安全管理机构。农业部食品安全检验局（FSIS）和FDA是美国最主要的两个联邦政府食品安全管理机构。FDA负责除肉、禽和蛋产品以外其余所有食品的监督管理。FDA食品安全监管人员共有3500名，其监督管理的食品占美国食品消费总量的80%~90%。在FDA数据库中登记的食品加工、包装及仓储企业共计37.7万家，其中15.4万家为美国本土企业，22.3万家为外国企业。FSIS负责肉、禽和蛋制品的监督管理。该机构共有9600名员工，负责对美国国内6300多家肉、禽和蛋制品生产企业的日常监督检查以及对进口肉、禽和蛋制品生产企业的监督检查，其监督管理的食品占美国食品消费总量的10%~20%，但检查频率很高。另外，美国还有13个联邦政府机构参与食品安全管理。除联邦政府外，州政府也具有部分食品安全管理职责。大多数州的餐馆由州卫生部负责监管，超市、杂货店等流通企业由州农业部负责监管。为统一各州餐饮企业、超市和杂货店的管理标准，FDA牵头制订了《食品规范》（Food Code），供各州政府参考制订本州的具体管理法规。《食品规范》厚700多页，内容极其详细丰富，既包括餐饮企业和食品流通企业的最佳实践，也包括各种具体监管要求。《食品规范》每4年修订1次，期间可以发布增补本或勘误本。

三是加强对进口食品的监督检查。随着全球化日益深入，美国公众正在消费越来越多的进口食品。目前美国60%的水果和生鲜蔬菜、80%的海产品从国外进口。为保障进口食品安全，FDA采取了两项重要措施，一是加大进口食品生产企业的检查频次，2013年共对1403家境外生产企业进行检查；二是在一些重要食品药品进口国派驻食品药品检查员。

（二）我国城市食品安全管理的发展历史

食品安全问题向来是我国政府关注的问题。20 世纪 50 年代，原卫生部发布了第一个酱油中砷的限量标准，标志着我国食品标准的起步。60 年代初刚刚萌芽的“标准化”管理理念推动国务院制定了《一九六三年至一九七二年标准化发展规划》，食品工业标准化也就此拉开序幕。20 世纪 70 年代初，原卫生部组织先后完成了全国多地食品中铅、砷、镉、汞、黄曲霉毒素等污染物的流行病学和污染状况调查等基础研究工作。在此基础上，1977 年原卫生部下属的中国医学科学院卫生研究所负责并组织全国专家制定了 54 项食品卫生标准，发布了中国第一批真正意义上的食品安全标准。1978 年我国成立原国家标准局。1979 年 7 月，国务院颁布了《中华人民共和国标准化管理条例》，成为中国工业标准化全面发展的开端。1982 年又颁布实施了《食品卫生管理条例》。1988 年颁布的《标准化法》规定，“工业产品的品种、规格、质量、等级或者安全、卫生要求”应当制定标准。食品作为一种工业产品，需要在品种、规格、质量等方面作出规定，以使产品符合应有的品质要求。食品标准化工作逐渐全面展开，除强制性的食品卫生标准之外，我国在食品领域制定和颁布了一系列与食品质量相关的标准。2001 年，中国加入世界贸易组织（WTO）后，加强了对国际食品法典委员会（CAC）活动的参与和国际标准的借鉴，中国食品卫生标准的架构逐渐与国际食品法典标准接轨并在标准制定中初步引入了风险评估概念。2001—2002 年，原卫生部组织了庞大的专家组，对当时实施的近 200 个标准进行全面清理和修订，并分别于 2003 年和 2005 年与国家标准化管理委员会联合批准发布了新标准。2003 年以来我国政府相继推行实施诸如“食品安心工程”“食品安全行动计划”等食品安全工程，2009 年《中华人民共和国食品安全法》颁布实施并于 2015 年和 2018 年进行了修订和修正。这些都表明我国政府对食品安全的重视已达到前所未有的高度。国家领导人的多次讲话都传达了政府对治理食品安全的决心。然而，应该清醒地看到，我国还是一个发展中国家，农业和食品工业的产业结构还处于比较落后和分散的状况，要达到规模化和规范化，还要走一段相当长的路。要解决这个矛盾，一方面要尽最大努力，参考国际经验，结合中国实际，提升中国的食品安全水平；另一方面需要每个公民的参与，因为食品安全不仅是政府的事，也是每一个公民的事，政府、行业包括企业，加上公众，三方面必须携起手来，才能解决 13 亿人的食品安全问题，大家都要树立信心，一起努力。

三、食品安全管理的意义

食品安全与公众身体健康和生命安全息息相关，也直接影响政治稳定和社会经济发展，是重大的民生问题、经济问题，也是重大的社会问题、政治问题。近年来，一系列食品安全事件的发生，激发了全社会对食品安全的高度重视，使食品安全呈现关注度高、范围涉及广的显著特点。据《小康》杂志调查结果，食品安全在 2012—2014 年连续 3 年成为中国社会“最受关注的十大焦点问题”中的首要问题。因此，习近平总书记强调，食品安全是“产”出来的，也是“管”出来的。

（一）食品安全管理之于社会的重要性

加强食品安全管理是确保广大人民健康和安全的重要前提条件。食物是人类生存与发展中必不可少的物质基础，它关系人们的健康与安全。如果连基本的食品安全性都没有被保证，人们将无法和平满足地生活。据世界卫生组织（WHO）统计，食源性疾病是当今世界上分布最广泛、最为常见、对人类健康危害最大的疾病之一。全球每年仅5岁以下儿童的腹泻病例就达15亿例次，造成300万儿童死亡，其中约70%是由于各种致病微生物污染食品和饮水所致。我国数据显示，2013年全国发生的食品安全事件为18190起，2014年和2015年分别上升至25046起和26131起。虽然2016年全国发生的食品安全事件数量有所下降，但仍然高达15641件。这就意味着在2016年平均每天发生食品安全事件51起。由此可见，我国食品安全事件仍处于高发期。

（二）食品安全管理之于经济的重要性

加强食品安全管理是维护市场秩序和社会稳定的基本保证。当食品安全事件发生时，不仅增加医疗费用开支，减少国家和企业的经济收入，甚至会影响一个行业的正常运转和发展。如2008年初中国的“三鹿奶粉”事件极大地打击了国产乳制品行业。不仅如此，我国还是一个食品出口大国，但2019年美国、日本、欧盟、韩国扣留或召回我国出口不合格农食产品类1542批次，品质不合格、安全卫生不达标成为主要被拒原因。随着全球贸易保护主义抬头，一些国家往往会以食品安全隐患为由，建立各种技术性贸易壁垒。在技术性贸易壁垒中，食品安全卫生成为最主要的因素。因此，政府肩负着建立严格有效的食品安全监督系统的责任和义务，应确保食品市场健康稳定发展，让消费者在安全的环境中过上富裕的生活。

（三）食品安全之于政治的重要性

食品安全问题还关系国民对政府的信心，进而影响政治的稳定性和合法性。如比利时的二噁英污染事件导致执政长达40年之久的社会党政府内阁垮台；2001年德国出现疯牛病后，该国卫生部长和农业部长被迫引咎辞职。其对社会信任的伤害是隐性而持久的，比如2013年中国乳制品工业协会在国产与进口婴幼儿配方乳粉质量状况调查报告中提出“国产产品无论是国内品牌还是国外品牌质量都好于进口产品”，短时间就引发热议，遭到消费者的强烈质疑。可见食品安全一旦出现问题，将极大地动摇消费者对政府的信心，且短期内不容易修复。目前，我国正逐步强调政府的行政工作职能，加强变革，努力建设和实现服务型的政府，稳定党的执政地位，提高政府形象。提高食品检验检测技术，让公众食用安全食品，是维护人民根本利益的重要表现。

第二节　城市食品安全管理内容

食品安全是公共物品，食品安全管理则是政府供给公共物品的行为和方式。根据Henson S和Caswell J（2004）的定义，食品安全管理是行政机构为了增进社会福利，为消费者提供安全食品以维护公共健康和安全，依据法律法规的授权对从事食品生产、加工、流通和销售的企业从事的监督管理活动。

一、食品安全管理的“全链条”

（一）食品生产环节

城市中食品安全管理的源头主要在严把食品加工质量安全关。实行生产企业食品安全风险分级管理，在日常监督检查全覆盖基础上，对一般风险企业实施按比例“双随机”抽查，对高风险企业实施重点检查，对问题线索企业实施飞行检查，督促企业生产过程持续合规。加强保健食品等特殊食品监管。将体系检查从婴幼儿配方乳粉逐步扩大到高风险大宗消费食品，着力解决生产过程不合规、非法添加、超范围超限量使用食品添加剂等问题。

（二）流通销售环节

建立严格的市场准入机制，建立覆盖基地贮藏、物流配送、市场批发、销售终端全链条的冷链配送系统，严格执行全过程温控标准和规范，落实食品运输在途监管责任，鼓励使用温控标签，防止食物脱冷变质。督促企业严格执行进货查验记录制度和保质期标识等规定，严查临期、过期食品翻新销售。严格执行畜禽屠宰检验检疫制度。加强食品集中交易市场监管，强化农产品产地准出和市场准入衔接。

（三）终端消费环节

在终端，主要面向餐饮业，全面落实餐饮服务食品安全操作规范，严格执行进货查验、加工操作、清洗消毒、人员管理等规定。集体用餐单位要建立稳定的食材供应渠道和追溯记录，保证购进原料符合食品安全标准。严格落实网络订餐平台责任，保证线上线下餐饮同标同质，保证一次性餐具制品质量安全，所有提供网上订餐服务的餐饮单位必须有实体店经营资格。

二、城市食品安全的风险源

本部分主要从供应链和食品安全事件两个角度来描述食品安全风险的来源。

（一）供应链上的风险来源

随着食品供应链日益复杂，供应链体系上的每个环节都存在引发食品安全风险的潜在危害因素。从农业生产的风险源头开始，供应链体系中的潜在危害因素直接或间接传导到供应链的下一个环节，导致食品安全风险逐渐累积，并最终通过人类的消费以食源性疾病或其他急性或慢性疾病的方式表现出来。供应链中的食品安全风险源如图 11-1 所示。

从 2016 年国家食品药品监督管理局抽检情况看，食品添加剂超标和微生物污染是最重要的两个风险来源，占比分别达 33. 60% 和 30. 70% 。此外，品质不达标、重金属等污染、农兽药超标三个风险来源同样非常重要，占比分别为 17. 52% 、8. 20% 和 5. 50% 。非食用物质、生物毒素和其他问题的比重较低。

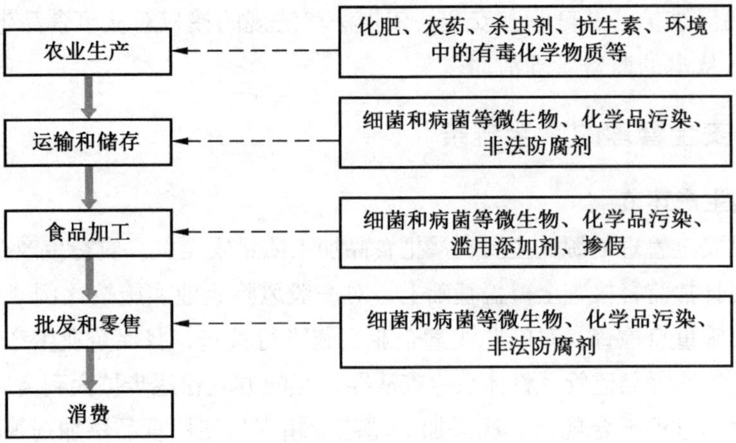

图 11-1　供应链中的食品安全风险源

（二）食品安全事件的风险源

由于技术、经济发展水平差距，不同国家或地区面临的食品安全风险不同。但是根据食品安全风险的来源是否具有明显的人为特征可以分为两类：一类是因物理性、化学性、生物性等因素导致的食品安全风险，如环境污染、细菌和病毒等微生物污染等；另一类是食品生产经营者人为的非法生产经营行为所导致的食品安全风险，如滥用食品添加剂、故意掺假等。从我国近年来发生的食品安全事件看，具有人为特征的食品安全风险是最主要的食品安全风险源。

江南大学江苏省食品安全研究基地与中国食品安全舆情研究中心联合发布的《中国食品安全发展报告（2015）》指出，2005—2014 年的 10 年间发生的食品安全事件中，75.5% 是由人源性因素造成，其中不规范使用添加剂引发的事件最多，占总数的 31.24%，其他依次为造假或欺诈、使用过期原料或出售过期产品、无证或无照的生产经营、非法添加违禁物等。尽管近年来人源性因素占比有所下降，但依然为食品安全事件发生的主要因素。

三、食品安全管理的重点领域

本部分主要从政府抽检情况来说明我国城市食品安全管理的重点领域。

（一）初级农产品

初级农产品品种繁多，且不同初级农产品的质量安全风险差异较大。从农业农村部发布的例行监测数据来看，2013—2016 年，农产品的总体抽检合格率分别为 97.5%、96.9%、97.1% 和 97.5%。但不同初级农产品的合格率有较明显的差异。畜产品的合格率最高，合格率维持在 99.2% 以上的高位，茶叶次之，基本维持在 97.6% 以上。蔬菜和水果的合格率也在 96% 以上。相对而言，水产品的合格率较差，四年都没有达到 96%。

（二）加工制造环节

通过 2009—2016 年，国家市场监督管理总局对加工制造环节食品的抽检合格率数据来看，从2010年开始，除2012年和2014年略有下降外，其他年份食品的抽检合格率都保持在96%以上，但也有差别。从主要大类食品情况看，2016年乳制品、茶叶制品、蛋制品的抽检合格率都在99%以上，分别为99.5%、99.1%和99.6%；肉制品和粮食加工品的合格率分别为98%和98.2%；调味品和食用油油脂及其制品的合格率分别为97.2%和97.8%；酒类、饮料、水产制品、水果制品和蔬菜制品的抽检合格率分别为95.5%、95.3%、95.7%、94.7%和95.9%，没有达到96.8%的平均抽检合格率水平。

第三节　城市食品安全管理手段

食品安全管理包括的范围很广，监管制度、法律法规、食品安全标准、行政执法、监督抽检等都属于食品安全管理的范畴。但政府作为食品安全管理的主要责任主体，其进行的与食品安全有关的行政管理活动是食品安全最主要的管理方法之一。但食品安全成因的复杂性决定了其解决途径的综合性。为此，现代政府部门充分发挥法律、市场、技术、文化等手段，重构监管部门、企业、行业协会、媒体和消费者等主体的角色和权力（利）义务关系，构建食品安全治理现代化体系。

一、城市食品安全管理的行政手段

2009年公布实施的《中华人民共和国食品安全法》明确，县级以上地方人民政府统一负责、领导、组织、协调本行政区域的食品安全监督管理工作。2013年组建的国家食品药品监督管理总局，进一步整合了国务院原食安办、食药监局、质检总局、工商总局的相关食品安全监管职责，明确了其对食品在生产、流通、消费等环节实施统一监管职责，各地食药监管部门升格为独立的政府工作部门。2018年，国务院机构改革进一步整合组建国家市场监督管理总局，对食品生产、流通、消费全过程的食品安全进行综合监管和统一执法，更进一步推进了大市场监管的市场监管综合改革。第十三届全国人大一次会议通过的《国务院机构改革方案》提出，将国家工商行政管理总局的职责，国家质量监督检验检疫总局的职责，国家食品药品监督管理总局的职责，国家发展和改革委员会的价格监督检查与反垄断执法职责，商务部的经营者集中反垄断执法以及国务院反垄断委员会办公室等职责整合，组建国家市场监督管理总局，作为国务院直属机构。至此，我国的食品安全监管覆盖除了农产品安全监管之外的全流程。

城市食品安全管理的行政手段就是政府监管部门通过制定相关的城市食品安全管理政策，组建城市食品安全管理组织体系进行日常的食品安全监管。

1. 行政许可

食品安全行政许可监管可定义为在食品的生产、流通过程中为预防和减少食品安全事件，保护公民的生命安全和身体健康，保护国家和人民财产，依法享有食品行政许可监管职能的行政主体依照法律规定的权限和程序对食品的生产和流通进行干预和控制的行为。

从食品安全行政许可的监管内容来看，其主要应当包括对食品安全行政监管部门自身的监管和对实施食品安全生产经营活动行政相对人的监管两方面。在对食品安全行政许可监管部门本身的监管方面着重强调上级监管部门应该重视对下级监管部门实施行政许可活动的监管，及时纠正其违反行政许可相关规定的行为。而在对实施食品安全生产经营活动的行政相对人监管方面则可以通过对从事食品安全生产经营的行政相对人实施行政许可活动的情况进行全程监管，确保食品安全的行政相对人履行法定义务并维护其合法权益。

我国《行政许可法》在第六十一条[①]和第六十二条[②]中规定主要采用书面方式对实施食品安全生产经营活动的行政相对人进行监管而在保障其正常生产经营的前提下也可以采用抽样或实地监管模式。当然在食品安全行政许可的监管实践中不可能对所有的食品安全行政许可相对人采用这种监管方式。我国《行政许可法》第六十五条[③]还规定了相关监管机关应当对被举报的违反行政许可事项的活动进行核查。同时该法也规定了行政许可监管后注销或撤销行政许可的处理方式并在第七章中特别规定了相关人员的法律责任。

实践中，针对食品安全行政许可的监管重点已从对行政许可的审批环节逐步向下游环节即对取得行政许可执照后的一系列生产、经营活动进行监管推进。这一行政监管理念的转型使得行使食品安全行政许可监管职权的机关已经在实际工作中逐步注意加强对食品安全生产行政许可后的监管。

2. 监督抽检

食品安全管理作为一项系统工程，政府需要建立一套从上到下的综合监管机制。主要包括：第一，综合监管机制的建立需要统一划定监管职能，通过将现有食品监管部门合并成综合的监管机制，统一行使监管权，将“生产—流通—消费”整个环节纳入统一的监管体系中。第二，建立食品安全事故责任追究机制。通过引入责任追究机制，政府可以追究各级食品安全管理部门及人员的责任，公众可以追究政府监管不到位的责任，从而使政府严格加强食品安全管理。第三，建立健全政府职能履行的监督机制。通过完善现阶段政府行政程序，完善监督程序，扩大公众及社会组织参与监督的范围，将政府在食品安全管理中的行政行为纳入公众的眼皮底下，及时发现纠正危害食品安全的行政行为。

首先是食品检验。食品出厂必须经过检验，未经检验或者检验不合格时，不得出厂销售。具备出厂检验能力的企业，按照要求自行进行出厂检验。不具备产品出厂检验能力的企业，必须委托有资质的检验机构进行出厂检验。实施食品质量安全市场准入制度管理的食品，按相关产品的审查细则执行，部分检验难度大、仪器设备要求高的出厂检验项目允许委托有资质的检验机构进行，其余出厂检验项目必须由生产企业自行开展。实施自行检

① 《行政许可法》第六十一条规定，“行政机关应当建立健全监督制度，通过核查反映被许可人从事行政许可事项活动情况的有关材料，履行监督责任”。

② 《行政许可法》第六十二条规定，“行政机关根据法律、行政法规的规定，对直接关系公共安全、人身健康、生命财产安全的重要设备、设施进行定期检验”。

③ 《行政许可法》第六十五条规定，“个人和组织发现违法从事行政许可事项的活动，有权向行政机关举报，行政机关应当及时核实、处理”。

验的企业，应当每年将样品送到质量技术监督部门指定的检验机构进行一次比对检验，以保证企业自检能力达到检验规定要求。对于食品生产加工企业的产品，实施强制检验制度，由质量技术监督部门负责确定强制检验的频次，并组织实施。对于通过 HACCP（危害控制及关键控制点）认证等质量稳定的大型食品生产企业、国家和省级监督抽查连续合格的企业，可以减少强制检验的频次。对于尚未列入食品生产许可证管理且在生产过程中没有控制要求和手段、不具备标准要求的出厂检验能力的企业，质量技术监督部门会加大强制检验频次。国家市场监督管理总局和各级质量技术监督部门，根据不同类型食品的特点及产品质量状况，组织实施食品质量安全监督抽查，重点抽查存在倾向性质量问题的区域、质量不稳定的企业以及微生物、重金属、添加剂、有毒有害物质等重点指标。对出现质量安全问题的食品，进行加严检验。

其次是监督抽查。国家监督抽查是由国务院产品质量监督部门依法组织有关省级质量技术监督部门和产品质量检验机构对生产、销售的产品，依据有关规定进行抽样、检验，并对抽查结果依法公告和处理的活动。国家监督抽查是国家对产品质量进行监督检查的主要方式之一。国家监督抽查分为定期实施的国家监督抽查和不定期实施的国家监督专项抽查两种。定期实施的国家监督抽查每季度开展一次，国家监督专项抽查根据产品质量状况不定期组织开展。国家市场监督管理总局负责组织和实施国家监督抽查工作，并发布国家监督抽查通报；有关地方质量技术监督部门、符合《中华人民共和国产品质量法》规定条件的产品质量检验机构，接受国家市场监督管理总局委托，负责承担国家监督抽查样品的抽样工作；符合《中华人民共和国产品质量法》规定条件的有关产品质量检验机构，负责承担国家监督抽查样品的检验工作；各省、自治区、直辖市质量技术监督部门按照国家市场监督管理总局的要求，承担本行政区域内的国家监督抽查相关工作。国家监督抽查的质量判定依据是被检产品的国家标准、行业标准、地方标准和国家有关规定，以及企业明示的企业标准或者质量承诺。没有相应强制性标准、企业明示的企业标准和质量承诺的，以相应的推荐性国家标准、行业标准作为质量判定依据。国家市场监督管理总局负责汇总抽查结果，发布产品质量国家监督抽查通报，并向社会发布国家监督抽查公告；对危及人体健康、人身财产安全和环保的不合格产品，影响国计民生并且质量问题严重的不合格产品，以及拒检企业，予以公开曝光。对不合格产品生产企业按照有关具体要求进行整改，整改完成后进行复查。对于国家监督抽查不合格、复查后仍达不到规定要求的生产企业，由省、自治区、直辖市质量技术监督部门会同当地有关部门，责令企业停产整顿。

3. 行政处罚

《中华人民共和国行政处罚法》（以下简称《行政处罚法》）第四条规定："公民、法人或者其他组织违反行政管理秩序的行为，应当给予行政处罚的，依照本法由法律、法规、规章规定，并由行政机关依照本法规定的程序实施。"《行政处罚法》并没有给行政处罚下一个明确的定义，但该条规定告诉我们，行政处罚的主体是行政机关，行政处罚的对象是公民、法人或者其他组织，行政处罚的原因是被处罚的对象违反了行政管理秩序，行政处罚的种类依法规定，处罚程序依法实施。对于卫生行政处罚来说，实施处罚的主体是卫生行政部门，被处罚的行政相对人是从事与卫生相关活动的公民、法人或者其他组织，引起处罚的原因是相对人的行为违反了卫生法律制度的强制性规定，处罚的种类限于卫生法律制度中规定的处罚种类，处罚程序严格按照《行政处罚法》的规定执行。

食品安全违法行为的行政处罚是食品安全监管部门对食品生产经营者违反《中华人民共和国食品安全法》及其实施条例以及其他有关法律、法规和规章的行为，依法追究其行政责任的活动，也是食品安全监管部门依法履职的重要内容。

当然，政府在食品安全管理中还会运用价格、信贷、税收等经济杠杆，按照客观经济规律的要求来调节各种不同利益之间的关系。比如通过税收支持等手段，鼓励食品生产流通企业采用新技术，开发绿色环保的安全食品，从而实现政府职能履行到位、企业效益增加和人民安全得到保障的共赢局面。

二、城市食品安全管理的法律手段

综观我国食品安全管理现状，仍存在不少问题，这些问题的出现很大程度上与食品安全相关法律法规的不完善有关。为此，政府需要在食品安全管理中完善相关的法律法规、标准体系等的建设。

（一）城市食品安全相关的法律体系

政府的法律手段主要表现在政府在食品安全管理中通过制定食品安全管理法律法规及政策，为食品安全管理提供法律依据。以2009年6月1日《中华人民共和国食品安全法》(以下简称《食品安全法》)正式实施为标志，我国目前已经初步形成了以《食品安全法》为核心，其他专门法律为支撑，并且与产品质量、检验检疫、环境保护等法律相衔接的综合性食品安全法律体系。

目前这一体系有如下三个特点。首先，我国食品法律法规体系的法律渊源和效力层次分别有多样性和丰富性特点。我国食品法律法规体系涵盖了《中华人民共和国立法法》中规定的法律、法规和规章三个层次的立法形式，具体可以归纳为法律层面、行政法规层面、部委规章层面和地方立法层面四方面内容。其次，我国食品安全法律法规体系主次分明，结构较为合理。目前我国的食品安全法律法规体系以《食品安全法》与《农产品质量安全法》为核心，拥有一个正在日趋充实和完善的食品安全法律法规群。这些法律法规与其他相关的调控特殊领域事项的法律法规一道，基本保证了食品安全各领域有法可依，也减少了法律规范之间的冲突，促进了法律体系内部的和谐。最后，我国食品安全法律法规体系涉及多个法律部门，其中主要是行政法和经济法，此外还有一些民法和刑法的内容。按照我国的法律部门划分，食品安全领域的两部基本法律《食品安全法》和《农产品质量安全法》分别属于行政法和经济法。而其中行政法部门的内容在这一体系中占主要地位，因为在有国家强制力保障实施的法律中明确政府食品安全监管部门的职责，并以此来保障食品安全，在国内外都是最为有效也是最为普遍的做法。而这两部法律中也有大量关于规定政府食品安全监管部门权责的内容和条款。

我国的食品安全法律法规体系从行政法部门角度来说，包含了调整内部行政关系的行政组织法，调整行政管理关系的行政行为法和调整行政法制监督关系的行政责任法，较为完整地覆盖了行政法的基本内容。而由于食品生产经营者在食品安全问题中扮演重要角色，经济法部门的内容在这一体系中也有重要位置，如《食品安全法》中明确规定了食品生产经营者是食品安全的第一责任人。此外，这一体系中还包含了民法和刑法的内容，如《食品安全法》中备受关注的“十倍赔偿”条款借鉴自英美法系的惩罚性赔偿，属于民法内容；而对于违反食品安全法律并构成犯罪的则适用刑法的相关规定。

（二）城市食品安全相关的标准体系

食品安全标准是指为了保证食品安全，对食品生产经营过程中影响食品安全和质量的各种要素以及各关键环节进行控制和管理，经协商一致制定并由公认机构批准，共同使用和重复使用的一种规范性文件。其内容主要涉及：食品、食品相关产品中危害人体健康物质的限量规定；食品添加剂的品种、使用范围、用量；专供婴幼儿的主辅食品的营养成分要求；对与食品安全营养有关的标签、标识、说明书的要求；食品生产经营过程的卫生要求；与食品安全有关的质量要求；食品检验方法与规程等。

食品安全标准体系是我国食品安全法律法规体系的重要组成部分，是以系统科学和标准化原理为指导，按照风险分析原则和方法，包含与食品生产全过程及影响食品安全和质量的关键要素相关的全部标准。我国食品安全标准体系采取强制性标准与地方推荐性标准相结合，构成了国家标准、行业标准、地方标准相配套的食品安全标准体系。

我国城市食品安全标准体系在提高食品质量安全水平、维护国家和消费者利益及规范市场等方面发挥了重要作用。但是，由于受食品产业发展水平、风险评估能力等因素制约，现行食品安全标准尽管总体数量多，但存在标准间矛盾、交叉、重复，个别重要标准或重要指标缺失，部分标准科学性和合理性有待提高，标准宣传贯彻执行有待加强等问题。

三、城市食品安全管理的技术手段

近年来，工业化国家或发展中国家重大食品污染事件和食源性疾病暴发事件频发，人们认识到对食品安全问题的有效干预和对食源性疾病的有效控制，必须针对食品安全的重点问题，运用风险分析方法，选择和实施相应的措施，即进行食品安全风险管理。

（一）风险评估

《中华人民共和国食品安全法》第十七条规定：“国家建立食品安全风险评估制度，运用科学方法，根据食品安全风险监测信息、科学数据以及有关信息，对食品、食品添加剂、食品相关产品中生物性、化学性和物理性危害因素进行风险评估。”食品安全风险评估是对食品中生物性、化学性和物理性以及其他潜在的危害对人体健康可能造成的不良影响进行的科学评估，是建立在科学基础上的包含危害识别、危害定性、暴露评估以及风险定性的科学活动。食品安全风险评估的目的是针对某种危害，而不单纯是某个食品，风险评估中的危害识别步骤不是查找危害，而是针对已确定的危害研究发生不良影响的可能性，以及可能处在风险之中的人群和范围。

《食品安全风险评估管理规定（试行）》第十三条规定了风险评估的流程：“国家食品安全风险评估专家委员会按照风险评估实施方案，遵循危害识别、危害特征描述、暴露评估和风险特征描述的结构化程序开展风险评估。”该法第五条规定：“食品安全风险评估以食品安全风险监测和监督管理信息、科学数据以及其他有关信息为基础，遵循科学、透明和个案处理的原则进行。”国家食品安全监管行政部门以风险评估任务书的形式向国家食品安全风险评估专家委员会下达风险评估任务。风险评估任务书应当包括风险评估的目的、需要解决的问题和结果产出形式等内容。食品安全评估专家委员会接到评估委托后启动风险评估程序，运用各方面数据和风险评估工具进行科学的风险评估，建立风险评估模型，按照风险评估实施步骤，依次进行危害识别、危害特征描述、暴露评估和风险特征描述，最终给出风险评估报告，并对风险评估报告进行解释和负责。

风险评估并不是食品安全一有风吹草动就要启动，一般是有下列情况时，经国家食品安全监管机关同意后向国家食品安全风险评估专家委员会下达食品安全风险评估任务：①为制定或者修订食品安全国家标准提供科学依据需要进行风险评估的；②通过食品安全风险监测或者接到举报发现食品可能存在安全隐患的，在组织进行检验后认为需要进行食品安全风险评估的；③国务院有关部门按照《中华人民共和国食品安全法实施条例》要求提出食品安全风险评估的建议，并按规定提出风险评估项目建议书的；④国家食品安全监管机关根据法律法规的规定认为需要进行风险评估的其他情形。

根据《中华人民共和国食品安全法》的规定，经食品安全风险评估，得出食品、食品添加剂、食品相关产品不安全结论的，国务院食品药品监督管理、质量监督等部门应当依据各自职责立即向社会公告，告知消费者停止食用或者使用，并采取相应措施，确保该食品、食品添加剂、食品相关产品停止生产经营；需要制定、修订相关食品安全国家标准的，国务院卫生行政部门应当会同国务院食品药品监督管理部门立即制定、修订。国家食品安全监管部门应当根据食品安全风险评估结果、食品安全监督管理信息，对食品安全状况进行综合分析。对经综合分析表明可能具有较高程度安全风险的食品，国家食品安全监管部门应当及时提出食品安全风险警示，并予以公布。

（二）风险监测

食品安全风险监测是通过系统持续收集食源性疾病、食品污染以及食品中有害因素的监测数据及相关信息，并综合分析、及时报告和通报的活动①。《中华人民共和国食品安全法》第十四条规定：“国家建立食品安全风险监测制度，对食源性疾病、食品污染以及食品中的有害因素进行监测。国务院卫生行政部门会同国务院食品安全监督管理等部门，

① 参见 2021 年 11 月卫生健康委印发的《食品安全风险监测管理规定》（国卫食发〔2021〕35 号）第二条规定。

制定、实施国家食品安全风险监测计划。……省、自治区、直辖市人民政府卫生行政部门会同同级食品安全监督管理等部门，根据国家食品安全风险监测计划，结合本行政区域的具体情况，制定、调整本行政区域的食品安全风险监测方案，报国务院卫生行政部门备案并实施。”

食品安全风险监测制度是《中华人民共和国食品安全法》新引入的一种带有预防性的前瞻防控体系。因为食品安全的特殊性就在于它没有试错机制，为最大程度杜绝这种犯错的可能性，风险监测显得尤为重要。根据《中华人民共和国食品安全法》，国务院卫生行政部门会同国务院食品药品监督管理、质量监督等部门，制定、实施国家食品安全风险监测计划。国务院食品药品监督管理部门和其他有关部门获知有关食品安全风险信息后，应当立即核实并向国务院卫生行政部门通报。对有关部门通报的食品安全风险信息以及医疗机构报告的食源性疾病等有关疾病信息，国务院卫生行政部门应当会同国务院有关部门分析研究，认为必要的，及时调整国家食品安全风险监测计划。省、自治区、直辖市人民政府卫生行政部门会同同级食品药品监督管理、质量监督等部门，根据国家食品安全风险监测计划，结合本行政区域的具体情况，制定、调整本行政区域的食品安全风险监测方案，报国务院卫生行政部门备案并实施。

国家开展食品安全监测的目的，就是通过监测掌握国家整体的食品安全状况、食品污染水平、分布及其变化趋势；为开展食品安全风险评估，制定和修订食品安全标准以及为其他食品安全相关政策的制定提供科学依据；发现食品安全隐患，为政府食品安全监管提供科学信息。对社会关注的热点食品安全问题，及时开展针对性的应急监测，为及时处理食品安全事故和向公众公开事件真相提供技术支持。通过食源性疾病监测，了解我国食源性疾病发病状况及可能的致病因素，为有效控制食源性疾病及食源性疾病早期预警提供技术支持。

目前我国食品安全风险监测的工作流程主要包括五个步骤：收集、分析和研判食品安全风险信息；制定风险监测计划；采样和检验；上报、汇总和分析数据；发布、通报监测结果。其中风险监测计划的制定是整个风险监测工作的核心，其他活动均是围绕此活动而开展的。监测数据与信息来源于食源性疾病、食品污染以及食品中的有害因素。食品安全风险监测具有系统性和持续性，而不是零散和间断的活动。

在食品安全风险监测工作方面，我国也取得了很多成绩。

农业农村部自 2001 年在京津沪深四城市试点启动农产品质量安全例行监测工作以来，经过不断完善，形成了一套比较成熟的例行监测制度，对发现问题隐患、开展风险预警、加强风险防控、组织风险评估和加强执法监管提供了有力的技术支撑，其结果已成为评估我国农产品质量安全状况的主要指标和各级政府部门监管决策的重要依据。

国家市场监督管理总局建立的全国食品安全风险快速预警与快速反应体系（RARSFS）于 2007 年正式推广应用，同年 8 月实现了对 17 个国家食品质检中心日常检验检测数据和 22 个省（市、区）监督抽查数据的动态采集，初步实现了国家和省级监督数据信息的资源共享，构建了质检部门的动态监测和趋势预测网络。

2009 年国家卫生健康委员会进一步加强食品安全监测与评估工作，在原有食品污染物和食源性疾病致病因素监测网的基础上，通过两年的努力，会同食品安全各相关部门，建立起覆盖全国各省、市（地）、县级并逐步延伸到农村地区的食品污染物和食源性疾病监测体系。

2010 年是我国第一次在全国范围内开展多部门、全过程、经科学设计的风险监测工作，自 2010 年起全面实施国家食品安全风险监测计划，初步建立了覆盖全国的食品安全风险监测体系。

四、城市食品安全管理的其他手段

（一）食品安全责任保险

现在很多发达国家和地区都通过发展食品安全责任保险来保障食品安全，一方面保险公司可以监督食品企业，迫使其安全生产的意识得以提高，另一方面可以减少食品安全问题所带来的损害。食品安全引发的风险最终由保险公司来承担，不仅使受害人遭受的损失得到更好地补偿，还减轻了国家负担，维护了社会稳定，保障了消费者权益。

我国 1986 年就已经出现有关食品安全责任保险的产品，开办的是“饮食业食物中毒责任保险”，但是受法律环境和市场环境等因素影响，发展并不理想。针对食品安全责任的保险直到 21 世纪初才出现，国内目前大概有 40 余种有关食品的保险产品。2006 年，北京奥运会组委会签订奥林匹克运动会食品安全责任保险单，标志着我国的食品安全责任保险进入了新阶段。2009 年新《中华人民共和国食品安全法》颁布，相关法律条文促进了食品安全责任保险的发展，人保财险、太保财险、长安责任保险公司、华安财险都在同年推出了食品安全责任保险。首单食品安全网络责任保险的签署，使消费者在天猫、京东等网站购买金麦穗公司的蔬菜、水果、进口肉类、鱼类有了安全保障。2013 年上海率先在政府引导下开展了食品安全责任保险的试点。近几年，食品安全责任保险加快了发展脚步。但从总体上看发展并不理想：一是承保范围小。现有的承保范围主要集中在学校、餐饮企业、婴幼儿食品、出口产品等，对于食品的生产、加工、运输、销售等环节的保障还没形成，而且小餐馆、小作坊的大量存在成了投保盲区。二是投保企业的积极性低。强制投保目前在我国还不适宜全面展开，对食品安全的潜在风险大部分食品企业还认识不够，再加上出于对投保后成本增加的顾虑，不会主动去投保该保险。这些都是导致食品安全责任保险发展缓慢的原因，因此开发的产品无法满足企业需求，无法转嫁风险，还需要不断完善食品安全责任保险，促进未来发展。

（二）食品安全文化宣教

食品行业的规范化发展离不开社会思想道德的正确引导。2014 年全国食品安全宣传周的主题是“尚德守法　提升食品安全治理能力”，2015 年全国食品安全宣传周的主题是“尚德守法　全面提升食品安全法治化水平”，2016 年、2017 年全国食品安全宣传周的主题是“尚德守法　共治共享食品安全”，2018 年全国食品安全宣传周的主题是“尚德守

法 食品安全让生活更美好”。2015年全国食品药品监督管理暨党风廉政建设工作会议的主题是“深化改革 强化法治 努力提升食品药品安全治理能力”，2016年全国食品药品监督管理暨党风廉政建设工作会议的主题是“深化改革创新 强化监管执法 加快构建严密高效的食品药品安全治理体系”，2017年全国食品药品监管工作和表彰先进会议暨党风廉政建设工作会议的主题为“坚持‘四个最严’严守安全底线 全力以赴保障人民群众饮食用药安全”，2018年全国食品药品监督管理暨党风廉政建设工作会议的主题为“不忘初心再出发 奋力谱写食品药品监管工作新篇章”。

经历了多次事件后，人们越来越认识到食品安全不能单靠政府监管，必须提升产业素质和引导社会共治，实现产业发展与质量安全相兼容。2011年初，中央首次将健全食品药品安全监管机制作为加强和完善公共安全体系，创新社会管理的重点工作，改变了过去市场监管职能的定位。党的十八大及十八届三中全会、四中全会进一步围绕健全公共安全体系，提出食品药品安全体制机制改革任务和法治化要求。2013年，国务院副总理汪洋明确提出：构建企业自律、政府监管、社会协同、公众参与、法治保障的食品安全社会共治格局。之后，监管部门提出食品安全治理现代化的全新理念，旨在突破线性监管的传统方式。习近平总书记在2015年5月29日的中央政治局第二十三次集体学习时强调，要编织全方位公共安全网，加快建立科学完善的食品药品安全治理体系，并实施食品安全“党政同责”。党的十八届五中全会更是创造性地将食品安全提升到共享发展高度，提出推进健康中国建设，实施食品安全战略，形成严密高效、社会共治的食品安全治理体系，让人民群众吃得放心。

【本章重点】

1. 城市食品安全及其相关概念。食品安全并不仅限于源头，它既包括生产安全，也包括经营安全；既包括结果安全，也包括过程安全；既包括现实安全，也包括未来安全。

2. 我国城市食品安全管理的过程和主要危险源。我国食品安全管理包括食品生产环节、流通销售环节和终端消费环节，具有人为特征的食品安全风险是最主要的食品安全风险源。

3. 我国食品安全管理的发展和改革。我国新一轮的食品安全监管机构改革反映了新食品安全监管理念和“大市场-专药品”这一新模式。目前我国食品安全管理以政府为主体，充分发挥法律、市场、技术、文化等手段，重构监管部门、企业、行业协会、媒体和消费者等主体的角色和权力（利）义务关系，构建食品安全治理现代化体系。

【课后习题】

1. 食品安全管理和食品质量管理的联系与区别是什么？
2. 食品安全风险评估的目的和过程是什么？
3. 食品安全风险监测与食品安全监督检查的区别有哪些？

第十二章 城市安全生产管理

城市是人类走向成熟和文明的标志，以城市为中心的社会、经济组织运行模式是现代化国家的重要标志。中国城镇化已进入高速增长期，各类生产经营型企业尤其是高危企业聚集于城镇中。这些企业既是促进地方经济发展腾飞的助力剂，同时又对城市安全生产管理带来了风险和挑战，一旦发生生产安全事故，社会影响恶劣。党中央对安全生产高度重视，习近平总书记对加强安全生产工作作出重要指示，强调“守土有责敢于担当，完善体制严格监管，以对人民极端负责的精神抓好安全生产工作”。城市安全生产管理涉及城市居民的基本安全需要，备受各界关注，是各地政府提升居民公共安全满意度的有效抓手，也是了解居民对政府工作是否认可、满意与否的重要衡量标准。

第一节 城市安全生产管理概述

一、城市安全生产管理基本概念

（一）安全生产

《辞海》将“安全生产”解释为：安全生产是指为预防生产过程中发生人身、设备事故，形成良好劳动环境和工作秩序而采取的一系列措施和活动。《中国大百科全书》将“安全生产”解释为：安全生产是旨在保护劳动者在生产过程中安全的一项方针，也是企业管理所必须遵行的一项原则，要求最大限度地减少劳动者的工伤和职业病，保障劳动者在生产过程中的生命安全和身体健康。前者将安全生产解释为企业生产的一系列措施和活动，后者将安全生产视作企业生产中的一项方针、原则。根据系统论观点，上述解释都代表了安全生产中的一个方面，但都不够全面。陈金龙、郑邵成在《安全生产管理概论》中对“安全生产”的界定比较全面：安全生产是为了使生产过程在符合物质条件和工作秩序下进行，防止发生人身伤亡和财产损失等生产事故，消除或控制危险有害因素，保障人身安全与健康、设备和设施免受损坏、环境免遭破坏的总称。

（二）安全生产管理

安全生产管理是针对人们生产过程的安全问题，运用有效资源进行有关决策、计划、组织和控制等活动，实现生产过程中人与设备、物资、环境的和谐，达到安全生产的目标。安全生产管理的基本对象是生产经营单位的人员，涉及所有人员、设备、物资、环境、信息等诸多方面。安全生产管理的内容包括安全生产管理目标、安全生产责任制、安全生产管理法规和规章制度、安全科技支撑、安全生产风险防控、安全生产应急救援、安全生产信息化工作、安全生产宣传教育等。

二、城市安全生产管理主体

（一）生产经营单位

《中华人民共和国安全生产法》里的生产经营单位涵盖范围广泛，指从事各类生产经营活动的基本单位，包括各类生产经营企业，雇工六人以下的个体工商户，从事小规模生产经营活动的公民，从事生产经营活动的事业单位，以及安全生产中介服务机构。狭义的生产经营单位指以盈利为目的，运用各种生产要素向市场提供商品或服务，实行自主经营、自负盈亏、独立核算的企业。我们这里讨论的是狭义的生产经营单位，涉及工、矿、商、贸的企业。毫无疑问，企业是安全生产管理的基础，是安全生产工作中的责任主体。企业在追逐资本，寻求经济利益的同时必须承担安全生产的责任和义务，建立并实施企业自身的安全生产管理自我约束机制，自觉遵守并符合安全生产法律、法规标准和技术规范的要求。责任是安全生产的灵魂，只有企业安全主体责任到位，法定代表人、实际控制人责任到位，真正把安全生产工作摆在首位，才能确保企业安全投入、管理到位，有效减少和防范各类事故发生。

（二）政府管理部门

《中华人民共和国安全生产法》第九条指出："国务院和县级以上地方各级人民政府应当加强对安全生产工作的领导，建立健全安全生产工作协调机制，支持、督促各有关部门依法履行安全生产监督管理职责，及时协调、解决安全生产监督管理中存在的重大问题。"第十条进一步指出："国务院应急管理部门依照本法，对全国安全生产工作实施综合监督管理；县级以上地方各级人民政府应急管理部门依照本法，对本行政区域内安全生产工作实施综合监督管理。"政府部门对企业安全生产的管理具有间接性特点，如通过实施审批权、许可权、审查权、认证权、验收权、处罚权等对企业的安全生产活动进行管理。这些管理职责主要是从专业角度进行行政把关，以确保企业具备必要的安全生产条件，属于管理范畴。政府管理过程中，既要明确政府管理的权力范畴，还要明确管理失职应承担的责任。

（三）行业协会

同行业内的企业安全生产技术特点一样，安全管理的特点相同，可以推行相同的安全生产管理模式，如国际上石油石化行业推行的 HSE 管理体系就适合于该行业的安全管理模式。行业协会是由每个行业内各种所有制形式的企业自发地联合起来形成的非政府组织，通过这种组织进行自律管理是国际上的通常做法。我国的这种行业协会有很多，如原工业部门撤销后都成立了自己的行业协会。《中华人民共和国安全生产法》中明确了这些行业协会的安全生产管理职责，通过这些组织来规范、指导本行业的企业在满足相关法规、标准要求的前提下做好安全生产工作，其重点是通过建立和实施行业统一的技术规范和标准来实现行业自律性管理。

（四）工会组织

《中华人民共和国安全生产法》第七条明确指出："生产经营单位的工会依法组织职工参加本单位安全生产工作的民主管理和民主监督，维护职工在安全生产方面的合法权益。生产经营单位制定或者修改有关安全生产的规章制度，应当听取工会的意见。"工会是安全生产工作中代表从业人员对生产经营单位的安全生产进行监督、维护从业人员合法权益的群众性组织，是协助生产经营单位加强安全管理的助手，是政府监督管理的重要补充。

（五）新闻媒体

在某些企业重视经济利益而轻视甚至忽视安全生产的过程中，新闻媒体发挥了"第四权力"的监督作用，对企业的不良行为进行曝光，对企业形成做好安全生产工作的舆论压力和动力，促使其进行整改。近年来盐城响水爆炸事故、台州温岭油罐车爆炸事故等都给人民生命财产带来了严重损失，通过新闻媒体的报道，引发了全社会对于安全生产的关注和讨论，激发人们的安全观念从"要我安全"转变到"我要安全"。

三、我国安全生产管理体制历史沿革

（一）从无到有，形成"三结合"体制

新中国成立伊始中央人民政府及地方各级劳动部门内部都设立了相应的劳动保护机构；政府许多产业部门内部也设立了专管劳动保护工作的机构。1983 年，国务院第一次明确提出我国安全生产工作实行国家劳动安全监察、行政管理和群众（工会组织）监督相结合的工作体制，通常将这段工作体制称为安全生产工作的"三结合"体制。这一体制明确了国家监察、行政管理和群众监督三者的权限、职责、任务及其相互关系，使三者从不同层次、不同角度、不同方向贯彻执行"安全第一，预防为主"的工作方针，共同实现安全生产的目的。当时企业的所有制形式单一，按行业都归其主管部门管理，"三结合"体制中只强调行业部门而不强调企业的作用是符合我国当时计划经济国情的，在推动当时我国安全生产工作方面发挥了积极作用。

（二）适应变革，形成"四结合"体制

20 世纪八九十年代，随着我国经济体制改革的深化和社会主义市场经济体制的逐步建立，企业所有制形式开始呈现多样化，企业成为自主经营、自负盈亏、自我发展、自我约束的主体，企业的安全生产主体责任也逐渐凸显出来。由于行政体制改革相对滞后，这个时期行业主管部门依然存在，原来的"三结合"体制与社会现实出现了矛盾。为了使安全生产工作体制符合新的实际，《国务院关于加强安全生产工作的通知》（国发〔1993〕50 号）正式提出，实行"企业负责，行业管理，国家监察，群众监督"的安全生产工作体制，即"四结合"体制。

（三）深化改革，形成"五结合"体制

1998 年机构改革之前"四结合"安全生产工作体制基本没有发生大的变化。后续的安全生产实践过程中，为了突出劳动者在安全生产工作中的作用，在上述“四结合”体制中又增加了“劳动者遵章守纪”，形成了“企业负责，行业管理，国家监察，群众监督，劳动者遵章守纪”即“五结合”体制。此外，有学者指出随着我国改革开放的逐步深入以及社会主义市场经济体制的构建，中介服务可以向政府、企业与职工提供公正有效的服务，促进社会资源配置的优化。《中华人民共和国安全生产法》中也进一步强调引入中介服务机制，确立安全生产中介服务机构的法律地位，使其服务职能市场化、社会化。

第二节 城市安全生产管理内容

一、城市安全生产责任体系

健全落实党政同责、一岗双责、齐抓共管、失职追责的安全生产责任制，强化地方党委和政府的领导责任，明确部门监管责任，严格落实企业主体责任。

（一）落实企业安全生产主体责任

1. 强化企业安全生产责任的执行力度

严格按《企业安全生产标准化基本规范》和各行业标准化实施方案提升企业管理水平，确保涉及安全生产的法规、政令在企业依法贯彻，确保责任制定全覆盖，责任落实层层有保障，强化日常运营管理，重点从以下几个方面进行强化和执行。

第一，建立层层责任制并制定对应的评估奖惩机制。构建企业安全生产长效机制，前提是要构建有力、有效的安全生产责任落实机制。因此，企业首先要根据法律法规和权责利相对应原则，建立横向到底、纵向到边的安全责任网络，明确从董事会、总经理到一线员工的岗位安全职责，将安全责任细化、量化、具体化，使每一名员工清楚知道自身安全职责，确保每一项管理指令都能层层传递，得到严格执行。其次建立安全奖惩机制，对安全工作突出的部门和个人进行奖励，对违反规章、不遵守安全规章制度的予以惩罚。再次完善责任追究制度。对企业各层次的责任主体因安全生产工作不落实或落实不到位，被监管部门行政警告处罚或媒体曝光，以及发生生产安全事故的，应确保责任惩戒追究到位。

第二，配备称职的专业管理干部，确保安全管理网络体系有效发挥作用。企业应当设置安全管理机构以及专职安全管理岗位，保证安全管理人员真正起到懂安全、会管安全的作用，熟悉安全生产法律法规及政策，能够及时发现安全生产工作中的问题和存在的隐患，并督促其整改隐患。从事安全生产管理的人员应具备与安全生产管理责任相匹配的能力和资质，如危险化学品生产企业分管安全生产的负责人应当具有一定的化工专业知识、相应的专业学历以及中级以上职称。

第三，加强安全培训和风险辨识，提高管控安全生产风险的水平。从各类型事故原因分析来看，从业人员的安全意识薄弱、防护知识缺乏，是各类安全事故发生的主要原因。企业要履行好安全生产主体责任，很大程度上有赖于安全培训教育工作的根本改观。企业要从加强安全生产法律法规标准规范的宣传培训入手，营造全员关爱生命、关注安全的良好氛围；确保安全教育工作落到实处，通过宣传培训，提高生产经营单位主要负责人的安全素质，树立安全发展、安全生产的观念；使员工熟悉岗位操作规程及安全风险，避免违规操作，促进安全生产工作落到实处。

第四，强化隐患排查治理闭环，确保安全检查隐患整治到位。事故源于隐患，要从预防为主角度，树立隐患就是事故的理念，确保从思想上重视隐患排查工作，行动上做到有患必除。隐患排查不放过任何一个角落和环节，做到关口前移。一是按信息化标准化“两化”体系要求，企业要安排人员定期如实上报隐患排查情况；二是建立隐患挂牌督办制，对排查出的重大隐患、难以治理的隐患实行领导包办负责制，明确分包领导、整改时限、治理各方责任；三是双向验收，隐患所在单位对隐患整改负责，企业安全监管单位对整改情况进行验收，双方签字确认整改完毕。

第五，提高应急演练和救援处置能力。应急演练和救援处置是减少伤亡，降低事故损失的最后一道关口。要加强应急演练，确保现场人员熟练掌握应急常识，熟练使用应急器材。建立定期评估应急力量的机制，定期检查应急器材完善制度并建立台账。另外，企业还要对员工进行急救知识的培训，比如烧伤、心肺复苏、腰部骨折方面的急救知识。

2. 强化企业内部监督与管理

发挥工会的安全监督和服务职能，保障安全生产主体责任的履行。《中华人民共和国安全生产法》明确规定工会依法对安全生产工作进行监督，从法律层面规定了工会在企业运营及生产安全工作中的权利。实践中，工会在这方面发挥的作用极其有限，甚至缺位。工会工作人员要熟悉《中华人民共和国安全生产法》《中华人民共和国劳动法》等法律法规方面的安全条款和知识，经常深入生产一线，熟悉车间岗位生产状态，熟悉安全管理过程，研究企业履行主体责任存在的问题及解决问题的途径，进而推动企业将主体责任理念融入企业规划和日常安全管理过程中，确实做到树立安全红线意识，安全发展、以人为本，确保在生产经营过程中保证安全投入，保障安全条件符合法规标准要求，保护职工职业健康及生产安全。工会要严格执行《工会劳动保护监督检查员工作条例》，通过参与企业安委会议案、目标考核等监督企业安全生产政策的决策制定，组织安全生产大检查，监督企业安全投入和安全管理过程执行情况，及时将检查发现的问题向企业进行反馈并提出合理化建议。工会要发挥培训优势，通过组织工人开展各种技能大赛、劳动竞赛、安全卫士评比、技术革新等活动，提高员工岗位专业技能、安全专业知识、风险防范意识、事故应急处置能力。

3. 构建积极的企业安全责任文化氛围

企业要培育安全责任核心价值理念，打造企业安全责任文化，激发法人的规则意识和责任意识，潜移默化影响企业的从业人员在日常生产活动中树立安全责任意识，自觉注重安全，减少不安全行为，确保企业利益不受损失，提升企业竞争力。应充分利用报刊、宣传栏、互联网等方式宣传《中华人民共和国安全生产法》等有关法律法规，使企业管理层和员工知晓其法定权利和责任，依法建立各项制度，依法正确履行责任和行使权利，并转化成自觉行为。企业在生产经营中应制定安全生产主体责任战略，将安全生产主体责任理念融入企业的各个环节中，主要表现在设置安全管理机构、配置安全管理人员、组织参加安全培训、隐患排查治理等。企业出现生产安全事故时，不管影响有多大，不管是在企业内部还是外部，都需站在公众角度来处理责任落实问题。通过各种途径传播企业安全生产责任信息，被更多的公众和其他企业所看到，从而塑造良好的企业责任形象。

（二）推动中介力量参与

1. 强化安全评价机构的责任担当

安全评价机构承担法律赋予的安全生产相关权利，并逐步承接政府有关职能的转移，为企业提供市场评价服务，承担的社会责任重，是安全生产支撑机构。安全评价机构出具报告是政府实施安全生产经营许可的前置，具备法律效力并承担法律责任。法律在明确安全评价机构从事安全生产评价权利的同时，也明确了其违法违规应该承担的法律责任，如《中华人民共和国安全生产法》规定了对安全评价机构组织及相应责任人的经济处罚标准和刑事责任，资质处理规定。安全评价机构要强化自律意识和责任担当，认清作为安全技术支撑机构所肩负推进安全生产形势好转的使命，抛弃“不出大事故，就不会追究评价等机构法律责任”的侥幸心理。

2. 建立合法合规的中介服务市场

作为政府法律授权从事安全服务的机构，政府应给予社会上具备安全评价服务实力的机构能够充分参与的权利，形成能上能下、能进能出的机制。地方政府部门要克服地方保护主义思想，不为红顶中介提供特殊保护，不采用行政手段干预市场竞争，坚决规避指定特定的安全评价、企业安全质量标准化、安全设施设计机构垄断本地区市场。

3. 加强对中介服务机构的管理

法律法规、部门规章对政府管理中介服务机构进行了授权，目的是防止中介机构过分追逐利益而损害社会和企业利益。因此，政府要通过政策调整纠正中介机构重经济利益轻社会公共利益的行为。通过日常监管，严肃查处中介机构与企业勾结出具不实报告、不到现场出具报告、转租资质证书、转包评价项目等违法行为，达到规范中介机构依法依规为企业提供服务的目的。

（三）强化媒体监督

1. 保持宣传报道的客观性

安全生产工作任重道远，要强化正面宣传和舆论引导。唯有如此，才能凝聚安全生产的强大合力，营造良好氛围。我国尚处于转型期，工业高速增长，第一产业比重较大，事故风险概率高，问题隐患多，还处于事故易发阶段。媒体重视对安全生产的舆论宣传和舆论监督，报道既要客观公正，又要避免走入吸引眼球的盲区，夸大报道安全生产的隐患及事故信息，会让社会风声鹤唳。此外，媒体应积极宣传安全生产法律法规和科学发展、安全发展、红线意识等理念，引导各级政府转变执政观念，将安全发展上升到战略高度，确实把重视安全生产工作落实到行动上。媒体在强化地方安全监管，督导企业落实责任，提高社会理性辨识安全风险等方面都应有所作为。

2. 树立先进宣传典型

可以通过“安全生产月”“安全生产法律知识竞赛”“生产安全事故警示教育”等活动，加大对履行安全生产主体责任比较好的企业进行宣传，扩大其社会知名度，助力其形成安全效益。例如，举办有关企业安全生产主体责任的研讨会、评选安全生产先进企业和红旗单位等一系列活动，多角度宣传安全生产优秀企业，也为企业在招商、合同、融资、入市等方面积累社会信誉，让企业家感受到落实安全生产主体责任的情况和所做贡献带来的各类直接和间接收益，让企业认识到安全工作有必要做、值得做。

3. 加大违法违规行为曝光力度

媒体可以与政府监管部门加强联系，设置安全生产专栏，曝光安全检查、隐患排查和专项整治中发现的违法违规行为，跟踪报道生产安全事故。例如，在安全生产领域进行暗访暗查活动，将检查结果分别公布在媒体上，对履行安全生产主体责任不到位的企业及所在地方政府形成强大压力。新闻媒体广泛介入事故报道，调动社会参与监督，会让相关企业面临起底追查。如天津港爆炸事故初期，相关信息公布犹抱琵琶半遮面，引起社会疑议纷纷，网络媒体紧追不放，最后企业负责人、幕后控制人在媒体面前无法隐形，受到法律法规的惩罚。该起事故相关报道具有划时代意义，对全国安全生产管理部门、有关单位法人及幕后控制人和中介机构极具警示意义。

4. 发挥网络平台监督优势

要发挥网络媒体在安全生产舆论监督中的作用，快速及时让公众了解生产安全事故的动态信息，如天津港爆炸事故，视频同步在网络传播，公众能及时了解事故第一消息，避免不实信息满天飞，起到了很好的止谣作用。政府部门要认识到事故信息公开是常态，可以利用网络媒体进行正确引导，使其为政府工作服务。事故发生后，政府部门除及时召开新闻发布会，向媒体通报有关事故相关信息外，还可以通过政府网站、微信公众号等平台发布生产安全事故相关信息、事故救援情况，做到主动透明公开相关信息。另外，政府部门也可以通过建立网上生产事故信访平台、网上生产事故客服平台、重大事故时开通网上论坛的制度，为社会各界发表个人意见和咨询提供平台。这样，政府就可以第一时间了解社会民意和第一手资料，发生生产安全事故的企业可以知道社会的反应度、政府的压力，有助于吸取教训，履行责任，处理好事故赔偿等善后工作。

二、城市安全生产监管监察体系

城市安全生产监督管理的主体是地方各级政府，政府应首先明确职责定位，优化安全生产政策，建立长期的定期监管评估机制。

（一）明确政府职责定位

监管部门转变观念，转变监管方式。政府应转变政府是企业管理者及家长的观念，树立监管是为企业创造发展环境，执法也是为企业创造发展机会的观念。不越位考量企业效益，而要公正对待各利益相关者。要针对重点难点强化专项整治，形成长效机制。如在危化企业，要督促企业把特殊作业专项整治转变为常态性工作，纳入日常安全监管重点工作中，避免运动式检查。同时理顺行业监管与综合监管职责，确实履行管行业管安全，管生产管安全，确保安全监管权责对等形成监管合力。监管部门要加强监管队伍能力建设，针对当前监管干部来源渠道窄、监管业务不熟等现象，强化干部在职培训质量，安排监管人员走出去，督促企业落实好主体责任。监管部门要强化法律法规的执行力度，强化依法治安，规范检查执法程序，做到依法处罚，违法必究。监管部门建立安全生产诚信守法生产经营制度，将生产安全事故频发而不吸取教训，违反安全生产相关法规不在乎的企业纳入安全生产黑名单，使相关企业在融资等方面受社会制约。

（二）优化安全生产政策

政府是市场经济健康发展的保护者，要根据社会经济发展及安全生产形势主动出台一系列安全生产政策，推动引导企业重视安全生产，履行好安全生产主体责任。地方政府可以结合当地产业政策制定化工企业规划，在化工企业相对比较集中的县级行政区建立化工园区，对搬迁入园化工企业在贷款、土地、税收等方面给予一定的政策扶持，对不愿意进入欲转行的企业，根据节能减排、落后产能淘汰政策进行补偿。政府还可以加大对安全科技研发的支持力度，对安全技术研究应用的资金投入和政策予以重点支持，从政府层面推动有科研院所、院校和企业参加的研发团队，加大安全生产和安全措施方面新技术、新设备的研发速度等。

（三）建立定期监管评估机制

建立定期评估机制，客观科学评估和反思当前法规政策执行及监管实际效果，判断政策法规存在的价值，从而决定政策的延续和终结。通过工作反思和科学有效评估，促使监管部门承担相应责任和回应社会需求，进一步促进政府职能定位，促进安全生产监管回应机制。以危险化学品生产企业为例，涉及大型危险化学品生产企业、医药精细化工生产企业、小型油漆涂料、气体及农药混配生产企业等，不同类型企业危险性、生产管理大为不同，通过定期评估机制，探索改变过去在标准化方面一个政策模式的监管方式，对规模大、员工多的企业监督管理应侧重于机构管理安全，而人员在 10 人以下的小微企业，应侧重于企业负责人管理安全。

三、城市安全生产法治体系

健全安全生产法律法规，完善安全生产标准体系，严格安全准入制度，规范监管执法行为，完善执法监督机制和事故调查处理机制，健全监管执法保障。

（一）健全安全生产法规规章体系

根据安全生产实践中存在的问题，持续健全完善安全生产监管条例，为安全生产实践提供有力的法律支撑。首先，通过以“补”代“修”，鼓励地方和部门制定实施细则，在可能的立法空间内弥补现有法律存在的不足。其次，允许和鼓励有地方立法权的地方进行地方特色立法，根据地方安全生产的实践需要，完善安全生产主体职责、第三方安全生产服务机构监督管理等方面的相关法律规定，填补各地在安全生产执法监管中存在的法律空白，提升执法效度。最后，制定安全生产中长期立法规划，加快制定修订安全生产法配套法规，加强安全生产和职业健康法律法规衔接融合。

（二）加强法治建设的科学系统性

一是发扬立法民主，加强立法调研。在安全生产法律法规的制定和修改过程中，要加强立法的前期调研工作，广泛听取基层执法监管人员的意见，深入调查研究，使立法与实际情况相符合，减少立法理想化色彩。二是大力推进安全生产科学立法，建立多元化安全生产法规规章起草机制、立改废释并举的法规建设机制，以及安全生产法规规章运行评估制度。三是根据《中华人民共和国立法法》规定，加强涉及安全生产相关法规的一致性审查，对现有的地方性安全生产法规标准进行清理，消除同一层次或不同层次法规、规章之间的不统一和不协调现象，以增强安全生产法制的协调性和实效性。

（三）完善安全生产执法监督机制

第一，明确执法监督主体责任，由地方各级人大常委会牵头，组织安全生产领域的专家成立执法检查组，对各地安全生产法律法规实施情况进行定期检查，开展专题询问、民主监督和协商调研，征集各地在安全生产执法过程中的问题意见，并督促整治。第二，不断完善执法监督制度，探索建立行政处罚法制审核制度、行政处罚备案制度、行政执法案卷评审制度等，通过法制的规范化建设实现行政执法监督工作常态化、程序化和制度化。第三，加强执法信息公开制度建设，不断完善执法信息公示、执法过程信息全程记载、执法全过程可回溯管理制度建设，实现执法信息公开透明、执法全过程留痕、执法决定合法有效。

（四）推进监管执法体系规范性建设

监管执法工作是安全生产法治的重点。首先，选拔优秀专业人才，充实安全生产执法队伍，不断健全监管执法机构建设，提升优化监管执法人员队伍的整体素质结构。其次，不断推进安全监管执法规范化建设，全面推行年度监督检查计划制度，建立重点监管对象工作清单，要求一个企业明确一个监管主体，提升行政执法主体行为的职责清晰度，理顺各主体之间的执法权责关系。最后，出台安全生产监督检查的规范性政策文件，研究出台安全生产信用分级分类管理办法、行政执法规则等，推进重点行业领域安全生产信用分级分类监管，尽快形成高效的安全生产执法体系。

四、城市安全生产风险防控体系

加强安全风险管控，强化企业预防措施，建立隐患治理监督机制，强化城市运行安全保障，加强重点领域工程治理，建立城市安全生产风险防控体系。

（一）完善行业标准，夯实企业安全防控基础

一是细化风险隐患排查标准。应急管理部门可与冶金、仓储、化工等重点行业的行业协会联合，在现行企业安全隐患排查治理规范的基础上，进一步出台行业标准，充分考量企业工艺流程、产业规模和基础设施等客观条件，制定分级标准。二是完善重点行业准入制度。各行业主管部门应切实论证现行重点行业准入制度，适度提高涉危涉爆涉燃企业行业准入门槛和基础建设标准，全面排查企业特别是小微企业安全生产工艺的安全性，及时采取关停并转等治理措施。三是托管小微企业防控工作。各地应急管理部门可要求符合安全生产标准的小微企业通过购买安责险或向安全机构托管的形式，提升风险隐患应对能力，提高安全生产水平。

（二）统筹平台建设，提升风险监测预警能力

一是加强信息平台顶层设计。按照应急管理部《关于加快编制地方应急管理信息化发展规划的通知》和《应急管理信息化发展战略规划框架（2018—2022 年）》，坚持“省级统建，省、市、县分级应用”的原则，将建设安全生产信息平台以及相关建设方案提上工作日程。二是打通安全生产信息服务平台。省级应急管理部门应制定统一标准，整合所有在用、在建的与安全生产相关的应用系统，建设统一信息化安全生产管理平台。对上连接应急管理部数据应用平台，对下汇聚各市、县、企业安全生产数据资源，实现统一操作入口、统一数据出口。三是优化升级安全生产监控系统。依托物联网工程、人工智能等新兴技术，围绕高危行业生产安全，建成全省感知网络建设工程，实时监控安全参数，有效承担信息报送、信息共享、监测预警等各项职能，真正实现安全事故“提前预报、快速响应”。

（三）明确职能范围，引入社会力量参与排查

一是明确应急管理部门的行政监管职责，进一步细化权力清单，保留应急管理部门的行政监管职责，剥离技术监管责任，明确对安全中介机构的监管任务。二是发挥行业专家的技术监管职能，建立健全应急管理专家人才遴选制度，吸纳矿山、冶金、化工等各行业重点领域的专家力量，充分发挥应急专家库专家的技术监管职能，并与应急管理部门行政监管职能相结合，切实提高安全隐患排查实效。三是推动中介安全监管认证服务，应急管理部门可聘请第三方服务机构，对企业安全生产风险点进行排查辨识工作，据此建立风险数据库、安全生产档案和风险点档案，优化风险管控能力。

（四）固化联检机制，提高风险隐患排查实效

一是出台跨部门联合检查制度。各级政府部门可出台安全生产联合执法检查制度，设立安全生产联合检查办公室，负责统筹协调公安、环保、住建等部门联动参与安全生产检查工作，实行“点对点”扁平化的联系机制。二是构建职能部门信息共享机制。建立统一完备的信息化工作机制和创新多元的科技力量汇集机制，形成安全生产各职能部门信息互通共享机制，并实现部、省、市、县四级以及企事业单位安全生产信息系统“一张网”“一体化”。三是建立企业隐患检查信用机制。建立企业红、黄、绿三色安全检查信用评价体系，实行信用积分制度。对于在检查中存在安全隐患的企业，要下调安全检查信用评价等级，提高检查密度，工艺流程安全度高、多次检查均未发现安全隐患的企业上调安全检查信用评级，适度降低检查频次，倒逼企业提升风险管控能力。

第三节 国外城市安全生产管理经验

一、美国城市安全生产管理

（一）美国城市安全生产管理体制

1. 主管部门

美国政府中进行安全生产管理的主管部门是职业安全与健康管理局（Occupational Safety and Health Administration，OSHA）。按照美国《职业安全和健康法》的规定，OSHA的职责是“旨在通过发布和推行工作场所的安全和健康标准，阻止和减少因工作造成的生病、受伤和死亡”，对“为雇员提供一个安全卫生的工作环境”负有一定责任。OSHA的责任主要是指引导责任和监督责任，通过制定标准、执行监督、对违规企业进行处罚等方式实现。例如，在制定标准方面，OSHA进行了影响世界职业安全与健康的十大制度创新。OSHA在2019年美国安全理事会大会和博览会上发布了OSHA标准适用的所有行业违反行为最常被引用的十大标准的结果，并在其前十大类别中发布了近2.7万份传票。

由于美国行政体制的特点，OSHA的安全生产监管体系也被分为联邦和州两个层次。在联邦层次上，OSHA的监管人员不定期对目标企业的工作场所进行抽检。由于监管资源有限，无法开展经常性的全面检查，因而重点关注一些特定企业尤其是一些有违规前科的企业、高危行业的企业并对其进行抽检。在州层次上，根据《职业安全和健康法》的规定，美国现有26个州拥有经过联邦批准的独立安全生产和职业健康法规，这些法规赋予了各州更多的监管自主权，但也可能会导致各州为了追求宽松的投资环境而放弃对某些行业企业的监管强度。

美国在1978年设立了矿业安全与健康管理局（Mine Safety and Health Administration，MSHA），专门负责监管全国矿业企业的安全生产工作，减少矿业企业的伤害事故，降低事故伤害。MSHA在38个州设立了地区安全生产监管处。地区安全生产监管处的主要职责及责任有以下几个方面：一是进行常规化检查，按规定每年对地下煤矿机型进行不少于四次的全面安全生产检查，即使是安全风险相对较小的露天煤矿，每年也要接受两次安全生产检查；二是实行事故责任追究制，在事故发生后，安全生产监管人员会进行全面的事故原因调查，并对相关责任人进行处罚；三是进行安全生产突击检查，那些提前泄露检查行动的人员，有可能会被追究刑事责任；四是实行监管人员和设备供应商的连带责任制，不管是安全生产监管人员给出误导性的检查报告，还是安全生产设备供应商提供不合格的安全生产设备，都将会被处罚甚至判刑。

2. 合作计划

当各层次政府在执行严格的安全生产监管职能时，一些合作计划也在美国安全监管体制中发挥了重要的补充作用。具体来说，合作计划包括联盟计划、现场咨询、安全和卫生绩效认可计划、战略伙伴关系及自愿保护计划等内容。合作计划体现了监管模式由强制方式向经济性激励方式转变的趋势，较多地通过发挥经济杠杆的作用来鼓动企业、工人以及各种社会主体参与到安全生产监管系统中来，提高了整个监管系统的效率。

3. 工伤保险制度

美国联邦政府实行强制性的工伤保险制度以维护工人利益。美国境内的所有工人基本上都受到了联邦劳工赔偿法或州劳工赔偿法的保护。按照《工伤保险法》的要求，企业负责支付工人的工伤事故赔偿费用。不管事故责任方是哪一方，企业都要对受到劳动伤害的工人进行赔偿，即实行的是无过错原则。如此，工人就不会陷入与企业之间关于事故责任的争论，也不至于使工人因为得不到事故赔偿而影响生活。

（二）美国城市安全生产管理特点

第一，立法严密。美国在联邦和州两个层面都建构了严密的法律法规体系。除了联邦政府进行的立法外，各州在其立法许可范围内也进行了大量立法。各州的立法监管工作具有一定独立性，地方政府可以充分发挥其主动性、积极性、创造性来保障本州工人的生产安全。

第二，监督权力相互制衡。劳动安全和卫生复议委员会是美国安全生产监管体系中的一个重要复议机构。如果企业对监管部门的处罚决定存在异议，可以向这个委员会提出申诉。复议委员会的存在制衡了 OSHA 的权力，有利于促进管理部门公正执法，也有利于减少监管部门与企业的矛盾。此外，法院和国会等其他行政司法机关也拥有监督 OSHA 的权力，如果监管法规需要进行调整和修改，则要通过相关部门组织的听证会。

第三，多方参与的合作计划，使包括劳资双方、中介组织和行业公会等在内的社会主体能够充分参与到整个安全生产监管体系中来，并达到共赢。

第四，建立了强制性的职工工伤赔偿制度。对企业而言，美国工伤赔偿制度具有强制性，即无论事故责任方是谁，企业都负有进行劳动伤害赔偿的责任，避免了因劳动受伤害职工的个人和家属生活陷入困境。

第五，安全生产监管机构执法严格，企业安全生产违法成本较高。美国安全生产监管机构在日常安全生产检查过程中执法严格，对违规企业往往会处以高额罚款。2020 年 9 月 10 日，美国劳工部根据下属职业安全与健康管理局（OSHA）的意见，对史密斯菲尔德食品公司顶格处罚 13494 美元，指责其未能在新冠肺炎疫情中采取适当措施保护员工安全。按照史密斯菲尔德提供的数据，该工厂是全美最大的猪肉加工厂之一，产出占美国猪肉产量的 4%～5%。受新冠肺炎疫情影响，该公司位于南达科他州苏福尔斯市的工厂近 1300 名员工感染新冠肺炎，并有 4 人因此死亡。美国劳工部表示，2020 年春季，疫情在规模达 2130 亿美元的肉类行业的从业人员中迅速蔓延，迫使史密斯菲尔德和其他业内公司暂时关闭工厂，扰乱了食杂店的肉类供应。按照 OSHA 的调查报告，史密斯菲尔德未能采取适当措施保护员工安全，OSHA 提议对史密斯菲尔德按照法律允许的最高罚款额度罚款 13494 美元，这也是联邦政府首次对肉类加工商实施与新冠肺炎疫情相关的处罚。通过此案例可以看出 OSHA 在劳动安全监管方面的原则，就是严格按照现有法律法规执法，随时关注企业安全生产违规情况，对存在安全生产问题的企业决不姑息，实行高额罚款以提高震慑力度，使企业为避免其利益受损而主动遵守安全生产法律法规的规定。

二、英国城市安全生产管理

（一）英国城市安全生产管理体制

1. 健全成文法

1972年，罗本委员会作了关于企业安全生产和职业健康方面主要工作的回顾，提出了著名的“罗本斯报告”。该报告对英国企业安全生产和职业健康的发展主要作出了三方面贡献：一是明确指出要制定成文的职业安全与健康法典；二是提出了英国安全生产和职业健康的新理念，即政府、雇主、雇员和工会等在目标导向型的法律体系下进行自我监管；三是提出要设立安全生产和职业健康的监管机构“健康和安全委员会”（Health and Safety Commission，HSC）和“健康和安全执行局”（Health and Safety Executive，HSE）。

罗本斯报告主张以系统的成文法典为基础来代替零散的工作现场的安全与卫生标准以改变人们对安全的态度。1974年，《劳动健康安全法》正式施行，该法被认为是英国安全生产和职业健康监管史上的一个分水岭。它体现了罗本斯报告的建议，明确提出“谁造成了工作中的危险，谁就要负责对工人和可能被波及的公众的保护”的观点。该法还指明1974年之前通过的法律将逐渐由新制定的法规法律体系所替代。在此后的三十年中，英国逐渐建立了一整套比较灵活的安全生产管理法律体系。这套安全生产管理法律体系以《劳动健康安全法》为基本法，通过行政法规提出安全生产监管的目标和原则，通过实践规范和指南给出具体的安全生产监管实施手段和方法。其他安全生产监管方面的法律法规主要包括：1993年开始施行的《煤矿安全和健康管理与执行条例》，1999年开始施行的《工作安全和健康管理条例》，2004年开始施行的《控制危害健康物质条例》，2005年开始施行的《控制工作场所噪声条例》等。

2. 设置专业监管机构

目前，英国负责安全生产管理的机构主要包括HSC和HSE。HSC共有10个委员，成员主要包括运输大臣、地方政府、雇主和雇员。依照HSC的管理职能定位，其主要职责是保障工作场所内工人和公众的健康和安全，实现这一职责的途径包括：提出新的法律和规定议案，开展企业安全生产状况调查研究，为企业提供安全生产信息和建议，控制炸药和其他危险物质生产。健康和安全委员会的主要工作是保护每一个英国工人使其回避工作活动带来的安全和健康风险，为达到这样一个目的，除了进行日常安全生产监管外，健康和安全委员会还十分重视培训和信息共享的作用。健康和安全委员会经常与其他关注安全生产与职业健康的组织、商会、科学技术专家联系，一起推动安全生产培训工作，并为企业提供信息和咨询服务。

HSE有3名成员，这3名成员由健康和安全委员会在征得运输大臣、地方政府和各地区代表同意后任命。健康和安全执行局有自己独特的法律职责，最重要的职责就是执行安全生产和职业健康法律法规。下属的具体从事各项工作的人员约4000人，包括拥有不同背景的专业人员，在政府部门工作过的行政人员、律师、检查人员、技术人员、医学专家、金融、会计和人力资源专家等。

HSC和HSE都是非政府组织，执行与安全生产和职业健康有关的特定职能。两个机构最重要的职责是确保人们在工作场所的健康与安全，关注的领域主要包括核能安装、煤矿、近海天然气和石油开采活动及危险物质移动中的安全问题。在安全生产监管方面，地方权力机构对HSC负责，HSC具体执行对地方机构、经济部门的健康和安全监管。

（二）英国城市安全生产管理特点

第一，在进行安全生产立法时，注重将目标管理与自我监管相结合。在立法过程中，对实现目标的具体方法进行了规定，有利于充分调动政府、企业、工人和工会等主体的主观能动性。

第二，进行安全生产管理的两个机构都是非政府组织。当安全生产管理机构是非政府机构时，其独立性会比较强，政府机构工作人员办事效率较低的问题也能得到较好地解决。

第三，重视对安全生产管理政策的评估。任何一项公共政策都既有成本也有收益，为了衡量公共政策是否达到既定的收益目标，一方面HSE对安全生产管理政策的制定程序有严格规定，另一方面还对政策实施过程及其影响进行评估，评估标准为如何更好地以较低成本满足既定目标。如果达到理想目标的安全生产管理政策需要支付高成本，那就不能执行该政策；如果某项安全生产管理政策妨碍了技术进步和产业创新，那么该政策也是不成功的。

第四，重视安全生产宣传教育工作。英国政府非常重视安全生产宣传教育工作，每年HSC和HSE会给不同的部门或安全生产实施过程提供信息、建议和指导方针，要引述大量文件，有时甚至会在一年内印制约1200份标价刊物及800份免费读物。印发的读物大都通俗易懂，很容易为大众所接受，企业和公众能够从这些读物中获得日常生活中积累的安全生产知识，这也促使英国政府颁布的各项与安全生产管理相关的法律法规能得到较好地遵行。

第五，重视科学技术对安全生产工作的促进作用。HSE每年花费约3700万英镑用于安全生产科学研究，其中大约一半经费用于直接安全生产预防技术及设备研究，另一半经费被用于反应性工作，这些工作包括事故调查分析、寻找支撑管理行为的案例组合。HSE的科学技术研发政策是把安全生产科技应用于防范事故风险，并对风险进行积极有效的控制。HSE的政策特别强调指出科技资源应如何开发以满足企业安全生产管理的需求。虽然绝大部分的安全生产技术研发工作由外部机构完成，但HSE也拥有一个重要的内部科研机构——健康和安全实验室。其主要职责是为HSE的日常管理工作提供调查数据，并从事其他与HSE日常管理工作相关的科研服务。HSC和HSE与很多知名大学、工程研究机构及国家放射学保护委员会保持经常联系，通过与这些单位里的专业科研机构进行合作，努力促进英国职业健康和安全生产科技进步，并很快将新研发的技术成果应用于企业安全生产实践。

三、日本城市安全生产管理

（一）日本城市安全生产管理体制

1. 法律的制定和实施

20世纪70—80年代，日本经济开始从“投资主导型”向“出口主导型”转变，日本经济进入快速发展时期。与高速发展的经济相适应，日本几乎年年制定和颁布安全生产管理法律法规。1972年颁布实施《工业安全和健康法》后，一系列配套的安全生产和职业健康条例也开始实施。在这一时期，安全生产的观念被越来越多的中小企业接受，这些企业积极采取各种可行的措施来提高企业的安全生产水平。

但是在1986—1990年日本安全生产方面的立法骤减，之所以这样主要是因为此时日本处于经济发展泡沫的形成时期。在这一阶段，与安全生产相关的法律法规建设并没有停止。1992年，对《工业安全和健康法》进行了部分修订，目的是使企业员工获得舒适的工作环境。2000年，日本公布《职业安全健康管理体系指导方针》，为实现此方针的要求，当年成立了日本职业安全健康国际中心。2005年，日本颁布了《石棉危害预防法》。上述法律法规的颁布、实施与监督，说明日本政府已逐步将安全生产管理工作的重点放在确保企业达到更高的安全生产水平上，促使企业自觉、积极地开展安全生产活动，减少直至消除工作场所的事故隐患，从而实现企业生产零事故的目标。

2. 安全生产管理机构

日本的安全生产管理机构主要是厚生劳动省劳动基准局。为保证有关工资、事故保险等有关法律法规的贯彻实施，日本在全国都、道、府、县设立了343个劳动基准监督署。劳动基准监督署作为第一线行政执法机关，在辖区范围内开展安全卫生现场监督检查、劳动技术咨询服务、工伤事故鉴别和赔偿，指导辖区内各企事业单位保障和改善劳动条件、确保生产安全和劳动卫生。

除官方机构外，还有不少“半官方”机构部分地承担安全生产管理职责。这类“半官方”机构主要包括产业医学研究院、日本安全和健康高级信息中心、日本海港运输安全生产和健康协会、日本矿业安全和健康协会、日本陆地运输安全和健康协会等。

（二）日本城市安全生产管理特点

第一，安全生产管理体制建设有序开展。日本每五年制定一次工业事故预防计划，这种通过订立计划以渐次推进安全生产管理体制建设的做法有效地减少了体制建设的盲目性，更好地整合了社会资源。

第二，安全生产管理体制建设工作没有受经济利益和经济发展形势过多的影响。即使当日本经济处于停滞期时，相关的体制建设依然未停顿。一般而言，安全生产管理的短期经济效益不太容易显现出来。在短期内，进行安全生产体制建设并不能增加国家的经济收益，也不能改变国家的经济发展形势。因此，可以认为日本的安全生产管理体制建设具有长期性。

第三，日本政府对中小企业存在的安全生产风险十分关注，针对中小企业的安全生产管理工作是日本政府安全生产管理工作的重点。通常如果企业规模越小，则该企业的工伤事故发生率就会越高。造成这种现象的原因主要是中小企业经营资金一般比较短缺，对安全生产设备的投入往往不可能多。为了改变这种状况，日本政府除了进行日常安全生产监管外，还为中小企业提供较多的安全生产信息，以促进中小企业提高安全生产水平，保障职工安全和健康。

第四，重视安全生产培训工作。设立专门机构对职工进行教育培训，在进行教育培训时，对工作性质不同的职工，培训机构的培训内容有所不同。为防止工伤事故发生，日本政府要求在较大安全风险下工作的职工，需要获得从业资格证书或者完成相关技能培训才能上岗，也要求企业为不同工作性质的职工提供特殊的安全生产教育以保障职工安全和健康。

四、国外城市安全生产管理经验对我国的借鉴

制度的建立、运行与实施都不能脱离本国国情，在本国国情基础上，可以借鉴他山之玉，进一步完善现有的制度。我国的安全生产管理是依托我国国情建立起来的，有其独特的制度优越性，但也有进一步发展提升的空间。可以从以下几个方面借鉴美英日的安全生产管理体制建设经验。

第一，建立完整的安全生产管理法律体系。在安全生产管理法律体系中，都会有一个主体法，辅之以相关的配套法规。例如日本是以《工业安全和健康法》为主体法，并颁布实施各行业的安全生产标准以保障《工业安全和健康法》得到遵守和执行。根据相关法律法规，日本政府成立专门的管理机构执行法律赋予的安全生产管理职责。法律体系的健全与否不只表现在制定法律的多少上，更重要的是看法律实施的效果，以及法律与时俱进的情况。例如英国以《工作健康与安全法》为主体法，政府根据实际情况对相关法律进行改进，努力减少法律在实施过程中的滞后性。

我国在 2002 年就已经颁布实施了主体法《中华人民共和国安全生产法》，但相关部门的管理职责尚未被法律法规细化。在我国的安全生产管理体制中，长期存在管理机构多但责任分散问题，这在一定程度上导致了“安全生产监管缺位”现象的产生。在这方面，可以借鉴日本的做法，通过有关法律明确相关部门的职责，以保证安全生产管理的顺利进行。2021 年新修订的《中华人民共和国安全生产法》在这方面已有所突破。

第二，重视安全生产监管行为责任追究工作。例如美国政府在安全生产监管过程中，采用“突击式”的安全生产检查方式，那些提前泄露检查行动的人员有可能会被判刑。此外，美国政府对监管人员和设备供应商实行连带责任制，不管是监管人员出具带有误导性的检查报告，还是设备供应商向生产企业提供不合格的安全设备，都会受到处罚直至被判刑。因此，对相关企业要进行常规化检查，以保证每年的检查次数不少于规定次数。对监管人员的违规、违法责任一定要认真追究，绝不姑息。

第三，进行安全生产监管时要重视经济性激励的作用。美国政府注意运用经济性激励来提高企业和企业员工进行安全生产的积极性，而目前我国的安全生产监管过程中，地方政府很少运用经济性激励措施。在这方面，可以学习和借鉴美国的做法，发挥合作计划对我国安全生产水平提高的促进作用。

第四，努力建设安全生产文化以减少事故伤害。发达国家一般把安全文化建设作为提高安全生产管理效果的重要途径。英国设有专门的职业安全和健康展览馆，并将其视为安全生产管理机构的补充，该展览馆是传播安全文化的窗口。日本政府设立了专门的安全博物馆，并通过专门机构安全和健康高级信息中心为人们提供计算机模拟事故场景服务，借此强化人们对安全生产重要性的认识。目前我国的安全生产博物馆数量较少，且多依托于大中专院校建设，设立在大学校园内，对社会公众的开放时间有限，知名度较低。建议我国可以加大安全生产博物馆的建设投入，延长开放时间，对观众只收取较少的门票费用或不收门票。另外，在学校教育中普及“安全和健康”教育，尤其是适当开展规范工作和逃生应急演练，让孩子们从小就树立安全生产、保护生命的理念。

【本章重点】

1. 什么是城市安全生产管理。认知“城市安全生产管理是什么”首先要对“安全生产”“安全生产管理”分别是什么有所了解。城市安全生产管理主要指在城市的生产经营活动中，为避免事故造成人员伤害和财产损失而采取相应的预防和控制措施。

2. 城市安全生产管理的主体。城市安全生产管理的主体包括生产经营单位、政府管理部门、行业协会、工会组织、新闻媒体五个方面。尤其要注重生产经营单位这一主体，城市安全生产管理的重中之重是如何落实生产经营单位的安全生产主体责任。

3. 我国安全生产管理体制发展历程。我国城市安全生产管理体制经历了从无到有、适应变革、深化改革等多个阶段。在发展与变革中，安全生产管理体制逐渐完善，安全生产管理的理念和方式发生了重大变化，在安全生产标准化管理和中介服务机构的管理等方面进一步进行了规范。

4. 城市安全生产管理体系。城市安全生产管理体系包含责任体系、监管监察体系、法治体系、风险防控体系四个方面。这四大体系相互支撑，形成一个闭环，保障城市生产安全。

5. 美英日等国城市安全生产管理经验。美英日等国在城市安全生产法律体系建设、注重追究责任、采取经济性激励措施、建设安全生产文化等方面形成了一定经验。在借鉴吸收国际化经验并将之本土化时，要注意他国经验的适用性，不盲目引进。

【课后习题】

1. 城市安全生产管理的目标是什么？

2. 生产经营单位、政府管理部门、行业协会、工会组织、新闻媒体分别在城市安全生产管理中起什么作用?

3. 概述我国安全生产体制的历史沿革。

4. 你认为应该如何落实企业的安全生产主体责任?

5. 地方政府在制定和优化安全生产政策时应注意哪些方面?

6. 如何进行城市安全生产防控体系建设?

第十三章 城市公共卫生管理

随着社会经济水平的发展和人民群众对多样化医疗卫生健康需求的日益增长，如何在纳入城市的场景下，对城市公共卫生管理进行整体探讨已成为现阶段我国城市公共管理中的关键性、迫切性内容。

第一节 城市公共卫生管理概述

一、城市公共卫生管理概念

美国耶鲁大学教授 Winslow（1920 年）认为公共卫生是通过有组织的社区活动来预防疾病、延长生命和促进心理、身体健康的科学和艺术。其工作范围包括环境卫生、控制传染病、进行个体健康教育、组织医护人员对疾病进行早期诊断和治疗，以及建立社会体制来保证每个人都享有足以维持健康的生活水平。这个定义于 1952 年被世界卫生组织（WHO）采纳，并广泛沿用至今。

2003 年 7 月 28 日，吴仪在全国卫生工作会议上首次提出了较为系统、全面的“中国定义”：公共卫生是组织社会共同努力，改善环境卫生条件，预防控制传染病和其他疾病流行，培养良好卫生习惯和文明生活方式，提供医疗服务，达到预防疾病，促进人民身体健康的目的。同时该定义明确指出公共卫生管理的参与者包括国家、社会、团体和民众，并明确提出政府代表国家对公共卫生事业负责，界定了政府的责任。这个概念与 Winslow 的理念相符，是来源于我国国情又应用于指导我国公共卫生实践的定义。

基于上文对公共卫生的认识，在纳入城市的情景下，城市公共卫生管理可定义为：城市政府作为城市公共卫生管理的主体，按照“预防为主”的工作方针，根据城市公共卫生发展的规律，从城市角度探索辖区内居民的健康相关问题，为预防疾病发生、控制疾病发展及促进健康，采用特定手段和组织形式，对城市公共卫生事务进行计划、组织、指挥和控制等各项职能活动。

二、城市公共卫生管理宗旨

2016 年 10 月发布的《“健康中国 2030”规划纲要》，提出把人民健康放在战略地位，以提高人民健康水平为核心，以普及健康生活、优化健康服务、完善健康保障、建设健康环境、发展健康产业为重点，把健康融入所有政策，全方位、全周期维护和保障人民健康，大幅提高健康水平，显著改善健康公平。面对突如其来的新冠肺炎疫情，以习近平同志为核心的党中央始终把人民群众生命安全和身体健康放在第一位，坚持总体国家安全观，以人民安全为宗旨。2020 年 11 月，《中共中央关于制定国民经济和社会发展第十四个五年规划和二〇三五年远景目标的建议》提出，全面推进健康中国建设，把保障人民健康放在优先发展的战略位置，深入实施健康中国行动，为人民提供全方位全周期健康服务。

城市作为人口聚集的重要行政单位，明确城市公共卫生管理的宗旨有利于明确城市公共卫生管理的方向，指导相关机构进行城市公共卫生管理实践活动。城市公共卫生管理需站在国家公共安全的角度，以保障和促进辖区内居民的健康水平和生命质量为宗旨，将促进健康的理念融入城市公共卫生管理的全过程，以保障辖区内居民的健康和生命质量、改善健康水平为城市公共卫生管理的重点，实现由以治病为中心向以健康为中心转变，织牢城市公共卫生防护网。

三、城市公共卫生管理目标

在后疫情时代背景下，伴随我国城市化进程进一步加快，城市人口的集聚量不断增加，城市人口面临老龄化、疾病谱变化、生活方式变化等问题，同时公众对城市政府责任、效率的要求不断增强，这对城市公共卫生管理带来一系列新挑战的同时，也提出了更高的要求。

学术界和行政部门对公共卫生的最终目标较为统一，即改善居民的健康水平和延长居民的期望寿命。其他目标还包括：疾病预防和控制，医疗卫生服务体系健全，环境卫生改善，居民保健意识提高，婴儿死亡率、5 岁以下儿童死亡率、孕产妇死亡率不断下降等。作者认为城市公共卫生管理应结合国家安全观、“健康中国 2030”的战略部署，在充分考虑城市公共服务能力和兼顾城市形象的前提下，具体目标主要有：

（1）改善辖区内居民健康水平和生命质量，延长其人均期望寿命①。

（2）控制和预防辖区内重大疾病和主要健康危险因素。

（3）完善城市公共卫生服务体系，提高城市公共卫生管理水平和服务质量。

（4）改善城市环境卫生状况，为辖区内居民创造健康的生活环境。

（5）降低健康不平等性，提高辖区内居民的健康公平性。

（6）开展健康教育活动，提高辖区内居民的健康保健意识。

（7）有效降低辖区内婴儿死亡率、5 岁以下儿童死亡率、孕产妇死亡率。

四、城市公共卫生管理特征

城市公共卫生管理的发展顺应了城市发展的需要，城市公共卫生管理本身具有鲜明的

---

① 人均期望寿命指在各年龄组死亡率保持现有水平不变的情况下，新出生的一批人平均可存活年数。数据测算以国家卫生健康委生命登记数据和国家统计局普查数据为依据。

特征。

（1）是一项公共事业。城市公共卫生管理是面向辖区内居民提供免费（纯公共）或者低费（准公共）的公共卫生服务。区别于医疗服务，公共卫生关注辖区内所有居民的健康，而不是个别居民。城市公共卫生管理的本质在于满足辖区内居民的健康需求，为保证辖区内居民的健康权益提供一系列的组织体系、系统活动和社会措施。城市公共卫生管理的运行与发展必须坚持公益性，将城市公共卫生利益与辖区内居民的个人利益相统一。

（2）坚持党的领导。坚持党的坚强领导是城市公共卫生管理正常运行的重要保证。城市各级党委和有关部门要根据党的要求，主动承担、积极负责辖区的公共卫生工作。面对新冠肺炎疫情这场前所未有的突发重大公共卫生事件，我国之所以能够取得阶段性成效，其根本原因在于党中央集中统一领导。

（3）政府主导。落实政府责任，保持适当的公共卫生管理力度和效度，保障城市公共卫生事业的稳定性和可持续性。城市卫生健康委员会在市人民政府或者专员公署领导下，受上级卫生健康委员会指导，下设与上级卫生行政机构相应的科室，结合本市的实际情况组织领导公共卫生管理工作。政府在城市公共卫生管理中发挥作用的形式有很多，最主要有两种：一是设计公共卫生制度和政策，并管理公共卫生机构；二是为城市公共卫生的运行和发展提供多方面的资源支持。

（4）依法管理。坚持运用法治思维和法治方式，完善城市公共卫生管理的相关立法，完善处罚程序，在城市公共卫生管理中提高依法执政、依法行政水平，切实保障人民群众的生命健康安全。全面落实城市公共卫生管理中的法律法规，保证城市公共卫生管理工作依法依规、有序推进，并监督公共卫生工作法律、法规的实施情况，做到执法必严、违法必究。对于传染病传播、流行或者其他对辖区内居民健康造成其他严重危害后果的行为，依法作出处理、处罚。

（5）系统性和复杂性。城市公共卫生管理常常面临牵一发动全身的局面，面临各种复杂的矛盾关系。因此，城市公共卫生管理的成功需要做到全市统筹，需要城市公共卫生部门、卫生系统的其他部门、其他政府机构、社区组织、私人组织以及居民的共同努力。城市公共卫生体系的组织和部门一般包括：城市公共卫生机构卫生保健提供者，如医院、社区卫生中心；公共安全组织，如警察、医疗急救中心；环境保护、劳动保护、营养研究机构和食品安全机构；体育促进机构；民政、各种慈善组织和社区内的健康促进组织及公共卫生研究机构等，但不包括国境卫生检疫机构。

（6）管理内容多样性。城市公共卫生管理的客体是指城市公共卫生管理活动中具体的权利和义务所指向的对象，即纳入城市公共卫生服务项目和范围。主要有：①面向辖区内所有居民开展的项目，如城乡居民健康档案管理、健康教育；②针对重点人群的项目，如慢性病患者健康管理、重性精神疾病患者管理、结核病患者健康管理；③针对传染病及突发公共卫生事件等项目，如接种国家免疫规划疫苗、登记并报告辖区内发现的传染病病例和疑似病例、开展传染病防治知识宣传和咨询服务。

（7）能够体现公平公正原则。健康是一项基本人权，是每个人享有“可能获得最高标准的健康”。同时需要重点关注妇女、儿童、老年人、残疾人、流动人口等重点人群，提高辖区内居民的健康水平和生命质量。这需要建立与城市经济社会发展水平相适应的、公平有效的公共卫生管理体系，为辖区内居民提供基本的、能够体现公平公正原则的城市公共卫生服务。

五、城市公共卫生管理手段

城市公共卫生管理需要从科学的管理手段出发，相关管理部门必须明确所管辖部门的管理职能，站在专业角度去进行统一管理，其管理手段主要有行政手段、法律手段、经济手段、教育手段、项目手段等。

（1）行政手段。城市公共卫生管理的行政手段主要有政策和行政命令。城市根据发展目标制定各种政策文件、指南、卫生规划等指导辖区内机构、工作人员和居民开展公共卫生工作，对公共卫生资源的配置进行宏观调控，合理布局，以便提高公共卫生资源配置的效率，满足辖区内居民获得所需要的服务。

（2）法律手段。城市的卫生行政部门以及其他政府部门通过法律、法规、条例等，调整城市公共卫生工作各方面的关系，如健全卫生保障制度、制定卫生保障的法规等。法律手段具有约束性、强制性和稳定性。各种制度和法规一经确定，就应保证所制定的制度和法规的约束力，保证各部门依法实施管理。

（3）经济手段。运用调整财政、价格、税收等方式，调节城市公共卫生管理中各方的关系。城市卫生行政机构与各级疾控中心及医疗机构运用的经济手段之一是购买服务，随着公共卫生管理的科学性发展，城市公共卫生管理越来越注重成本/效果评价。

（4）教育手段。城市公共卫生机构和专业人员通过健康教育和宣传，提高辖区内居民的健康素养，引导他们健康的生活方式。同时，增强社会各界发展卫生事业的意识，引导社会资金流向城市的公共卫生领域。

（5）项目手段。项目手段是指在城市公共卫生管理中，运用专门的理论、技能和方法，实现或超过设定的需求和期望。针对城市公共卫生管理中的事件，需事先明确目标、有限资源约束条件、资源投入、项目主体和负责人、起止时间，从而实现城市公共卫生的科学、有效管理。

六、古代和近代城市公共卫生管理的发展

基于特定社会、经济与文化背景，城市公共卫生管理的发展轨迹可以表现为不同背景下社会政策的改变和城市的发展。

（一）中国古代城市公共卫生管理

对古代中国人来说，医术只是对抗疾病的一种手段，其他手段还有求诸上天、僧道、巫术等“自救”方式。早在《庄子·庚桑楚》出现的“卫生之经”一词，表明古代已经

意识到公共卫生和生活之间的重要关系。《黄帝内经》记载“是故圣人不治已病治未病，不治已乱治未乱”，“治未病”强调了注重预防疾病的重要性。古代城市公共卫生管理起源于先秦时代，政府设立专门的环卫保洁岗位——“条狼氏”。条即清扫，狼即狼藉、脏乱。同时，政府也出台了相关法律，例如唐朝规定，“穿垣出秽污者，杖六十；出水者，勿论”。即丢弃垃圾、泼洒粪便，会受到杖刑；往家外面泼水，不会受到惩罚。随着城市规模越来越大，人口规模扩大，相关法律的执行出现松散，市民随意抛撒垃圾、随地大小便的行为屡禁不止。中国古代城市没有传染病报告制度，文献对城市的瘟疫记载多为“人死无算”“户丁尽绝”“十室九空”等，但没有具体的死亡数、感染数等数据。

由于古代城市的市政设施与服务、排水设备、供水网络等条件十分有限，也加剧了古代城市脏、乱、差的城市风貌。以古代北京为例，其城市污水处理的基础设施是元朝修建的，明成祖朱棣迁都北京后，修成下水管道“大明沟”，到了明成化年间，要求每年二月清理、疏通一次沟渠，即挖出污泥，露天晾晒后再填回沟中。清朝修建了新的官沟，同样要求每年春天清理一次。由于污泥混合了大量的粪便、生活垃圾，病菌极多，因此很容易传播疾病。更可怕的是，在缺乏排水处理设施的中国古代城市，河道堵塞加剧了城市疾病多发、瘟疫连绵不绝的状况。

（二）中国近代城市公共卫生管理

古代公共卫生的思想对近代城市公共卫生管理提供了重要的思想启蒙。1840 年鸦片战争以后，随着西方传教士涌入我国城市，他们的公共卫生教育宣传对近代中国有重要影响。在帝国主义列强通过不平等条约在中国获取的租借地内，外国人居住集中使得西方公共卫生的理念得到示范，这些租借地城市的公共卫生管理起步较早，现有的记载近代城市公共卫生发展的文献主要集中在上海、天津、武汉、北京、广州、重庆、厦门等城市。1927 年国民革命军北伐战争结束后，武汉国民政府在内政部下设卫生司的同时，拟定武汉卫生计划，制定了市区保洁、保健、卫生设施等建设规划，进行疫苗的预防接种，在防疫方面设立隔离区。在近代疫病频发等促使因素的合力作用下，先进的城市公共卫生管理得到当时有识之士的呼吁，也相继启蒙了公共卫生建设的艰难历程。何小莲指出，民国年间，大多数城市都专门设立了公共卫生管理的卫生局或卫生处，市政设施都有一定程度的改善，公共卫生事业较以前有了相当程度的改善。

中国共产党自成立以来就十分关注卫生工作。1932 年初，赣西南发生鼠疫，闽西地区天花横行，毛泽东主持召开中华苏维埃共和国临时中央政府人民委员会四次常会，决议指出，“为保障工农群众的健康和预防瘟疫发生起见，决定举行全苏区防疫卫生运动”。1932—1937 年，河北定县开展的农村卫生组织体系在中国乃至全世界的公共卫生史上都留下了浓墨重彩的一页，其特点有：①关注的不是个体，而是整个社区；②以项目调查到的基本信息作为卫生管理的基础；③自下而上；④内容包括出生和死亡登记、修建公共厕所、建立公共浴室、针对传染病进行预防接种、对农村居民进行健康教育。

七、国际城市公共卫生管理的经验

（一）美国城市公共卫生管理

美国公共卫生管理以“健康社会、健康人群为愿景”，以“促进居民的身心健康，防控疾病、损伤和残疾为使命”。美国是一个联邦制国家，州政府和联邦政府在体制上没有对应关系，美国城市的政府部门不是联邦政府的下属，美国城市的政府部门在处理各项地方性事务上具有较大的自主权。美国的公共卫生体系囊括了国家、州和城市等多层次的卫生行政与其他机构。各城市都建立了公共卫生职能机构、卫生委员会和专业医疗部门。地方性公共卫生机构组织是美国公共卫生体系的核心，负责具体的公共卫生工作，是最重要的执行机构，主要包括临床医疗、传染病防控、食品卫生等。

在应对各类突发公共卫生事件上，城市层面上，由大都市医疗应急指挥系统主导的地方城市医疗应对系统，主要职能是应对恐怖事件和其他造成大规模人员伤亡、需要专业护理能力人员的公共卫生紧急事件。该系统可在州或联邦应急响应前行动。

（二）澳大利亚城市公共卫生管理

澳大利亚公共卫生管理呈现出“人群观、集体努力和预防为主”的特色。澳大利亚的公共卫生管理呈现层级性，即各级政府都具有相关的法律，其职责与权限分工明确。第一级为联邦政府，主要承担宏观管理职能，如筹资、面向下层政治体系发放补贴经费等；第二级为六个州和两个特区政府，他们承担制定公共卫生计划和执行公共卫生职责的使命；第三级为各市级政府或者郡议会，他们负责公共卫生管理，涉及传染病防控、环境卫生及食品安全等领域。澳大利亚城市公共卫生服务管理的一个突出优点是其多样化的社区公共卫生服务。不仅表现在社区公共服务机构提供疾病防控、孕产妇保健、精神疾病治疗等多样化的项目，还针对老年人、土著居民、精神病患者、伤残人士等特定群体进行管理。

地方政府相应设立地方应急管理委员会，地方应急管理委员会为节省资金，由两个甚至多个地方政府联合建立一个委员会，在应对重大突发公共卫生事件时，其主要职能是通过影响和倡导国家政策来减少重大突发公共卫生事件导致的风险。城市层面的卫生局主要负责协调卫生设施，协调救护车等后勤保障服务，监测其管辖范围内的重大突发公共卫生事件。

（三）日本城市公共卫生管理

日本的卫生体系主要由医疗体系和保健体系构成，包含的部门主要有中央政府、行政部门、私人部门等。日本的公共卫生管理分为四级，主要是市镇村（卫生主管科股）、保健所、都道府县（卫生主管部）、厚生劳动省（国家最高卫生管理机关）。不同人口规模的城市设置的公共卫生管理部门不同，例如人口规模少于 10 万的城市只设置卫生科，而不会设卫生局（卫生局在中等以上人口规模的城市设立）。法律保障方面，日本有健全的公共卫生法律法规，并且拥有完善的法律框架来应对公共卫生事件的影响，明确规定了在传染病和灾害风险发生时各部委、州和市政府的作用和职责。

日本的传染病防控体系一般实行国家监督、各部道府县各自负责，在预防工作上起主导作用的是分布于全国各地的“保健所”。突发公共卫生事件应急管理体系以厚生劳动省及其派驻地区的分局为核心，负责处理突发公共卫生事件。地方卫生应急系统由都道府县的卫生健康局、卫生试验所、保健所、县立医院和市町村的保健中心组成。除此之外，还实现了分地区管理衔接，与地方政府、警察、消防、电力、通信、铁道等部门建立协调关系，及时跟踪监视调查。

第二节　城市公共卫生管理内容

城市公共卫生管理直接关系所住辖区内人民的生命质量与健康水平，高质量的城市公共卫生管理会促进城市的持续发展与高效运作，不合理的城市公共卫生管理会对社会稳定和城市形象造成不良影响。随着社会的进步和人民日益增长的卫生需要，城市公共卫生管理的范围更为广泛，如优化公共卫生服务、疾病防控、环境卫生管理、营养与食品管理、精神健康和心理问题管理、妇幼保健管理、健康管理以及应对突发重大公共卫生事件等。

一、优化改善城市公共卫生服务

（一）制定、优化公共卫生服务规划

城市的公共卫生服务规划是城市贯彻执行国家公共卫生工作的法律法规和方针政策，为保证辖区内居民健康而制定的方针、措施、行为规范的综合。在辖区内，根据城市自然环境、社会经济发展水平、人口结构、疾病谱和主要公共卫生问题等，全面梳理城市公共卫生管理工作思路，科学研判城市公共卫生管理的目标、标准、模式和技术规范等，制定实施方案和实施细则，统筹规划全市卫生资源配置，全面提升医防协同能力、中西医协作能力、检测能力、应急响应和处置能力，保证本市公共卫生管理沿正确轨道前进。

公共卫生服务相对于临床医疗服务而言，其产生的社会成本较低，而社会效益较佳，并且相对而言其对资源的要求也较低。但是，公共卫生服务在促进城市居民健康、促进社会稳定方面具有举足轻重的作用。城市服务人群数量较大，开展公共卫生项目所需资金较多，筹集足够的资金并有效利用是保证城市公共卫生事业有效运行的重要手段。城市的公共卫生管理是一个长期工作，需要建立公共卫生长效筹资机制，确保稳定的、可持续性的资金投入，保障城市的公共卫生投入满足辖区内居民的公共卫生需要，并逐步拓宽社会筹资渠道。一方面，需要研究城市 GDP、城市财政收入、城市卫生总费用等经济指标之间的关系，以确定城市公共卫生的投入规模，完善公共卫生筹资机制。另一方面，目前缺少法规明确公共卫生投入的比重，公共卫生作为城市内一项重要的社会公益事业，政府对其投入需要得到法律上的保证，建议城市政府卫生财政拨款的增长应高于财政经常性收入的增长；同时，城市需计算出公共卫生投入占 GDP 的比重或区间，规范城市范围内各级政府在公共卫生筹资机制、监管机制上的责任，保证城市公共卫生资金使用效率，确保公共卫

生资金及时发挥效益。

（二）建立高素质、专业性强的公共卫生机构和队伍

高素质、专业性强的城市公共卫生机构和队伍在城市公共卫生管理的未来走向中发挥着重要作用。城市公共卫生机构主要是根据其专业或管理领域进行划分，根据工作需要又被再细分。例如，城市卫生健康委员会一般会下设老龄健康处和妇幼健康处，老龄健康卫生项目和妇幼健康卫生项目应分别由不同的部门承办。值得一提的是，城市公共卫生研究机构的主要任务是作为智库，针对城市中的公共卫生问题开展调查、进行评估并提出优化建议；同时也承担着对公共卫生管理相关部门进行培训的责任。

制定城市公共卫生人才队伍发展规划，确定公共卫生人才发展目标、重点任务和措施，逐步建立符合公共卫生人才发展内在规律、充满生机与活力的公共卫生人才队伍。防控新冠肺炎疫情的实践证明，我国公共卫生专业技术和管理人才的量和质仍是短板。以疾病防控系统为例，据国家卫健委卫生发展研究中心监测统计，2009—2018 年疾病防控系统从业人员减少 4.5%，总量仅 18.8 万人，不足 SARS 疫情之后 2004 年总量的 90%。随着“生物-医学模式”向“生物-心理-社会医学模式”的转变，市民对城市公共卫生机构和队伍的要求也越来越高，因此应尽快建立公共卫生人才优先发展保障机制，全面提高公共卫生队伍的整体素质。同时，在城市公共卫生人才队伍中不仅需配备传统的卫生技术人员，还需配备病毒学、社会学、心理学等多学科人才，以利于更好地促进城市公共卫生事业发展。

（三）推进基本公共卫生服务均等化

基本公共卫生服务均等化是指人们享有公共卫生服务的权利是相同的，居民在获取相关的基本公共卫生服务时机会是均等的。2021 年，基本公共卫生服务逐步均等化的机制基本完善，2021 年人均基本公共卫生服务经费补助标准从 2010 年的 74 元提高至 2021 年的 79 元，2020 年新增的 5 元经费全部落实到乡村和城市社区，统筹用于疫情防控；2021 年新增的 5 元经费统筹用于基本公共卫生服务和基层医疗卫生机构疫情防控工作。

城市应切实把国家基本公共卫生服务项目工作做细做实，落实国家基本公共卫生服务项目和重大公共卫生服务项目①。城市政府根据当地社会发展水平、公共卫生服务需要和财政承受能力等因素，可在国家基本公共卫生服务项目基础上适度调整项目，丰富和拓展服务内容，确保辖区内居民真正享受到优质、高效的基本公共卫生服务。做好流动人口基本公共卫生服务均等化工作，构建面向城市实际服务人口的基本公共卫生服务管理全覆盖体系。

---

① 基本公共卫生服务主要由乡镇卫生院、村卫生室、社区卫生服务中心（站）负责具体实施。目前，国家规定的基本公共卫生服务项目有 14 项内容：城乡居民健康档案管理、健康教育、预防接种、0~6 岁儿童健康管理、孕产妇健康管理、老年人健康管理、慢性病患者健康管理、重性精神疾病患者管理、结核病患者健康管理、传染病及突发公共卫生事件报告和处理服务、中医药健康管理、卫生计生监督协管服务、免费提供避孕药具、健康素养促进。重大公共卫生服务项目包括结核病、艾滋病等重大疾病防控，国家免疫规划，农村孕产妇住院分娩等。

二、疾病防控

我国面临传染病和非传染病同时并存的状况，严重威胁居民健康和整个城市的社会经济发展。因此，城市疾病防控工作面临兼顾慢性病、传染病、伤害等多重任务。

（一）慢性病的防控

慢性病具有病程长、起病隐匿、病因复杂或不明、并发症多、发病率和死亡率高的特点，主要包括高血压、心脑血管疾病、糖尿病、慢性呼吸系统疾病、癌症等。慢性病已经成为人类疾病负担的主要来源之一，严重危害人类健康和生命质量，尤其会加剧社会弱势群体的健康不平等。目前公认的导致慢性病的四类危险因素为：过量饮酒、吸烟（包括二手烟）、不健康的饮食、缺少体力活动。

注重预防是公共卫生与医疗服务在手段上的主要区别之一。21 世纪的预防医学的核心是建立、健全疾病控制三级预防体系，即根据疾病自然史的不同阶段采取不同的相应措施，来阻止疾病的发生、发展或恶化，最大限度降低疾病负担的全程化、持续化医疗服务。慢性病的预防应该从生命孕育开始，贯穿全生命周期。在城市内，第一级是疾病的易感期，即对辖区内居民进行健康干预，控制慢性病的危险因素，比如培养健康习惯等。第二级是疾病潜伏期，通过“三早”（早发现、早诊断、早治疗）以社区为单位进行慢性病筛查，然后把筛查后的慢性病进行分类管理，以延缓疾病发展。第三级是疾病发展到比较严重阶段后进行健康管理，这个阶段应当充分发挥社区、家庭的作用，以减轻症状、预防并发症和残疾发生。因此，城市政府要进一步完善慢性病管理，做实慢性病早筛，全面落实高血压、高血脂、糖尿病、慢阻肺等慢性病管理，优化常见多发慢性病的基层诊疗和健康管理流程，逐步实现“防、治、康、护、养”相衔接、相结合。

（二）传染病的防控

传染病是由各种病原体（细菌、病毒、螺旋体、寄生虫等）引起的，能在人与人、动物与动物、人与动物之间相互传播的疾病①。截至 2019 年底，全国甲、乙类传染病报告中，发病数居前 5 位的是病毒性肝炎、肺结核、梅毒、淋病和猩红热，占甲乙类传染病报告发病总数的 91.1%；报告死亡数居前 5 位的是艾滋病、肺结核、病毒性肝炎、狂犬病和流行性出血热，占甲乙类传染病报告死亡总数的 99.6%。全国丙类传染报告发病数居前 5 位的病种依次为流行性感冒、手足口病、其他感染性腹泻病、流行性腮腺炎和急性出血性结膜炎，占丙类传染病报告发病总数的 99.5%；报告死亡数较多的病种依次为流行性感

① 甲类传染病指鼠疫、霍乱。乙类传染病指传染性非典型肺炎、艾滋病、病毒性肝炎、脊髓灰质炎、人感染高致病性禽流感、麻疹、流行性出血热、狂犬病、流行性乙型脑炎、登革热、炭疽、细菌性和阿米巴性痢疾、肺结核、伤寒和副伤寒、流行性脑脊髓膜炎、百日咳、白喉、新生儿破伤风、猩红热、布鲁氏菌病、淋病、梅毒、钩端螺旋体病、血吸虫病、疟疾、甲型 H1N1 流感（原称人感染猪流感）。国家卫健委已发布 1 号公告，将新型冠状病毒感染的肺炎纳入乙类传染病，但采取甲类传染病的预防、控制措施，同时将其纳入检疫传染病管理。丙类传染病也称监测管理传染病，包括丝虫病、包虫病、麻风病、流行性感冒、流行性腮腺炎、流行性和地方性斑疹伤寒、风疹、急性出血性结膜炎、手足口病，以及除霍乱、细菌性和阿米巴痢疾、伤寒和副伤寒以外的感染性腹泻病传染病等。

冒、手足口病和其他感染性腹泻病，占丙类传染病报告死亡总数的99.3%。尤其是病原体数量和种类增加，甚至出现了超级病毒，对于城市卫生事业的发展造成了巨大影响。可见，预防与控制传染病仍是我国城市公共卫生管理的重要任务。

因此，城市需要综合考虑传染病的特点、危害、现有条件等因素，制定出适合城市的传染病防治策略。预防措施包括：①传染病监测，对传染病的发生、传播等进行监测，并预测传染病的流行趋势；②传染源控制，消除或者减少传染源的危害；③切断传播途径；④保护易感人群，比如新冠肺炎疫情的预防接种[①]、个人佩戴口罩进行防护。预防策略主要有全人群策略、高危人群策略和双向策略。全人群策略是以辖区内所有居民为对象进行全面预防；高危人群策略是将城市有限的卫生资源用于重点人群，更加符合成本效益原则；双向策略是将全人群的普遍预防和重点人群的预防相结合。

城市要做好艾滋病、血吸虫病和结核病等重大传染病的预防控制工作。城市应加强艾滋病检测，建立健全艾滋病检测网络，抗病毒治疗和随访管理，将发病率保持在低流行水平；同时，应在城市范围内广泛开展防治艾滋病宣传教育。在全市范围内，加强耐多药肺结核筛查和监测，规范肺结核诊疗管理，提高辖区内居民肺结核的防治知识，城市结核病归口管理部门要加强与各级医疗机构的合作，进一步做好肺结核的检查和治疗。积极防范城市输入性突发急性传染病，建设突发急性传染病防控队伍，建设突发急性传染病检测技术平台，开展传染病监测，做好预警预测。经过城市各方面的努力，一定可以把传染病的发病率及其对辖区内居民健康的影响降到最低。

（三）伤害

伤害作为一个全球性公共卫生问题，给人们造成了很多暂时和永久性的伤残，具有常见、多发、死亡率高、致残率高的特点，严重影响人们的健康水平和生命质量。2010年中华预防医学会认定的伤害标准为：经医疗单位诊断为某一类损伤或因损伤请假（休息、休学、休工）一日以上。城市应该预防伤害的发生并且减低伤害对辖区内居民的危害程度。

职业病导致的疾病和死亡作为一种伤害，给城市发展带来了损害。国家卫生健康委发布的《2019年我国卫生健康事业发展统计公报》显示，我国职业病发病较高的是尘肺病及其他呼吸系统疾病、职业性耳鼻喉口腔疾病、职业性传染病、职业性化学中毒、物理因素所致职业病、职业性皮肤病等。职业病研究比较活跃的领域有职业有害因素暴露评价、暴露组学、低剂量暴露所致早期健康效应、敏感特异的加合物研究、劳动组织不合理带来的轮班作业和职业紧张等所致健康问题以及典型的职业有害因素的健康风险评估与管理等。新技术和新材料应用的同时，还会伴随着新的职业病的发生，能否处理好职业病问题，关系到城市的健康持续发展。城市范围内，要加大传统职业有害因素的监管力度，推进职业卫生服务的落实，加强研究新型职业有害因素。同时，在城市范围内要求健全职业

① 预防接种包括人工自动免疫、人工被动免疫和人工被动自动免疫。其中人工自动免疫包括减毒活疫苗、灭活疫苗、类毒素、亚单位疫苗、合成肽疫苗、结合疫苗、基因工程疫苗。

病防治管理体系，加强职业病防治机构基础设施、技术装备、人才队伍和信息化建设，实施职业健康保护行动，改善工作场所和劳动条件，切实保护劳动者职业健康权益。

三、环境卫生管理

人类活动已经对大自然产生了较大的破坏，在进行城市公共卫生管理时，应关注生态环境变化，探讨大气污染、水污染对城市公共卫生的影响，助力生态友好型城市的构建。

（一）环境问题治理

伴随城市化不断推进，环境问题对城市的可持续发展以及辖区内居民的健康问题带来了严峻挑战。韧性城市成为城市应对环境问题的重要选择，即城市应深刻认知环境问题带给城市的冲击和压力，提升城市范围内基础设施和社会服务系统的水平。

2016 年，中国可归因于空气污染（包括室内和大气）的年龄标化死亡率为 112.7/10 万人，2010 年大气污染就造成了 12 万人的早死和超过 2500 万人的 DALYs① 损失；并且，大气污染还会对不良妊娠、发育结局（低出生体重、早产、出生缺陷、胎儿神经发育等）以及居民的生殖系统造成危害。因此，城市应该关注大气污染，合理设计城市的产业结构，注重城市的环境基础设施建设和大气污染物排放源防治。饮水安全问题引起的健康水平问题不容小觑。因此，城市供水主管部门应加强行业管理，强化饮用水卫生安全监督管理，定期对二次供水设施进行规范维护。

（二）地方病防治

地方病是由自然因素、生产生活方式等原因引起的呈地方性发生的疾病，是非常典型的环境病，不需从外地输入。地方性氟中毒、地方性砷中毒、血吸虫、鼠疫等地方病，可以使患者致残或者致死，并且对城市的健康持续发展危害性很大。以地方性氟中毒举例，其分布范围较广泛，除上海市、海南省外，我国大陆其他省（自治区、直辖市）均有病区。地方性氟中毒主要有饮水型、燃煤型、饮茶型三种类型，其主要临床表现为氟斑牙和氟骨症。饮水型地方性氟中毒的主要预防措施是改换低氟水源，或者选用氯化铝、羟基磷灰石、骨炭等除氟剂除氟。燃煤型地方性氟中毒的综合防治措施是：改炉改灶，正确使用降氟炉灶，采取自然晾晒或利用烤烟房烘干。饮茶型地方性氟中毒的主要预防措施是逐步推广普及低氟砖茶。

国家卫生健康委制定了《地方病防治专项三年攻坚行动方案（2018—2020 年）》，内容主要包括强化大骨节病防治策略；加强燃煤污染型地方性氟中毒病区改良炉灶的后期管理和维护；加快推进水源性高碘病区改水工作，持续消除碘缺乏危害等。因此在城市范围内应控制和消除重点地方病，改善辖区内居民的营养水平和居住条件，加强地方病防治能力建设。

---

① 伤残调整寿命年（Disability Adjusted Life Year，DALY），指从发病到死亡所损失的全部健康寿命年，包括因早死所致的寿命损失年和伤残所致的健康寿命损失年两部分。

四、营养与食品卫生管理

城市的营养与食品卫生关系到辖区内居民的身体健康和生命安全，关系到城市的经济社会健康发展，关系到城市形象。"民以食为天，食以安为先"，城市层面内严格监管，企业诚信经营，城市的营养与食品卫生问题终会解决。

（一）营养不良问题

广义的营养不良问题包括营养不足、微量营养素缺乏症、超重和肥胖症等。《中国居民营养与慢性病状况报告（2020年）》显示，目前我国成年居民超重肥胖超过50%，6~17岁的儿童青少年接近20%，6岁以下的儿童达到10%。营养不良的控制必须坚持预防为主，贯穿全生命周期，要从女性备孕、孕期开始，从儿童青少年时期抓起。因此，在城市范围内，一是改善食物供应系统，全面普及膳食营养知识，倡导减盐、减油、减糖；鼓励食品企业生产减盐、减油、减糖类产品；加强对学生群体的管理，严格执行《学校食品安全与营养健康管理规定》①；二是完善全民健身公共服务体系，促进辖区内居民积极参与身体活动，并为其提供运动场所和健身器材，如自行车道、健康步道。

（二）食品安全问题

食品安全作为中国人关注的焦点问题之一，解决城市范围内的食品安全问题是辖区内居民关注的重点。食品安全问题主要有以下大类：

（1）蔬菜、水果残留农药超标，部分食品非法使用、滥用添加剂，危害消费者健康。其中，食源性疾病仍然是危害公众健康的最重要因素，由肠道致病菌（沙门菌、副溶血性弧菌、痢疾杆菌、霍乱弧菌等）污染食品而引起的食物中毒以及疾病散发是直接造成人体健康损害的主要食源性危害。

（2）大量食品从"黑作坊""黑工厂""黑窝点"等流向市场，环境脏乱差，生产不规范，质量不达标，给食品安全带来了隐患。

（3）食品新技术（如转基因食品、酶制剂核心的食品包装材料）给食品安全带来了新挑战。以基因工程技术为代表的现代生物技术，已经在食品领域显现出极大的市场潜力，但由此带来的食品安全问题也威胁着辖区内居民的健康。

（4）食品夸大宣传、诈骗问题。随着我国电商行业的飞速发展，出现了直播带货等新兴购物方式，但是网络的虚拟性与信息的不对称性，出现了食品虚假、夸大、违规宣传的情况。例如，直播带货网红辛巴的徒弟在直播间带货的即食燕窝被指称糖水含量过高，唾液酸含量太少。虽然辛巴承认存在夸大宣传，并全部召回燕窝产品、退一赔三，但如何依法治理食品问题，规范食品夸大宣传、诈骗问题已成为当前城市亟须关注的问题。

因此，在城市范围内，应全面提升食品安全保障水平，进一步推进食品安全风险监测评估，开展食源性疾病监测工作，推进食品安全监管关口前移等工作，致力于创建食品安

① 2019年，国家卫生健康委会同教育部、市场监管总局联合制定发布了《学校食品安全与营养健康管理规定》。

全城市。

五、重视精神卫生和心理健康

精神疾病、心理卫生健康问题已经成为我国重大公共卫生问题，也是城市重点要解决的公共卫生问题。近年来，随着经济和社会的快速发展，人们的生活节奏、工作压力都在明显加大，存在精神疾病、心理卫生健康问题的居民逐渐增加。精神障碍临床表现为精神分裂症、抑郁症、焦虑症和药物依赖等。精神卫生流行病学主要采用ICD-10、DSM-Ⅳ作为诊断标准，采用DSM-Ⅳ轴Ⅰ精神障碍定式临床检查、复合性国际诊断交谈检查表等诊断工具。2019年我国抑郁症患病率达到2.1%，焦虑障碍的患病率是4.98%，抑郁症和焦虑症的患病率接近7%。同大部分慢性病的三级预防模式相似，辖区内居民的精神疾病和心理问题的预防也可以分为三级：一级为减少或消除病因，以减少或者防止精神障碍发生，尤其要持续开展儿童青少年心理健康促进工作；二级为争取完全缓解与良好的预后，推进严重精神障碍患者的管理工作；三级为康复安排，将精神疾病的康复和预防纳入城市初级卫生保健系统，最大限度地促进精神问题患者的社会功能恢复。同时，城市应注重精神病院建设，增加精神科编制床位，确保精神障碍患者和存在心理健康问题的患者应收尽收、应治尽治。

值得注意的是，在突发重大公共事件发生的整个过程中，虽然一些疫情或疾病被治愈，但在特殊应激情境下造成的心理创伤以及心理行为反应如果不能及时得到疏解，容易引起不同程度的个体和社会公众群体的心理危机。因此，城市在注重事件本身的同时，要提升城市心理救助能力，利用心理专家、专业精神机构和各类志愿者组织的作用，积极关注辖区内居民的心理健康问题，有针对性地开展心理救助工作。

党的十九大报告明确指出，要加强社会心理服务体系建设，培育自尊自信、理性平和、积极向上的社会心态。2019年7月，国务院印发《国务院关于实施健康中国行动的意见》，意见高度重视有关心理健康和精神卫生的行动，更关注社会宏观层面的社会情绪、幸福感和安全感等方面问题。因此，在新时代国家安全战略和风险社会治理大背景下，如何构建有效的社会心理服务体系亟须城市政府部门以及社会各界的重视。

六、妇幼健康管理

目前我国的传统生育模式正向低生育率和低死亡率转变，妇女儿童的健康关系着整个家庭的未来发展，是城市持续发展的重要保障，更代表着人口的总体健康状况，所以健全、完善的城市妇幼保健管理显得尤为重要。5岁以下儿童死亡率、婴儿死亡率、孕产妇死亡率是国际上普遍采用的评价妇幼健康状况的重要指标，也是衡量城市妇幼健康管理水平的重要指标。妇幼健康管理的内容主要包括妇女保健、婚前保健、生殖保健、儿童保健等。因此，城市应针对女性在全生命周期中的各个阶段（如青春期、生育期、孕产期等）的特征，关注女性的生理、心理健康，关注孕产妇产前检查率、产后访视率等指标，探索保健及治疗方案。在全市范围内普遍开展免费孕前优生健康检查，完善妇女的婚前、孕前、孕产期保健相结合的一体化管理模式。关注儿童的生理发育以及心理发育需要，提供保健及治疗方案，促进儿童身心健康发展。

健全“市级为龙头、镇级为枢纽、村级为基础”的城市妇女儿童三级预防保健服务网络，具体来说，①市妇幼保健机构为业务牵头管理单位，负责全市妇幼保健工作的业务管理、考核评估，协助市卫生行政部门制定本辖区的相关妇幼保健政策，负责对三级预防保健服务网络数据的监测与质控，做好服务网络的监督管理工作；②乡镇级医疗卫生服务机构（乡镇卫生院、社区卫生服务中心）为纽带，设有专人负责妇幼保健服务工作，做好市级和村级的桥梁；③村（居）级医疗卫生服务机构（卫生室、卫生服务站）为基础，负责辖区内妇幼目标人群的妇幼保健工作。

严格依据妇幼保健相关法律制度和政策，贯彻落实国家和上级政府的妇幼健康发展规划，规范管理全市范围内从事妇幼保健的医疗机构，加强辖区妇幼保健管理，全面提高孕产妇和儿童系统管理质量，尤其关注辖区危急重症孕产妇和新生儿救治诊疗工作。逐步扩大适龄妇女宫颈癌和乳腺癌检查覆盖面，提高筛查率和筛查质量。制定孕产期保健规范及高危风险筛查技术规范，降低出生缺陷的发生风险，开展婴幼儿早期发展和生育技术服务工作，全面推进城市妇幼健康管理体系建设。

七、开展健康教育

健康教育是通过信息传播和行为干预等方式，有计划、有组织、有系统地帮助个体和群体自觉地改变不健康的行为生活方式，形成良好的行为生活方式的社会教育活动。健康教育作为改善辖区内居民健康水平和生命质量的最佳途径之一，其核心是教育辖区内居民树立健康意识、养成良好行为生活方式，以控制或消除影响健康的危险因素。

城市一般都设有健康教育机构，组建健康教育的社会网络，面向辖区内的居民开展健康教育活动等。城市层面要倡导健康理念，强化城市政府对公民的健康责任，加强健康教育和科学普及，开展多种形式的活动以促进辖区内居民形成健康的生活方式。内容上，主要有：①加大基本公共卫生服务项目宣传工作力度，对项目免费政策、服务对象、服务内容、服务数量和服务方式等在社区和乡镇（街办）进行公示，不断提升辖区内居民对基本公共卫生服务项目的知晓程度；②组织相关医疗机构定期深入社区、乡村，上门宣讲有关政策、举办健康知识讲座、开展义诊和健康体检、建立居民健康档案，使其及时发现疾病隐患，尽早进行救治；③在宣传方面，限于很多居民的文化程度不高和闲余时间有限的现状，可提炼重点信息进行宣传教育，采取居民喜闻乐见的形式，通过医疗卫生机构宣传屏、公共交通设施电子屏、户外大型显示屏、社区宣传栏、微信公众号推送文章和发送短信等载体，引导形成良好宣传氛围。

方式上，可以将公共卫生知识纳入各级学校，从学生抓起，实现“教育一个学生，带动一个家庭，影响一个城市”的目标。城市政府有关部门可以开展各类培训班，或者协调当地的卫生协会、社区、小区业委会等组织开展一定范围的培训，以点带面进行宣传。

八、突发重大公共卫生事件应急管理

2003年5月9日，国务院颁布《突发公共卫生事件应急条例》，认为突发公共卫生事件是指突然发生的，造成或者可能造成社会公众健康严重损害的重大传染病疫情、群体性不明原因疾病、重大食物和职业中毒以及其他严重影响公众健康的紧急事件。根据《国家突发公共卫生事件应急预案》，突发公共卫生事件划分为特别重大（Ⅰ级）、重大（Ⅱ级）、较大（Ⅲ级）和一般（Ⅳ级），不同等级的突发公共卫生事件采取不同的措施。基于此，作者将城市重大公共卫生事件定义为在城市中，突发的、可能造成社会公众健康严重损害的重大传染病疫情、群体不明原因疾病以及其他严重影响公众健康的事件。城市重大公共卫生事件的显著特点有：①突然发生；②影响巨大，对城市的稳定发展和辖区内居民的健康造成不利影响。

近年来，全球范围内先后发生了严重急性呼吸道综合征（SARS）事件、H1N1流感事件、中东呼吸综合征（MERS-CoV）事件、西非埃博拉病毒事件、新型冠状病毒性肺炎（COVID-19）事件等重大突发公共卫生事件，不仅威胁着辖区内居民的身体健康和生命安全，甚至带来城市的社会经济衰退。随着城市化深入推进、交通方式快速发展和日益广泛的大规模人口流动，重大突发公共卫生事件的跨城市传播风险进一步扩大，其管制与防控工作也变得极其复杂。早在SARS事件中就暴露出我国突发公共卫生应急管理存在严重缺陷，但是SARS事件为我国突发公共卫生事件应急管理建设提供了经验，认为信息应该公开透明，早发现、早报告、早隔离、早诊治，做好医护人员自身防护。这次抗击新冠肺炎疫情过程中，虽然在应急响应方面显示出一些制度优势，但必须承认在应急准备和突发事件预防方面也暴露了一些问题。

习近平总书记提出："要完善重大疫情防控体制机制，健全国家公共卫生应急管理体系。"首先，需明确各级各类机构在城市公共卫生管理中的责任，建立由各级卫生、疾控等部门牵头的信息沟通和应急处置联动机制，形成多部门配合、共同应对各类突发公共卫生事件的有效机制。其次，评估城市重大卫生事件的发生风险，完善突发公共卫生事件监测预警处置机制，防患于未然。再次，日常需要不断进行各类突发公共卫生事件应急综合训练，从发现、上报到核实诊断、现场处置和紧急医学救援，涵盖各类突发公共卫生事件应急管理的全过程。一旦出现疫情，各级、各类医疗卫生机构在政府的指导下可迅速转换为应急医院，真正做到平战结合。最后，需要健全城市的医疗救治、科技支撑、物资保障体系，提高应对和处置重大突发公共卫生事件的能力和水平，做到常态化防疫和精准处置相结合，进一步健全防治结合、联防联控、群防群控工作机制，从而降低突发重大公共卫生事件对于社会造成的负面影响，为充分保障辖区内居民的健康打造安全屏障。

突发重大公共卫生事件发生后，城市医疗和公共卫生机构有关部门应及时组织专家进行分析，向当地政府和上级主管部门及时提供数据、建议和风险评估，正确判定突发重大公共卫生事件的性质，评估突发公共卫生事件的风险概率和可能带来的危害，识别高危人群，确定城市中政府、社会和群众承受风险的能力，确定突发公共卫生事件预防和控制的优先等级，采取相对应的控制措施以及评价控制效果，并及时向社会披露信息。

第三节　城市公共卫生管理思路与方法

为了精准对接辖区内人民日益增长的多样化公共卫生需求，全方位、全周期维护辖区内人民群众健康，在进行城市公共卫生管理时，应该基于城市公共卫生管理的特点，运用科学的研究方法，推广现代化管理技术，全面提升城市公共卫生管理水平。

一、城市公共卫生管理思路

1. 多学科

为保证城市公共卫生管理的科学性，需要进行多学科交叉，不断创新。从理论上讲，城市规划学、城市环境学来保证研究城市场景的科学性；生物学、预防医学与公共卫生学来把握健康危险因素的分布和疾病发生规律；管理学、经济学来保障城市公共卫生管理的公平性和高效率；环境科学技术、食品科学技术来找寻环境和食品中的因素与辖区内居民健康的关系，从而促进辖区内居民的健康水平和生命质量；社会学从总体上研究社会因素对城市公共卫生的影响，从而更好地控制和利用社会因素促进城市公共卫生的发展；统计学来收集、处理、描述和推断相关管理数据。此外，还需要教育学、药学、中医学与中药学、信息科学与系统科学、新闻学与传播学等相关学科的支撑。要尽可能把多学科知识应用到分析城市公共卫生的管理问题中，在实践中不断提升城市公共卫生管理的科学性。

2. 多部门协作

城市的公共卫生问题不是仅依靠卫生机构就能解决的，而应依靠各部门、动员全社会共同参与解决。例如，传染病防治和突发公共卫生事件应急工作，需要各方面的联防联控协作配合，比如交通、医疗、通信、消防、食品、海关等合作。城市公共卫生管理的成功需要城市公共卫生部门和卫生系统的其他部门、其他政府机构、社区组织以及其他社会力量的共同努力和协调。首先是政府相关职能部门各司其职，进行科学、细致的职能分工。其次鼓励城市公共卫生管理的社会参与，增强政府、相关部门与社会组织之间的合理分工、协同合作，夯实城市公共卫生管理的社会基础。

3. 系统性

城市公共卫生管理越来越成为联系复杂、变化迅速的社会大系统，需要采取系统分析方法，坚持系统集成、协同高效、统筹谋划。依靠先进理论模型或者数学模型来选择科学的系统运作模式和路径，从调查全部问题出发，找出目标与可行方案，构建辖区内公共卫生共建协作机制，秉持“一家亲”理念，强化“一盘棋”思想，推进城市公共卫生防、治、控、管的融合发展。

4. 前瞻性思维

前瞻性思维作为一种判断性的、确定性的思维方式，城市应主动适应当前城市化和信息化的迅速发展，运用现代技术治理手段。城市公共卫生管理者应具备开放的大视野以及广视角，精准预见和评估城市公共卫生管理中潜在的危机和挑战，提出有关战略性的应对方案和措施。突发公共卫生事件智慧城市就是运用“前瞻性”管理的成功案例，城市管理者正确运用智慧城市建设基础，针对不同突发公共卫生事件形成相应的决策预案。

5. 应用大数据

城市公共卫生管理过程中，单纯依靠传统的工作方法，信息处理速率低，信息交换阻碍大。运用大数据管理，能够实现城市公共卫生管理信息的全面采集、储存、整理、分析，利用数据库之间个体记录的有效关联获取结局信息和开展研究，从而为城市公共卫生管理方案的制定提供准确的参考依据。大数据与智能化超越了以往政府靠社会调研的方法，跨越时空、地域、时间的限制，运用云端技术实现城市政府公共卫生的高效管理，对相关数据进行集中分析，通过数据互通、数据共享，做到一体化管理、可视化监督指导，及时进行前瞻性预测，精准科学地预见城市面临的公共卫生挑战。

6. 应用基因组学

随着基因组学①（特别是全基因组关联研究）、表观遗传组学、转录组学、蛋白质组学等生命科学与现代信息学技术的迅猛发展，生命科学已经进入以“组学”为特征的后基因组时代。从生物学机制解读与公共卫生的危险因素、疾病发生和发展的机制出发，针对不同个体的遗传和代谢特点，从而实现传染病和慢性病的诊断、治疗。

二、城市公共卫生管理常用研究方法

（一）定性研究方法

1. SWOT 分析

SWOT 分析又叫态势分析，这四个英文字母分别代表内部优势因素（strength）、内部劣势或不足（weakness）、外部环境的机会因素（opportunity）、研究对象所处外部环境的威胁或挑战（threats）。SWOT 分析法已经广泛应用于多种场合，也被越来越的公共卫生部门应用到日常管理中。因此，SWOT 分析法可以被用来分析城市公共卫生自身的既定内在条件（优势和劣势）、面临的有利机会和面临的挑战，并在此基础上制定发展策略、提升策略，从而为更好地开展城市公共卫生管理提供科学依据。

2. 卫生系统诊断树分析

卫生系统诊断树（Health Systems Diagnostic Tree）是由哈佛大学卫生经济学专家研发，通过梳理众多和问题相关的因素，建立各研究因素间的相互联系，定位主要原因，为制定和完善相关卫生管理目标寻找方向，找出卫生管理的低绩效原因的分析工具。这是一种向

---

① 基因组学包括生物信息学、遗传分析、基因表达测量和基因功能鉴定。

后追溯“原因链”，连续描绘因果联系的分析方法，一般从该方法设定的卫生系统的三个核心目标——健康状况、财务风险保护和满意度出发，最终将各种因素分别归结到筹资（Financing）、支付（Payment）、组织（Organization）、规划（Regulation）和劝导（Persuasion）这五个控制阀门。

3. 利益相关者分析

城市公共卫生管理往往会牵扯多方的利益相关者，并且各主体的关系也呈现复杂化趋势。利益相关理论在公共卫生领域受到越来越多的关注，利益相关者分析作为一种政策分析方法，其实质是在城市公共卫生管理过程中，通过系统收集和分析大量数据，分析城市公共卫生管理利益相关者可能影响管理的特征和能力而制定相应策略，减少改革实施阻力，提高管理的高效性。因利益相关者代表的利益不同，需要在城市公共卫生管理中充分分析不同利益相关者的利益和期望。

4. 情景分析

情景分析主要是在城市大场景下，根据当地城市公共卫生管理的特点，设计出多种可能出现的场景，发现未来可能出现的问题。目前应急管理中的事前演练就是情景分析的一个细化。事前演练是在事先虚拟的重大公共卫生突发事件条件下，应急指挥体系中各个组成部门、单位或群体的人员针对假设的特定情况，执行实际重大公共卫生突发事件发生时各自职责和任务的排练活动，对模拟重大公共卫生突发事件的应对演习进行科学评估，以完善应对能力。

5. 循证政策分析

循证最早出现于临床医学，将病人的临床表征和研究得出的临床证据有机结合后作出临床决策。后来慢慢被应用于遵循证据进行公共卫生决策，为城市公共卫生管理面临的问题提供了新的解决方案和思想。循证政策分析利用证据时主要有三种情况：一是政策制定完全依靠科学证据；二是证据告知，即政策制定过程中使用哪些证据、为什么使用、如何使用等均给出合理解释；三是证据支持，即选择性地利用证据，只利用支持自己观点的证据。

（二）定量研究方法

1. 综合评价数学模型

一是线性加权综合法，是指应用线性模型；二是非线性加权综合法，是指用非线性模型作为综合评价模型；三是增益型线性加权综合法，是指具有增益功能的线性加权综合评价函数；四是理性点法，是一种通过与理想系统比较而得评价结果的排序方法；五是秩和比（RSR）法，RSR 法是指多指标的平均秩序，通过秩代换获得称为秩和比的无量纲统计量，在此基础上研究 RSR 分布。一般多种数量模型结合应用才能达到更好的效果，这是当前综合评价方法研究中最活跃的领域。

2. 投入-产出分析预测

它是一种利用投入、产出综合平衡的经济数学模型，为城市公共卫生管理部门从事经济平衡、计划管理、结果预测等提供科学依据。由于城市公共卫生管理的服务目标多是健康水平和生命质量的改善、人均期望寿命的延长等，这就需要运用高度专业化的投入-产出分析预测法进行科学分析。投入-产出分析预测法的作用主要包括以下几个方面：为城市公共卫生规划和预测提供依据；有利于科学地反映城市公共卫生相关机构的关系；对城市公共卫生资源的运用和消耗等进行科学量化分析和平衡核算。

3. 仿真分析

基于自适应主体建立的城市公共卫生服务仿真系统不仅是针对现实的呈现操控平台，而且能够通过不断更新数据支持，持续优化服务。通过 MATLAB 软件、Swarm 仿真软件等实现仿真模拟，并在模拟基础上提出优化建议。采用多主体建模方法，确定决策系统主体、信息系统主体、执行系统主体、保障系统主体等研究主体，主体的行为规则定义为根据外部环境和自身的约束条件，为每个主体设定相应的行为规则，采取适应性表现以最大限度地达到自身目标。

4. 大数据为导向的大型人群队列研究

目前，城市公共卫生相关管理机构“信息孤岛”现象极为普遍，海量公共卫生信息资源未能充分发掘和利用，已成为影响城市公共卫生管理科学化建设的重要原因之一。在精准医学和大数据时代大背景下，人群队列研究由传统小样本队列发展到当前的大型人群队列。在大型人群队列研究中，通过整合城市范围内的医学信息系统（医院病案首页、环境监测等）、人口出生与死亡登记系统、环境监测系统、城市基础地理信息系统等，也可以利用个体穿戴设备，获取海量数据。对于城市公共卫生管理者来说，在确定研究对象及基线调查之后，对研究对象长期随访监测，大型人群队列研究可以分析城市社会经济状况改变带来的辖区内居民健康和疾病谱的变化，为城市公共卫生管理决策和监督实施提供科学依据。

【本章重点】

1. 城市公共卫生管理的基本内涵。城市政府作为城市公共卫生管理的主体，按照“预防为主”的工作方针，根据城市公共卫生发展的规律，从城市角度探索辖区内居民的疾病和健康相关问题，为预防疾病发生、控制疾病发展及促进健康，采用特定手段和组织形式，对城市公共卫生事务的运动过程进行计划、组织、指挥和控制等各项职能活动。

2. 城市公共卫生管理的宗旨。城市公共卫生管理需站在国家公共安全的角度，以保障和促进辖区内居民的健康水平和生命质量为宗旨，将促进健康的理念融入城市公共卫生管理的全过程，以保障辖区内居民的健康和生命质量、改善健康公平为城市公共卫生管理的重点，织牢城市公共卫生防护网。

3. 城市公共卫生管理的目标。最终目标是改善居民的健康水平和延长居民的期望寿命，其他目标还包括：疾病预防和控制，医疗卫生服务体系健全，环境卫生改善，居民保健意识提高等。

4. 城市公共卫生管理的特征。是一项公共事业；坚持党的领导；政府主导；依法管理；系统性和复杂性；管理内容多样性；能够体现公平公正原则。

5. 城市公共卫生管理的内容。包括优化改善城市公共卫生服务，疾病防控，环境卫生管理，营养与食品卫生管理，重视精神卫生和心理健康，妇幼保健管理，开展健康管理以及突发重大公共卫生事件应急管理等。

【课后习题】

1. 简述城市公共卫生管理的特征。
2. 简述城市公共卫生管理的内容。
3. 简述如何健全城市妇女儿童三级预防保健服务网络。

第十四章 城市自然灾害管理

随着城市化进程的加快，城镇人口密度和物质财富迅速增加，基础设施承载负荷不断加大，自然灾害对城市的影响日趋严重，具有明显的放大效应，表现为容易引发次生、衍生灾害，单种灾害变为多种灾害，小灾酿成大灾等。广大中小城市尤其是中西部地区，经济社会发展相对滞后，设防水平偏低，抵御灾害的能力较弱，面临自然灾害的严重考验很大。城市化进程中的灾害防范不可忽视，应对极端自然灾害的威胁成为一大挑战和考验。

第一节 城市自然灾害概述

一、灾害概述

（一）灾害的概念

“灾害”起源于希腊语“tragedy”，意味着悲剧。相对于风险来说，灾害描述的是现在或过去的一个事件，并不会涉及将来。从本质上讲灾害不仅是事件本身，更是人类生命和财产的损失结果。灾害与风险不同，灾害是客观的结果，而风险是可能的结果或潜在的损失，但描述和量化风险所采用的参数需要用灾害的结果。

联合国将灾害描述成“造成社会功能瓦解、生命丧失、真实价值丧失和环境价值丧失的事件并且会促进社会处理这类事件的能力”。

（二）灾害的分类与性质

1. 灾害的分类

1）根据波及范围划分的自然灾害分类体系

（1）全球性灾害，如地震、火山、沙漠化、环境污染等灾害，以及人口、粮食能源危机等。

（2）区域性灾害，如水土流失、火灾、盐碱化以及“魔鬼三角”区等。

（3）局域性灾害，呈点、线状分布的灾害，如地裂缝、地面塌陷等。

2）基于灾害持续时间划分的自然灾害分类体系

（1）突发性灾害，如地震、火山等，永久存在，但具有突发性。

（2）持续性灾害，如土地退化、大气污染等。

（3）季节性灾害，如干旱、洪涝、台风等。

（4）周期性灾害，如厄尔尼诺，每隔若干年发生 1 次。

（5）偶然性灾害，如陨石冲击、森林火灾等。

3）基于灾害发生次序划分的自然灾害分类体系

（1）原生灾害，即主发灾害，往往是最先出现的灾害。

（2）次生灾害，即原生灾害诱发的灾害，是从属灾害。如果人们提前预防，这种灾害有些是可以避免的。

2. 自然灾害的性质

1）具有自然属性

自然灾害发生的原动力来自自然界。如洪灾泛滥是降水与蒸发平衡被破坏的结果，也是大气圈调整平衡的一种方式，这种平衡的破坏有时不可避免地会有人为因素加入，在一定程度上加快、加剧了平衡调整的过程。

2）具有突发性

自然灾害的发生突破了人类已经认识到的自然规律，人类不可能完全预先准备和避免，其事态结果超过了人类和环境的承受能力。

3）具有社会属性

自然灾害是人类社会经济文化发展的结果，自然的变化只有作用于人类社会，才能产生有计划、有组织、有步骤的防灾减灾行为。自然灾害的社会性还表现在人类社会的无节制性活动，人类的无知和短视加剧了灾害化过程。

4）形成复杂的灾害链

一种自然灾害常诱发或伴生其他自然灾害。人们必须全面研究灾害链，才能对复杂的自然灾害获得更好的理解和进行有效的控制。

5）自然灾害的强度与发生频率成反比

由于巨大自然力量的积累需要相当长的时间及人类具有躲避自然灾害的本能，因此巨灾发生的频率很低，而轻微灾害可能频繁发生。

（三）自然灾害系统

自然灾害系统是由孕灾环境、承灾体、致灾因子与灾情共同组成的具有复杂特性的地球表层异变系统。其中，孕灾环境是指由大气圈、岩石圈、水圈、生物圈所组成的综合地球表层环境以及在此环境中的一系列物质循环、能量流动以及信息与价值流动的过程与响应关系；致灾因子是指可能造成财产损失、人员伤亡、资源与环境破坏、社会系统混乱等孕灾环境中的异变因子；承灾体是指包括人类本身在内的物质文化环境，主要有农田、森林、草场、道路、居住区、城镇、工厂等人类活动的财富集聚体；灾情是指在一定的孕灾环境和承灾体条件下，因灾导致某个地区一定时期内生命和财产损失的情况。

根据自然灾害系统理论，城市自然灾害系统是由孕灾环境、致灾因子和城市人类社会环境作为承灾体的三者组成的，同时这三个子系统相互联系并相互影响，城市自然灾害的发生和发展就在构成城市自然灾害系统的三个要素中相互作用形成。

二、灾害链概述

（一）灾害链的概念与类型

1. 灾害链的概念

灾害一经发生极易借助自然生态系统之间相互依存、相互制约的关系产生连锁效应，由一种灾害引发一系列其他灾害，从一个地域空间扩散到另一个更广阔的地域空间，这种呈链式有序结构的灾害传承效应称为灾害链。

灾害链 $S(n)$ 由 n 个相互关联的灾害要素组成，灾害链中的灾害要素用 $S_G(n)$ 表示，也是一个灾害系统，实验要素之间的关联关系用 R 表示，灾害链所处的环境用 E 表示。因从，灾害链一般可描述为

$$S(n)=\{S_G(n),\ R,\ E\} \tag{14-1}$$

2. 灾害链的类型

根据灾害链的发生发展，一般可以归纳为如下类型。

1）因果型灾害链

因果型灾害链指灾害链中相继发生的自然灾害之间有成因上的联系。如发生在山区的地震会导致一系列次生灾害，如滑坡、崩塌、落石、泥石流等。滑坡或泥石流如果规模较大会堵塞江河、沟道，形成堰塞湖；堰塞湖形成后会截断水流，上游不断形成回水、壅水，水位不断上涨，形成淹没灾害；一旦堰塞体溃决，会在下游形成溃决洪水灾害。

2）同源型灾害链

形成灾害链的各种灾害的相继发生是由共同的某一因素引起或触发的情形。

3）重现型灾害链

这是同一种灾害二次或多次重现的情形。台风的二次冲击、大地震后的强余震都是灾害重现的例子。

（二）典型灾害链

1. 地震灾害链

地震具有强大的能量和破坏力，往往形成地震灾害链（图 14-1）。不同地区发生的地震，形成的地震灾害链重点不同。

（1）城市和经济发达、人口密集地区的地震灾害链以建筑物倒塌、火灾、有毒有害化学物品泄漏、化学物品爆炸和疫情等为主。

（2）山区的地震灾害链以滑坡、崩塌、泥石流、地裂缝、地面沉陷、堰塞湖、洪水灾害等为主。

（3）沿海地区的地震灾害链以震害、海啸等为主。

2. 洪水灾害链

洪水灾害是一个人与自然相互作用的复杂灾害系统，往往与其他灾害形成灾害链条，而洪水一般位于灾害链尾端，如地震—滑坡—泥石流—洪水、地震—海啸—洪水、台风—

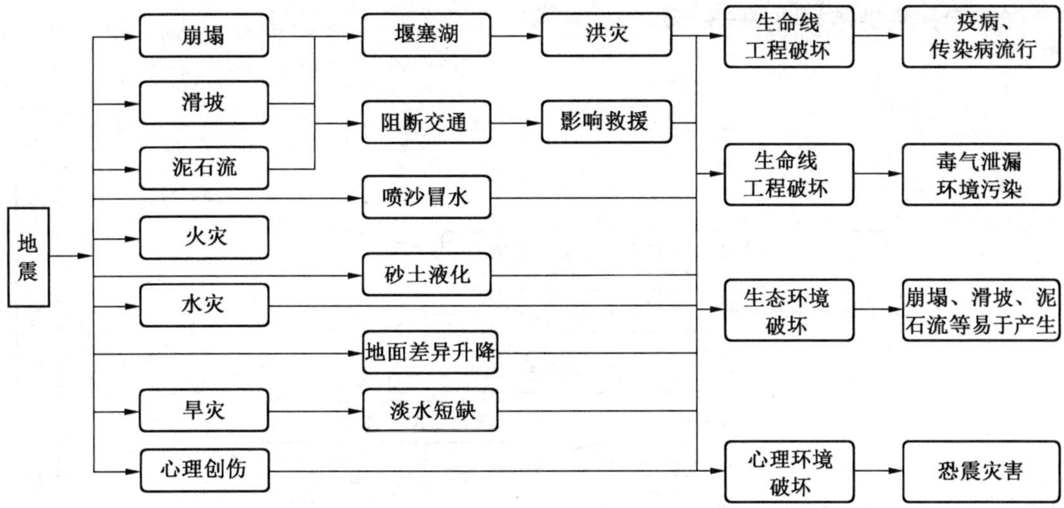

图 14-1 地震灾害链

暴雨—洪水—瘟疫、融雪—冰坝溃决—洪水等。

3. 森林火灾灾害链

森林火灾不仅会给森林以及人类带来严重危害，还会与其他危害形成灾害链。森林火灾常见的灾害链有森林火灾—虫害、森林火灾—山洪暴发/泥石流、森林火灾—干旱、森林火灾—酸雨。

4. 气象灾害链

（1）寒潮灾害链如图 14-2 所示。

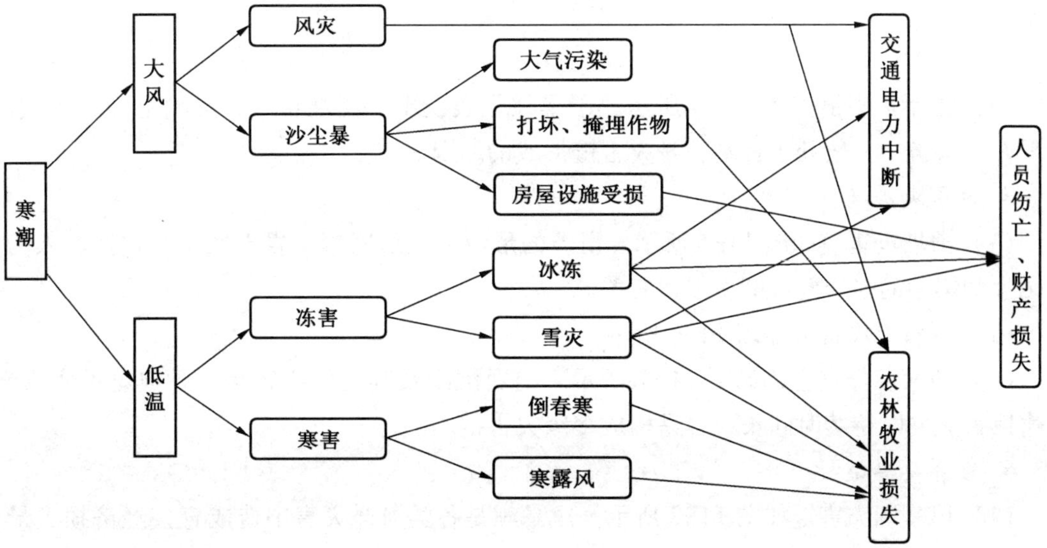

图 14-2 寒潮灾害链

（2）台风灾害链如图 14-3 所示。

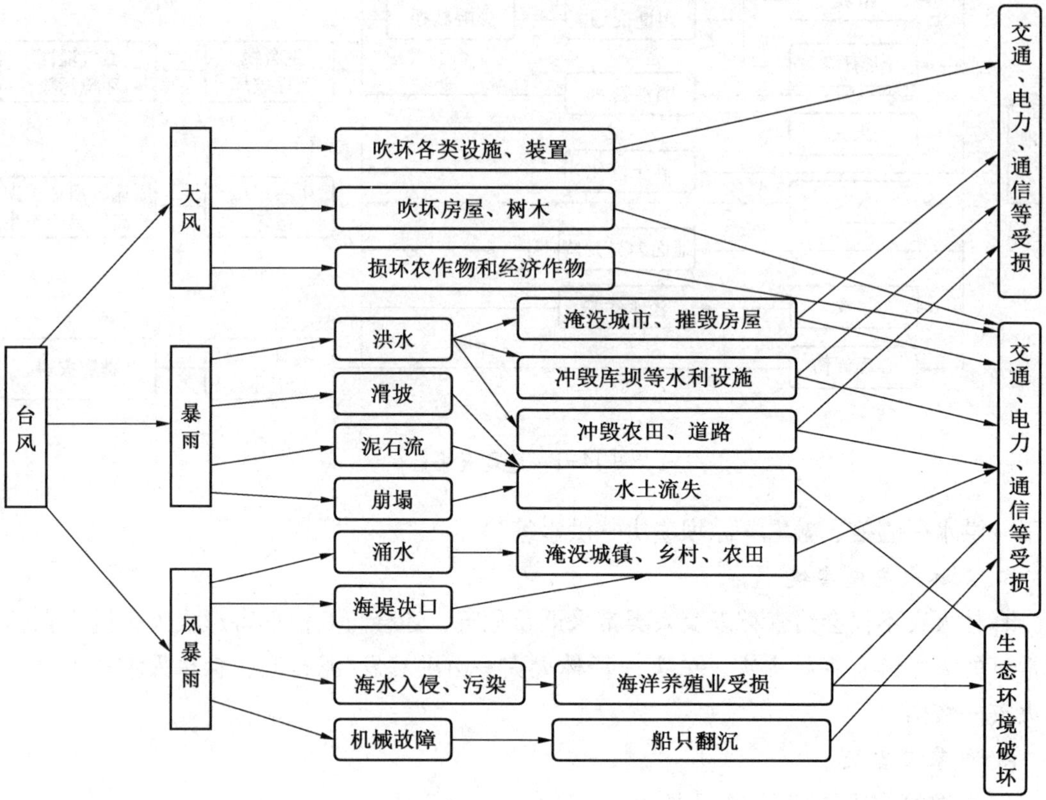

图 14-3　台风灾害链

（3）干旱灾害链如图 14-4 所示。干旱往往表现出广泛性特征，影响范围、领域广。干旱在灾害链中一般处于首端，是灾害链形成的原因。

5. 地质灾害链

（1）滑坡灾害链如图 14-5 所示。滑坡的形成与地质因素、岩土性质与构造、人为工程因素和集中的强降雨等诸多因素有关。

（2）泥石流灾害链如图 14-6 所示。

（3）地面沉降灾害链如图 14-7 所示。地面沉降及其次生灾害是一种典型的灾害链，危害巨大，同时持续时间长，容易构成多级灾害链。

6. 海洋灾害链

（1）风暴潮灾害链如图 14-8 所示。风暴潮是各类海洋灾害中造成直接经济损失最严重、波及省份最多的灾害，是海洋灾害研究的热点之一。

（2）海冰灾害链如图 14-9 所示。从结冰和融化两方面分析海冰灾害链。结冰灾害链

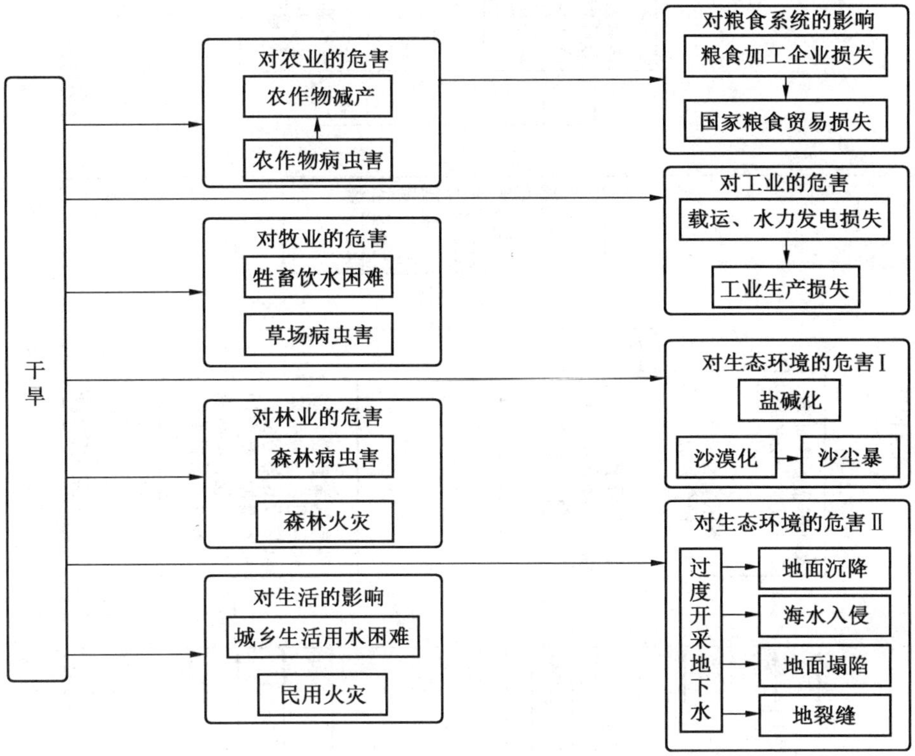

图 14-4　干旱灾害链

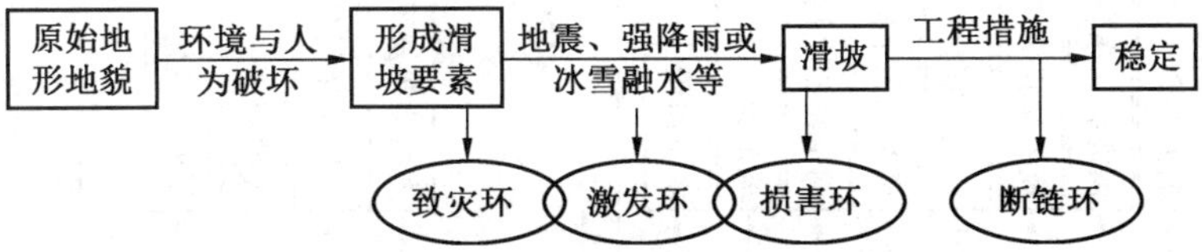

图 14-5　滑坡灾害链

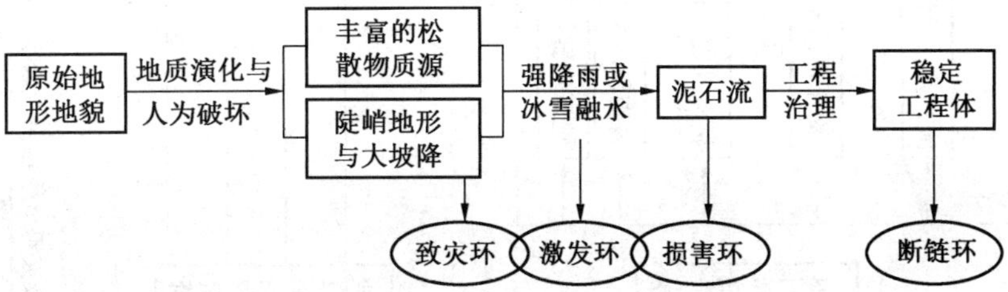

图 14-6　泥石流灾害链

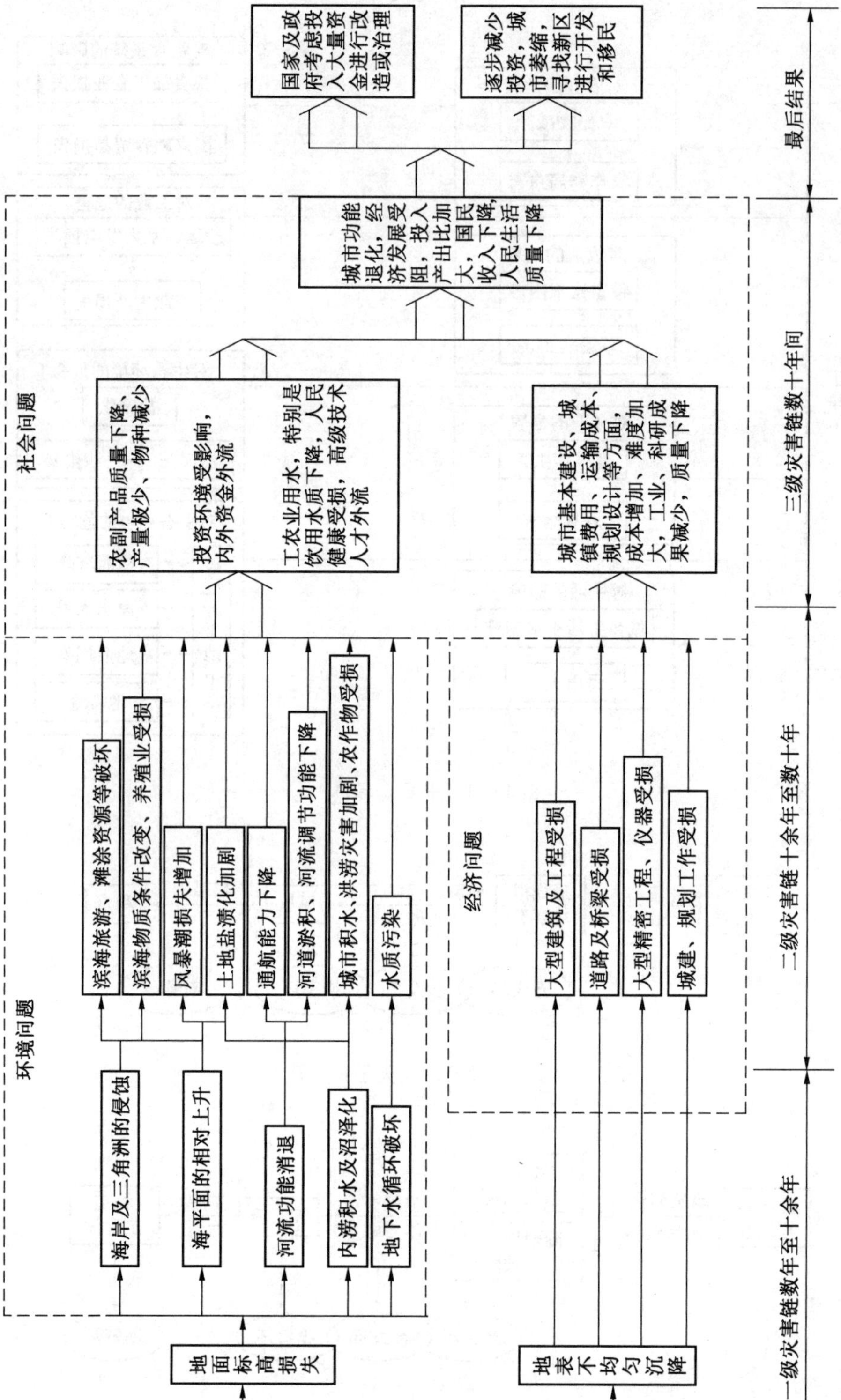

图 14-7　地面沉降灾害链

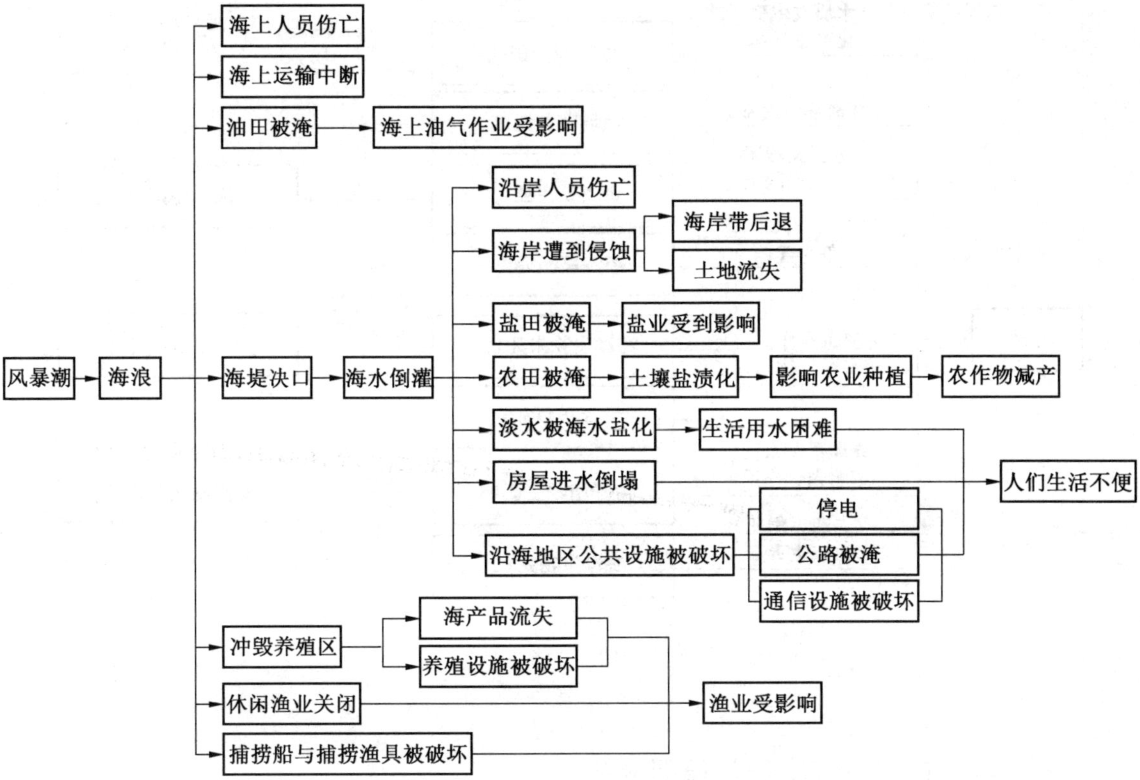

图 14-8　风暴潮灾害链

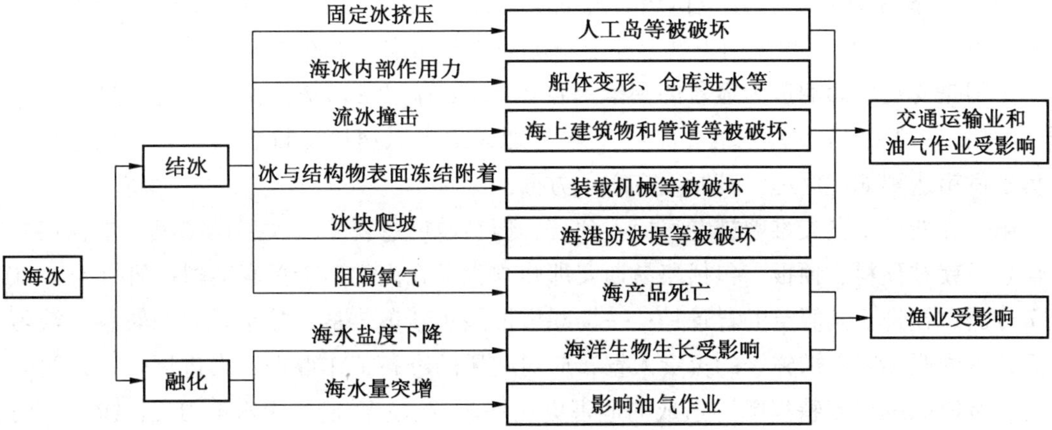

图 14-9　海冰灾害链

表现为海冰直接破坏承灾体，如海冰冰冻装载机械破坏其使用功能等；融化灾害链表现为海冰融化成海水导致海水水质改变和海水量突增造成的影响。

（3）赤潮灾害链如图 14-10 所示。从赤潮生物本身遮光性等物理影响造成海洋生物死亡和赤潮生物产生毒素等化学影响导致生态环境恶化两方面分析赤潮灾害链的危害。

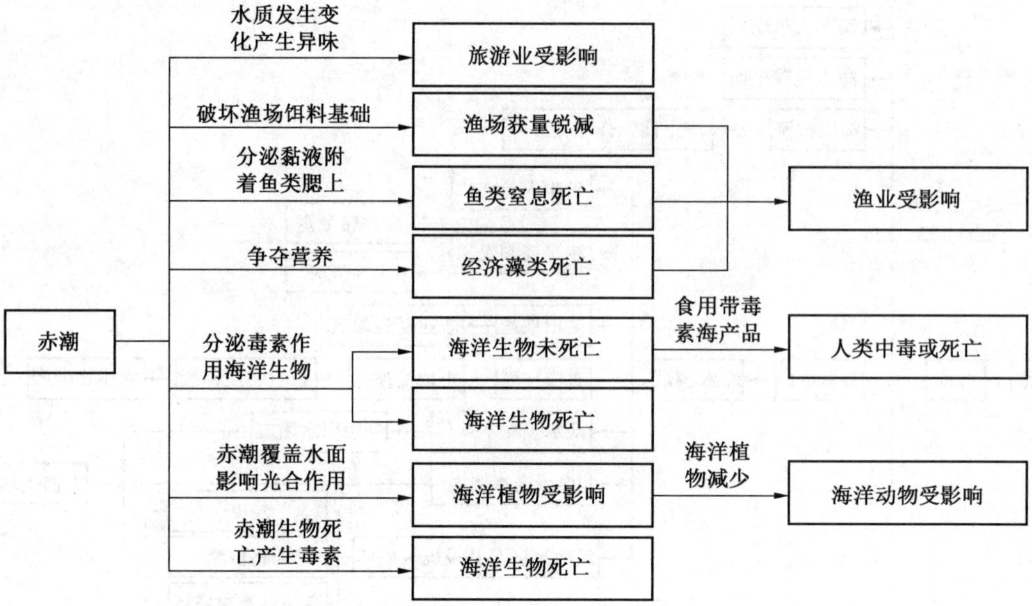

图 14-10 赤潮灾害链

三、城市自然灾害案例与原因分析

（一）美国新奥尔良市“卡特里娜”飓风

2005 年 8 月 29 日，一场美国历史上最严重且罕见的“卡特里娜”飓风让新奥尔良市（New Orleans）变成一片泽国，这个爵士乐之都顷刻间成为恐怖之城。

美国是受飓风影响最为显著的国家。自 1851 年有记录以来，美国已遭受过三次 5 级飓风的袭击，2005 年 8 月末的“卡特里娜”飓风最大风速历史排名第二。究竟是什么让新奥尔良市遭到如此厄运？其原因有六个方面。

第一，新奥尔良灾难曾被专家惊人预言，但被政府忽视了。大规模飓风袭击新奥尔良的情景早就被预料、预报，包括路易斯安那州立大学在内的四十多家美国科研机构于 2004 年 7 月出过预告。其假定的背景是：一场飓风摧毁了新奥尔良，数十万居民转移。演习结束后，美国联邦紧急措施署的负责人宣布应对飓风的准备工作取得巨大进展。正因为早有准备，所以飓风“卡特里娜”造成的危害更让许多专家对政府的应对不力提出批评。时任美国总统布什认为，没有人能够预料到新奥尔良市的防洪堤会决口，可事实上，路易斯安那州立大学工程师约瑟夫、舒豪伊道近几年曾多次警告，新奥尔良市的防洪堤可能垮堤。

第二，新奥尔良市三面环水，市内低于海平面，其安全依赖于环绕城市约 560 km 的防洪堤；新奥尔良市的发展缺乏防灾规划，其在城市建设上破坏了大片海外滩涂，使城市在海啸和洪水面前缺乏必要的缓冲。如为了促进旅游业和商业，该市将繁华商业区建在海边，并建设海边休闲观光区和住宅区；在新奥尔良市周边有大量自然湿地，但其在建设中排干了大部分湿地，破坏环境也加重了灾害。

第三，从自然灾害本身来说，“卡特里娜”确实与众不同。美联社曾报道，此次飓风从成因、规模到演变速度都与以往飓风有所不同。如“卡特里娜”在海上蓄势已久，一度达到5级飓风的风速，为40年所罕见，宽度超过320 km，几乎覆盖了从新奥尔良以西到佛罗里达州彭萨科拉的广大区域，席卷了美国四个州之多。此外，新奥尔良市的17号大堤决口更加剧了该市洪水的危害性。

第四，产生潜在的巨大伤亡和动乱，与人为因素有关。正是由于对新奥尔良的飓风有侥幸心理，致使相当多的市民在飓风登陆后，不愿离开家园，仍不及时疏散而躲在家中或就近躲在当地的大型建筑中。另外，新奥尔良市有近20%的居民之所以无法撤离，是因为没有交通工具或支付不起租车的费用，而政府又没有立即提供充足的交通保障。

第五，被飓风击倒的新奥尔良，让人们感受到美国2000年拍摄的科幻灾难片《后天》的再现。灾害严重不仅因为其受灾范围大（几乎与英国国土面积相当），被认为是美国历史上损失最大的自然灾害之一，还在于灾后反应迟钝，救援缓慢。虽然美国有完备的应急计划，但由于各方面对帮助市民撤离的运输工具准备不充分，导致灾害扩大化。

第六，新奥尔良市的惨剧是历史与现实的混合，不断下沉的城区、逐渐遭到侵蚀的海岸湿地和防洪工程的折中，导致了飓风灾害下的风险越来越大。

1718年法国殖民者在密西西比河（Mississippi River）出海口附近建立了新奥尔良。水给新奥尔良带来了财富，如北临庞恰特雷恩湖（Pontchartrain Lake），南临即将入海的密西西比河，但水也给新奥尔良带来了威胁。当初法国人选择在这里建城时，新奥尔良的地势还较有利，只要在城市周边筑不高的水坝就能防止洪水侵袭。但新奥尔良以每世纪1 m的速度持续下沉，飓风“卡特里娜”驱动的风暴潮将大量的水注入了庞恰特雷恩湖，造成几段堤坝决口。

（二）上海自然灾害受灾原因分析

历年来自然灾害带给上海最大的威胁在于台风、暴风、风暴潮等带来的强降水造成的内涝，加之其地势原本就处于低洼地带，还要严防海洋性灾害带来的海水倒灌，导致目前呈现出复杂、多变、突发的局部性水灾。致灾原因如下。

1. 城市地理位置及气候变化分析

上海本身地理位置纬度较低，地势低平。上海的土质非常松软，在城市化进程中过度开发地下水以及工程建设容易引起地面沉降，加之全球变暖使得中国沿海海平面近40年来平均以3.4 mm/a的速率上升（2020年《中国海平面公报》），最终导致城市排涝能力不足，城内积水难以排出，形成内涝。

2. 河湖水面率低，调蓄能力不足

改革开放以来，因城市扩容对城市原有河网体系进行了干扰，发生了人河争地现象。大量河道被城市建设用地取代，低等级、末端河道不断减少。河湖水面率低导致了河道密度稀、水系不畅、河道调蓄能力不足和空间分布不均匀，现有的河道输排水和蓄水能力没

有发挥出“海绵”功能，与上海的除涝需求存在差距。

3. 排水系统设计不足

上海常有超出规划设计标准的降雨，这也是不可避免导致内涝发生的原因。根据《上海市城镇雨水排水规划（2017—2035）（公示稿）》，上海排水标准偏低，应对极端气候的能力偏弱。上海市90%左右的排水系统采用一年一遇标准，与国家新要求和国外发达城市相比，排水标准明显偏低，不能有效应对全球气候异常、极端强降雨袭击，暴雨“看海”现象时有发生。

四、城市应对自然灾害的挑战与思路

随着社会经济的不断发展，尤其是伴随城市化水平的提高，城市自然灾害不仅从城市自然灾害的破坏作用，而且从成灾方式上都发生了相应的变化，也表现出了新的发展趋势和特征。

（1）自然灾害种类增加。除了洪水、地震、风灾等“传统”自然灾害外，伴随海洋事业的发展，风暴潮、海啸等海洋灾害的危害日益严重，已成为重要的灾害类型。与此同时，由于人类活动和环境污染，城市中产生地面沉降、海水入侵、酸雨、沙尘暴等许多新的自然灾害。

（2）自然灾害的危害范围不断扩大。随着人类活动迅速扩展，自然灾害不仅危害农业、工业、交通运输，而且更主要表现为现代城市自然灾害危害作用，已经从地表扩展到空中、地下，从陆地扩展到海洋，以至于凡是人类活动所在即有自然灾害相伴。

（3）自然灾害的破坏效应增强，受灾人口增多，经济损失不断增长。现代人类活动不断趋于广泛、频繁、多样，而且各种活动之间、不同区域之间的联系越来越密切。因此，自然灾害不仅危害人类生命健康，造成财产损失，而且危害各种产业活动，造成巨大的间接损失。

应对各种自然灾害和事故灾难，是人类共同的使命；造成人员伤亡、各种损失的自然灾害和事故灾难，是人类共同的敌人。而要应对这样的自然灾害和事故灾难，单靠任何一个国家的努力都是不够的。因此，通过加强不同国家之间的交流探讨，推动《2015—2030年仙台减轻灾害风险框架》落实，不断学习、借鉴发达国家的先进理念和经验，这对于全球共同携手应对城市安全风险很有意义。

第二节　城市灾害风险管理

一、灾害风险管理框架与内容

（一）灾害风险的内涵与表达

1）灾害风险的内涵

灾害风险可以定义为危险性、暴露性和脆弱性的叠加。其中，脆弱性是指给定危险地区存在的所有财产由于潜在的危险因素而造成的伤害或损失程度；暴露性是指可能受到危险因素威胁的所有人和财产等；危险性是指人、财产、系统或功能遭受损坏威胁的频率和严重程度。

2）灾害风险的表达

灾害风险是由不同种类的潜在损失构成的，通常很难被量化表达。人们往往用多种数学表达式来说明灾害风险与这两个因素的关系，常见的表达式有以下两个：

$$\text{灾害风险} = \text{致灾因子} \times \text{脆弱性} \tag{14-2}$$

$$\text{灾害风险} = \text{灾害发生概率} \times \text{损失} \tag{14-3}$$

其中，式（14-3）也有把损失写成结果的，这里的结果与损失具有相同的含义，即灾害风险=灾害发生概率×结果。

需要说明的是，以上两个公式只是一个虚拟的函数，并不是一个真正的数学公式，只是采用数学表达式的形式来说明评估风险的各个组成部分。

（二）灾害风险管理的定义

1）风险管理

风险管理是指组织或个人对风险进行风险识别、风险评估、风险控制、风险融资、沟通协商和监督控制等一整套系统而科学的评估方法和管理措施，以风险成本最低为原则，并最终将各种风险发生前、发生时及发生后所产生的经济、社会、环境等不良影响降到社会可接受水平之下。

2）灾害风险管理

灾害风险管理已经成为当今世界及可预见的未来中防灾减灾与可持续发展领域的核心课题。灾害风险管理是从风险管理角度来研究灾害问题，现阶段的灾害风险管理在理论和实践上更强调综合灾害风险管理的思想，即包括灾前、灾时、灾中和灾后的全部过程，灾前包括风险识别、度量、评估和评价、风险降低准备和风险融资安排；灾时应急响应；灾中减轻损失；灾后恢复重建。

（三）灾害风险管理目的与主要内容

灾害风险管理的目的是降低灾害风险，保护人类的生命与财产安全，实现人类社会可持续发展。灾害风险管理是将灾前准备、灾时应急响应、灾中减轻损失和灾后恢复重建四个阶段融于一体，对灾害实行系统、综合管理，以及协调管理各灾种防灾减灾的全过程。借鉴国内外众多学者和机构的成果，主要包括：风险因素识别，风险分析与评估，灾害风险决策，灾害风险处理。

二、城市灾害风险分析与管理

（一）灾害风险辨识

对潜在危险的识别是城市灾害风险管理中最重要的一步，也是第一步，它是整个风险管理系统的基础。风险识别是否全面、深刻，会直接影响风险管理的决策质量，进而影响整个风险管理的最终结果。

辨识风险必须系统、持续、严格分类并恰如其分地评价其严重程度。风险辨识过程一般分为 5 个步骤。

（1）确认风险的客观存在。可以通过查阅以前发生的灾害历史记录、对灾区进行现场调查、比较其他地区灾害事件记录等，运用科学知识和先进检验检测手段，了解本地区灾害情况。

（2）建立初步清单。清单中明确列出客观存在的和潜在的各种风险，应包括城市过去曾经出现过的灾害种类、类似城市发生过的灾害、生态环境影响、运营维护等各种因素，以及社会发展和人类活动可能带来的危险事故。

（3）确立各种风险事件并推测其可能后果。根据初步清单中列出的各种重要风险来源，推测与其相关联的各种合理可能性，包括意外事故、自然灾害、环境影响等，并制定风险预测图。

（4）进行风险分类。分类时可以根据风险性质和可能的结果及彼此间可能发生的关系进行，便于较好地理解风险，预测其结果。

（5）建立风险目录摘要。这是风险辨识过程的最后一个步骤，将可能面临的风险汇总并列出轻重缓急，给出总体风险印象图。

（二）灾害风险评估

城市自然灾害风险评估是在历史灾害数据、城市暴露数据的基础上，采用一定分析方法，结合城市区域的自然环境特征（如地形、土地利用等），对城市区域的自然灾害风险进行评估。主要评估某种自然灾害（致灾因子）发生的概率和一旦发生后可能造成的损失（人口、经济、城市基础设施和环境等），包括致灾因子评估、暴露性和脆弱性评估等内容。

1. 灾害风险评估的基本内容

灾害风险评估的内容主要包括以下四个方面：致灾因子危险性的定量分析与定性估计、承灾体的暴露性和脆弱性评估（包括社会经济系统的灾害恢复力与减灾能力）、灾害直接和间接损失以及灾害对社会、经济、环境等的影响等内容。

1）致灾因子评估

可能造成灾害的因素称为致灾因子，自然灾害致灾因子通常指台风、暴雨、地震、洪水和高温等自然现象。致灾因子风险分析是研究给定地理区域内，一定时段里各种强度的致灾因子发生的可能性和危险性。

（1）致灾因子发生的强度评估。自然致灾因子发生的强度通常是根据自然因素的变异程度（震级、风力大小、温度/降水异常程度）或承灾体所承受灾害的影响程度（地震烈度、洪水强度）等属性指标确定，可以直观表达为无、轻、中、重、特等级别。

（2）致灾因子发生的概率评估。一般根据一定时段内某种强度的自然灾害发生次数确定，通常用概率（或频次）表示，特定情况下也用致灾因子发生频率（百年一遇、十年一遇）表示。

（3）致灾因子的危险性程度评估。所谓致灾因子危险性程度评估是指对致灾因子强度、概率及致灾环境的综合分析，并给出评估区域每一种灾害风险的危险性等级。

2）暴露性评估

暴露是指承受灾害的对象（承灾体）暴露于自然灾害风险中的各要素。对于城市区域的自然灾害风险研究，暴露要素一般包括人口、建筑、生命线、交通设施、生活生产资料等。风险区暴露要素评价有利于较为全面地了解风险区承受某一自然灾害破坏和损失的程度。城市自然灾害风险区暴露要素评价主要采用以下方法。

（1）收集统计数据。向统计、民政、国土资源和交通等承灾体的相关管理部门，收集各承灾体暴露的统计资料。

（2）实地调查。组织专人前往评估地区进行普查和抽查。可以按照评估目的设计详细的调查表。

（3）遥感影像法。遥感数据动态记录了地表空间信息，不同分辨率的特征遥感影像蕴含着丰富的不同尺度的承灾体暴露信息，对城市区域各承灾体暴露信息的获取非常有效，已成为城市自然灾害风险区暴露分析与评估的重要途径。

（4）价值估算法。对于建筑物财产可按重置成本法来评估其暴露的价值量；

$$\text{建筑物现值}=\text{重置价格}\times[(1-\text{残值率})\times\text{成新度}+\text{残值率}]\times\text{建筑面积} \tag{14-4}$$

式中，重置价格是指按当前建筑工艺、材料价格及人工费用情况，重新建造该建筑物所需的费用评估值；残值率是指遭受自然灾害侵袭后的建筑物残值与建筑物造价的比，不同结构的建筑物，其残值率可查取相关技术规定；成新度即建筑物的新旧程度，也可依据国家有关评定标准判别。

3）脆弱性评估

致灾因子与承灾体的脆弱性共同作用导致灾害风险损失，如果说致灾因子是灾害风险产生的外因，那么脆弱性则是灾害风险产生的内因。通常脆弱性评估包括物理、经济、社会环境等方面的脆弱性评估，还包括承灾体的恢复力和应对能力评估。

4）灾害风险损失评估

灾害风险损失评估是指评估致灾因子与承灾体脆弱性共同作用导致的潜在损失，主要包括物理破坏导致的直接经济损失评估、间接经济损失评估、社会损失评估（主要指人员伤亡）、生态环境损失评估以及社会经济的长期影响评估。

5）灾害风险的社会关注度评估

国际灾害风险管理理事会（IRGC）在风险管理框架中强调：关注度评估是针对灾害风险对社会经济、法律、制度和稳定等潜在影响的评估和判断，具体内容是基于个人与社会关注点的识别结果，调查和计算风险对经济和社会的影响。社会关注度评估尤其关注风险对财政、法律和社会的影响，这些次生的影响称为风险的社会放大（social amplification of risk）。

2. 灾害风险评估的基本方法

自然灾害风险评估方法随自然灾害类型、空间尺度和研究内容等不同而存在差异。其基本方法有四种。

1）基于“3S”技术方法

运用遥感（RS）、地理信息系统（GIS）和全球定位系统（GPS）方法开展自然灾害风险评估已成为国内外灾害风险评估的最基本方式。遥感（RS）可为灾害风险评估提供实时大范围的数据；地理信息系统（GIS）则利用其强大的数据库管理功能、空间分析功能和建模能力为灾害风险评估提供便利；全球定位系统（GPS）则为灾害信息获取、野外调查以及灾害救援等方面提供实时准确的位置信息。

2）定量化数值模拟方法

定量化数值模拟方法是基于灾害演变的机制，采用计算机技术开发和建立专业模型、软件，利用其进行灾害危险性分析的方法。其最大优势是可提高危险性评估结果的精度，且直观可见。

3）“关联性”方法

近年来，各致灾因子间的“关联性”和综合作用受到广泛关注。即在灾害危险性研究中，十分强调各致灾因子间的内在联系。应当指出，“关联性”方法不是一套具体的方法，强调的是一种思想，一种开展灾害风险评估的理念。

4）情景分析方法

情景分析方法已成为自然灾害风险评估的重要手段，是揭示灾害成因、影响程度和范围、辅助抢险救援的重要方法。一是对已发生的灾害、影响程度与范围、灾后救援、恢复和重建进行全面调查；二是对可能发生的自然灾害极端危害场景进行模拟，以评估和预测未来灾害造成的损失和受灾范围，并验证或辅助制订控制预案。

3. 灾害风险评估的基本流程

灾害风险评估流程如图 14-11 所示。

（三）灾害风险决策

1. 风险管理决策考虑的问题

风险管理决策就是根据风险管理目标，在风险识别、评估和评价的基础上，对各种风险管理方案或措施进行合理选择和组合，并制定最优风险管理的总体方案。作为防灾减灾方案制定和实施的关键核心环节，风险管理决策需要考虑以下问题：

（1）评判和接受某种技术或活动的可接受风险涉及了成本和收益的平衡。

（2）不同利益群体和部门的风险分担问题，这个风险分配涉及公平和效率的概念。

（3）政府、公司和个人在风险活动中的责任和能力。

（4）风险决策的定量方法主要有期望损失最小原则、期望损失效用最小原则、经济最优原则（风险成本最小）。

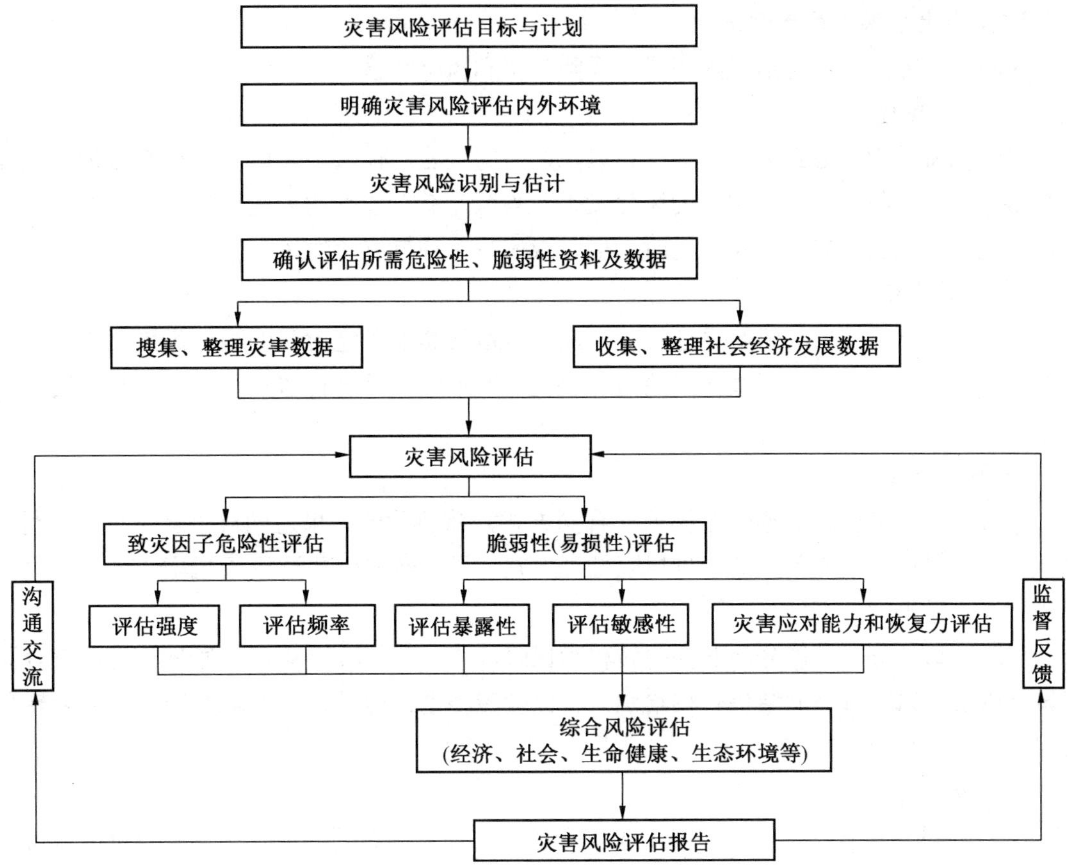

图 14-11　灾害风险评估流程

（5）对于公共风险管理决策还需要满足社会可接受风险的风险决策，即通过设定风险可接受的数量标准或安全目标进行风险决策。

2. 风险管理措施的选择

风险的类型不同，采用的风险管理措施也应该有所变化。一般来说，如果损失频率较低，损失程度相对也较小，那么可以采用风险自留的方法，由风险单位自己承担风险事故的损失；若灾害损失频率比较高而损失程度较小，则可以采用预防和自留的方式。若灾害损失频率较低而损失程度较大，则可以把风险通过风险转移的方式进行分担；若灾害损失频率较高，损失程度也较严重，宜采用风险规避方式。在实际应用中，可以将一种或多种风险管理技术结合起来以达到降低风险的目的。

（四）城市灾害风险处理

城市灾害风险处理是指城市管理者在确定了城市建设和运营中存在的风险后，分析出城市风险概率及风险影响程度，根据风险性质和决策主体对风险的承受能力制定规避、自留、转移或者分担风险等相应防范措施。

1. 城市灾害风险处理方法

风险处理方法主要包括风险规避、风险自留和风险转移等。

1）风险规避

风险规避是指考虑到某项活动存在风险损失的可能性较大，采取主动放弃或加以改变等策略，以避免与该项活动相关的风险发生。当风险潜在威胁的可能性极大，并会带来严重后果且损失无法转移又不能承受时，风险规避是一种最有效的风险管理方式。

2）风险自留

风险自留就是将风险留给自己承担。风险自留与其他风险对策的根本区别在于，既不改变风险的发生概率，也不改变风险潜在损失的严重性。风险自留适用于概率小、后果小的事件。

3）风险转移

风险转移是指设法（通过合同或非合同方式）将风险的结果连同对风险应对的权利和责任转移给另一个人或单位的一种风险处理方式。风险转移一般适用于概率小、后果大以及概率大、后果大的事件。

风险转移的方式可以分为非保险转移和保险转移。非保险转移是指通过订立经济合同将风险以及与风险有关的结果转移给别人；保险转移是指通过订立保险合同，将风险转移给保险公司（保险人）。

2. 具体处理措施

（1）通过立法和制度建设，使城市安全风险管理范围做到全覆盖，不仅要重视城市社会风险，更要重视城市政府自身的风险，包括城市政府在决策、建设和管理等过程中的风险意识，还要重视以社区等基层单位为末梢的城市风险服务网络建设。

（2）城市风险管理公共化。明确政府各有关部门，以及社会和市场各方面的风险管理责任，改变城市风险管理责任由安全应急相关部门“一家扛”，或政府部门“一家担”的现状，使城市风险管理多元治理的公共性体现出来。

（3）城市风险管理服务专业化。在宏观上把握城市风险管理的相关政策和提供必要的公共服务，实现向公共服务型政府职能的转变，可以通过政府购买服务的方式，聘请城市风险管理顾问，让风险管理专业机构参与城市风险管理和服务。

（4）城市风险管理多元化。

（5）不断提升保险业参与城市治理的能力与水平。

三、城市防灾规划理论与体系

（一）城市综合防灾规划的基本内容

城市综合防灾规划是指城市在面临日益多样化复杂化的灾害类型时，通过风险评估明确城市的主要灾种和高风险区域，针对灾害的前期预防、中期应对、后期重建等不同阶段，制订包括政策法规型、管理型、教育型、空间型、工程技术型等全方位应对策略，对城市灾害管理体制进行整合，全社会共同参与规划的编制与实施过程，并对单项城市防灾规划提出规划的基本目标和原则的纲领性计划。

针对我国城市防灾规划编制方法的现状，城市综合防灾规划的主要内容包括五部分，如图 14-12 所示。

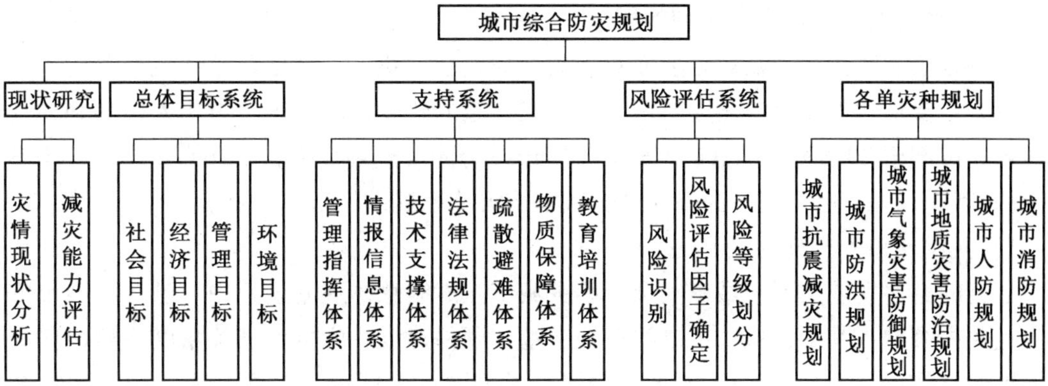

图 14-12　城市综合防灾规划内容构成

（二）城市防灾规划的发展

1. 城市安全从被动防御走向韧性建设

1）工程性防御保障城市安全

防御功能是城市的基本功能之一。随着对自然的认识不断加深及科学技术的进步，人类从一次次灾难中吸取教训，通过各种方式努力提升城市的安全性。城市在建设中不断发展变化，城市的形态也在不断演化，以适应其新的功能定位。其中，城市的防灾功能不断强化，并由单一的工程性物理性防御逐渐上升到城市或区域防灾体系建设，通过颁布标准，制定防灾规划，修建防灾设施。

2）城市不同发展阶段呈现不同风险特征

早期的城市防灾主要是为了防御某一类灾害或抵御外敌入侵而修建相应的防御工事。近年来基于风险管理理论的城市规划与城市安全管理得以发展。风险管理的核心从原有的以灾害应急为中心的灾害应对体制，向灾害预防、灾害减轻的全过程风险管理转变，并且从单一灾害应对模式转化为全灾害风险管理模式。

风险管理视角下的城市规划，则需要关注城市体系的相互关联性，以系统化的方式分析评估风险，并通过风险转移或削减等风险管理方法，降低城市脆弱性和灾害风险的暴露度，提高城市防御灾害的能力，以确保城市社会远离风险。

2. 城市安全融入城市规划

1）城市安全规划的产生

城市生活更安全、更美好的共同愿望，要求我们必须将城市安全系统融入城市发展规划中，将城市安全作为城市发展和城市规划的重要目标之一，将城市防灾作为城市发展的重要内容之一，重新审视城市规划与城市安全、城市防灾之间的关系。需要从法律、政策的角度系统梳理城市安全与城市规划的关系，并通过具体规划的编制对城市安全予以诠释和实践，构建城市公共安全规划体系。而城市公共安全规划的法律体系、编制体系和实施管理体系，共同构成了广义上的“城市公共安全规划”。

2）法律规范对城市安全规划的要求

为有效落实法律法规在规划层面对于安全的要求，我国相继出台了各类相关的规划设计规范，主要从建设规范的角度对房屋、防灾设施的建设作出规定。中华人民共和国住房和城乡建设部于2018年9月11日发布《城市综合防灾规划标准》（GB/T 51327—2018），自2019年3月1日起实施，为建立健全城市防灾体系提供了指导和要求。

3）我国城市安全规划编制的实践

社会的有序发展离不开城市安全，不少城市在编制总体规划过程中，已经将城市安全作为重要内容纳入其中，从城市空间布局、基础硬件建设、应急管理等角度将城市作为一个发展的整体进行规划。2013年深圳市发布了全国首个城市公共安全体系的纲领性文件《深圳市公共安全白皮书》；2018年1月，上海市编制的《上海市城市总体规划（2017—2035年）》获得国务院批复原则同意并正式发布。

（三）城市综合防灾规划体系

1. 城市综合防灾规划思路和目标

1）韧性城市理论引领规划思路

随着风险管理理论与方法在城市管理领域的应用，系统性防灾规划体系建设逐渐受到重视，而韧性理论的提出更为城市综合防灾规划提供了理论依据与规划方法。韧性城市规划建设作为现代城市防灾规划的理念和思潮，已经被广泛接受。

韧性城市要求城市不仅能有效预防各种灾害事故的发生，而且能在灾害发生后快速从灾难中恢复各项功能。韧性城市不只是理念，也是一套行之有效的操作方法。因此，在充分理解韧性城市内涵的基础上，开展城市安全规划的编制，重视风险评估、优化城市空间布局、融入安全治理理念、规划编制要信息化和智能化，实现对城市安全建设的引领。

2）城市综合防灾规划目标

韧性城市的规划目标可以分解成4个具体目标：一是减轻城市灾害风险的危险性，确保城市不发生或少发生灾害事故；二是降低城市灾害的易损性（降低城市脆弱性），确保城市在灾害事故发生时不易遭到破坏；三是提高城市在灾害发生时的自适性，能较好地适应城市外部环境和内部系统的变化；四是提高城市的可恢复性，确保城市在遭受灾害事故时，其物理系统和社会系统不因脆性破坏而瘫痪，能快速恢复，确保城市功能的基本运行。

2. 综合防御体系建设

1）强韧性城市基础设施

道路交通系统、给排水系统、供电供气系统、通信系统等城市基础设施构成了城市基本框架，是城市运行的大动脉。强韧性的基础设施不仅能够不受或少受灾害破坏，而且能在灾害应对和灾后重建中发挥重要的支撑作用，是城市灾后快速恢复的重要保障。

（1）强韧性道路交通系统。强韧性的道路交通系统具有以下特征：一是城市道路交通系统建设具有较高质量，不易受灾损毁，具有较强的恢复能力；二是道路交通体系具有智能化、科学化的设计，同时具有良好的分离系统，即使突发交通事故，也不会对城市产生重大影响；三是构建以救援主通道、疏散主通道、疏散次通道和一般疏散通道为主体的救援疏散通道体系，在城市发生重特大灾害事故时发挥快速疏散人群的作用。

（2）可恢复的生命线系统。城市水、电、煤、通信等生命线工程是城市社会生产、生活的基础，一旦受灾将对城市经济社会造成重大影响，并使受灾程度加剧，另外救灾抢险和灾后重建工作也离不开水、电、煤、通信等生命线系统的支撑。因此，建设不易受损且在突发事件后可快速恢复的生命线系统，是韧性城市建设的重要目标之一。

（3）高标准防汛排涝系统。建设有韧性、高标准的城市防汛排涝系统是一项系统性的工程。建立现代化的防汛排涝系统，通过海绵城市建设，充分、合理利用水资源，保障城市水安全；提高防汛排涝设施建设标准，科学规划防汛排涝设施布局，缓解极端气候条件下的城市内涝问题，确保重要区域、重要设施的防汛排涝安全。

2）高安全房屋建筑体系

在城市综合防灾规划中，需要针对城市灾害风险特征，建立房屋安全规划体系，规划建设具有高安全性能的房屋建筑，确保城市房屋能有效防御灾害风险，确保房屋中人员的生命和财产安全。

（1）防台抗震的民房建筑。台风、暴雨、暴雪、雷电、地震等灾害都可能对房屋建筑造成极大的损害。因此，需要有计划地推动城市民房建筑防台抗震建设和改造，同时应该对农村房屋制定相应的设防标准，引导农村建设能抗击灾害的安全房屋。

（2）具有安全保障的老旧房屋。城市大量老旧房屋具有较强的脆弱性。这种脆弱性在不确定的城市风险隐患因素作用下，将不可避免地转化为各种城市安全问题。需要在系统评估老旧房屋的基础上，对老旧房屋改造进行规划，通过旧城改造、房屋加固补强、输电线路改造等措施，逐步降低老旧房屋的脆弱性，提高老旧房屋抵御灾害事故的能力，使老旧房屋具有足够的安全保障。

（3）高安全性的公共设施。公共建筑是民众学习、工作、娱乐、休闲的场所，一旦遭受重大灾情事故，将不可避免地对公众的生命财产构成威胁。毫无疑问，公共建筑应该是城市中最坚固的建筑，也应成为灾害发生后民众可以信赖的安全场所。

3）最优化重点区域规划

城市规划需要在充分评估各功能区的风险特征、面临的安全问题基础上，进行城市功能优化布局，将危险物品生产储存与人流集聚区分离，将人流与物流有效分离，减少城市社会的风险暴露，降低城市社会的脆弱性，这样才能有效减少灾害事故的发生及其对城市社会的危害。

（1）优化的危化产业布局。城市综合防灾规划需要对危化产业（生产加工、仓储、销售、运输和使用等企事业单位）进行合理规划布局，有效管理，严格遵守安全距离的限制要求，以减少危化品对周边人群的影响。

（2）生态化的固废物处置。为了减少垃圾对城市的影响，应该规划建设生态化的垃圾处理场地，严格制定垃圾分类标准，采取轻量化、资源化和固态化等处理技术，对垃圾和固废物进行生态处理和利用，通过生态化垃圾处理的规划建设，发展环保、低碳、绿色的综合利用模式，减少垃圾和固废物对周边环境的影响。

（3）安全的人流集散地规划。城市是由人组成的，城市化首先是人口的城市化，人流密集是城市的重要特征之一。在城市综合防灾规划中，需要对城市人流集散地进行系统规划，合理布局，有效引导人流集散。

4）全覆盖安全保障设施

城市的各种安全设施是灾害发生时公众的避风港，是城市安全的重要保障，是防灾系统的基本组成。安全城市建设，一方面需要通过城市规划建设和管理努力使灾害事故不发生或少发生，另一方面城市需要规划建设足够的避难场所、消防设施和医院等安全场所和救护设施并将其作为基本保障，确保一旦发生灾害，能为受灾民众快速提供安全便捷的场所和救护。

3. 社会应对体系建设

1）智能化应急管理系统

智能化应急管理系统是城市综合防灾的重要基础，是突发事件监测预警智能化、指挥决策科学化的手段。城市安全不仅与灾害频率有关，还与突发事件对城市经济社会的破坏程度有关。

（1）灾害风险评估系统。灾害发生过程中，风险评估系统根据情景分析模型，能对灾害受损情况、影响程度等进行快速评估，即应急评估，为应急响应提供决策参考。

（2）监测与预警系统。监测与预警系统能对城市的安全状态进行全天候、全方位的观测、监视，并及时将危险状态向城市管理者、利益相关者和公众发出警报，为预防和及时响应提供决策支持。

（3）指挥决策辅助系统。智能化应急管理系统应该包括指挥决策辅助系统的专业模块，通过模拟、分析和评估，为突发事件应急管理决策提供支撑。

2）立体化应急救援体系

（1）海陆空立体救援。我国空中救援和水上救援能力相对薄弱，难以满足现代城市立体化发展的需求。因此，需要立足新型城市发展战略高度，从城市未来高层建筑与复杂区域不断增多的实际出发，构建集水上救援、陆地救援、空中救援于一体的城市海（水上）陆空立体化救援体系，互相支援、协同作战，应对复杂灾害和特殊事故。

（2）多层次救援队伍。完善的多层次应急救援队伍体系由以消防救援队伍为主的综合性救援队伍、以生命线工程救灾抢险为主的专业救援队伍和以志愿者、社会力量为主的基层综合应急救援队伍构成。

（3）跨区域应急联动。建立区域应急联动运行机制的目的是有效利用区域现有资源和公共管理合作平台，充分发挥地区内城市的整体优势，提高区域整体预防能力，包括对突发事件的快速反应和救援能力、灾后快速恢复与重建能力，最终减少区域灾害损失。

3）多层次应急管理体制

（1）常态化的网格化管理。城市管理网格化是以信息化为手段，综合集成各种管理服务资源，在特定的社区网格内，及时发现并综合解决城市建设和市政管理的各类问题。

（2）模块化重点单元管理。在进行城市应急管理体系规划建设时应充分分析各个功能区域的安全特征，将一些特殊功能区域或重点地区作为单元模块，构建应急单元式、网格化、重点突出的“突出重点、全面覆盖”城市安全管理系统，构建分布式、模块化、全覆盖的重点单元管理体系。

（3）多部门协同应对机制。城市综合防灾规划针对城市特征，抓住重点区域、重点行业和重点部位，建立市级单元、区级单元、重点区域、街镇、功能区域等多层次、网络化应急管理体系。

4）多元化安全治理体系

（1）多方位社会组织系统。在城市防灾减灾救灾工作中，作为政府力量的有效补充，社会力量可以发挥重要作用。党的十九大报告明确了社会力量在城市安全治理中的地位和作用。

（2）多样化宣传演练体系。城市安全与综合防灾系统应规划多样化的宣传教育和应急演练体系，通过学校、社区、工作场所等，提供全方位全覆盖的安全教育与应急演练，而且应该特别关注老年人、外来人口、女性和语言不通的外籍人士等灾害脆弱性人群，加强对他们的宣教演练，提升城市社会应对灾害的能力。

（3）多主体城市治理体系。在城市综合防灾规划中，需要构建多元化社会治理体系，将政府、社会、企业等不同主体纳入城市安全管理体系中，并综合运用财政、保险、资本运作等手段，全方位、多主体实现城市安全治理，确保城市长治久安。

四、自然灾害综合治理

（一）改善城乡防灾基础条件

（1）加强法规、标准、制度建设。

（2）全面开展城乡规划编制实施。

（3）积极推进防灾避难场所建设。

（4）确保市政公用设施抗灾能力。

（5）提高城乡房屋建筑抗灾能力。

（6）提高灾害应急和恢复重建能力。

（二）提高重大设施抗毁能力

（1）坚持立法先行，完善重大基础设施建设法制体系；①建立健全法律体系，对有法律但不完善的应及时修订；②优化完善法定程序；③完善提升各行业标准体系，高标准修订各行业设计、施工、监理、设备和运行管理等标准体系；④坚持严格依法办事，做到政府依法行政、建设单位依法建设、群众依法维权。

（2）坚持规划先导，提高城市重大基础设施建设的前瞻性、系统性。明确重大基础设施规划的优先权，加强专项规划与城市建设总体规划、各级规划的统筹与衔接；合理统筹城乡建设资源，保障重大基础设施建设场地和资金。

（3）坚持效率优先，加快完善行政管理制度和投融资体制改革。深化审批制度改革，建立纵向统一、横向协同的审批平台，开辟快速、高效的重大基础设施项目审批“绿色通道”。

（4）坚持和谐发展，进一步完善公众利益诉求协调和矛盾化解机制。建立健全联合推进机制，建立“党委领导、政府主导、政府各级部门和建设单位共同参与、社会各界支持配合”的联合推进组织体系和工作机制；健全信息公开、风险防范和舆情应急机制。

（三）促进人与自然和谐共生

（1）紧盯问题攻坚。推出多项前所未有的污染防治举措，蓝天、碧水、净土保卫战顺利开展，老百姓关心什么、期盼什么，改革就要抓住什么、推进什么。

（2）落实治理责任。生态环境督察体制改革扎实推进，绿水青山就是金山银山的理念深入人心；建立环保督察工作机制，是建设生态文明的重要举措；保护生态环境的责任落到实处。

（3）强化制度保障。建立系统完整的生态文明制度体系，用最严格制度、最严密法治护航美丽中国建设，具有特殊重要生态功能、必须强制性严格保护的区域，划出生态保护红线，实现“一条红线管控重要生态空间”。

（四）重点自然灾害防治（地震、洪涝、地质灾害等）

1. 地震灾害防治

1）加强地震灾害基础性研究

（1）收集和出版地震史料。世界各国不仅注重研究历史地震的活动性，为地震预报服务，而且注意总结历史地震危害的经验教训，为地震灾害寻求最佳对策提供依据。

（2）注重地震灾害的监测预报。地震监测预报是预防或减轻地震灾害最直接、最经济的一种手段，是通过科学的思路和方法预测未来地震尤其是强烈地震的发震时间、发震地点和发震强度等，并将其及时向人们发布，以避免或减轻地震灾害。

（3）开展地震危险性评估。地震危险性评估作为防震减灾的基础性中心任务，受到了世界各国、各地区地震学家的高度重视。很多国家都进行了以概率地震危险性评估为主要内容的危险性评估。

（4）加强地震工程学研究。20 世纪初，在总结大地震对建筑物破坏方式及其力学分析基础上发展起来的地震工程学受到世界上地震多发国家的重视。之后，建立在静力学基础上的地震工程学开始向注重动力学理论的研究方向发展，地震工程学的发展为近代高层建筑、一般建筑、生命线工程、重要结构物和设施的抗震设计提供了理论依据和基础资料，为防御和减轻地震灾害作出了巨大贡献。

（5）重视地震预警。地震预警技术是国内外新发展的一种有效的地震减灾手段，对减轻地震损失，降低地震次生灾害和减少人员伤亡具有重要意义。地震预警是指在地震发生以后，抢在地震波传播到设防地区前，向设防地区提前几秒至数十秒发出警报，以减小当地损失。地震波的传播速度是每秒几公里，而电波的速度为每秒 30 万公里。因此，如果能够利用实时监测台网获取地震信息，以及对地震可能的破坏范围和程度快速评估结果，就有可能利用破坏性地震波到达之前的短暂时间发出预警。研究表明，如果预警时间为 3 秒，可使伤亡率减少 14%；如果预警时间为 10 秒和 60 秒，则可使人员伤亡分别减少 39% 和 95%。

国家地震烈度速报与预警工程，是我国“十三五”时期实施的一项公共服务工程，主要内容是建设国家地震烈度速报与预警观测网络，实现全国分钟级仪器地震烈度速报与重点地区秒级地震预警，为政府应急决策、公众逃生避险、重大工程地震紧急处置、地球科学研究等提供服务。2017 年 8 月 8 日 21 时 19 分 46 秒，四川省北部阿坝州九寨沟县发生 7.0 级地震，通过成都高新减灾研究所开发的 ICL 地震预警技术系统，四川省广元市、成都市、绵阳市、阿坝州、甘肃省陇南市、陕西省汉中市等 6 个市的 11 所学校在地震波抵达前的 5~38 秒收到预警并发出警报。

2）我国的防震减灾对策

《中华人民共和国防震减灾法》规定，我国防震减灾的指导方针是“预防为主、防御与救助相结合”。以防为主、防抗救相结合才是减轻地震灾害的根本出路。政府重视、依靠科技、依靠法制，走综合防御的道路，是中国特色的防震减灾对策要点。

（1）地震灾害防御。地震工程性防御就是想方设法把各种建筑物和容易发生次生灾害的城市设施尽可能地盖结实，使它们遇震不倒，修复可用，对已经建成的建筑物进行抗震加固，提高其抗震能力。我国的地震科技人员先后编制了《中国地震烈度区划图》和《中国地震动参数区划图》，为一般民用建筑提供了科学合理的抗震设防标准，对建设工程抗震设防的监管力度逐步加大，如对三峡工程、大亚湾核电站、西气东输、青藏铁路、锦屏水电站、川藏铁路等一系列重大工程开展了地震安全性评价工作，对地震重点监视防御区的一些建筑物进行加固，加强对农民建房和村镇公共设施抗震设防的指导，这些措施大大提高了我国的地震灾害防御能力。

（2）地震应急准备。《中华人民共和国防震减灾法》《地震预报管理条例》《地震安全性评价管理条例》等相关法律法规的陆续出台和修订，使我国的防震减灾工作管理步入法治化轨道。各级人民政府依照法律规定，对地震防御工作做好宣传、组织和管理，协调全社会做好各方面的防震减灾准备工作，尤其是要做好抗震防灾规划，建立防震减灾应急预案体系，发挥政府和社会最大的效能。

（3）防震减灾知识教育。人民群众的防灾减灾意识薄弱和知识匮乏是造成我国地震灾害严重的一个重要原因，因而各级政府要组织有关部门开展对群众的防震减灾知识教育，提高其防震减灾意识，增强地震灾害中的自救、互救能力。通过持续不断的科普宣传，使公众参与防震减灾的意识有所增强，人们鉴别地震谣言的能力和防震避险、自救互救的知识与技能不断提高，当大的地震灾害事件来临时能够高效应对。

（4）科学避震。每个家庭都应在当地政府和有关部门的指导下，认真做好家庭防御准备，包括：做好家庭的防震计划，做好住房环境的了解，合理安置房屋内的物品，加固住房，准备必要的防震物品，进行家庭防震演练，与邻里相互合作等。

（5）震后救援。在地震救灾工作中，采用多种策略和措施进行震前的救灾准备，以遏制震灾扩大；震时和震后以抢救伤员生命为准则，全力以赴紧急抢救遇险人员。地震发生后，政府部门及各相关负责单位要紧急处置各种各样的情况，做好救援工作。

（6）灾后重建。震后需要及时恢复、重建。灾后重建包括社会生产和生活的恢复。一次重大地震灾害发生后，城市建筑和公共设施被毁坏，必然造成大量工厂停工停产。因此，灾后恢复生产、重建家园是减少灾害损失的重要措施。

2. 洪涝灾害防治

1）预测预报

（1）长期气候预测。监测全球气候变化需要具备完整的、准确的和统一的观测资料。在现有条件下，通过全球气候观测系统收集观测资料的历史记录，形成比较完整的资料集，对研究气候变化具有十分重要的现实意义。

（2）中、短期天气预报。根据观测，从降雨开始到洪涝出现一般只有几小时到十几小时。因此，在形成洪水之前加强对暴雨的预报，将显著提高预报水平。要重视对过程降水总量、24 h 降水量甚至 6 h 和 14 h 降水量等指标的监测和预报。

（3）短时临近预报。短时天气监测主要工具为大气雷达和气象卫星，风廓线仪用于风暴探测。短时天气预报业务主要指 6 h 内的天气预报。

（4）洪水的监测预报。为了实时监测水情和进行洪水预报，一般设有多处水情站，向各级防汛部门提供信息。特别是在遇到超标准洪水时，根据洪水预报就可以有计划地进行水库调度，启用分蓄洪工程，组织防汛抢险队伍等，使洪涝灾害损失减至最低限度。

2）防灾减灾措施

（1）排洪沟。排洪沟是为了使山洪能顺利排入较大河流或河沟而设置的防洪设施，主要是对原有冲沟进行整治，加大其排水断面，理顺沟道线形，使山洪排泄顺畅。

（2）截洪沟。截洪沟是排洪沟的一种特殊形式，位居山麓或土塬坡底的城镇、厂矿区，可在山坡上选择地形平缓、地质条件较好的地带，也可在坡脚下修建截洪沟，拦截地面水，在沟内积蓄或送入附近排洪沟中，以免危及村庄安全。

（3）防洪闸。防洪闸指村庄防洪工程中的挡洪闸、分洪闸、排洪闸和挡潮闸等。

（4）排涝设施。当防洪区地势较低，在汛期排水发生困难以致引起涝灾时，可修建排水泵站排水，或者将低洼地填高，使水能自由流出。

（5）建设控制性工程。水库具有调蓄洪水的能力，可以结合水库的防洪库容与兴利库容、有效库容调节河川径流，发挥水库的综合效益。特别是一些控制性水库，可能更多地承担着调控洪水的任务，其防洪的主要任务是针对上中游型和全流域型洪水，削减下游防洪控制断面洪水，往往对整个流域的防洪起决定性作用。

（6）疏浚与整治河道。疏浚与整治河道是河流综合开发中的一项综合性工程措施，其目的是使河床平顺通畅，提高河道宣泄洪水的能力，并稳定河势，护滩保堤。通常的做法包括拓宽和浚深河槽、裁弯取直、消除阻碍水流的障碍物等。

（7）蓄滞洪区与洪泛区划定与管理。分洪、滞洪与蓄洪是我国长期使用的三项防洪措施。分洪是在过水能力不足的河段上游适当地点修建分洪闸，开挖分洪水道（又称减河），将超过本河段安全泄量的部分洪水引走，以减轻本河段的泄洪负担。滞洪是利用水库、湖泊、洼地等暂时滞留一部分洪水，以削减洪峰流量，洪峰一过，即将滞留的洪水放归原河下泄，以腾空蓄水容积迎接下次洪峰。蓄洪则是蓄留一部分或全部洪水，待枯水期供水利部门使用，也同样起到削减洪峰流量的作用。

防洪区是指洪水泛滥可能淹及的地区，可划分为洪泛区、蓄滞洪区和防洪保护区。洪泛区是指尚无工程设施保护的洪水泛滥所及的地区；蓄滞洪区是指包括分洪口在内的河堤背水面以外临时储存洪水的低洼地区及湖泊等；防洪保护区是指在防洪标准内受防洪工程设施保护的地区。

（8）治理水土流失。治理水土流失要与当地农业基本建设相结合，综合治理并合理开发水土资源。

（9）防治山洪灾害。山洪灾害具有灾害范围小、发生频率高、突发性强、伤亡严重、破坏作用大的特点，往往造成毁灭性破坏。因此应当组织负责地质矿产管理工作的部门、水务主管部门和其他有关部门对山体滑坡、崩塌和泥石流隐患进行全面调查，划定重点防治区。

（10）治涝工程。治涝的措施主要有修筑围堤和堵支联圩、开渠撇洪、整修排水系统。

3. 地质灾害防治

1）泥石流灾害防治

对发生泥石流可能性小的沟谷，应采取预防措施；对已暴发过泥石流或有可能发生泥石流的沟谷，应采取预防和治理相结合的综合性措施。泥石流灾害综合治理方案见表14-1。

2）滑坡灾害防治

（1）滑坡的整治原则。查明情况，对症下药；分清主次，综合整治；及时发现，及时整治；彻底修整，以绝后患；安全经济，因地制宜。

（2）滑坡的整治措施。①避开滑坡。通过搜集资料、调查访问和现场踏勘，查明工作

表14-1 泥石流灾害综合治理方案

位置	主要措施	工程项目	工程方案	措施作用
形成区	水土保持措施（治水、治土）	蓄水工程 引水工程 截水工程 控制冰雪融化工程 拦坝、谷坊工程 拦墙工程 护坡、护岸工程 削坡工程 潜坝工程	1. 沟坡兼治：平整山坡、整治不良地质现象； 2. 加固沟岸，修建谷坊（谷坊群）：改善坡面排水，修建坡面排水系统，使水土分家，如修排水沟、引水渠、导流堤、鱼鳞坑及调洪水库等，植树造林，种植草皮	1. 调蓄洪水，避免或减缓洪峰； 2. 引、排供水，减缓、控制泄洪量； 3. 拦截上方滑坡或水土流失地段径流； 4. 人为促使冰雪提前融化，避免大量冰雪提前融化，加固或预先铲除冰碴堤； 5. 拦蓄泥沙、稳固滑坡、节节拦蓄、减缓沟底坡度； 6. 稳固滑坡、崩塌体，拦蓄泥沙； 7. 加固边坡、岸坡，增强坡体抗滑抗流能力； 8. 降低坡角，削减泥石流侵蚀力； 9. 稳固沟床，防止泥石流下切
流通区	拦挡措施	储淤场工程 拦泥库工程	修筑各种拦截（坝），如拦截坝、溢流土坝、混凝土拱坝、石笼坝、编篱坝、格栅坝等，坝的材料要尽量就地取材	1. 拦蓄固体物质，减弱泥石流规模和流量； 2. 固定沟床纵坡比降，减小流速，防止沟岸冲刷，减少固体供给量； 3. 利用开阔低洼地、平坦谷地，蓄积泥石流
堆积区	排导停淤措施		修筑导流堤、排导沟、渡槽、急流槽、束流堤、停淤场、拦淤库等	1. 固定沟床，约束水流，改善泥石流流向、流速，调整流路，限制漫流、改善流势，引导泥石流安全排泄或沉积于固定位置； 2. 排导泥石流，防止泥石流冲淤； 3. 调整导流向，排泄泥石流； 4. 排泄泥石流，防止泥石流漫溢； 5. 在道路上方或下方筑槽排泄泥石流； 6. 以明硐形式排泄泥石流； 7. 将泥石流沟口改至相邻沟道
已建工程区	支挡措施		护坡、挡墙、顺坝、丁坝等	抵御并消除泥石流对已建工程的冲击、侧蚀、淤埋等

区是否有滑坡存在，并对场址的整体稳定性作出判断，对场址有直接危害的大中型滑坡应避开为宜。如果确实无法避开，可采取修筑明硐、御塌棚、内移做隧和外移做桥等防御绕避工程。②阻水和排水，消除水的诱发影响。排截地表水和地下水工程（暗沟、明暗沟、水平钻孔、集水井、泄水隧洞、立体排水工程及截断地下水工程、地表水沟、防渗工程）是防治滑坡的有效措施。③开挖、削坡，增加滑坡稳定性。如果滑坡体的规模、深度不大，可采用开挖工程，将不稳定的岩体挖除。对于那些陡峻坡面滑坡，可进行削坡工程来减缓坡角，提高坡体的稳定性。在河岸坡可采取建筑防砂堤、河床加固、护岸、导流建筑

物，增强岸坡的稳定性。④用物理或化学方法改善滑动带土石性质。对于软基和由软土构成的边坡，可采用电渗排水、爆破灌浆和离子交换等方法改变土石性质，提高边坡稳定性。⑤构筑支挡工程。对于失去支撑而引起的滑坡或滑坡床陡、滑动快的滑坡，在滑坡坡脚或表面、内部修筑支挡和加固建筑物，可增加滑坡的重力平衡条件，使滑体迅速恢复稳定。

【本章重点】

1. 城市主要自然灾害及相关概念、特征。城市自然灾害管理是以自然灾害（灾害链）及灾害系统作为特定研究对象的科学和社会研究。熟悉灾害及灾害链的概念与分类，探讨城市自然灾害典型案例及原因，是研究城市自然灾害问题及应对、管理措施的基础。

2. 城市灾害风险管理的框架、流程、方法。灾害风险管理是通过科学、系统、规范的方法，对灾害风险进行识别与处理，以最低的成本实现最大的安全保障或最大可能地减少损失。具体介绍在熟悉灾害风险的基础上，明晰城市灾害风险分析和城市灾害风险管理的框架与内容，掌握城市自然灾害风险辨识、评估与综合治理的方法和手段，在对相关理论方法进行研究的基础上了解城市灾害风险管理的过程对于实现城市灾害风险全周期科学管理和防范化解重大灾害风险具有重要意义。

3. 城市自然灾害综合防灾规划管理理论与体系。防灾减灾，规划先行。在充分认识和确切了解城市所面临灾害综合风险的基础上，制定科学合理的城市综合防灾规划，通过实施减轻灾害风险措施，从而更有效地提高城市的韧性能力，保障城市公共安全，构建城市自然灾害管理概念体系与理论框架，为城市防灾规划和自然灾害的综合治理提供依据，建立更加安全的城市发展环境。

【课后习题】

1. 主要灾害及其灾害链有哪些？选择其中一种，进行阐述。
2. 简述灾害风险评估的基本流程与基本内容。
3. 简述城市防灾规划的未来发展。
4. 城市防灾综合防御体系建设包含哪些内容？
5. 结合某个具体城市，对主要类型自然灾害及其综合防治实践进行综合分析。

第十五章 城市消防安全管理

随着我国改革开放和社会主义现代化建设事业的不断深入，我国消防事业也进入了一个改革和发展的新时期。我国已基本建立起政府统一领导、部门依法监督、单位全面负责、公民积极参与的消防工作局面，全面施行了消防安全责任制。

消防安全管理顾名思义就是指对各类消防事务的管理，其具体含义通常是指依照消防法律、法规及规章制度，遵循火灾发生、发展的规律及国民经济发展的规律，运用管理科学的原理和方法，通过各种消防管理职能，合理有效地利用各种管理资源，为实现消防安全目标所进行的各种活动的总和。

社会上的一切组织及个人都应遵守消防法规、各负其责地对本单位内部的消防安全工作进行管理。由于我国人口和主要经济活动大多聚居于城市，因此，消防安全管理也主要发生在城市或城镇。

第一节 城市消防安全管理概述

在城市化进程中，随着城市规模不断扩大，城市人口不断提高，大部分城市都将消防安全管理作为政府工作的重点之一。城市作为人们居住、工作的主要环境，城市消防安全受到广泛关注，城市消防安全管理工作在新时期也需要进行全面完善和优化来满足消防安全的需求。

相关法律法规的推出使得城市消防安全管理有法可依，使得各个部门可以相互配合，共同做好城市的消防管理。法律法规不仅划分出了各级部门的权力，同时也指出了城市消防管理的有关内容。各部门遵照法律法规等规定的内容进行消防安全管理，可以极大地提高工作效率。

一、城市消防安全管理的内涵

城市消防是城市根据本身对安全的需要而建立起来的防范体系，包括消和防两方面内容。

（一）城市消防安全管理的含义与发展历史

1. 城市消防安全管理的含义

在城市安全隐患中，应对发生突发性事件而进行的一系列抢险救援行动是“消”，以灭火为主，如爆炸事件、发生火灾、重大交通事故、跳楼事件等。而在诸如此类的突发事件发生之前，城市消防要做到“防”，即按照国家有关消防安全的法律法规对城市和市民提出一定的要求，包括对城市建筑的市政消防用水、耐火等级、使用性质、疏散通道、消防设施等要求，并加大对市民的消防安全宣传，提高市民的消防安全意识等。

城市消防安全管理的主要任务是火灾风险管理。分析、确定城市或区域的火灾分布状况及趋势，分析并确定潜在的火灾风险，就可以对城市火灾风险作出科学评估。城市消防安全管理是指城市政府遵守和执行法律，贯彻“预防为主，防消结合”的方针，通过系统化的制度和政策消除威胁城市消防安全的原因，并且及时处理城市消防问题，实现保障生产、生活和城市安全目的的管理过程。城市消防安全管理既涵盖了消防管理部门对企事业单位进行的监督检查和对违法行为进行的处罚，也包括机关、团体、企业、事业等主体对本单位、本场所的管理行为。

2. 城市消防安全管理的发展历史

我国消防安全管理的发展，大致经历了古代消防安全管理、近代消防安全管理和现代消防安全管理三个阶段。

（1）古代消防安全管理阶段，指先秦时代至鸦片战争之前的历史阶段。这一时期的消防安全管理主要是通过设立火官和火兵等消防组织，制定火禁和火宪等消防法规而实现的。

例如，五帝时设“火正”为火官，周代设“司”“宫正”为火官，汉代设“执金吾”“别火”“夜士”为火官，唐代设“左、右金吾卫”、宋代设“厢使”为火官并设“防隅军”“潜火队”等专职灭火的军队，明代设“五城兵马指挥司”“总甲”“火兵”等火官和军队。

（2）近代消防安全管理阶段，指鸦片战争后至新中国成立前的历史阶段。在这一时期，由于国内近代工业和交通运输业的兴起和发展，消防工作出现了近代管理方式，主要表现在建立消防组织机构、制定消防法规以及采用近代消防技术等方面。

（3）现代消防安全管理阶段，指新中国成立后至今这一历史阶段。新中国成立后，在党和人民政府的领导下，我国消防工作在组织机构、器材装备、法制建设和教学科研等方面都取得了全面发展。

（二）城市消防安全管理的属性和特性

1. 城市消防安全管理的属性

城市消防安全管理具有自然属性和社会属性，并具有全方位性、全天候性、全过程性、全员性和强制性等特征。

1）城市消防安全管理的自然属性

城市消防安全管理的自然属性表现为城市消防安全管理活动是人类同火灾这种自然灾害作斗争的性质。主要解决人类如何利用科学技术去战胜火灾，在城市消防安全管理实践活动中，主要是依据国家的消防技术规范和标准来限制建筑物、机械设备、物质材料等自然物的状态并调整它们之间的关系。

2）城市消防安全管理的社会属性

消防安全管理的社会属性表现为消防安全管理活动是一种管理社会的性质，主要是维护统治阶级的利益，依据法律调整人们的行为，保障社会公共安全。在消防安全管理实践活动中，主要是利用国家的法律、法规、规章来调整人们的行为并调节人与自然物之间的关系。

2. 城市消防安全管理的特征

城市消防安全管理活动同其他管理活动相比较，大致有以下一些特征。

1）全方位性

从城市消防安全管理的空间范围上看，消防安全管理活动具有全方位性的特征。生产和生活中，可燃物、助燃物和着火源可以说是无处不在，凡是有用火的场所以及容易形成燃烧条件的场所，都是容易造成火灾的场所，也就是城市消防安全管理活动应该涉及的场所。

2）全天候性

从城市消防安全管理的时间范围上看，消防安全管理活动具有全天候性的特征。人们用火的无时限性，形成燃烧条件的偶然性，决定了火灾发生的偶然随机性，决定了消防安全管理活动在每一年的任何一个季节、月份、日期以及每一天的任何时刻都不应该放松警惕性。

3）全过程性

从某一个系统的诞生、运转、维护、消亡的生存发展进程上看，消防安全管理活动具有全过程性的特征。如某一个厂房的生产系统，从计划、设计、制造、储存、运输、安装、使用、保养、维修直到报废消亡的整个过程，都应该实施有效的消防安全管理活动。

4）全员性

从消防安全管理的人员对象上看，消防安全管理的人员对象是不分男女老幼的，具有全员性的特征。

5）强制性

从消防安全管理的手段上看，消防安全管理活动具有强制性的特征。因为火灾的破坏性很大，所以必须严格管理，管理不严格，不足以引起人们的高度重视。

（三）城市消防安全管理的要素

通过对我国城市消防安全管理工作的产生、发展以及消防安全管理工作的属性和特征的研究，做好消防安全管理工作的基本出发点应是围绕消防安全管理要素开展，而消防安全管理的要素可由消防安全管理的概念引出，即消防安全管理的要素主要包括消防安全管理的主体、消防安全管理的对象、消防安全管理的原则和消防安全管理的目标四大方面。

1. 消防安全管理的主体

从《中华人民共和国消防法》确定的我国消防工作原则“政府统一领导、部门依法监督、单位全面负责、公民积极参与”可以看出，政府、部门、单位、个人四者都是消防工作的主体，是消防安全管理活动的主体。

1）政府

消防安全管理是政府社会管理和公共服务的重要内容，是社会稳定经济发展的重要保证。各级地方人民政府应当将当地的消防工作纳入国民经济和社会发展计划，保障消防工作与经济建设和社会发展相适应，提高公民的消防安全意识，消除消防安全隐患，建立和管理各种形式的消防队伍，规划和建设各类公共消防基础设施等。

2）部门

政府有关部门对消防工作齐抓共管，这是消防工作的社会化属性决定的。《中华人民共和国消防法》在明确公安机关及其消防机构职责的同时，也规定了安全监管、建设、工商、质监、教育、人力资源等部门应当依据有关法律法规和政策规定，依法履行相应的消防安全管理职责。

3）单位

单位是社会的基本单元，也是社会消防安全管理的基本单元。单位对消防安全和致灾因素的管理能力，反映了社会公共消防安全管理水平，也在很大程度上决定了一个城市、一个地区的消防安全形势，各类社会单位是本单位消防安全管理工作的具体执行者，必须全面负责和落实消防安全管理职责。

4）个人

公民个人是消防工作的基础，也是各项消防安全管理工作的重要参与者和监督者，没有广大人民群众的参与、消防工作就不会发展进步，全社会抗御火灾的能力就不会提高。公民在日常的社会生活中在享受消防安全权利的同时也必须履行相应的消防义务。

2. 城市消防安全管理的对象

城市消防安全管理的对象，即消防安全管理资源，主要包括人、财、物、信息、时间、事务六个方面。

“人”即消防安全管理系统中被管理的人员。任何管理活动和消防工作都需要人的参与和实施，在消防安全管理活动中也需要规范和管理人的不安全行为。

“财”即开展消防安全管理的经费开支。开展和维持正常消防安全管理活动必然会产生经费，在管理活动中也需要必要的经济奖励。

“物”即消防安全管理的建筑设施、机器设备、物质材料及能源等。“物”应该是严格控制的消防安全对象，也是消防技术标准所要调整和需要规范的对象。

“信息”指开展消防安全管理活动的文件、资料、数据和消息等。应充分利用消防安全管理系统中的安全信息流，发挥它们在消防安全管理中的作用。

“时间”即消防安全管理活动的工作顺序、程序、时限及效率等。

“事务”即消防安全管理活动的工作任务、职责和指标等。消防安全管理应明确工作岗位，确定岗位工作职责，建立健全逐级岗位责任制。

3. 城市消防安全管理的原则

1）谁主管谁负责

“谁主管谁负责”的基本意思是：谁主管哪项工作，谁就对那项工作中的消防安全负责。即一个地区、一个系统、一个单位的消防安全工作要由本地区、本系统、本单位负责；单位的法定代表人或主要负责人要对本单位的消防安全工作负责；分管其他工作的领导和各业务部门要对分管业务范围内的消防安全工作负责；车间、班组领导要对本车间、班组的消防安全工作负责。

2）依靠群众

消防工作是一项具有广泛群众性的工作，只有依靠群众，调动广大群众的积极性，才能使消防工作社会化。消防安全管理工作的基础是做好群众工作，采取各种方式方法，向群众普及消防知识，提高群众的消防意识和防灾抗灾能力；要组织群众中的骨干，建立义务消防组织，开展群众性防火、灭火工作。

3）依法管理

依法管理就是单位的领导和主管或职能部门依照国家立法机关和行政机关制定颁发的法律、法规和规章，对消防安全事务进行管理。要依照法规办事、加强对职工群众的遵纪守法教育，对违反消防管理的行为和火灾事故责任者严肃追究，认真处理。

消防法规不仅具有引导、教育、评价、调整人们行为的规范作用，而且具有制裁、惩罚犯罪行为的强制作用。因此，任何单位都应组织群众学习消防法规，根据本单位的实际情况进行处罚，依照消防法规的基本要求，制订相应的消防管理规章制度或工作规程，并严格执行，做到有法必依、执法必严、违法必究，使消防安全管理走上法制化轨道。

4）科学管理

科学管理，就是运用管理科学的理论，规范管理系统的机构设置、管理程序、方法、途径、规章制度和工作方法等，从而有效地实施管理，提高管理效率。消防安全管理要实行科学管理，使之科学化、规范化。消防安全管理唯有依照客观规律办事，才能富有成效。首先，必须遵循火灾发生、发展的规律。要意识到火灾发生的因素会随经济的发展，生产、技术领域的扩大和物质生活的提高而增加的规律；火灾成因与人们心理和行为相关的规律；火灾的发生与行业、季节、时间相关的规律等。其次，要学习和运用管理科学的理论和方法提高工作效率和管理水平，并与实践经验有机结合，还要逐步采用现代化的技术手段和管理手段，以取得最佳管理效果。

5）综合治理

消防安全管理在其管理方式、管理手段、管理所涉及的要素以及管理内容上都表现出较强的综合素质。消防安全管理不能单靠哪一个部门，而是要与行业、单位的整体管理结合起来，在消防安全管理过程中不仅要运用行政手段，还要运用法律、经济、技术和思想教育等手段进行治理；管理中要考虑各种有关安全的因素，即对人、物、事、时间、信息等进行综合治理。

4. 城市消防安全管理的目标

《中华人民共和国国民经济和社会发展第十四个五年规划和二〇三五年远景目标纲要》（简称“十四五”规划）第十五篇“统筹发展和安全　建设更高水平的平安中国”指出，我们要坚持总体国家安全观，实施国家安全战略，维护和塑造国家安全，统筹传统安全和非传统安全，把安全发展贯穿国家发展各领域和全过程，防范和化解影响我国现代化进程的各种风险，筑牢国家安全屏障。全面提高公共安全保障能力，坚持人民至上、生命至上，健全公共安全体制机制，严格落实公共安全责任和管理制度，保障人民生命安全。

消防安全作为传统安全的重要方面，是生产生活的基本需求。城市高层建筑、社会重点单位、养老院、医院、住宅等场所对消防都是有需求的。消防安全管理的过程就是从选择最佳消防安全目标开始到实现最佳消防安全目标的过程。其最佳目标就是在一定条件下，通过消防安全管理活动将火灾发生的危险性和火灾造成的危害性降到最低限度。

世界上不存在绝对消防安全的单位、场所，不可能要求其永远不发生火灾事故。在使用功能、运转时间等方面都正常的条件下，只要火灾发生的频率和火灾造成的损失降到最低限度或社会公众所能容许的限度，就可以认为其达到了消防安全管理工作的消防安全目标。

二、城市消防安全管理的法律依据与制度体系

社会实践是法律的基础，法律是实践经验的总结、提炼。任何强有力措施的实行都离不开法律制度的保障。

（一）城市消防安全管理的法律依据

广义的消防法规是指国家机关制定的有关消防管理的一切规范性文件的总称，包括消防行政法规和消防技术标准；狭义的消防法规是指国务院或者拥有立法权的地方人大及其常委会制定的有关消防管理的规范性文件。

法律政策依据是指消防安全管理活动中运用的各种法律、法规、规章以及技术规范等规范性文件。

1. 法律

我国城市消防安全管理主要依据的法律是《中华人民共和国消防法》，这也是目前我国唯一一部正在实施的具有国家法律效力的专门消防法律。它明确了我国的消防工作贯彻预防为主、防消结合的方针，按照政府统一领导、部门依法监管、单位全面负责、公民积极参与的原则，实行消防安全责任制，建立健全社会化的消防工作网络，并且确定了防火安全责任制，对消防工作的责任进行了划分：国务院领导全国的消防工作，地方各级人民政府负责本行政区域内的消防工作。此外，《中华人民共和国行政复议法》《中华人民共和国治安管理处罚条例》《中华人民共和国行政处罚法》《中华人民共和国行政诉讼法》《中华人民共和国刑法》《中华人民共和国国家赔偿法》等法律中有关消防行为的条款，也是消防法律规范的基本法源。

2. 行政法规和行政规章

行政法规是指国务院为领导和管理国家各项行政工作，根据宪法和法律，按照行政法规规定的程序制定的政治、经济、教育、科技、文化、外事等各类法规的总称。国务院有权根据宪法和法律，规定行政措施，制定行政法规，发布决定和命令。国务院各部、委员会有权根据法律和行政法规，在本部门的权限内发布命令、指示和规章。

这些行政法规、规章中的有关规范，也是消防法规的基本法源。如《仓库防火安全管理规则》《危险化学品安全管理条例》等。

3. 地方性法规

地方性法规是指法定的地方国家权力机关（省、自治区、直辖市的人大及其常委会）依照法定的权限，在不同宪法、法律和行政法规相抵触的前提下，制定和颁布的在本行政区域范围内实施的规范性文件。上述地方性法规中有关消防的规定，也是消防法规的法源。如《北京市消防条例》《上海市消防条例》《福州市消防安全管理办法》等。

4. 部门规章

部门规章是国务院各部门、各委员会、审计署等根据法律和行政法规的规定和国务院的决定，在本部门的权限范围内制定和发布的调整本部门范围内行政管理关系的规范性文件，部门规章不得与宪法、法律和行政法规相抵触。其主要形式是命令、指示、规定等。如《消防监督检查规定》《建筑工程消防审核监督管理规定》《火灾事故调查规定》《机关、团体、企业、事业单位消防安全管理规定》等。

5. 政府规章

省、自治区、直辖市的人大及其常委会可以制定地方性法规。而省、自治区、直辖市的人民政府，省会城市以及经国务院批准的较大的市人民政府，根据法律和国务院行政法规的规定也有权制定和发布政府规章。如《江西省液化石油气安全管理规定》等。

6. 消防技术标准

消防技术标准是由国务院有关主管部门单独或联合发布的，用以规范消防技术领域中人与自然、科学、技术关系的准则和标准。它的实施主要以法律、法规和规章的实施作为保障。目前我国的消防技术标准主要包括两大体系：一是消防产品的标准体系，如《钢质防火门通用技术标准》；二是工程建筑消防技术规范，如《建筑设计防火规范》。

在消防安全管理活动中，凡是涉及消防技术的管理活动，均应以有关消防技术的国家标准或本地的消防技术规范为管理依据。同时，有些法律依据往往不健全或具有滞后性，所以还应该以党和国家制定的有关政策作为指导、原则和依据。

（二）城市消防安全管理的制度体系

城市消防安全管理除了有法律法规的保障外，还有制度体系的保障。《中华人民共和国消防法》规定，“单位应当落实逐级消防安全责任制和岗位消防安全责任制，明确逐级和岗位消防安全职责，确定各级、各岗位的消防安全责任人”。为了将消防安全责任制和岗位消防安全责任制落到实处，社会单位开展和实施消防安全管理活动时，应当制订适合自身单位实际情况的各项规章制度。例如单位内部的消防安全管理规定、消防安全操作流程、防火巡查制度、消防安全培训计划、标准化管理方法等。

三、城市消防安全的安全责任制

城市消防安全管理是一项十分复杂的工程，仅靠国家的若干部门是无法实现的，想要实现城市消防安全的长久管理，需要不同部门分工合作，共同做好这一伟大工作。因此，有关法律法规将城市消防安全管理的责任不断细化，规定了各级部门的工作范围、应负责任和相应权力。权力在没有监督的情景之下必然会走向腐败，所以所有权力都必须接受来自他人的监督和制约。为了在社会主义市场经济背景下对权力进行有效监督，需要建立消防安全责任制，将责任分解落实到各个部门，如自 2020 年 9 月 1 日起施行的《上海市崇明区消防安全责任制实施办法》。

（一）城市消防安全的责任体系

根据《消防安全责任制实施办法》的有关规定，地方各级人民政府负责本行政区域内的消防工作，政府主要负责人为第一责任人，分管负责人为主要责任人。县级以上地方消防管理部门对本行政区域内的消防工作实施监督管理，其他有关部门按照“管行业必须管安全、管业务必须管安全、管生产经营必须管安全”的要求，在各自职责范围内依法依规做好本行业、本系统的消防安全工作。机关、团体、企业、事业等单位的法定代表人、主要负责人或实际控制人是本单位、本场所的消防安全责任人，对本单位、本场所的消防安全全面负责。

（二）城市消防安全的职责要求

县级以上地方各级人民政府应当贯彻执行国家法律法规和方针政策，全面负责本地区消防工作，落实消防工作责任制，将消防工作纳入经济社会发展总体规划，督促所属部门和下级人民政府落实消防安全责任制，建立常态化火灾隐患排查整治机制，依法建立消防救援队伍，组织领导火灾扑救和应急救援工作等。

机关、团体、企业、事业等单位应当落实消防安全主体责任，明确消防安全责任人及其职责，在行业安全生产法规政策、规划计划和应急预案中纳入消防安全内容，依法督促相关单位落实消防安全责任制，确定专（兼）职消防安全管理人员，落实消防工作经费等。

社会单位是整个社会的基本单元。据应急管理部统计，90% 以上的重特大火灾发生在社会单位。所以做好各单位的消防安全工作是城市消防安全管理工作的重中之重。一般来说，消防救援区分为一般单位、重点单位和高危单位。

对一般单位，职责要求相对要宽松一点，主要要求有：明确各级、各岗位消防安全责任人及其职责，制定本单位的消防安全制度；保证各项资金投入，生产经营单位安全费用应当保证适当比例用于消防工作；对建筑消防设施每年至少进行一次全面检测，确保完好有效；保障疏散通道、安全出口、消防车通道畅通，保证防火防烟分区、防火间距符合消防技术标准；定期开展防火检查、巡查，及时消除火灾隐患；根据需要建立专职或志愿消防队、微型消防站，加强队伍建设，定期组织训练演练等。

对于重点单位，在一般单位的基础上要进一步，比如，要求重点单位消防安全责任人、管理人必须经过消防培训；建立防火档案，确定消防安全重点部位，设置防火标志；要有消防控制室和基本技防、物防设施，而且要定期进行消防安全检查，建立检查记录；进行员工培训，制定灭火和应急疏散预案，定期组织消防演练等。

高危单位一般是指发生火灾容易造成重大人身伤亡或重大财产损失的超高层建筑、高层公共建筑、超大型和标志性综合体，由于高危单位发生火灾后易产生较大的人员伤亡，所以高危单位的消防职责要求更加严格，特别是在人防、物防、技防方面。例如，火灾高危单位应组建专职消防队，并且专职消防队数量应当满足本单位火灾扑救需要；高危单位应明确负责消防工作的职能部门，消防工作归口职能部门对消防安全责任人和消防安全管理人负责。设立专门的安全经理，现应急管理部消防救援局正在推行消防注册工程师，《消防安全责任制实施办法》提出，有条件的要聘请专门的消防注册工程师来担任消防安全管理方面的工作。另外关于技防，高危单位要充分运用现有的先进技防技术，例如电气火灾监测系统和火灾监控系统。

第二节　城市消防安全管理内容

在城市化进程中，随着城市规模不断扩大，城市人口不断提高，大部分城市都将消防安全管理作为政府工作的重点之一。城市作为人们居住、工作的主要环境，城市消防安全受到广泛关注，城市消防安全管理工作在新时期也需要进行全面完善和优化来满足消防安全的需求。

相关法律法规的推出使得城市消防安全管理有法可依，各部门可以相互配合，共同做好城市的消防安全管理。法律法规不仅划分出了各部门的权力，同时也指出了城市消防安全管理的有关内容。各部门遵照法律法规等指出的内容进行消防安全管理，可以极大地提高工作效率。

一、城市消防规划

城市必须具备与其经济社会发展相适应的防灾、抗灾和救灾综合能力，建立相应的城市综合防灾与公共安全保障体系。城市消防安全作为城市综合防灾体系的重要组成部分，越来越受到全社会的关注和重视。编制城市消防规划是建立城市消防安全体系、维护城市消防安全的一项基础工作，对于完备城市消防功能具有重要的指导作用。

城市消防规划的基本内容主要是对城市消防安全布局、城市公共消防基础设施和消防装备建设等内容进行设计规划，它具有强制性、综合性、科学性、时效性的特点。消防规划在优化城市消防安全布局，协调公共消防基础设施建设，提高公共消防服务能力，维护城市整体消防安全等方面，发挥着日益突出的作用。

城市消防规划的编制和实施是一项综合性的系统工程，应与有关规划相互衔接、协调，城市消防安全布局和公共消防设施应与城市基础设施、城市综合防灾体系的有关设施实现资源共享和优化配置，才能实现城市消防规划的科学性、合理性。

城市消防规划对相关专项规划具有一定的约束性，这也是城市消防规划区别于一般专项规划的一个特点。如在城市给水工程规划中，城市给水系统提供的水量和水压，市政消火栓和配水管网规划等内容，均应符合城市消防规划和有关消防规范的规定。

（一）城市消防安全布局

城市消防安全布局是指符合城市公共消防安全需要的各类易燃易爆危险化学品场所和设施、消防隔离与避难疏散场地及通道、地下空间综合利用等的布局和消防保障措施，是决定城市整体公共消防安全环境质量的重要因素。

城市消防安全布局的主要任务是：按照城市消防安全和综合防灾要求，结合城市火灾风险评估，对各类易燃易爆危险化学品场所或设施（含生产、储存、装卸、运输、经营等场所或设施）及其影响范围、建筑耐火等级低或灭火救援条件差的建筑密集区（含棚户区、城中村）、人员密集区（含客运车站、客运码头、民用机场等对外交通设施和高层建筑密集区、公共建筑密集区、其他公众聚集场所）、历史城区、历史文化街区、城市地下空间（含城市地下交通设施、公共设施）、防火隔离带、防灾避难场地等进行综合部署和具体安排，制定相应的消防安全措施和规划管制措施，不符合城市规划和消防安全要求的应当调整、完善。

《城市消防规划规范》中明确指出城市消防安全布局应按城市消防安全和综合防灾的要求，对易燃易爆危险化学品场所或设施及影响范围、建筑耐火等级低或灭火救援条件差的建筑密集区、历史城区、历史文化街区、城市地下空间、防火隔离带、防灾避难场地等进行综合部署和具体安排，制定消防安全措施和规划管制措施。消防安全布局是消防规划的重要组成部分，是贯彻“预防为主，防消结合”方针的具体体现。

一般来说，城市消防安全布局所涉及的场所主要有易燃易爆场所、城市建设用地、历史文化街区、城市地下空间、防灾避难场地等区域。针对不同的用地属性，它们的布局要求也是不同的。

1. 易燃易爆场所

易燃易爆场所应设置在城市的边缘或相对独立的安全地带，不得设置在城市常年主导风向的上风向、主要水源的上游或其他危及公共安全的地区，与相邻的建筑应保持足够的安全距离。汽车加油站的加油机、油罐与周围建筑物、构筑物、交通线等的安全距离见表15-1。

化工园区、化工集中区是化工产业转型升级高质量发展的重要载体。但是近年来化工厂安全事故的发生次数和规模并没有得到有效遏制，严重影响了经济水平的提高和工作人员的生命安全。2019 年 8 月，应急管理部发布《化工园区安全风险排查治理导则（试行）》，

表 15-1　汽车加油站的加油机、油罐与周围建筑物、构筑物、交通线等的安全距离　　m

<table>
<tr><td colspan="3" rowspan="2">项目</td><td colspan="2">一级汽车加油站</td><td colspan="2">二级汽车加油站</td><td>三级汽车加油站</td></tr>
<tr><td>地下直埋卧式罐</td><td>地上卧式罐</td><td>地下直埋卧式罐</td><td>地上卧式罐</td><td>地下直埋卧式罐</td></tr>
<tr><td colspan="3">明火或散发火花的地点</td><td>30</td><td>30</td><td>25</td><td>25</td><td>17.5</td></tr>
<tr><td colspan="3">重要公共建筑物</td><td>50</td><td>50</td><td>50</td><td>50</td><td>50</td></tr>
<tr><td rowspan="3">民用建筑及其他建筑</td><td rowspan="3">耐火等级</td><td>一、二级</td><td>12</td><td>15</td><td>6</td><td>12</td><td>5</td></tr>
<tr><td>三级</td><td>15</td><td>20</td><td>12</td><td>15</td><td>10</td></tr>
<tr><td>四级</td><td>20</td><td>25</td><td>14</td><td>20</td><td>14</td></tr>
<tr><td colspan="3">主要道路</td><td>10</td><td>15</td><td>5</td><td>10</td><td>不限</td></tr>
<tr><td rowspan="2">架空通信线</td><td colspan="2">国家一、二级</td><td>1.5 倍杆高</td><td>1.5 倍杆高</td><td>1.5 倍杆高</td><td>1.5 倍杆高</td><td>不应跨越加油站</td></tr>
<tr><td colspan="2">一般</td><td>不应跨越加油站</td><td>不应跨越加油站</td><td>不应跨越加油站</td><td>不应跨越加油站</td><td>不应跨越加油站</td></tr>
<tr><td colspan="3">架空电力线路</td><td>1.5 倍杆高</td><td>1.5 倍杆高</td><td>1.5 倍杆高</td><td>1.5 倍杆高</td><td>不应跨越加油站</td></tr>
</table>

注：1. 三级汽车加油站相邻的民用或其他建筑为一、二级耐火等级，且与加油站相邻一面无门窗时，其与加油站的安全距离可不限。

2. 设有油气回收系统的加油站，与周围建筑物、交通线的安全距离，可按本表减少 50%。

全面排查化工园区的安全风险，规范化工园区建设和安全管理，系统提升化工园区本质安全水平，增强化工园区安全应急保障能力，防范危险化学品重特大安全事故。化工园区内不应该有居民居住，园区内的布局应综合考虑主导风向、地势高低落差、企业装置之间的相互影响、产品类别、生产工艺、物料互供、公用设施保障、应急救援等因素，合理布置功能分区。

2. 城市建设用地

对于城市建设用地，应建造一、二级耐火等级的建筑，控制三级耐火等级的建筑，严格限制四级耐火等级的建筑。民用建筑的耐火等级可分为一、二、三、四级。除另有规定外，不同耐火等级建筑相应构件的燃烧性能和耐火极限不应低于表 15-2 的规定。

表 15-2　不同耐火等级建筑相应构件的燃烧性能和耐火极限　　h

<table>
<tr><td colspan="2" rowspan="2">构件名称</td><td colspan="4">耐　火　等　级</td></tr>
<tr><td>一级</td><td>二级</td><td>三级</td><td>四级</td></tr>
<tr><td rowspan="6">墙</td><td>防火墙</td><td>不燃性　3.00</td><td>不燃性　3.00</td><td>不燃性　3.00</td><td>不燃性　3.00</td></tr>
<tr><td>承重墙</td><td>不燃性　3.00</td><td>不燃性　2.50</td><td>不燃性　2.00</td><td>难燃性　0.50</td></tr>
<tr><td>非承重外墙</td><td>不燃性　1.00</td><td>不燃性　1.00</td><td>不燃性　0.50</td><td>可燃性</td></tr>
<tr><td>楼梯间和前室的墙</td><td>不燃性　2.00</td><td>不燃性　2.00</td><td>不燃性　1.50</td><td>难燃性　0.50</td></tr>
<tr><td>疏散走道两侧的隔墙</td><td>不燃性　1.00</td><td>不燃性　1.00</td><td>不燃性　0.50</td><td>难燃性　0.25</td></tr>
<tr><td>房间隔墙</td><td>不燃性　0.75</td><td>不燃性　0.50</td><td>难燃性　0.50</td><td>难燃性　0.25</td></tr>
<tr><td colspan="2">柱</td><td>不燃性　3.00</td><td>不燃性　2.50</td><td>不燃性　2.00</td><td>难燃性　0.50</td></tr>
</table>

表 15-2（续）　h

构件名称	耐火等级			
	一级	二级	三级	四级
梁	不燃性　2.00	不燃性　1.50	不燃性　1.00	难燃性　0.50
楼板	不燃性　1.50	不燃性　1.00	不燃性　0.50	可燃性
屋顶承重构件	不燃性　1.50	不燃性　1.00	可燃性　0.50	可燃性
疏散楼梯	不燃性　1.50	不燃性　1.00	不燃性　0.50	可燃性
吊顶（包括吊顶格栅）	不燃性　0.25	难燃性　0.25	难燃性　0.15	可燃性

注：1. 除另有规定外，以木柱承重且墙体采用不燃材料的建筑，其耐火等级应按四级确定。

2. 住宅建筑构件的耐火极限和燃烧性能可按现行国家标准《住宅建筑规范》（GB 50368）的规定执行。

高层建筑是现代城市发展到一定程度和规模后，必然会出现的建筑类型，其最突出的防火安全设计问题，也成了城市消防安全布局的重点关注问题。如上海市在 2020 年通过了《高层民用建筑消防安全管理要求》（简称《要求》）。《要求》指出：高层公共建筑内的人员密集场所应该确定疏导员，在显要位置公布消防安全责任人，并将容易发生火灾的部位、人员、数据和财产集中的部位、发生火灾后对消防安全有重大影响的部位确定为消防安全重点单位并设置防火标志，落实特殊防范和重点管控措施等内容；高层住宅建筑应制定“居民防火公约”，开展群众性消防工作，业主委员会履行有关消防安全职责，楼组长开展有关消防安全管理工作，鼓励业主安装独立式火灾探测报警器，配备灭火器等设备。针对频发的电动车火灾，《要求》规定在高层住宅疏散走道、楼电梯间及其前室、安全出口处不应停放电动自行车或者为电动自行车充电，鼓励小区内设置电动自行车集中存放和充电的场所，充电场所的充电设施应具备充满自动断电功能并配备必要的消防器材。

养老机构和设施是消防关注的另一个重点，使用对象的特殊性造成养老机构一旦发生火灾势必会造成较大的人员伤亡。《养老设施建筑设计规范》要求养老设施建筑中老年人用房建筑耐火等级不应低于二级，且建筑抗震设防标准应按重点设防类建筑进行抗震设计。养老设施建筑宜为低层或多层且独立设置，小型养老设施可与居民居住区中其他公共建筑合并设置，但其交通系统应独立设置。老年人建筑位于走道尽头的房间疏散门的数量不应少于两个，走廊净宽不应小于 1.80 m，房门的开启净宽度不应小于 1.20 m，且应向外开启或为推拉门。老年人活动场所应采用耐火极限不低于 2.00 h 的防火隔墙和 1.00 h 的楼板与其他场所或部位分隔开，墙上必须设置的门、窗应采用乙级防火门、窗。

城市综合体是将城市中商业、办公、居住、旅店、展览、餐饮、会议、文娱、交通等城市生活空间的三项以上进行组合，形成多功能、高效率的综合建筑。与一般的商业性建筑相比，城市综合体具有体型大、装修等级高、使用功能多等特点，建筑面积达数十万平方米，甚至百万平方米。这些城市综合体一旦发生灾害事故，将造成巨大的社会负面影响和政治影响。城市综合体除了严格按照《建筑设计防火规范》采取消防灭火和救援措施之外，还应结合自身情况制定相关的安全管理措施。依照《中华人民共和国消防法》《大型商业综合体消防安全管理规则（试行）》，城市综合体属于火灾高危单位，需要具有完善的消防安全管理措施，包括明确消防安全管理责任，建立和落实消防安全管理制度，提高全体员工的消防安全意识等。目前，湖南、山东、陕西、河北、甘肃及云南等省还结合本省实际制订了相应的火灾高危单位消防安全管理规定。

3. 历史文化街区

历史文化街区历史底蕴深厚、文化氛围浓郁，部分老街文物扎堆、游客密集，是城市消防安全的薄弱区域。在尽量保持这些区域传统风貌的同时，应建立消防安全体系，因地制宜地配置消防设施、装备和器材，严格控制危险源，消除火灾隐患，改善消防安全环境。历史文化街区内不得设置生产、储存易燃易爆危险化学品的工厂和仓库，应建立消防安全体系，因地制宜地配置消防设施、装备和器材，且要充分考虑必要的消防通道，在外围设置环形消防车通道，不得设置汽车加油站、加气站。

《建筑设计防火规范》对木结构建筑构件的燃烧性能和耐火极限要求见表 15-3。

表 15-3　木结构建筑构件的燃烧性能和耐火极限

构件名称	燃烧性能和耐火极限（h）
防火墙	不燃性　3.00
承重墙，住宅建筑单元之间的墙和分户墙，楼梯间的墙	难燃性　1.00
电梯井的墙	不燃性　1.00
非承重外墙，疏散走道两侧的隔墙	难燃性　0.75
房间隔墙	难燃性　0.50
承重柱	可燃性　1.00
梁	可燃性　1.00
楼板	难燃性　0.75
屋顶承重构件	可燃性　0.50
疏散楼梯	难燃性　0.50
吊顶	难燃性　0.15

针对各省份木结构文物建筑现状，不同省份也制定了不同的防火管理规范。目前，河北、山西、广东和湖北等省均发布了《文物建筑消防安全管理规范》。

4. 城市地下空间

城市地下空间是指城市规划区内地表以下的空间。随着工业化、城市化的发展，到 21 世纪初，逐步形成了地下交通设施、地下市政公共设施、地下人防工程、地下商业综合体等类型的地下空间开发利用格局。由于地下空间赋存于地表以下不同深度，设施功能多样化和复杂化，具有封闭性和隐蔽性特点，一旦发生安全事故，人员逃生和救援相对地面空间而言难度要大得多，造成的经济损失和人员伤亡远远高于地面空间。

城市地下空间应严格控制规模，避免大面积相互贯通连接，并应配置相应的消防和应急救援设施。很多省市出台了相关规定来规范地下空间的使用。如广州市出台修订《广州市地下空间开发利用管理办法》，规定地下空间物业设施的所有人、使用人或者物业管理单位应当制定应急预案并组织演练，防范突发事件发生，并及时向有关部门报告突发事件信息。对公众开放的作为生产、经营场所的地下空间及其他作为公共活动场所的地下空间，应当设置地下空间安全设施、设备并定期检查维修，如火灾自动报警系统、自动灭火系统、防排烟系统以及应急广播和应急照明等设施。

我国地铁建筑形式的多样化也对消防设计提出了更高要求。我国在地铁防排烟技术、灭火救援技术、火灾探测报警技术等方面取得了一系列研究成果，并相继应用于地铁建设和相关规范中，特别是2018年发布的《地铁设计防火标准》，为地铁的设计、施工、审查提供了依据及指导性意见，填补了我国地铁防火设计的空白。

5. 防灾避难场地

防灾避难场所是指配置应急保障基础设施、应急辅助设施及应急保障设备和物资，用于因灾害产生的避难人员生活保障及集中救援的避难场地及避难建筑。避难场所应优先选择场地地形较平坦、地势较高、有利于排水、空气流通、具备一定基础设施的公园、绿地、广场、学校、体育场馆等公共建筑与设施，其周边应道路畅通、交通便利。

（二）城市公共消防设施

城市公共消防设施建设是做好消防工作的根本，是一个城市综合保障体系的一部分，也是新时期城镇建设和经济社会发展中一项举足轻重、迫在眉睫的重要任务。

《中华人民共和国消防法》第八条规定："地方各级人民政府应当将包括消防安全布局、消防站、消防供水、消防通信、消防车通道、消防装备等内容的消防规划纳入城乡规划，并负责组织实施。城乡消防安全布局不符合消防安全要求的，应当调整、完善；公共消防设施、消防装备不足或者不适应实际需要的，应当增建、改建、配置或者进行技术改造。"

在《城市消防规划规范》中，对消防站、消防通信、消防供水和消防车通道作出了一些具体要求。城市建设用地范围内应设置一级普通消防站，设置一级普通消防站有困难的，经过论证可设二级普通消防站；陆上消防站应独立设置并且设置在便于消防车迅速出动的主、次干道的临街地段，以消防队接到出动指令后5分钟内可到达辖区边缘为原则确定，普通消防站辖区面积不宜大于7 km^2，辖区划分应结合地域特点、地形条件和火灾风险等，不宜跨越高速公路、城市快速铁路干线和较大河流。城市应设置消防通信指挥中心，并且其消防通信指挥系统应覆盖全市，联通城市消防通信指挥中心和各消防站，并应具有受理火灾及其他灾害事故报警、灭火救援指挥调度、情报信息支持等主要功能。

为了提升灾害事故的防治能力，结合《城市消防规划规范》的有关规定，越来越多的城市开始打造"5分钟"消防救援圈，也就是消防车可以在接到出动指令5分钟内到达事故现场。深圳市于 2017 年 5 月出台《深圳小型消防站建设工作方案》，为全市小型消防站建设按下了“快进键”。根据文件要求，一个社区应建设不少于一个小型消防站，社区面积较小、建设有消防中队，中队 5 分钟能到达该社区任意位置的可不另行设置小型消防站。目前深圳市共建成四百多座小型消防站，构建了火灾扑救“灭早、灭小、灭初起”的“5 分钟”消防救援圈。湖北咸宁也按照“1 分钟内出动，3 分钟内到场，5 分钟内进行处置”的理念，推动微型消防站建设。目前已建立一千多座微型消防站，均按照“有人员、有器材、有战斗力”的建设标准配备了装备器材，可以做到救早、救小。

二、城市消防设施建设与管理

城市消防设施是城市基础设施和城市防灾体系的重要组成部分，城市消防设施的完善关系着城市的健康发展，因此建筑消防安全的工程管理在日常工作中极其重要。深入分析消防安全管理意识水平，对消防安全隐患问题进行整治和处理，对建筑消防设施进行有效的验收和维护，对于消防工程管理是极其重要的工作。城市消防设施维护管理应该从多个角度实施管理措施，走城市消防设施维护管理的可持续发展道路。

城市消防规划应由城市消防救援局会同城市规划主管部门及其他有关部门共同编制、实施。对与消防安全有关的城市建设工程项目，从设计审查到竣工验收工作，必须有住房城乡建设部门参加。消防行政审批的基本流程包括设计环节、验收环节和开业环节（只针对公众聚集场所）。2019 年，建设工程消防设计审查验收职责由消防救援队伍整体移交住房城乡建设部门，由住房城乡建设部门依法实施特殊建设工程消防设计审核、消防验收和特殊建设工程以外的其他建设工程的消防验收备案、抽查工作，并对建设工程进行消防监督。县级以上地方人民政府住房和城乡建设主管部门（以下简称消防设计审查验收主管部门）依职责承担本行政区域内建设工程的消防设计审查、消防验收、备案和抽查工作，并应及时将消防验收、备案和抽查情况告知消防救援机构，并与消防救援机构共享建筑平面图、消防设施平面布置图、消防设施系统图等资料。特殊建设工程是具有下列情形之一的建设工程：

（1）建筑总面积大于 20000 m^2 的体育场馆、会堂、公共展览馆、博物馆的展示厅。

（2）建筑总面积大于 15000 m^2 的民用机场航站楼、客运车站候车室、客运码头候船室。

（3）建筑总面积大于 10000 m^2 的宾馆、饭店、商场、市场。

（4）建筑总面积大于 2500 m^2 的影剧院，公共图书馆的阅览室，营业性室内健身、休闲场馆，医院门诊楼、大学的教学楼、图书馆、食堂，劳动密集型企业的生产加工车间、寺庙、教堂。

（5）建筑总面积大于 1000 m^2 的托儿所、幼儿园的儿童用房，儿童游乐厅等室内儿童活动场所，养老院、福利院，医院、疗养院的病房楼，中小学校的教学楼、图书馆、食堂，学校的集体宿舍，劳动密集型企业的员工集体宿舍。

（6）建筑总面积大于500 m^2的歌舞厅、录像厅、放映厅、卡拉OK厅、夜总会、游艺厅、桑拿浴室、网吧、酒吧，具有娱乐功能的餐馆、茶馆、咖啡厅。

（7）国家工程建设消防技术标准规定的一类高层住宅建筑。

（8）城市轨道交通、隧道工程，大型发电、变配电工程。

（9）生产、储存、装卸易燃易爆危险物品的工厂、仓库和专用车站、码头，易燃易爆气体和液体的充装站、供应站、调压站。

（10）国家机关办公楼、电力调度楼、电信楼、邮政楼、防灾指挥调度楼、广播电视楼、档案楼。

（11）设有本条第（1）项至第（6）项所列情形的建设工程。

（12）上述第（10）项、第（11）项规定以外的单体建筑面积大于40000 m^2或者建筑高度超过50 m的公共建筑。

上述特殊建设工程的建设单位应向消防设计审查验收主管部门申请消防设计审查。消防设计审查验收主管部门应当自受理消防设计审查申请之日起15个工作日内出具书面审查意见，需要组织专家评审的，专家评审时间不超过20个工作日。消防设计审查验收主管部门依法对审查的结果负责。在审核通过后，建设、设计、施工单位不得擅自修改经审核合格的建设工程消防设计。确需修改的，建设单位应当向出具消防设计审核意见的消防设计审查验收主管部门重新申请消防设计审核。

三、城市消防危险源管理

火灾直接威胁人们的生命与财产安全，所以必须将火灾事故消灭在萌芽之中。随着我国经济的快速增长，城镇化率不断提升，越来越多的建筑拔地而起。这些建筑在给人们生活带来更多便利的同时，也带来了新的火灾隐患。管理好这些消防危险源，便能从根本上遏制火灾事故发生。

（一）城市消防火灾隐患的监督管理

公共娱乐场所在满足人们文化娱乐休闲消费的同时，也大大带动了各地城镇文体旅游业等行业的经济消费增长。但近几年全国各地公共娱乐场所火灾事故频发，有时会造成严重的群死群伤火灾事故，由此也给当地人民群众的生命和财产安全构成了严重威胁。公共娱乐场所中存在的火灾隐患主要是：室内装修大量使用可燃材料；电气线路多，电气设备多，电气火灾隐患多；场所内违规燃放烟花；场所内消防设施、灭火器材完好率低；经营者及从业员工消防安全意识淡薄等。

除公共场所外，住宅建筑的数量也在不断增长，而现在的住宅多为高层住宅建筑，相比于其他建筑，高层住宅建筑一旦发生火灾，人员疏散和火灾扑救将会十分困难。因此，充分分析和排查高层住宅建筑的火灾隐患，对预防和减少火灾事故发生、减少人员伤亡以及维护社会安定意义重大。目前高层住宅建筑的火灾隐患主要包括消防设施完好率低，消防通道堵塞现象严重，可燃物种类繁多等。

对于城市中不同场所的不同火灾隐患，消防监督显得尤为重要。消防监督工作能够更好地保护人们的切身利益，同时也能更好地保证社会的稳定发展和经济建设不受影响。消防监督是一项非常重要的管理工作，其主要目的是避免火灾事故发生。

对此，根据《消防监督检查规定》中的有关规定，具有以下情形之一的应确认为火灾隐患：影响人员安全疏散或者灭火救援行动，不能立即改正的；消防设施未保持完好有效，影响防火灭火功能的；擅自改变防火分区，容易导致火势蔓延、扩大的；在人员密集场所违反消防安全规定，使用、储存易燃易爆危险化学品，不能立即改正的；不符合城市消防安全布局要求，影响公共安全的以及其他可能增加火灾实质危险性或者危害性的情形。重大火灾隐患的判定标准可以参考《重大火灾隐患判定方法》。对于这些火灾隐患，消防救援支队对其日常监督检查范围的单位，应当每年至少进行一次日常消防监督检查。消防监督检查的形式有：对公众聚集场所在投入使用、营业前的消防安全检查；对单位履行法定消防安全职责情况的监督抽查；对举报投诉的消防安全违法行为的核查；对大型群众性活动举办前的消防安全检查和根据需要进行的其他消防监督检查。

（二）城市消防火灾隐患的管理与执法

对单位履行法定消防安全职责情况的监督检查，应当根据单位的实际情况检查下列内容：建筑物或者场所是否依法通过消防验收或者进行竣工验收消防备，公众聚集场所是否通过投入使用、营业前的消防安全检查；建筑物或者场所的使用情况是否与消防验收或者进行竣工验收消防备案时确定的使用性质相符；消防安全制度、灭火和应急疏散预案是否制定；消防设施、器材和消防安全标志是否定期组织维修保养，是否完好有效；电器线路、燃气管路是否定期维护保养、检测；疏散通道、安全出口、消防车通道是否畅通，防火分区是否改变，防火间距是否满足要求；是否组织防火检查、消防演练和员工消防安全教育培训，自动消防系统操作人员是否持证上岗；生产、储存、经营易燃易爆危险化学品的场所是否与居住场所设置在同一建筑物内；生产、储存、经营其他物品的场所与居住场所设置在同一建筑物内的，是否符合消防技术标准以及其他依法需要检查的内容。

消防管理部门在消防监督检查中发现火灾隐患，应当通知有关单位或者个人立即采取措施消除；对具有下列情形之一，不及时消除可能严重威胁公共安全的，应当对危险部位或者场所予以临时查封：疏散通道、安全出口数量不足或者严重堵塞，已不具备安全疏散条件的；建筑消防设施严重损坏，不再具备防火灭火功能的；人员密集场所违反消防安全规定，使用、储存易燃易爆危险化学品的；公众聚集场所违反消防技术标准，采用易燃、可燃材料装修，可能导致重大人员伤亡的以及其他可能严重威胁公共安全的火灾隐患。临时查封期限不得超过三十日。临时查封期限届满后，当事人仍未消除火灾隐患的，应急管理部消防救援局可以再次依法予以临时查封。

四、城市消防事故调查

火灾事故调查的任务是调查火灾原因，统计火灾损失，依法对火灾事故作出处理，总结火灾教训。火灾事故调查应当坚持及时、客观、公正、合法原则。为规范火灾事故调查，保障应急管理部消防救援局依法履行职责，保护火灾当事人的合法权益，火灾发生后如有必要需要进行火灾事故调查。

（一）城市消防事故分级

根据公安部2007年6月下发的《关于调整火灾等级标准的通知》，新的火灾等级标准调整为了一般火灾、较大火灾、重大火灾和特别重大火灾。其划分标准如下：

（1）一般火灾指造成3人以下死亡，或者10人以下重伤，或者1000万元以下直接财产损失的火灾。

（2）较大火灾指造成3人以上10人以下死亡，或者10人以上50人以下重伤，或者1000万元以上5000万元以下直接财产损失的火灾。

（3）重大火灾指造成10人以上30人以下死亡，或者50人以上100人以下重伤，或者5000万元以上1亿元以下直接财产损失的火灾。

（4）特别重大火灾指造成30人以上死亡，或者100人以上重伤，或者1亿元以上直接财产损失的火灾。（“以上”包括本数，“以下”不包括本数）

（二）城市消防事故调查程序

根据《火灾事故调查规定》，一次火灾死亡10人以上的、重伤20人以上或者死亡、重伤20人以上的、受灾50户以上的，由省、自治区人民政府应急管理部消防救援局负责调查；一次火灾死亡1人以上的、重伤10人以上的、受灾30户以上的，由设区的市或者相当于同级的人民政府应急管理部消防救援局负责调查；一次火灾重伤10人以下或者受灾30户以下的，由县级人民政府应急管理部消防救援局负责调查。

对于没有人员伤亡、直接财产损失轻微、当事人对火灾事故事实没有异议、没有放火嫌疑的火灾可以由一名火灾事故调查人员按照简易调查程序进行调查。简易调查程序主要包括：表明执法身份，说明调查依据；调查走访当事人、证人，了解火灾发生过程、火灾烧损的主要物品及建筑物受损等与火灾有关的情况；查看火灾现场并进行照相或者录像；告知当事人调查的火灾事故事实，听取当事人的意见，当事人提出的事实、理由或者证据成立的，应当采纳；当场制作火灾事故简易调查认定书，由火灾事故调查人员、当事人签字或者按指印后交付当事人。

火灾事故调查的一般程序是：

（1）做好火场记录并保护现场。灭火后立即保护现场，禁止任何人进入保护区，更不能擅自移动火场中的任何物品，对火灾痕迹和物证，应采取有效措施，妥善保护。

（2）建立火灾调查组织。根据火灾事故等级由不同级别的消防机构进行调查。消防机构对火灾进行调查时，火灾事故调查人员不得少于两人。必要时，可以聘请专家或者专业人员协助调查。

（3）进行现场勘察和访问。勘验火灾现场应当遵循火灾现场勘验规则，采取现场照相或者录像、录音，制作现场勘验笔录和绘制现场图等方法记录现场情况。火灾事故调查人员应当根据调查需要，对发现、扑救火灾人员，熟悉起火场所、部位和生产工艺人员，火灾肇事嫌疑人和被侵害人等知情人员进行询问。对火灾肇事嫌疑人可以依法传唤。必要时，可以要求被询问人到火灾现场进行指认。

（4）技术鉴定。对收集到的各种物证材料，运用科学技术或模拟试验的方式进行鉴别和判断。对火灾受伤人员人身伤害的医学鉴定由法医进行。

（5）统计火灾损失。火灾损失包括火灾事故所造成的人员伤亡、受灾户数和财产损失。

（6）综合分析。在火灾调查基本结束时，综合现场勘察、调查访问、取证材料、物证鉴定等方面资料，进行全面分析，确定火灾原因，分清火灾责任，进行处理以及总结经验教训。

（7）拟定火灾原因调查报告。

（三）城市消防事故延伸调查

在应急管理部消防救援局发布的《开展火灾延伸调查强化追责整改的指导意见》文件中可以看出，火灾事故延伸调查主要是指消防部门在查明起火原因的基础上，对火灾发生的诱因、灾害成因以及防火灭火技术等相关因素开展深入调查，分析查找火灾风险、消防安全管理漏洞及薄弱环节，提出针对性的改进意见和措施，推动相关部门、行业和单位发现整改问题和追究责任。

开展延伸调查的火灾范围主要是指对造成人员死亡和重大社会影响的火灾。造成重大社会影响的火灾是指直接经济损失较大或人员伤亡的，或是发生在人员密集以及重要、敏感场所，引起群众和社会舆论广泛关注的火灾事故。具体范围由各省、自治区、直辖市消防救援总队确定。

各级消防救援机构行政负责人是火灾延伸调查的第一责任人，在火灾发生后 5 日内，组织从事火灾调查、法制、监督管理、消防科技、灭火救援、消防通信、消防装备和纪检督察等工作人员，启动延伸调查。调查过程中可以邀请科研、高校等单位，或聘请相关领域专家参与调查。延伸调查的分工为：消防救援支队负责亡人、较大和重大社会影响的火灾延伸调查，消防救援总队负责重大火灾延伸调查，派员指导较大和造成重大社会影响的火灾延伸调查。

延伸调查主要调查的责任包括：使用管理责任、工程建设责任、中介服务责任、消防产品质量责任、消防救援机构及政府部门监管责任。

第三节　城市消防安全管理方法

城市一般包括住宅区、商业区和工业区，是一个庞大的整体。本书从法规条文和技术手段两个层面指出消防管理的一些方法，使得在城市中做好消防安全管理工作变得相对简单。

一、城市消防安全管理的基本方法

（一）行政方法

行政方法主要指依靠行政（包括国家行政和内部行政）机构及其领导者的职权、通过强制性的行政命令，直接对管理对象产生影响，按照性质组织系统来进行消防安全管理的方法。其优点在于有利于统一领导、统一步调，缺点是要求行政管理机构的层次不能过多。行政方法通常和法律方法、宣传教育方法、经济激励方法等结合起来使用。

（二）法律方法

法律方法主要指运用国家制定的法律法规等所规定的强制性手段，来处理、调解、制裁一切违反消防安全行为的管理方法。

（三）行为激励方法

行为激励方法主要指设置一定的条件和刺激，把人的行为动机激发起来，有效地达到行为目标并应用于消防安全管理活动中，激励消防安全管理活动的参与者更好地从事管理活动，或者深入应用于消除人的不安全行为等领域。

（四）咨询顾问方法

咨询顾问方法主要指消防安全管理者借助专家顾问的智慧进行分析、论证和决策的管理方法。

（五）经济激励方法

经济激励方法主要指利用经济利益去推动消防安全管理对象自觉自愿地开展消防安全工作的管理方法。实施时应注意奖励和惩罚并用，幅度应该适宜，同其他管理方法一同使用。

（六）宣传教育方法

宣传教育方法主要指利用各种信息传播手段，向被管理者传播消防法规、方针、政策、任务和消防安全知识以及技能，使被管理者树立消防安全意识和观念，激发正确的行为，去实现消防安全管理目标的方法。

为增强全民的消防安全意识，公安部在一些省市进行“119”消防活动的基础上，于1992年发起，将每年的11月9日定为全国的“消防宣传日”。

同时，随着科学技术的不断发展，消防知识宣传教育活动的形式也在变得更具多样性、新颖性和趣味性，如沉浸式消防科普基地、消防主题公园。

（七）舆论监督方法

舆论监督方法主要指针对被管理者的消防安全违法违规行为，利用各种舆论媒介进行曝光和揭露制止违法行为，以伸张正义，并通过反面教育达到警醒世人的消防安全管理目标的方法。

二、城市消防安全管理的技术方法

（一）安全检查表分析方法

安全检查表分析方法主要是将消防安全管理的全部内容按照一定的分类划分为若干个子项，对各子项进行分析，并根据有关规定以及经验，查出容易发生火灾的各种危险因素，将这些危险因素确定为所需检查项目，编制成表，以备在安全检查时使用。检查项目可以包括场地、周边环境、设施、设备、操作、管理等各方面。安全检查表根据检查方式可以分为定性检查表、半定量检查表和否决型检查表，表15-4为企业定性安全检查表示例。

表15-4 企业定性安全检查表

序号	检查项目	检查内容及标准	检查结果
1	防雷电	厂房、设备、设施等避雷设施、静电接地、设备接地齐全完好	
2	防风	屋面、平台、框架清洁无杂物，管廊上可移动物品固定牢固	
3	工艺控制	严格控制工艺指标，严禁超温、超压、超负荷	
4	监测报警系统	各类监视报警设施、设备处于完好状态	
5	防火器材	灭火器、消火栓保养良好，消防通道畅通，现场无易燃物品堆积	
6	教育培训	外用工人等新进厂人员进行相关培训并保有记录	
被检查单位：		检查人：	

安全检查表编制的主要依据有：有关标准、规程、规范及规定；国内外事故案例及本单位在安全管理及生产中的有关经验；通过系统分析，确定的危险部位及防范措施；研究成果等。安全检查表的编制程序分为系统功能的分解，人、机、物、管理和环境因素，潜在危险因素的探求三部分。

（二）因果分析方法

因果分析方法主要指用因果分析图分析各种问题产生的原因及可能导致的后果的一种管理方法。因果分析图又称鱼刺图、树枝图，主要由原因和结果两部分组成，一般情况下，可以从人、物、环境、管理这四个方面从大到小、从粗到细、由表及里对一类事故进行分析。具体步骤如下：

（1）明确具体工序进度提前或落后。作图时，从左至右画出一条水平主线，箭头指向一个矩阵框，框内注明结果。

（2）分析该工序进度特性大的原因。原因主要从人、机械、管理（方法）、环境四方面找，也可以根据工程的进度顺序进行分析。

（3）将每种大原因进一步分解为中原因、小原因。直至分解的原因可以采取具体措施加以解决为止。

（4）检查图中的原因是否齐全。可以对初步分析结果广泛征求意见，并做必要的补充及修改。

经过以上步骤，便可得到因果分析图的基本形式，如图15-1所示。

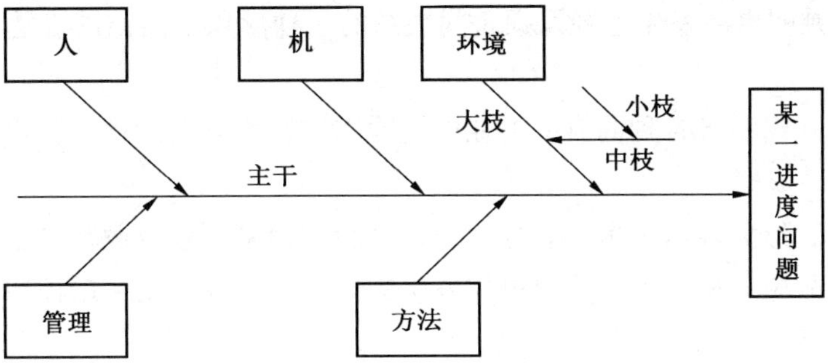

图 15-1　因果分析图的基本形式

将各个部分的原因进行分析后，填入因果分析图中便可得到一个完整的因果分析图。

因果分析方法不仅可以直观地了解事故因素的分布和关联，逐层分析出事故发生的原因，还能够指出预防事故的重点因素，警示人们做好预防措施，避免该类事故再次发生。

（三）事故树分析方法

事故树分析方法主要是一种从结果到原因描绘火灾事故发生的树形模型图。利用这种事故树图可以对火灾事故因果关系进行逻辑推理分析。它运用逻辑推理对各种系统的危险性进行辨识和评价，不仅能分析出事故的直接原因，而且能深入地揭示出事故的潜在原因。

事故树由各种基本符号和与其连接的逻辑门组成。图 15-2 所示为爆破事故的事故树分析。

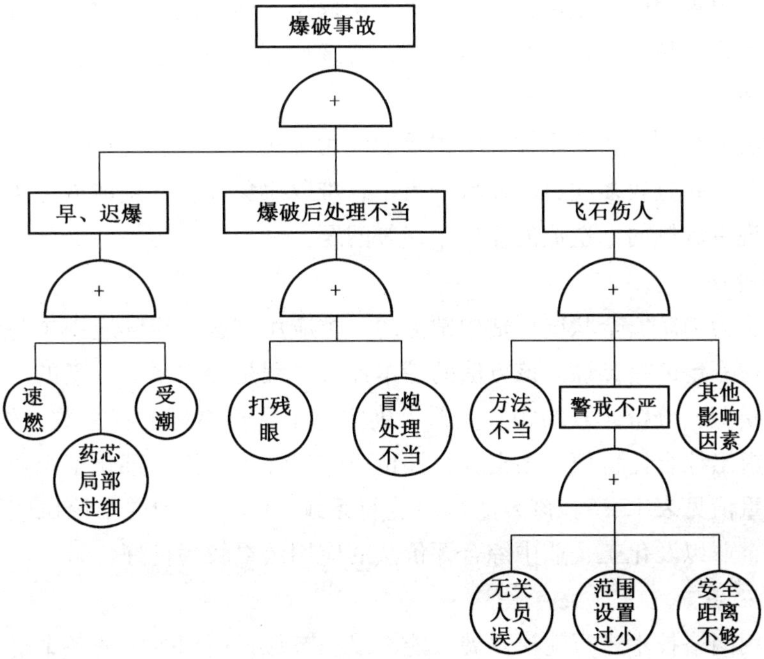

图 15-2　爆破事故的事故树分析

事故树作为判明事故发生途径及损害间关系的一种形象、简洁的表达方式，具备以下优点：

（1）能详细找出系统各种固有的潜在的危险因素，为安全设计、制定安全技术措施和安全管理要点提供依据。

（2）能简洁、形象表示出事故和各种原因之间的因果关系及逻辑关系。

（3）通过事故树分析，可以找出事故发生的原因，采取对策加以控制，从而起到预测预防事故的作用。

（4）事故树分析法既可以用于定性分析，也可以用于定量分析。

（四）消防安全状况评估方法

消防安全状况评估方法通常应首先确定将社会上公认或允许的防火安全指标作为防火安全评价的衡量标准，将自身的结果同安全指标进行比较，从而发现自身工作的不足与优势，以采取相应的技术或管理措施予以加强。根据评价辨识结果，及时采取针对性、可操作性较强的预防性控制措施，从而消除各类危险因素，避免火灾事故对人身安全和财产的危害。对消防安全进行评估，可有效确保公共消防安全，避免因消防安全事故造成严重人员伤亡和重大财产损失，保障经济社会稳定发展。

消防安全评估的方法主要有以下几类。

1. 对照法

该方法是依据目前的消防规范，依次检查建筑的消防设计内容是否符合规定。该方法在应用中首先针对评估项目进行消防安全检查，然后根据检查项目逐次对照分析，最终根据对照分析结果出具消防安全评估文件。该方法操作方便，但由于建筑工程的施工结构较为复杂，因此如直接按照规范内容进行对照，合理性方面还存在较多问题。

2. 逻辑分析法

逻辑分析法为当前消防安全评估中主要的应用方法之一，但是该方法对于应用人员综合技能要求较高，并且较多项目的评价分析中，难以避免存在一定的人为主观性。在实际应用中可能出现主观倾向性造成的评估错误等问题。

3. 综合评价法

综合评价法为消防安全状况评估中常见的一类应用方法。实际应用中与逻辑分析方法类似，但也存在一定的差异性。该方法的基本评价过程是确立系统元素的层次关系，建立评价指标体系模型；分析元素的相互关系，确定每个评价指标的权系数；处理评价指标，根据评价结构求出综合评价值；根据综合评价值作出评价结论，某化工企业消防安全评估指标体系与权重值见表 15-5。该方法可以进行系统分析，得到的结论比较贴合实际，在各类易燃易爆企业以及化工企业中综合评价法的应用效果较为良好。

4. 火灾模化法

该方法应用网络技术进行建模发展，能够以动态形式模拟火灾的各个过程。首先采用网络技术建立等比例的建筑模型，然后输入一定的消防技术参数，之后通过模拟各类火灾

表 15-5 某化工企业消防安全评估指标体系与权重值

消防安全水平衡量项目	评价指标	权重值/%	合计/%
火灾危险性	石化行业火灾危险性指数	5	25
	化工企业数量	7	
	化工区域规划布局合理性	3	
	危险化学品的种类与规模	7	
	化工园区布局	3	
火灾防范水平	社会单位消防安全水平	15	30
	消防监管机制与力量	10	
	消防宣传教育与培训	5	
公共消防基础设施建设水平	应急供水能力保障指数	7	20
	泡沫药剂应急保障能力指数	5	
	市政消火栓建设与维保情况	3	
	消防车通道规划建设水平	3	
	消防通信设施建设与保障能力	2	
灭火救援能力	消防车辆配置水平	8. 75	25
	特种消防装备配置水平	3. 75	
	灭火救援队伍建设水平	6. 25	
	消防装备维护管理水平	2. 5	
	应急救援机制与演练	3. 75	

等级进行建筑现状的分析观察。其中主要涉及的参数有烟雾参数、温度参数、受困人员数量参数、建筑层高参数以及电力等方面的变化参数。它的优点是能够对比各种消防方案的火情危险指数，更加快速地模拟和测评，结合建筑特性评定最为有效的消防方法。

【本章重点】

1. 城市消防安全管理的法律依据和制度体系。城市消防安全管理的法律依据是指国家机关制定的有关消防管理的一切规范性文件的总称，包括法律、消防行政法规和行政规章、地方性法规、部门规章、政府规章和消防技术标准等。城市消防安全管理的制度体系由法律法规和适合自身单位实际情况而建立的各项规章制度组成。

2. 城市消防安全管理的内容。城市消防安全管理包括城市消防规划、城市消防设施的建设与管理、城市消防危险源的管理及城市消防事故调查。

3. 城市消防安全管理的技术方法。城市消防安全管理的技术方法，根据评价结果的量化程度可分为安全检查表分析方法、因果分析方法、事故树分析方法和消防安全状况评估方法等。

【课后习题】

1. 简述城市消防安全管理的范畴。
2. 简述城市消防安全管理的法律体系。
3. 什么是城市消防安全责任制？其职责要求是什么？
4. 城市消防规划的内容包括哪些？
5. 简述城市消防安全管理存在的问题。
6. 城市消防危险源主要有哪些？
7. 简述消防事故的分级与调查流程。
8. 城市消防安全管理的基本方法有哪些？
9. 城市消防安全管理的技术方法有哪些？

第十六章
城市生态安全管理

正确认识城市生态安全管理，需要理解城市生态安全管理产生的起点，掌握城市生态安全管理的基本内容。城市是现代文明之集大成者。城市生态系统能否可持续良性运转，直接影响城市发展。人类利用和改造城市生态系统的过程，既带来了福祉，也造成了城市生态安全问题。需要以科学理念和原则为指导，运用科学方法，对城市生态安全进行全方位、全过程管理。

第一节　城市生态安全管理概述

城市化进程的不断加快使得如何协调城市发展扩张和生态环境保护上升为国际国内社会共同关注的问题。理论与实践界不仅要从环境科学等工程科学的技术安全层面对城市生态安全给予关注，也要从公共安全管理层面来审视城市生态安全管理。

一、城市生态安全管理的产生

在人类社会发展进程中，人与自然的关系经历了从依赖自然、开发自然、掠夺自然、保护自然到人与自然和谐发展的转变。人类对城市生态安全问题的认识也遵循了这一规律。对人与自然关系认识的变化、城市生态环境的现实状况以及对新时代城市生态文明新秩序的渴望共同催生了人们对城市生态安全管理的需求。

（一）从环境保护到生态安全：城市生态安全管理的逻辑起点

人类对自然的看法以及对人与自然相互关系的理解经历了由“人类中心主义”向“去人类中心主义”的漫长发展历程，最终实现了由环境保护到生态安全的演变。

20世纪中叶以前，“人类中心主义”思想占据主流地位。它把人与自然视作对立关系，把人类利益最大化作为准则，将利用、改造、征服自然作为长期目标。环境保护正是基于这种观点，认为人向自然的掠夺无可厚非，其实质是通过环境保护实现人的利益最大化。在不同的历史时期，“人类中心主义”对自然环境造成了不同程度的影响。

原始社会时期，狩猎采集活动是人类最主要的生计方式。经过长期的经验积累，人类意识到必须维持自然生态环境基本不变，才能保证猎物等食物的供应满足自身生存的基本需要。这可以看作是人类出于对自然的敬畏之心而产生的最原始的生态安全意识。尽管这一时期的人类难以征服自然，但工具和火的使用也给当时的自然环境造成了相当程度的破坏。在此阶段，人类产生了一种出于生存本能的环境保护行为，但这种保护行为是人类的潜意识，远非自觉的环境保护意识。

进入农业社会，耕种成为人类社会的主要生产方式，人类由此开始了主动改造自然的进程。农业革命后，人类能够稳定地获取食物和资源，人口数量开始激增。日益增加的人口数量与低下的生产力水平之间的矛盾使得人类不断通过开垦草原、毁坏森林等方式来增加耕地面积，满足人类发展需要。在整个农业社会时期，自然环境成为服务于人类发展的客体，“人类中心主义”发展成为人与自然关系的主流。而人类对自然环境的掠夺和破坏，最终将作用于人类自身。例如，公元630年，曾高度繁荣开放的楼兰古国突然消亡。众多学者认为，人类活动的过度开发以及只利用不保护的做法加剧了原本脆弱的生态环境的恶化，最终导致了楼兰文明的终止。

步入工业社会后，高效的生产方式使人类从自然界的包围中解放出来，人与自然形成了“人进自然退”的关系。工业文明加剧了人与环境间的矛盾，人们不惜以牺牲自然环境为代价谋求自身利益最大化，这一时期的“人类中心主义”给自然环境带来了难以磨灭的恶劣影响。例如，引起人们强烈关注的全球环境“八大公害事件”，造成十分惨烈的人员伤亡和财产损失。进入20世纪以后，生态问题不再局限于某一区域，开始成为一个全球性的发展难题，“人类中心主义”负有不可推卸的责任。

从20世纪中叶开始，人们开始反思“人类中心主义”带来的环境问题和生态危机，陆续出现了一些批判“人类中心主义”的思想，可以概括性地统称为“去人类中心主义”思想。“去人类中心主义”思想主张在充分尊重自然的基础上，合理利用资源实现人与自然的和谐共生。生态安全正是基于这种观点，认为人与生态环境是相互影响、相互制约的统一整体，维护生态安全是为了实现人与自然的协调发展。

概而言之，随着人们对人与自然关系的理解由“人类中心主义”向“去人类中心主义”转变，人们的生态意识也从环境保护转向生态安全。生态安全管理则是通过对“生态安全”的有效“管理”来推动“人与自然命运共同体”的和谐共生。

（二）城市生态风险与生态脆弱性：城市生态安全管理的现实起点

生态安全的本质体现在两个方面：一是生态风险，二是生态脆弱性。生态风险是不确定性的未知因素，可能会转化为安全状态，也可能导致生态安全问题的出现。城市生态风险可以看作是在城市生态系统中，城市发展与建设等活动中的某些因素或事件可能对城市生态系统的要素、结构、过程、功能造成危害，产生风险，它具有不可预见性、破坏性、动态性和复杂性特征。

生态脆弱性是生态系统客观存在的特性。城市生态脆弱性可以看作城市生态系统在特定时空条件下，遭受来自自然界和人类自身的威胁与破坏后的易受损性和难恢复性。一定程度上，城市生态脆弱性加剧了城市生态风险的发生概率，加重了城市生态风险发生的后果。

基于城市生态风险和城市生态脆弱性，城市生态安全管理就是要通过对城市生态风险和生态脆弱性的分析和评价，了解威胁城市生态安全的制约因素，合理采取应对策略以控制城市生态脆弱性，降低城市生态风险，积极有效地保障城市生态安全，支持城市人类活动和社会发展。

（三）新时代城市生态文明新秩序：城市生态安全管理的目标设定

新时代，我国社会主要矛盾已经转化为人民日益增长的美好生活需要和不平衡不充分的发展之间的矛盾。新时代坚持和发展中国特色社会主义，总任务是实现社会主义现代化和中华民族伟大复兴，建成富强民主文明和谐美丽的社会主义现代化强国。我们要建设的现代化是人与自然和谐共生的现代化，既要创造更多物质财富和精神财富以满足人民日益增长的美好生活需要，也要提供更多优质生态产品以满足人民日益增长的优美生态环境需要。

“绿水青山就是金山银山”，要“像保护眼睛一样保护生态环境，像对待生命一样对待生态环境”。生态环境也是关系民生的重大社会问题。建设生态文明，实现人与自然的和谐共生，是中华民族永续发展的千年大计。“十四五”开局，高质量发展是核心，“三大红线”是基础，生态优先、绿色发展都是题中应有之义。习近平总书记曾反复强调，“保护生态环境就是保护生产力，改善生态环境就是发展生产力”。

城市在造福人类的同时也产生了许多“城市病”。加快构建城市生态文明体系，有效防范城市生态环境风险，必须把创造优良人居环境作为中心目标，坚持环境与民生相互促进；必须树立和践行“绿水青山就是金山银山”的理念，坚持节约资源和保护环境的基本国策。必须使生态环境能够有利于人与自然关系协调，有利于人民健康和生活质量提高，进而实现人与自然和谐共生及生态环境领域国家治理体系和治理能力现代化，建成美丽中国。

二、城市生态安全管理的基本概念

城市生态安全的概念十分丰富，各种生态问题都可能对城市发展产生消极影响。要预防和处置消极影响，需要科学界定城市生态安全及城市生态安全管理的概念与内涵。

（一）城市生态安全的概念与内涵

城市生态安全指城市环境和生态条件对市民的身心健康、生命支持系统、社会经济的发展和城市可持续发展的威胁程度与风险大小，以城市中的水质量、空气质量、固体废物和生活垃圾处理、噪声等级等直接表征生态环境质量的因素作为反映城市生态安全水平的因素。

城市生态安全具有以下几个特征：一是基础性。自然环境是人类赖以生存的基础，自然界的整个生态系统给人类提供了最基本的生存条件。城市是人群高度集中地，城市生态安全是最基础的安全，直接关系城市居民的生命健康，甚至整个民族和国家的生存发展。二是战略性。当今世界，许多国家把生态安全列为国家发展的重要战略。在我国，党的十八大把生态文明建设纳入中国特色社会主义事业总体布局，提出包括生态文明建设的“五位一体”；党的十九大提出，建设生态文明是中华民族永续发展的千年大计。三是整体性。城市生态是一个由社会系统、经济系统、自然系统构成的结构合理、功能稳定的“人-自然”有机整体。城市生态安全的整体性不仅指一个城市中各个体之间、人与环境之间的和谐统一，也指各城市之间，乃至城市与国家之间生态环境的和谐统一；不仅指城市局部生态，也指整个城市生态环境，甚至整个国家的生存环境。四是长期性。一方面，环境污染和生态破坏产生的影响往往是长期的。另一方面，治理污染和恢复生态是一个长期的过程，且需要付出巨大代价。五是滞后性。城市生态安全问题主要是由于人和社会活动引起的，但是其显现时间具有滞后性。六是公共性。城市环境污染和生态破坏行为产生的不良后果具有较强的负外部性。少数人造成的城市生态安全问题可能会转嫁给他人，甚至全社会，乃至全人类。

（二）城市生态安全管理的概念与内涵

结合城市生态安全和公共安全管理的内涵，城市生态安全管理被定义为：以建设新时代城市生态文明新秩序为目标，针对城市生态风险和生态脆弱性，由多元主体运用人类生态学、公共管理学等相关原理，结合行政、法治、经济等多种工具，对城市生态环境中的各种生态关系进行组织、调节和控制。

第一，城市生态文明是目标。城市生态文明是人与自然命运共同体理念在城市领域的具体体现。城市生态安全管理的目标是维护城市生态安全，构建城市生态安全新秩序，实现人与自然和谐共生。

第二，城市生态风险和脆弱性是起点。城市生态风险和脆弱性的共同作用导致了城市生态安全问题的产生，而城市生态安全管理则是针对城市生态风险和脆弱性所进行的一项具体的管理活动。

第三，城市生态安全管理的主体是多元主体，是公共组织、市场组织、社会组织以及居民在内的多元主体的协同管理。

第四，城市生态安全管理的工具具有综合性。城市生态安全管理所采用的工具不是单一的，而是包括经济、政治、文化等多种工具，不仅强调单一工具的有效性，更强调多元工具之间的协同效应。

第五，城市生态安全管理的对象是城市生态环境中的各种关系。城市生态安全管理的对象既包括城市生态各要素之间的关系，也包括居民与城市生态系统的关系；既包括对已经出现的城市生态安全问题的控制与恢复，也包括对尚未出现的城市生态安全问题的预防。

第六，城市生态安全管理的表现形态可以划分为日常管理和应急管理。城市生态安全日常管理主要是对日常生活中城市可能出现的生态安全问题进行常态化管理，例如城市大气污染防治、城市水域环境卫生管理等。城市生态安全应急管理主要是对城市突发生态安全事件的管理，例如对城市突发水污染事件、化工厂爆炸事故等造成的城市生态灾难进行应急救援管理。

三、城市生态安全管理理念及原则

城市生态环境中的各种关系是复杂多变的，要处理好城市各生态要素之间、居民与城市生态系统之间、城市生态安全问题的预防与控制之间等的关系，就要秉持和遵循科学理念及原则。

（一）城市生态安全管理理念

人们对城市生态环境的认识以及对人与城市生态环境的关系的认识，影响着城市生态安全的实现程度。为最大限度地保障城市生态安全的实现，城市生态安全管理中的各主体应秉持以下理念。

1. 命运共同体理念

不同于传统的人类命运共同体理念，人与自然命运共同体理念将人与自然视为平等的生态主体。贯彻命运共同体理念首先要建构人与自然的道德关系，将道德的调节作用由人类扩展至人与自然关系。其次要建立利益关系体，推动以人类为中心的环境利益向以整个生态系统为受惠主体的生态利益转型。最后要建立文化关系体，推动人与自然在文化关系上的和谐统一与协同共进。通过贯彻命运共同体理念，建构“山水林田湖草是生命共同体”，实现人与自然和谐共生、共存、共荣、共美。

2. 可持续发展理念

可持续发展的基本目标是在持续保障居民生产、生活的同时，保障城市生态系统的安全。城市生态安全管理要自觉运用生态学规律来指导社会经济活动，进而解决经济发展与环境资源之间的矛盾，缓解生态脆弱和生态失衡，使城市生态走向良性循环的轨道。

3. 循环低碳发展理念

循环低碳发展理念侧重强调以减量化、再利用和资源化为路径的发展方式，其要义是建设以循环经济为核心的生态经济体系。高能耗、高污染的粗放经济增长模式导致城市资源能源与生态环境承载力下降。因此，城市生态管理应遵循低碳理念，构建低碳创新的新型城市生态。

4. 生态公平理念

生态公平理念是实现生态文明的核心理论支点，它包括人与自然之间的公平，人与人之间的代际公平、代内公平，国家与国家之间的公平。城市生态安全管理要秉持并践行公平的生态文明理念，处理好不同主体在利用、保护生态环境方面的权利与义务以及环境风险分配等问题。

5. 生态紧迫性理念

人类社会面临生态破坏和环境污染的巨大压力。空气污染、水污染、土壤污染、生态退化等问题已经给人类造成了一定程度的利益损害。城市生态安全管理要具有生态紧迫性，需要密切关注威胁人们生产生活的生态问题，满足人们的生态诉求，维护人们的正当利益。

（二）城市生态安全管理原则

城市生态安全管理的目的是通过有效的管理，规范城市行为者的生态行为，改善城市生态环境，建成人与自然和谐相处的现代城市生态系统。一般来说应遵循以下原则。

1. 主动性原则

城市生态安全管理要避免“末端式治理”，即出现生态安全问题后才被动地进行管理。政府主管部门应积极主动进行城市生态安全源头治理、城市生态风险防控、城市生态安全监督管理，主动做好城市生态安全保障能力和应急救援建设，构筑起完善的城市生态安全管理体系。

2. 针对性原则

城市生态安全具有地域差异性，要根据不同城市区域的居民活动特点和城市发展要求，因地制宜地进行城市生态安全管理。在同一个城市区域内，也会产生水污染、空气污染、土壤污染等不同类型的生态安全问题，要有针对性地采取相应的应对措施进行生态恢复与重建。

3. 适应性原则

我国城市生态安全管理要将不断丰富发展的中国特色社会主义生态文明观作为生态建设的核心。要适应不断发展的生态文明观念，并将其贯穿到管理的全过程。此外，城市生态安全管理应结合科学理论与具体技术方法，适应城市的环境承载力水平和现代城市发展的需求。

4. 综合性原则

城市生态安全并非一个孤立的领域，它与城市政治、经济、社会、文化有不可分割的密切联系。习近平总书记在阐述生态与文明之间的关系时指出：“生态兴则文明兴，生态衰则文明衰。”因此，城市生态安全管理要综合考虑生态与城市系统内部各领域、各要素之间的关系，以生态文明建设推动城市全面发展。

5. 协同性原则

城市生态安全管理涉及多元主体和多元影响因素。城市安全管理对象具有复杂性和相互依赖性。因此，需要多元主体协同治理。不仅强调主体协同，也强调工具协同，更强调信息协同和制度协同。例如，一方面，构建城市间信息共享平台，构筑城市生态安全联防联控机制；另一方面，城市内各级政府应建立好生态安全管理上下贯通的衔接制度。

第二节　城市生态安全管理内容

作为公共安全重要组成部分的生态安全，是关系到人类切身利益的安全问题。然而长期以来各类城市生态问题对城市居民的身心健康及城市可持续发展均产生了严重影响。因此，如何科学管理城市生态安全问题无疑成为当前城市生态安全管理的紧迫任务。

一、城市生态安全管理致因：城市生态安全事件

城市生态安全事件是城市生态安全管理的致因，主要指造成或者可能造成城市环境和生态条件（如居室、大气、水环境及生物环境）恶化，而对市民的身心健康、生命支持系统、社会经济发展和城市可持续发展产生威胁的事件。主要包括城市环境污染和自然资源破坏事件。

（一）城市环境污染

城市环境污染主要包括城市水污染、城市大气污染、城市固体废弃物污染、城市土壤污染和城市噪声污染。

1. 城市水污染

城市水污染指城市居民在生产和生活过程中将有害或有毒物质排入水体的数量超出水环境容量，使城市水质状况变差，对城市生态系统产生不良影响的现象。城市水污染主要包括生活水污染、工业水污染和农业水污染。

城市水污染产生的原因主要有：①城市居民生活污水，包括厨房、浴室和厕所排污水；②工业废水，包括工业用水、机械设备用水等。危害主要有：①水体富营养化，生活污水中往往含有较高的氮磷元素，直接排入水体容易造成水体氮磷含量的增加带来水体富营养化风险；②污染土壤，污水中含有重金属、酚、氰化物等许多有毒有害物质，用于植物灌溉会对土壤造成污染；③对人类及动植物健康造成影响，排出的污水如果不经过处理，或处理不合格会对城市水体造成危害，影响城市居民饮水质量，以及城市中的动植物健康，甚至引发各类疾病。

2. 城市大气污染

城市大气污染指城市居民在生产生活过程中向大气排放的污染物浓度超过了大气环境容量，使大气质量恶化，对城市生态系统产生不良影响的现象。

城市大气污染产生的原因主要有：①生活污染，主要是城市居民的生活或取暖排放的煤烟污染；②工业企业污染，主要是燃料的燃烧和工艺废气的排放污染；③交通运输污染，主要是汽车等交通工具排放的尾气污染。危害主要有：①影响城市环境，例如空气中二氧化碳的含量过大会破坏大气层，造成全球气候变暖；②影响居民健康，空气中的有害物质影响居民的身体健康，甚至存在致癌风险。

3. 城市固体废弃物污染

城市固体废弃物污染指城市居民在生产生活过程中产生的固态、半固态废弃物质，对城市生态系统产生不良影响的现象。

城市固体废弃物污染产生的原因主要有：①城市生活，居民在生活中产生的废弃物；②工业生产，在工业生产过程中排放的废料、废渣等固体废弃物；③建筑，在建筑过程中产生的废石、废渣等固体废弃物。危害主要有：①占据空间、土地，影响市容，产生“视觉污染”；②污染水体、大气、土壤；③影响居民健康，一方面生活固体废弃物容易腐烂

发酵，滋生蚊蝇、老鼠、细菌等，易引起疾病传播，直接危害居民健康，另一方面被固体废弃物污染的水体、大气、土壤会间接危害居民健康。

4. 城市土壤污染

城市土壤污染指居民活动产生的有害物质进入土壤，当其含量超过土壤本身的自净能力而使土壤质量下降，对城市生态系统产生不良影响的现象。

城市土壤污染产生的原因主要有：①污水灌溉，生活污水和工业废水中含有重金属、酚、氰化物等有毒有害物质会污染土壤；②大气污染，工业废气、有毒气体通过沉降或降水进入土壤，会对土壤造成污染；③固体废弃物污染，城市生活垃圾和工业废弃物不易被土壤微生物分解，对土壤造成污染。危害主要有：①污染水体、空气，受污染的土壤容易在风力和水力作用下进入水体和大气，污染水体和大气；②影响植物生长；③危害居民健康，一方面污染的土壤中含有致病细菌和病毒，通过水体和大气影响人体健康，另一方面在被污染土壤中生长的作物积累了大量有毒物质，通过食物链传递到人体，影响人体健康。

5. 城市噪声污染

城市噪声污染指城市中产生的影响居民学习、工作和休息的声音，对城市生态系统造成不良影响的现象。

城市噪声污染产生的原因主要有：①生活噪声污染，如商家进行的宣传活动、在公共场合举办的娱乐项目、体育项目等产生噪声；②工业噪声污染，如工业生产过程中各类机械产生的噪声；③交通噪声污染。危害主要有：①干扰居民工作、学习和休息，影响居民的工作、学习效率，也会导致人多梦、易惊醒、睡眠质量下降；②损伤听觉、视觉；③影响人体生理，长期在噪声环境中工作、生活及学习的人，高血压、动脉硬化及冠心病等心血管类疾病发病率会更高。噪声还会导致消化系统功能紊乱，引起消化不良、食欲不振、恶心呕吐等症状。此外，噪声还影响内分泌功能、胎儿发育等。

（二）城市自然资源破坏

城市自然资源主要包括水资源、土地资源和生物资源。由于自然及人为原因，城市自然资源遭到破坏，从而引起水资源短缺、土地荒漠化、植被破坏、生物多样性减少等现象。

1. 水资源短缺

水资源短缺主要指水资源的供给小于需求所导致的供不应求状态，主要包括水量不能满足需求和水质难以满足需求。

水资源短缺的原因主要有全球气候变暖、降水量减少、蒸发量增加、对水资源的需求增加、地下水开采不当、水污染、水资源浪费。水资源短缺的危害主要有：①出现地质问题，部分城市过度开采地下水，导致路面沉降、塌陷、地质裂缝等现象；②影响城市绿化，城市植被因为缺乏水资源而导致生长缓慢甚至无法生长，导致城市绿化受到影响；③影响居民生活和工业生产。

2. 土地荒漠化

土地荒漠化主要是指在自然因素与人为因素的相互影响下发生的土地逐渐退化的现象。一般情况下，城市发生土地荒漠化的情况比较少见，但也需要保持警惕。产生的原因主要有：降水减少、气候干旱、植被破坏、水资源的不合理利用。危害主要有：可利用的土地资源减少、自然灾害加剧、土地生产力衰退。

3. 植被破坏

植被破坏的基本含义为去除植被或破坏植被。城市植被破坏的原因主要有：①自然原因，如洪涝灾害、土质质量下降、生态环境脆弱等导致植被生长受阻；②人为原因，主要指城市规模扩大，加之不合理的城市建设。危害主要有：水土流失、土地荒漠化、环境恶化、生物多样性减少。

4. 生物多样性减少

生物多样性指动物、植物、微生物和它们所拥有的基因及它们与其生存环境形成的复杂的生态系统。

城市生物多样性减少的原因主要包括：城市化进程加快；水、大气、土壤受污染；水资源减少、土地荒漠化、植被破坏；过度捕杀和利用生物资源；外来物种入侵。危害主要有：影响城市景观、城市生态环境恶化、降低生态系统的稳定性。

二、城市生态安全管理主体：多元主体协同

城市生态安全管理是包括公共组织、社会组织、公众和市场组织等在内的多元主体的协同管理。随着城市管理体系向城市治理体系的发展，城市生态安全管理的主体格局应该是政府主导、企业主体、社会协同、公众参与、法治保障、市场化运作的有机体系。

（一）政府主导

作为一项公共产品，良好的城市生态安全具有巨大的正外部性，城市公共安全恶化或产生危机则具有巨大的负外部性。城市生态安全的这一特性决定了政府必须成为城市生态安全管理的主要责任主体。事实上，“加强生态文明建设”也一直是我国政府的主要职能之一，只不过在不同的经济发展阶段有不同的表现形式。

生态环境部主导全国生态保护工作，负责贯彻党和国家关于生态环境保护的工作方针和决策部署。生态环境部的主要职责为：①负责建立健全生态环境基本制度；②负责重大生态环境问题的统筹协调和监督管理；③负责监督管理国家减排目标的落实；④负责提出生态环境领域固定资产投资规模和方向、国家财政性资金安排的意见，按国务院规定权限审批、核准国家规划内和年度计划规模内固定资产投资项目，配合有关部门做好组织实施和监督工作，参与指导推动循环经济和生态环保产业发展；⑤负责环境污染防治的监督管理；⑥指导协调和监督生态保护修复工作；⑦负责核与辐射安全的监督管理；⑧负责生态环境准入的监督管理；⑨负责生态环境监测工作；⑩负责应对气候变化工作；⑪组织开展中央生态环境保护督察；⑫统一负责生态环境监督执法；⑬组织指导和协调生态环境宣传

教育工作，制定并组织实施生态环境保护宣传教育纲要，推动社会组织和公众参与生态环境保护；⑭开展生态环境国际合作交流，研究提出国际生态环境合作中有关问题的建议，组织协调有关生态环境国际条约的履约工作，参与处理涉外生态环境事务，参与全球陆地和海洋生态环境治理相关工作。

生态环境部下设机关司局职能部门以推动生态环境保护职责的落实，主要包括：办公厅、中央生态环境保护督察办公室、综合司、法规与标准司、科技与财务司、自然生态保护司、水生态环境司、海洋生态环境司、大气环境司、应对气候变化司、土壤生态环境司、固体废物与化学品司、核设施安全监管司、核电安全监管司、辐射源安全监管司、环境影响评价与排放管理司、生态环境监测司、生态环境执法局、国际合作司、宣传教育司等。此外，生态环境部还设有地域性的督察局、安全监督站、监督管理局等派出机构和若干直属单位。这些职能部门共同构成了中央层面的生态环境管理行政组织体系。

根据制度同构原则，省级层次设置了生态环境厅（直辖市为生态环境局）来贯彻执行中央政策，负责省级（直辖市）的生态环境保护事宜，其职能为中央生态环境部政策在省级（直辖市）层面的具体落实与细化。地级市层次一般主要设置生态管理局，其职能为省级生态环境厅政策在地级市层面的具体落实与细化。在管理体制方面，根据《关于省以下环保机构监测监察执法垂直管理制度改革试点工作的指导意见》，市级环保局实行以省级环保厅（局）为主的双重管理，仍为市级政府工作部门；县级环保局调整为市级环保局的派出分局，由市级环保局直接管理，领导班子成员由市级环保局任免。以徐州市为例，徐州市生态环境局分别在其所辖的鼓楼区、云龙区、泉山区、铜山区、贾汪区、丰县、沛县、睢宁、邳州、新沂设立了派出机构，根据市生态环境局授权，承担辖区内生态环境保护工作。

（二）企业主体

企业在城市生态安全管理中起主体作用，企业需要通过正确处理经济效益与生态效益的关系，以技术创新推动产业生态化和生态产业化，以宣传带动企业全员参与生态文明建设，推动企业由“经济人”向“生态人”转型，向绿色企业转型。从企业自身角度看，企业要承担起自身的生态责任，即要考虑其生产经营行为对生态的影响，并以负责任的态度降低或消除负外部性，使自己成为资源节约型和环境友好型企业。一方面，要正确处理企业行为与生态环境保护的关系，融生态文明思想于企业核心价值体系中。生态文明建设不是企业发展的包袱，而是企业可持续发展的助推器。推动企业经济效益与生态效益的同向并进，有助于显著提升企业的综合竞争实力。为此，要结合企业所在的产业结构、经济结构等要素，做好企业行为的顶层设计，做好企业生产发展行为的总体规划和行动方案，建立健全节能减排、绿色环保、创新技术等制度，建立绿色供应链管理机制，推动企业经营发展融入国家经济绿色低碳转型过程中，推动高效、清洁、循环和低碳融入企业生产发展目标，推动绿色生产方式的形成，在生产经营中既要经济效益、更要碧水蓝天。另一方面，要以技术创新推动产业生态化和生态产业化，实现企业经济效益和生态效益双提升。

在生态文明建设和新型工业化战略的双重背景下，企业的生命在于以技术创新实现产业生态化和生态产业化。产业生态化方面，一是宏观层面，企业肩负着形成资源节约型、环境友好型经济的历史使命，肩负着调整产业结构、发展循环经济的历史重任。要实现这一历史使命和重任，必须通过技术创新、制度创新和组织创新来推动。二是微观层面，只有通过技术创新，才能从源头实现污染物的减量化、资源化和无害化，实现绿色生产，实现全产业链条的环境污染控制和调控。生态产业化方面，生态产业是新型产业，只有通过技术创新来推动生态产业的规模、规范化发展，才能助推产业生态化。为此要推动新能源技术、信息技术、生物技术、生态服务（生态修复与保持、生态景观等）技术等创新，进而推动产业化发展。例如，通过技术创新，建构企业间工业废弃物的循环链，打通不同企业间的壁垒，实现跨企业、跨行业、跨平台、跨区域的循环利用。此外，还需以宣传带动企业全员参与生态文明建设，培育员工生态意识，形成人人治理格局。

企业参与城市生态安全管理，员工参与是基础。要通过典型宣传、深度报道等方式提升企业员工的生态意识。要以员工对内和对外的环境友好行为推动企业生态文明形象识别系统的建构。

（三）社会协同

社会组织的产生是20世纪最伟大的社会创新。在生态环境领域，社会组织因其公益性、志愿性、社会性等属性在生态环境保护中扮演着越来越重要的角色。随着我国生态文明建设的不断深入，以生态环境类社会团体、基金会和社会服务机构为核心构成的生态环境类社会组织活跃在生态保护、资源保护、动物保护、植物保护、污染治理等领域，在环保教育宣传、提升公众环保意识和行为、环保政策倡导、企业环保行为监督、环保维权和法律援助、环保国际交流与合作等方面的作用越来越大。生态环境类社会组织还可以成为政府和企业、民众沟通的桥梁。他们通过宣传等活动方式将相关信息告知企业、公众，并将企业、公众的诉求反馈给政府，从而弥补政府与企业、公众之间的信息缺失。

近年来，由社会组织发起的环境公益诉讼已经从大气污染、水污染等领域扩展到生态环境保护的各个方面，逐步实现了常态化，成了生态环境保护的常态力量。2015年1月1日起施行的《中华人民共和国环境保护法》规定，针对污染环境、破坏生态、损害社会公共利益的行为，“依法在设区的市级以上人民政府民政部门登记”，“专门从事环境保护公益活动连续五年以上且无违法记录”的社会组织可以向人民法院提起诉讼。这标志着社会组织发起的环保公益诉讼制度在我国正式确立。随着政府与社会组织间资源整合的深入推进，以及生态环境类社会组织的规范化发展，社会组织协同参与城市生态安全管理将成为常态。

（四）公众参与

“生态文明建设同每个人息息相关，每个人都应该做践行者、推动者。”城市生态安全管理工作离不开政府主导作用和社会组织协同作用的发挥，但同时也离不开公众的广泛参与。公众不仅共享生态文明成果，同时也需要履行其共同建设生态文明的义务。一方面，公众参与城市生态安全管理的意识。新时代，随着国家对生态文明宣传和教育力度的提高，广大公众也在生产生活中逐步提高生态安全管理意识，全民生态观的培育取得了显著成效。另一方面，公众参与城市生态安全管理的行为。日常生活中公众文明的生态行为直接成为生态安全建设的积极因素，例如公众在日常生活中培养绿色消费理念、养成绿色消费习惯，能够有效改善大气环境质量。此外，随着生态保护法制体系的完善，我国也颁布了相关法律条例来保障公众参与。《中华人民共和国环境保护法》明确规定公众有参与环境保护的权利。

（五）法治保障

城市生态安全管理需要依法进行，这离不开法治保障。十三届全国人大一次会议把“生态文明”写入宪法，为生态安全管理提供了制度保障，生态保护日趋法治化。

一是关于生态保护立法。我国制定并出台了多项法律以加强生态环境保护。例如，《中华人民共和国环境保护法》提出了“推进生态文明建设，促进经济社会可持续发展”的要求；《中华人民共和国水污染防治法》从水生态保护方面予以要求；《中华人民共和国大气污染防治法》从大气污染防治的角度提出了要求。此外，我国也制定了一些生态保护的相关法规规章，例如《城市生活垃圾管理办法》《城市水域环境卫生管理条例》等。

二是关于生态保护执法。新时代，随着生态保护立法的日益完善，国家在生态保护执法层面也相应加大了力度。2018 年生态环境部的组建在生态保护方面极大地促进了部门的执法和管理工作。《中华人民共和国环境保护法》的修订也极大提高了生态保护执法的可操作性。

三是关于生态保护司法。随着生态文明建设的进行，我国最高司法机关也出台了与生态保护相关的解释，从司法角度加大生态保护力度。

（六）市场化运作

市场化运作强调市场主体和市场逻辑在城市公共安全管理中的具体应用。主要包括两层含义：一是基于市场的政策来解决城市公共安全管理的外部性问题；二是基于政府与市场主体间的职责分工与联系。前者基于公共经济学中的公共产品与外部性理论，后者基于新公共管理理论。

公共经济学理论认为，当外部性存在时，社会对市场结果的关注扩大到了参与市场的买者和卖者的福利之外，以包括那些间接受影响的旁观者的福利。因此，市场均衡并不是有效率的，并没有从总体上实现社会福利的最大化。针对外部性问题，政府可以通过两种有效方式来解决：一是基于命令与控制的管制，以直接对市场行为产生影响；二是基于市场的政策规制或激励，主要包括征收矫正税或补贴、可交易的污染许可证两种方式。矫正税主要是指一种能够引导市场主体决策者考虑负外部性引起的社会成本的税收。可交易的排污权主要是指政府通过政策创造排污权这一市场稀缺资源，并推动排污权交易市场的形成，使用市场力量来有效配置排污权。基于市场的政策规制或激励可以有效激励市场主体通过权衡其自身排污成本和技术创新收益之间的关系来推动技术创新。当排污成本高于技术创新收益时，市场主体技术创新将加快。排污权交易将外部性治理这一问题由政府强制行为变成了市场经济行为，既能够实现污染总量的控制，又能够提高企业治污和技术创新的积极性。

基于政府失灵，新公共管理理论认为，政府与市场主体之间的关系应该是“掌舵”和“划桨”，即政府负责掌舵，市场主体负责划桨。政府不应事必躬亲，而应集中精力“掌好舵”，成为生态安全管理的舵手，做好决策工作。与此同时，“划好桨”应交由市场来完成，各自出色地扮演好自己的角色。政府应善于下放权力，实行参与式管理，应以市场为依托，组织市场，规范市场，通过市场的参与及合作，提升城市生态安全管理成效。解决环境污染问题，企业是重要源头，调动企业的积极性与主动性，既可以变企业被动治理污染为主动治理污染，又可以减少政府的管理投入，进而弥补城市生态安全管理中的政府失灵问题。

三、城市生态安全管理过程：城市生态安全管理框架

城市生态安全问题的出现往往经过多个阶段，根据不同阶段的特点采取不同的措施才能有效预防或最大限度减少城市生态安全问题带来的损失。因此，城市生态安全管理过程包含了一系列复杂的步骤和程序。

城市生态安全管理分为预防与应急准备、监测与预警、应急处置与救援、恢复与重建四个过程。需要说明的是，并不是所有的城市生态安全应急管理都包括以上所有阶段。城市生态安全日常管理可能只包括预防与应急准备、监测等阶段。城市生态安全应急管理则基本上包括了从预防到重建的全部阶段。

（一）预防与应急准备

在突发事件发生前，通过政府主导和动员全社会参与，采取有效措施，避免突发事件发生；或在突发事件来临前，做好各项充分准备，最大限度减少损失和影响。

1. 预防

城市生态安全问题的预防指在城市生态安全问题产生前做好充足准备，防止问题产生或降低问题程度。一方面，通过科学的技术手段评估城市生态安全问题产生的可能性，预测风险的产生，及时采取措施解除风险；另一方面，对以前产生的同类生态安全问题进行分析与总结，采取措施消除或减少该类生态安全问题产生的要素，预防此类事件再次发生。

2. 应急准备

完善的应急准备工作可以避免在生态安全问题产生时的手足无措，从而节约成本，减少损失。应急准备一般包括：①应急设施准备，要保障应急救援设施配备齐全且能够正常使用；②应急人员准备，要配备专业的应急救援人员，组建专项应急队伍；③应急物资准备，要保证应急资金、物资储备等充足，以备生态安全问题产生之需；④应急技术准备，建立专业人才数据库，研发先进技术，有效预测生态安全问题的产生和应对问题产生后的状况。

3. 应急预案的制定

应急预案又称应急计划，是针对可能发生的重大事故（件）或灾害，为保证迅速、有序地开展应急与救援行动，降低事故损失而预先制定的有关计划或方案。

各级政府肩负着制定各个层次应急预案的责任。《中华人民共和国突发事件应对法》规定：国务院制定国家突发事件总体应急预案，组织制定国家突发事件专项应急预案；国务院有关部门根据各自的职责和国务院相关应急预案，制定国家突发事件部门应急预案。地方各级人民政府和县级以上地方各级人民政府有关部门根据有关法律、法规、规章、上级人民政府及其有关部门的应急预案以及本地区的实际情况，制定相应的突发事件应急预案。应急预案制定机关应当根据实际需要和情势变化，适时修订应急预案。县级人民政府应当对本行政区域内容易引发自然灾害、事故灾难和公共卫生事件的危险源、危险区域进行调查、登记、风险评估，定期进行检查、监控，并责令有关单位采取安全防范措施。

（二）监测与预警

监测与预警是公共安全管理中必不可少的环节。作为公共安全管理的重要内容之一，城市生态安全管理也必然不可缺少监测与预警这一环节。

1. 城市生态安全监测

城市生态安全监测是指对城市生态进行定期的数据收集和分析，主要方法有：①定位研究，根据实际的观测对象，选取具有代表性的样点，设立一定的观测点，每隔一定时段进行重复观测，获取数据资料；②遥感动态分析，对城市绿化、城市用地变化等空间变化的研究对象可以通过遥感技术等得到相关的数据资料，进行遥感动态监测分析；③统计综合分析，城市生态安全管理主管部门对所搜集的数据资料进行综合分析。

2. 城市生态安全预警

城市生态安全预警是为了实现城市生态安全，对城市的生态系统进行动态评估，对城市资源开发、居民活动所造成的环境、生物危机后果等进行预测。有学者将生态安全预警体系分为六个环节：指标体系的建立、指标安全标准的确定、警情分析、生态安全趋势预测、警源识别、响应调控。

（三）应急处置与救援

应急处置是城市生态安全管理的重要环节之一。在城市生态安全问题发生后，管理部门应及时采取措施予以应对，尽可能缓解危机对居民所产生的影响。一般来说，应急处置与救援阶段包括统一指挥调整、信息共享交互、处置协同联动、资源调度优化、辅助决策支持五个阶段。

1. 统一指挥调整

国务院是突发公共事件应急管理工作的最高行政领导机构。国务院应急管理办公室履行值守应急、信息汇总和综合协调职责，发挥运转枢纽作用。国务院有关部门具体负责相关类别的突发公共事件专项和部门应急预案的起草与实施，贯彻落实国务院有关决定事项。应急管理部组织编制国家应急总体预案和规划，指导各地区各部门应对突发事件工作，推动应急预案体系建设和预案演练。地方各级人民政府是本行政区域突发公共事件应急管理工作的行政领导机构，负责本行政区域各类突发公共事件的应对工作。

2. 信息共享交互

政府作为应急管理的主导力量，应及时向社会发布应急处置与救援的进展和结果，事件的人员伤亡、应急资源和救援队伍等情况。还应建立政府与生态社会组织、企业、公众等之间的信息沟通平台，使不同主体及时获取关于应急处置与救援的关键信息。同时，还应构建以地理信息技术、人工智能、大数据等为基础的信息共享平台，实现政府、生态社会组织、企业、公众之间的信息协同共享。

3. 处置协同联动

各级政府、生态组织、企业以及公众协同合作，合理调配、处理各类应急资源。在事件发生的前期，主要由政府进行现场搜救、伤员救治；在事件处置与救援的中后期，社会组织、企业和公众等主体可以提供物资支持、心理辅导、技术支持等。

4. 资源调度优化

在应急处置与救援阶段，还要根据危机产生的应急需求，确保应急资源的充分供应，为事件应急提供后勤保障。人力保障资源包括专职应急管理人员、相关应急专家、专职应急队伍和辅助应急人员、社会应急组织、企事业单位、志愿者队伍、社区等。资金保障资源包括政府专项应急资金、捐献资金和商业保险基金。物资保障资源包括防护救助、交通运输、食品供应、生活用品、医疗卫生、动力照明、通信广播、工具设备以及工程材料等。设施保障资源包括避难设施、交通设施、医疗设施、专用工程机械等。技术保障资源包括应急管理专项研究、技术开发、应用建设、技术维护以及专家队伍。信息保障资源包括事态信息、环境信息、资源信息和应急管理知识等。特殊保障资源指稀有资源、不可消耗的资源等。

5. 辅助决策支持

城市生态安全重大事故应急救援辅助决策支持系统包括应急数据库、辅助决策支持技术和辅助决策支持系统。应急数据库包括基础信息数据库、地理信息数据库和安全信息数据库。应急救援辅助决策支持技术包括石油化工行业的火灾、爆炸、泄漏等 3 类事故 10 种事故后果模型及其模拟计算方法；火灾、爆炸、泄漏等单一类事故发生时的事故后果模拟法与实验数据法结合的事故疏散范围模型及其模拟计算方法；火灾、爆炸与有毒物质泄漏同时发生时疏散范围模型及其模拟计算方法；基于事故后果模拟的人员疏散路径选择模型及其计算机辅助决策支持；消防指挥调度模型及其计算方法；医疗救护力量指挥调度模型及其计算方法；人员紧急疏散模型及其计算方法。应急救援辅助决策支持系统主要包括 23 个模块 14 个子系统，其主要功能模块有地理信息子系统（GIS）、危险源管理子系统、安全规划子系统、应急资源管理子系统等。

（四）恢复与重建

最大限度地减少城市生态安全事件造成的损害，尽可能地恢复生态环境与系统，维护城市居民的生命健康，重建社会生态秩序是城市生态安全管理过程中的重要环节。不同的生态安全事件的恢复与重建有不同的过程，但大致包括准备、计划、实施、验收评估、总结与反思五个阶段。

1. 准备阶段

准备阶段的主要工作是对已经产生的城市生态安全问题及其影响进行评估。针对不同的生态安全事件，组织不同的专业人员，成立相关专家组，对城市生态安全问题进行评估。

2. 计划阶段

根据准备阶段的评估报告，在对生态安全事件进行充分了解的情况下，由政府及相关部门编制具体的生态恢复与重建计划。

3. 实施阶段

根据编制的生态恢复与重建计划，动员企业、社会组织、居民等各相关力量，整合人员、资金等各类资源，对城市生态进行恢复与重建。在实施计划的同时，也要根据实际情况不断对计划进行修改与完善。

4. 验收评估阶段

按照国家规定的验收标准对城市生态的恢复与重建效果进行评估与验收。包括对恢复与重建的整体工作过程、恢复与重建工作涉及的具体项目、恢复与重建后的生态状况等进行评估。

5. 总结与反思阶段

在城市生态安全问题处置结束后，应认真、全面、深入地总结城市生态恢复与重建过程中的经验教训，对城市生态恢复与重建计划的实施过程进行深刻反思。

第三节　城市生态安全管理方法

为保护城市生态脆弱性，遏制城市生态风险，妥善处理城市生态安全事件，实现对城市生态安全的有效管理，需要遵循合理的机制，采用科学有效并符合现代城市发展要求的方法，促进现代城市生态安全发展。

一、城市生态安全管理机制

由于城市生态安全管理的系统性和复杂性，必须建立与之相应的管理机制，实现城市生态安全管理系统的多主体、多领域、全过程的协调统一，保障城市生态安全管理功效的发挥。

（一）法律保障机制

完整的城市生态安全保护法制体系能够为城市生态安全管理提供必要的法律依据和执法、司法程序。形成一套全面而具体的法律法规体系是进行城市生态安全管理强有力的基础和保障。具体来说，要由中央统一进行城市生态安全管理专门性立法，并且制定城市生态各要素管理的配套性专项法，地方则根据中央制定的配套性专项法规，结合本地区实际制定地方性的配套性专项法规、规章。此外，重大突发环境事件会给城市生活生产带来沉重损失，制订城市生态环境规划、影响评价、环境监测、环境标准、环境事件问责、信息公开等方面的法律法规，将为城市生态安全风险防控提供坚实支撑。

目前，我国尚未颁布城市生态安全管理的专门性法律，但《中华人民共和国城乡规划法》《中华人民共和国环境保护法》《中华人民共和国土地管理法》等法律也为城市生态安全管理提供了依据。在配套性专项法方面，我国已颁布了《城市绿化条例》《城市生活垃圾管理办法》《城市市容和环境卫生管理条例》《城市森林管理条例》《城市水域环境卫生管理条例》《城市排水与污水处理条例》等法律法规。在城市生态安全风险防控方面，也已制定了《城市生态系统监测管理条例》《中华人民共和国环境影响评价法》等法律法规。各地方也根据地区实际，颁布了相应的法规。它们共同构成了我国城市生态安全管理的法律保障机制。

（二）多元共治机制

城市生态安全管理各主体之间的利益差异、观念差异等将影响管理的成效。因此，政府主导作用、企业主体地位、社会主动参与的多元共治结构才是城市生态安全管理的长效推动机制。

政府在多元共治机制中处于核心地位，占据主导作用。政府要建立科学合理的“国家—区域—城市”协调配合的行政决策和执行体系，完善城市生态安全管理不同层面的机构衔接和同一层面不同部门之间的协同合作。此外，政府还要制定完备的多元共治制度规则体系，详细划分各主体的权责，搭建城市生态安全管理的多元共治平台。

企业在很大程度上影响城市的生态安全状况，在多元共治结构中应强调企业的主体地位。一方面，企业生产需要从生态环境中获取大量的能源物质支持，并向环境中排放污染物，因此企业要落实主体责任，自觉履行“三同时”制度。另一方面，企业拥有专业技术、先进设备和系统，可以通过政府相关服务外包等形式参与到城市生态安全管理中。

社会公众的参与程度影响城市生态安全管理的有序进行和充分落实。相关社会组织、高等院校具备较高的专业化程度，可以深入开展生态安全管理理论、技术、成果应用等研究，提供人才、科技、服务、政策等支撑。基层社区、媒体、市民群众的充分参与有利于营造全社会重视城市生态安全的良好氛围，助力生态安全数据收集、生态环境风险防控及生态安全监督监管。

（三）精细防控机制

城市较大的人口规模和密度以及复杂交织的城市结构致使一旦发生生态环境危机事件，必将带来沉重损失，且易催发后果更为严重的“次生事件”。从源头上识别风险、排查隐患会大大降低后续管理的成本，减轻危机事件的损失。因此，要将健全的城市生态环境风险精细化防控机制作为城市生态安全管理的重点。

城市生态环境风险精细化防控首先要求城市政府按照“风险识别—风险评估—风险处置”的风险管理路径，对辖区内的生态环境风险源进行深入调查。编制生态环境风险图，明确其风险等级和发生概率，评估其危害后果，发现问题源头并按计划完成整改。其次要推进生态环境保护网格监管工作精细化发展。各城市生态环境局应组织专门人员对接各街道网格管理部门，完善生态环境污染上报、查处、整改工作，切实落实各类危害城市生态安全行为的预防、发现、上报、处置机制。最后要建立排污许可证后精细化监管制度和技术核查体系。

（四）有效交流机制

政府与社会公众之间往往存在信息不对称的壁垒，政府掌握着绝大多数的信息优势。但在城市生态安全管理中，社会公众是最能直接接触到生态问题的主体，他们也会拥有部分信息优势。因此，政府部门与社会公众之间的信息交流与合作，才是城市生态安全管理的有效途径。

一方面，城市居民或企业的不安全行为是造成城市生态环境危机的主要原因，政府主导的城市生态安全管理致力于减少这种不安全行为或降低不安全行为带来的后果；另一方面，城市生态环境危机事件会给城市居民造成不良影响，成为社会公众和媒体关注的焦点。因此，政府部门与社会公众之间的交流与合作是非常重要的。

政府要充分利用好政府网站的权威地位和作用，大力加强城市生态安全管理相关的政策、法律法规、通知公告等的宣传力度，鼓励公众参与到城市生态安全管理中来，形成合力。还可以通过搭建城市生态安全信息共享平台的方式形成有效的交流体系，共同致力于城市生态安全建设。

二、城市生态安全管理的具体方法

城市生态安全管理主要是基于城市生态调控，即针对城市生态系统中因人类认识局限、决策失误、行为失控而导致的不平衡或不协调状态，采取综合措施来使城市生态系统的结构与功能得到调节控制的过程。主要的具体管理方法包括生态学方法与信息化新技术方法。

（一）城市生态安全管理的生态学方法

城市生态安全管理的生态学方法是根据城市发展中生态系统存在的问题，基于生态学原理、运用生态学方法来使之得到解决。主要的生态学方法有城市生态规划、城市生态工程。

1. 城市生态规划

城市生态规划将城市生态环境系统保护与城市经济社会发展放到同样重要的位置上，把实现城市生态系统结构、功能更可持续以及人与自然生态环境系统的和谐发展作为重点。

运用生态规划进行城市生态安全管理，对现有的自然生态条件和资源环境开发利用方式进行规划设计的主要步骤如下：明确生态安全评估结果—调查生态要素—确定生态规划目标—制定生态规划—提出对策—评估—实施。即在城市生态安全管理中，首先要明确城市生态安全的评估结果，发现安全问题；根据结果对规划区域内的有关城市生态环境系统的要素进行调查；根据调查结果确定生态规划目标；采用生态学原理制定生态规划；对城市生态安全问题提出对策建议；评估规划可行性；最后投入实施。

2. 城市生态工程

遵循自然界物质循环规律的生态工程是城市生态规划的重要途径。生态工程以生态系统的自我发展为基础，利用物质循环和再生原理、系统结构与功能从属原理等，采用营养再循环、生态系统恢复、生物多样性增加等方式，充分发挥资源的生产潜力，防止生态破坏和环境污染，最终实现经济效益和生态效益双丰收。

在城市生态安全管理中，有一种符合生态工程原理的工业系统建设方法——产业生态学。这是 20 世纪 90 年代发展起来的一门新学科，主要是依据生态系统的物质循环规律，将工业系统视为自然生态系统的子系统，具有物质、能量和信息流动的特定分布。一个企业的废弃物应有效转化成另一个企业的资源，使得资源在工业系统中得到充分利用，整个工业系统的废弃物排放量在环境容量的范围之内。在城市生态安全管理中，可以借鉴这一工业系统建设方法。

（二）城市生态安全管理的新技术：生态安全信息化

生态安全信息化是将 5G 网络、物联网、云计算、区块链、人工智能等信息技术与城市生态安全管理业务深度融合，面向城市生态安全管理的全过程，全面采集、深入开发和广泛利用数据信息资源，不断提高城市生态安全治理体系和治理能力现代化水平的过程。主要内容包括以下几个方面。

1. 城市生态感知全面监测

运用物联网、5G 网络、大数据等新一代信息技术，借助城市区域的空气质量监测站、大气监测站、水质监测站、重点污染源监测站等生态环境监测站及其监测设备，推动传统环境监测基础设施与传感器、无线通信等信息技术的全面融合，完善城市生态环境感知监测网络建设。推广应用城市生态环境自动化监测技术，建成手动监测与自动监测相结合的城市生态安全监测体系，实时掌握城市生态环境质量变化情况。探索企业自主监测，实现重点污染源企业自身的主动管控，强化重点污染源企业的责任意识和自我约束意识。

2. 城市生态信息系统融合

建成全面融合的跨层级、跨业务、跨部门的城市生态信息系统，有利于提高城市生态安全管理的效率。具体而言，一是突破互联网、广播电视网之间的界限，构建互联互通的城市生态环境网络系统；二是利于打造上下衔接的国家、区域、地方层级负责的生态环境基础网络，构建全面的城市生态环境信息网络系统；三是分别建立大气环境管理系统、水环境管理系统、土壤与固体废弃物管理系统、噪声管理系统等子系统，统一纳入城市生态信息系统中；四是打破城市生态安全管理责任部门之间的分离，将各部门业务系统接入城市生态信息系统，实现城市生态安全工作的协同。

3. 城市生态环境数据共享

采用物联网、无人机、3S 等技术，加强城市生态环境数据的收集、更新和应用，建立城市生态环境数据统一资源目录体系，构建数据资源库，实现数据资源的整合聚集；建立生态环境法律法规数据库，将相关法律法规、规章制度、有关标准等涵盖在内；搭建城市生态环境数据共享服务平台，实现负有城市生态安全管理职能的各部门、城市生态安全各领域、城市生态安全管理各环节的数据联动、整合共享；深化对企业、公众的城市生态环境信息服务的范围和内容，打破政府与企业、社会公众之间的信息不对称壁垒。

4. 城市生态安全智能治理

搭建现代化城市生态安全管理智能平台，实现城市生态环境执法业务、司法业务、执行修复业务等流程的网上办理；依托城市生态安全数据资源库和资源共享平台，利用现代化信息技术，建立城市生态安全智能分析和决策系统，在生态感知监测、污染物总量控制、环境发展趋势分析等方面进行深入研究，不断提高城市生态环境风险的预见性、生态安全监管的准确性、政策制定的科学性，面对生态环境保护政策的演变和城市生态文明建设的需要，从高层次和全方位对城市生态安全管理的科学决策提供信息化支撑。

5. 城市生态业务综合管理

大规模地应用计算机网络技术，将环境执法、生态环境监测、生态环境保护、环评与排污审批、行政办公等多个业务系统全面纳入城市生态综合业务管理系统，形成协同办公平台，消除部门之间、部门内部人员之间的信息孤岛，提高城市生态安全管理的水平和效率；运用通信技术、GIS 技术、GPS 技术、视频监控技术等手段，针对城市生态环境突发事件，建立集信息收集、应急处理、资源调度、事后评估等于一体的综合应急处置系统，加强突发事件信息传输能力，提升应急指挥和调度水平，形成完善的城市生态环境突发事件预测、预防和处置的应急体系。

6. 城市居民生态信息畅通

关注城市居民生态安全需求，保障社会公众知情权，加大城市生态环境数据对公众的开放范围和力度，主动放开城市生态环境数据与接口，为公众提供全面的城市生态环境质量和环境保护法律法规的信息服务；将举报奖励的发放纳入城市生态环境问题举报系统，实现全过程信息化；充分利用新型社交软件收集城市居民意见，拓宽居民参与渠道，向社会公众发布城市生态环境质量实时数据，大力开展惠民服务，切实提高城市居民的生态安全感。

【本章重点】

1. 城市生态安全管理的基本内涵。城市生态安全管理以建设新时代城市生态文明新秩序为目标，针对城市生态风险和生态脆弱性，由多元主体运用多种工具，对城市生态环境中的各种生态关系进行组织、调节和控制，维护城市环境和生态条件良好发展，保障城市生态系统功能，避免其对可持续发展造成威胁。它的表现形态可以划分为日常管理和应急管理。

2. 城市生态安全管理过程。城市生态安全日常管理包括预防和应急准备、监测等阶段。城市生态安全应急管理包括了从预防到重建的全部阶段，即预防与应急准备、监测与预警、应急处置与救援、恢复与重建。

3. 城市生态安全管理的主体。城市生态安全管理是多元主体的协同管理，主体格局应该是政府主导、企业主体、社会协同、公众参与、法治保障、市场化运作的有机体系。城市生态安全管理的主体主要包括政府、企业、社会、公众、市场化主体。

4. 城市生态安全管理的新技术：生态安全信息化。生态安全管理信息化是将信息技术与城市生态安全管理业务深度融合，面向城市生态安全管理的全过程，全面采集、深入开发和广泛利用数据信息资源，提高城市生态安全治理体系和治理能力现代化水平的过程。它主要包括城市生态感知全面监测、城市生态信息系统融合、城市生态环境数据共享、城市生态安全智能治理、城市生态业务综合管理、城市居民生态信息畅通等方面内容。

【课后习题】

1. 城市生态安全管理的机制有哪些？简述其内容。
2. 请简述城市生态安全管理的过程。

第十七章 城市社区安全管理

我国在改革开放前后相当长的一段时间内，尤其重视经济增长、物质生活水平提高、科技进步等方面，但同时忽略了城镇化和经济快速增长对城市安全带来的影响。城镇规模快速发展引起的城市人流、车流、物流量骤增，使得城市不可避免地遭受各种各样的安全问题，如极端天气、生产安全事故、公共卫生事件、群体性事件、个人暴力事件等。当前，我国正处在社会转型期，国家经济高速发展，国力不断增强，国家和政府致力于构建和谐社会，提升国民的幸福感和安全感。城市安全是和谐社会的基本属性，也是人民安居乐业的最基本条件，而每一个城市又是由大大小小的社区组成。因此，可以说社区安全是城市长治久安的前提，是构建和谐社会的基石。

近年来，城市社区安全管理和应急能力的建设与提升受到了以习近平同志为核心的党中央的高度重视。习近平总书记在中共中央政治局就健全公共安全体系进行第二十三次集体学习时指出，“维护公共安全体系，要从最基础的地方做起，要把基层一线作为公共安全的主战场，坚持重心下移、力量下沉、保障下倾”；在唐山调研考察时，习近平总书记强调，“社区是党和政府联系、服务居民群众的最后一公里，要健全社区管理和服务体制，整合各种资源，增强社区公共服务能力”；在主持中共中央政治局第十九次集体学习时，习近平总书记又再次强调，“要推动安全宣传进企业、进农村、进社区、进学校、进家庭……，支持引导社区居民开展风险隐患排查和治理，积极推进安全风险网格化管理，筑牢防灾减灾的人民防线”。习近平总书记的多次讲话充分体现了基层社区安全管理和风险治理的重要性。九层之台，起于垒土，城市社区安全管理和应急能力的提升，有助于从源头上防范、化解群众身边的安全风险，真正把问题解决在萌芽之时、成灾之前。

第一节　城市社区与社区安全管理概述

社区是城市社会的基本细胞，是城市的最基本组成单元。社区安全是城市发展和稳定的基本前提，其在城市公共安全管理中发挥着基础性作用。因此，加强社区安全管理是保证社会稳定的需要，是推进和谐社会建设的有力保障。

一、城市社区

（一）社区的定义

“社区”源于拉丁文，意思是共同的东西和亲密伙伴的关系。德国社会学家滕尼斯首次将“社区”一词用于社会学研究。相关学者从不同角度阐述了对“社区”概念的理解。有些学者认为社区是指在一个地域内，其主要社会活动或者生活方式基本属于同一类型的、相对独立的地区性社会。另有学者认为社区是进行一定的社会活动，具有某种互动关系和共同文化维系力的人类群体及其活动区域。在本书中，社区是指在一定地域内发生的各种社会关系和社会活动，具有特定的生活方式，并具有归属感的人群，所组成的一个相对独立的社会实体。通常,社区构成的基本要素包括:一定数量的成员,一定范围地域,一定类型的组织,成员之间存在社会互动,存在共同的需求和利益以及共同的依附归属感。

综上所述，社区具有四个基本特征：①社区是一个居民社会生活共同体，辖区内居民是社区的主体；②社区是一个地域性的社会实体，具有一定的地理边界；③社区是一个利益相关的共同体，辖区内居民之间拥有共同的利益，有共同的需要，面临共同的问题，因而会形成共同的生活方式、心理认同和价值取向，产生认同感和归属感；④社区是一种相互联系、相互制约的有机体，辖区内居民因居住于此而产生社会交往，形成相互依存、相互互惠的内在互动关系。

（二）社区的类型

关于社区类型的划分方式有多种，本书按照社区的行政区划、生产生活方式、备灾手段、防灾措施等不同而对社区进行如下分类：

（1）以街道办事处为基本单元进行建设的城镇型社区。

（2）以乡（镇）为基本单元进行建设的乡村型社区。

（3）以县级以上政府批准设立的工业园区（经济技术开发区）为基本单元进行建设的园区型社区。

（4）以企业为基本单元进行建设的企业型社区（此处企业指规模较大、生产经营系统相对独立、完整且同时具有自主管理的生活服务设施和家属住宅区的企业）。

（5）以中小学中心学区、高级中学、大专院校为基本单元进行建设的校园型社区。

（6）以上述五种类型以外的社区为基本单元进行建设的均为其他型社区。

本章中“社区”一词特指位于城市当中的城镇型社区、园区型社区、企业型社区、校园型社区及其他型社区。

二、城市社区公共安全问题类型

我国城市社区面临的安全问题多种多样，但最常见的安全问题通常包括犯罪行为、治安侵害、安全隐患、意外伤害、矛盾纠纷和社会断裂等。

（一）犯罪行为

社区安全问题中刑事犯罪产生的社会影响最严重。社区内主要的刑事犯罪案件有盗窃及由矛盾纠纷引起的斗殴、伤害事件等。相关数据表明，自2000年以来，我国犯罪案件呈高发趋势，给社区安全管理工作带来了巨大压力。

（二）治安侵害

社区治安侵害是指扰乱社会秩序、妨碍公共安全、侵犯公民人身权利、侵犯公私财产，尚不够刑事处罚而应当给予治安管理处罚的行为。随着社会经济的全面发展，影响社会稳定的一些新因素不断产生，治安形势不容乐观。如扰乱公共秩序、赌博、抢夺、骗取、寻衅滋事、敲诈勒索财物、故意损坏公私财物等治安事件屡见不鲜。

（三）安全隐患

城市是人口、财富、资源的聚集地，同时也是各类安全隐患的集中地。社区安全隐患严重威胁着社区的安全，需要引起高度重视。社区中常见的安全隐患有：①社区承灾体规划、设计、施工、管理等方面不合理导致的安全隐患；②社区水、电、气、热、通信、有线电视等在运行过程中存在的各种安全隐患；③社区内生产企业、单位、商业场所等在工作或生产过程中存在的安全隐患；④易燃易爆品生产、储存、运输和使用过程中存在的安全隐患；⑤社区交通安全隐患；⑥自然灾害或人为灾害对社区安全造成的威胁等。

（四）意外伤害

社区意外伤害是指除第三者加害之外由于其他各种因素导致的社区伤害事故。社区内或周边工厂企业导致的生产安全事故、火灾事故、交通事故、爆炸事故和环境污染事故等，都属于社区意外伤害。据统计，我国每年死于意外伤害的人数占死亡总人数的11%，这充分说明意外伤害已成为威胁社区安全的一个重要因素。

（五）矛盾纠纷

社区既是人们生活的场所，也是人们工作的场所。在生活或工作中，社区成员之间不可避免地会产生摩擦。因此，社区往往是社会矛盾的发源地，存在着大量人民内部矛盾与各种纠纷。如邻里之间琐事争执产生的矛盾、婚姻家庭变化方面的矛盾、损坏赔偿方面的矛盾、住房租赁和买卖引发的矛盾、执法不公引发的矛盾、征地安置产生的矛盾、劳资纠纷等。妥善及时解决好社区矛盾纠纷，对预防和减少各类社区安全事件的发生、维护社区安全具有重要意义。

（六）社会断裂

当前，我国社区安全还面临社会结构断裂的危机。社会断裂是社会结构变迁的一种剧变，一旦发生就会严重影响社会的良性运行与协调发展，对社区安全是一个严重威胁。随着我国社会阶层的进化，阶层之间的差距日益拉大，资源、财富严重向上级阶层倾斜，如果这种现象不能及时得到有效的纠正，就有可能导致社会出现断裂危机，使得社会难以稳定运行，社区安全难以得到保障。

三、城市社区安全管理的特征和原则

（一）城市社区安全管理的内涵

近年来，我国各个地区政府都在积极贯彻社区安全管理理念，坚持提高居民生活质量、维护社区秩序、保持社会稳定的工作目标。城市社区安全管理是指各类社区安全管理组织通过建立、健全安全防范制度，采取系列安全管理措施，从各个方面抑制、减少和消除产生违法行为和治安灾害事故的原因和条件，预防和减少违法犯罪行为和治安灾害事故的发生，维护社区正常秩序的一系列活动。

在这里，各类社区安全管理组织应包括政府及其职能部门、区域派出所、街道办事处以及其他依靠社区居民力量组建的各类群众性的安全防范组织；社区安全管理的重点为社区内的家庭安全、企业安全、社会治安、消防安全等；社区安全管理的措施则包括行政、法制、经济、文化等多种有效手段。

（二）城市社区安全管理的特点

1. 区域性

不同的社区存在人口密度、人口素质、职业结构、生活方式、居住条件、地理位置、地理环境、生产布局、商业分布、交通运输、民风民俗等方面的差异，因而不同的社区有其不同的区域特点。这种不同社区的区域特点，要求其安全管理应根据不同社区的特点，采取不同的安全管理模式加以实施。

2. 群众性

社区安全是一个复杂的社会问题，仅仅依靠政府职能部门包揽是行不通的，需要全社会力量的共同参与和支持。社区安全管理的群众性就是指社区安全管理工作对群众强烈的依赖性。从整体来说，群众既是社区安全管理的客体，又是社区安全管理的主体。要搞好社区安全管理，永远离不开社区内各个成员的积极参与。

3. 综合性

社区安全管理的综合性是指社区管理机构在辖区内发挥安全管理功能的整体合力和效应而实施的综合治理。社区安全管理涉及面广，必须在各级政府的领导下，动员和促进社区各方齐抓共管，进行综合治理，创造一个稳定和谐的社区环境。对社区安全管理要采取综合措施，主要包括建立社区组织，制订社区工作计划；按照政府的社区政策，实施社区的自治管理，维护社区成员的利益；提出解决问题的方法，实施综合治理。

4. 长期性

社区安全管理不是一个短暂的社区治理过程，而是一个长期治理工程。只要社会上还存在犯罪分子和各种违法现象，社区安全管理就有存在的必要性。社区居民的治安防范意识与能力也各不相同，对各种可能发生的治安灾害事故在防范上还存在诸多漏洞，因而难于避免治安灾害事故的发生。因此，社区安全管理应是一项常抓不懈的工作。

（三）城市社区安全管理的原则

社区安全管理应遵循“政府主导，社会参与”“以人为本，科学规划”“以防为主，防治结合”“统筹兼顾，突出重点”四项基本原则。

1. 政府主导，社会参与

坚持政府主导、部门联动、社会参与、专家支持，合力减灾。坚持各级政府在城市社区安全管理和防灾减灾工作中的主导作用，加强各部门之间的协同配合。积极组织动员社会各界力量参与防灾减灾，尤其是社会基层群众力量。社区安全管理工作任务繁重而艰巨，并且各项工作都与社区群众发生联系，因此仅仅依靠专门机关是不够的，还需要依靠群众搞好社区安全管理，依靠群众力量可以解决政府在社区安全防范上投入不足的问题，特别是人员不足的问题。因此，应充分认识到群众的力量是无穷的，要采取有效措施把人民群众的力量发挥出来。秉承一切为了社区群众、一切依靠社区群众的安全管理理念，把城市社区安全管理的目标变成由政府主导、群众高度自治的协调管理模式。

2. 以人为本，科学规划

城市社区安全管理工作中，不仅要求人们充分尊重自然规律，同时要求把以人为本的理念融入城市社区安全管理的各项工作中，以保护人民群众的生命财产安全为安全管理的根本，以保障群众的基本生活为安全管理工作重点，构建以人为本的社区安全管理体系。同时在城市社区安全管理体系的构建中，应高度重视社区安全管理工作的科学规划。只有确保社区安全管理工作的科学规划，才能克服盲目性和随意性，确保社区安全管理始终科学有序、高水平、高质量推进。

3. 以防为主，防治结合

预则立，不预则废。社区安全管理不应仅仅重视解决已经发生和存在的问题，而是要周密掌控全局，做到及时发现问题，堵塞漏洞，预防事故发生。这就要求社区安全管理工作重心前移，要见微知著，抓苗头，查隐患，及时采取针对性措施，防患于未然，从而掌握社区安全工作的主动权。坚持以科技为支撑，以能力建设为保障，加强调查分析、群测群防、监测预警、工程防治、宣传教育、科技推广等综合防范措施，科学有序地推进城市社区安全管理工作。

4. 统筹兼顾，突出重点

城市社区安全管理工作既要坚持统筹兼顾，正确认识和妥善处理社区安全管理中的各项工作，统揽全局、统筹规划；同时又要针对导致社区事故高发、频发的重点因素、重点场所、重点人群，制定重点防范对策，实现城市社区安全管理整体的进步。

第二节　城市社区安全管理内容

当前，我国处于社会转型期，社会发展与社会不安定因素并存，若这些不安定因素不能得到有效预防和妥善处理，必然影响社区建设和各项事业的发展。所以，加强社区安全管理，把各种不安定因素消灭在萌芽状态，有利于维护社区的正常秩序。社区安全管理工作应坚持多管齐下的方针策略，从组织队伍建设、安全风险辨识和隐患治理、应急救援资源储备、应急预案编制和演练、安全知识科普宣传与教育多方面着手。

一、城市社区安全管理组织队伍建设

（一）城市社区安全管理组织队伍基本架构

城市社区安全管理组织队伍建设对于开展基层安全服务发挥着无可替代的作用。城市

社区安全管理组织队伍主要负责本社区日常安全管理、防灾减灾、应急救援工作。很长一段时间内，我国城市社区安全和应急管理工作过分依靠行政力量，存在自治组织功能虚化，社会力量参与不足的问题，导致社区安全管理组织队伍成员组成单一，安全管理效果不理想。在我国现有体制框架下，城市社区安全管理组织队伍应由社区安全政府组织、社区自治组织、市场社区安全服务组织以及社区居民群众组成。其中，社区安全政府组织包括街道办事处、公安机关、社区警务等；常见的社区自治组织有社区居民委员会、社区治安保卫委员会、社区人民调解委员会、社区卫生服务中心、志愿者队伍等；市场社区安全服务组织则是如物业管理公司、保安服务公司等同性质的第三方安全服务机构。

从城市社区安全管理的核心需求出发，城市社区安全管理组织队伍的基本组织架构通常包括组长、综合联络组、隐患排查组、治安保卫组、后勤保障组、宣传教育组、抢险救灾组、医疗救护组、人员疏散组等，如图 17-1 所示。

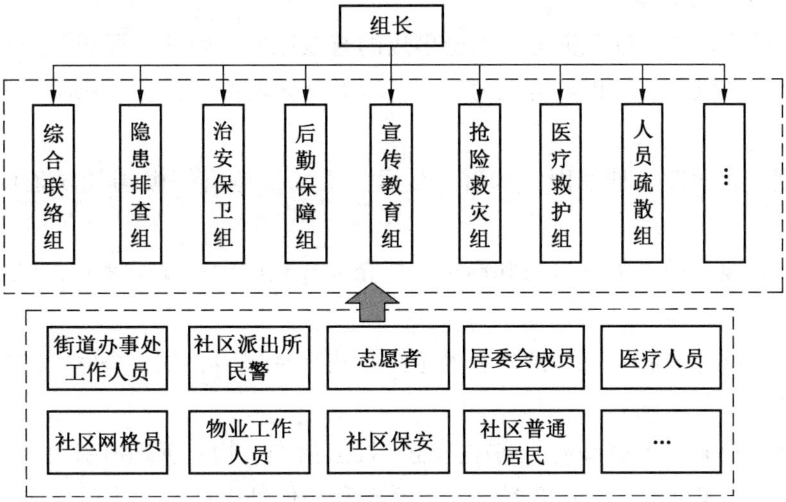

图 17-1　社区安全管理组织队伍组织架构

（二）岗位职责

（1）组长。组长一般由社区所在地政府、街道办事处负责人担任，副组长由社区居委会主任担任。主要负责社区日常安全管理全面工作和安全事故或灾害事故指挥处置工作。

（2）综合联络组。负责社区突发事件预警预报、突发事件动态信息的接收、汇总和传送等。

（3）隐患排查组。负责开展社区风险辨识和隐患排查等日常安全管理工作。

（4）治安保卫组。负责社区日常治安管理、安全保卫和突发事件现场秩序的维护工作。

（5）后勤保障组。负责救灾物资储备的日常管理维护和更新工作，以及临时疏散安置场所的维护保障工作。

（6）宣传教育组。负责面向社区居民组织开展安全防范、防灾减灾和应急自救的科普宣传活动。

（7）抢险救灾组。负责突发事件现场的抢险救灾、应急救援和伤员救治等。

（8）医疗救护组。协助卫生部门落实社区各项防控措施，协助做好灾后防疫工作，负责灾时受伤居民的院前救护工作。

（9）人员疏散组。负责人员疏散、引导和秩序维护、居民安抚等工作。

二、城市社区安全风险辨识和隐患治理

城市社区安全风险辨识是城市社区安全管理工作的重要环节。认真开展社区风险辨识和排查工作有助于了解社区安全现状，理清社区安全管理工作的重点问题、重点场所、重点管理人群，从而制定针对性的社区安全管理措施。

（一）城市社区安全风险类型与辨识

1. 城市社区风险类型

社区安全风险是导致社区灾害和安全事故的直接原因，因此，要想防止社区可能发生的灾害事故，安全风险的辨识显得尤为重要。城市社区所面临的主要风险可概括归纳为以下几类：

（1）自然灾害风险，如暴雨、暴雪、台风、洪水、地震等极端气候条件引发的自然灾害。

（2）事故灾难风险，如社区内和周边工厂企业导致的生产安全事故、交通事故、火灾事故和环境污染事故等。

（3）因传染病或食物中毒导致的公共卫生危机事件风险，如传染病、呼吸道疾病和流行性疾病等引发的安全风险。

（4）因利益诉求、劳资纠纷、房屋拆迁、社区治安、物业管理所引发的群体性事件导致的公共安全危机事件风险，还有举办大型活动和集体外出活动发生的安全事故、恐怖分子袭击和群体斗殴事件等发生的风险。

（5）其他风险，如社区成员通过互联网参与各类敏感事件。这种线上线下频繁互动的网络突发事件危机给社区正常运行带来了风险。

2. 城市社区安全风险辨识

社区安全风险辨识是指社区居民参与发现、识别、描述风险的过程。包括风险源识别、突发事件识别、潜在后果和原因的识别。

城市社区安全风险辨识工作通常是由专业人士、社区居民代表和相关单位技术人员等组建社区风险辨识小组，在多方共同努力下协作完成的。该工作大致可分为两个阶段，第一阶段是资料搜集阶段；第二阶段是实地排查阶段。

第一阶段：资料搜集阶段。通过查阅报纸、地区年鉴、政府部门统计资料、与社区专家座谈、调研统计、网上查询等多种手段对社区安全风险底数进行盘底，包括以下几个方面：

（1）社区基本情况：户数、人口、面积、习俗、家庭收入概况等。社区基本情况摸底过程中老年人、病患者、残障人员、孕妇、儿童等脆弱人群应进行重点关注。

（2）社区安全事故和灾害事故大事记：时间、类型、事故统计、事故处置情况，尤其是针对历年来社区频发的安全事故或灾害应重点调查。

（3）社区主要面临的安全风险、隐患情况。

（4）社区现有安全管理措施是否到位，是否制定应急预案，应急预案是否合理，是否有演练等。

通过对城市社区安全风险进行摸底，编制出社区安全风险和隐患清单。清单通常包含社区面临的灾害事故类型、可能发生的时间、发生的概率、风险区域/隐患点、潜在的灾损和危害程度。社区风险清单样表见表 17-1。

表 17-1 社区风险清单样表

灾害事故类型	可能发生的时间	发生的概率	风险区域/隐患点的分布	潜在的灾损	危害程度
火灾	11 月—次年 3 月	非常大	木质结构房屋/私拉电线 进行电动车充电	人员伤亡、财产损失	非常严重
交通事故	大雾天气	大	××路段急拐弯处	人员伤亡、车辆损毁	普通
…					

第二阶段：实地排查阶段。基于前期对社区安全风险的摸底情况，制定风险实地排查计划。风险排查小组开展实地风险排查时应划片区分组，并按计划分步骤逐步开展。实地风险排查的主要任务包括：发现并核实社区风险隐患，统计并记录既有风险标识和应对资源的现状，检查疏散通道是否通畅，核查并更新脆弱人群、设施及资源清单，征集社区居民对灾害风险管理的意见和建议等。

由于不同社区安全风险往往具有较大差异，其应对策略也不尽相同，所以日常社区风险排查也经常按事故类型的不同，邀请不同的专业人士、相关单位技术力量有针对性地开展特定类型的安全风险排查。常见社区灾害事故风险排查要点见表 17-2。

表 17-2 常见社区灾害事故风险排查要点

主要灾害事故类型	社区风险排查要点
地震	1. 断裂带上是否有违规建筑或设施 2. 老旧建筑及附属设施（围墙、临时建筑、外装饰等）的危害性及范围 3. 易倾倒、跌落家具，广告牌，悬空设施/玻璃等是否清楚及是否得到加固 4. 临时建筑、工地等高危场所是否有易倾倒或易垮塌的设施 5. 疏散通道是否堵塞 6. 应急避难场所的通道是否畅通，应急设施是否保存完好并及时更新 7. 脆弱家庭的备灾是否完备，帮扶志愿机制是否建立及是否还有效 8. 地震疏散指示牌是否完好

表 17-2（续）

主要灾害事故类型	社区风险排查要点
火灾	1. 疏散通道及消防通道是否畅通 2. 是否有私拉电线、电动车违规充电的情况 3. 变压器等脆弱设施是否存在风险，是否存在线路老化或超负荷现象 4. 消防栓、灭火器等消防设施是否完好 5. 是否有新增火灾高危场所、设施等 6. 是否有火灾易发的生产厂商/企业，其防火措施/管理机制是否健全 7. 木结构房屋、酒吧、网吧等场所是否存在消防管理漏洞 8. 易燃易爆物品是否按规定存储
洪涝灾害	1. 河堤、排水渠、下水道、拦水坝等设施是否完好 2. 低洼地带是否存在车辆随意停放、临时建筑搭建等情况 3. 是否有建筑、临时设施等堵塞泄洪河道的情况 4. 洪涝淹没区是否存在违规电力设施、建筑垃圾等倾倒现象 5. 公共设施是否有洪灾时漏电风险 6. 排洪区域是否存在违规作业（挖沙、非法建筑等）现象 7. 老旧桥梁等建筑设施是否存在风险
地质灾害	1. 地质灾害监测点是否出现异常现象（树木倾斜、检测标识异常、裂缝增大、有落石/地下水浑浊等现象） 2. 泥石流易发河道是否存在堵塞、违规建筑等情况 3. 受地质灾害影响路段、房屋是否有足够的防护设施及管理机制 4. 疏散路线是否畅通 5. 应急避险点是否完好
台风	1. 老旧建筑及附属设施（围墙、临时建筑、外装饰等）是否有危害性 2. 高层建筑、广告牌等是否有易倾倒及跌落风险 3. 临时建筑、工地等高危场所是否有坍塌风险 4. 室外疏散通道是否堵塞 5. 室内应急避难场所的设施是否完善 6. 排水沟、河堤等是否通畅完好
病原性传染病	1. 是否存在野生动物交易/抓捕/食用现象 2. 环境卫生是否存在死角，垃圾/下水道等管理是否有漏洞 3. 是否存在假冒伪劣食品加工/交易现象 4. 餐厅/学校食堂等卫生是否达标，食材有无腐败/存放不妥
交通事故	1. 交通事故易发路段的标识牌/红绿灯/路障设施等是否完善/合理 2. 易结冰路面是否有结冰现象 3. 停车场的管理设施及机制是否完善，是否存在隐患点 4. 易发生事故路段的执勤/协管志愿者是否有风险
意外伤害	1. 家具或设备有突出棱角 2. 接线松开或损坏 3. 是否有高空坠物 ……

3. 城市社区风险地图

社区风险地图是通过图像标识把风险、灾害事故等信息反映在地图上，将灾害风险视觉化、形象化，以达到提高公众安全意识、减轻风险的目的。

经过充分的社区风险排查工作后，采用人工绘制、数字化绘制等方式绘制社区的历史重大灾害图和现实隐患图，数字化绘制的社区风险地图可以增加脆弱人群分布、脆弱设施分布、应急物资分布等更多与社区风险有关的信息地图。

（二）城市社区隐患治理

城市社区隐患治理是减轻灾害事故风险的关键步骤。对于风险排查中发现的隐患，应先进行科学分类，再针对性地进行治理。通常，可将社区灾害事故隐患分为以下四类：

（1）需工程类治理的隐患。即需要采用工程性措施进行治理的隐患，如土坡滑塌、老旧建筑排危、地面下陷等。这类隐患的治理通常需要向上级相关单位汇报，争取公共资源并动员社区资源配合治理工程实施。

（2）需健全管理的隐患。即由于社区安全日常管理疏忽造成的安全隐患，如消防通道封闭、危险警示牌损坏或缺失等。这类隐患通过加强社区安全日常管理、开通居民举报和监督渠道等方式即可治理。

（3）涉及居民家庭的隐患。该类隐患治理具有较高的挑战性，需要社区居民高度配合。大部分情况下，社区工作人员需要进入居民住所、办公场所等私人领域开展工作，例如更换老化电路、整顿私拉电线等。

（4）其他隐患。如区域性重大事故灾害、输入性疫情隐患等。需要与周边社区、上级主管单位等协同治理。

三、城市社区应急救援资源储备

社区灾害事故应对中，充足的应急救援资源储备可保障应急救援和生活救助的顺利推进，有效降低突发公共事件对社区居民生命财产带来的危害。灾害事故发生时，尤其是重大自然灾害，往往会造成交通受阻、通信不畅等问题，依赖外部救援物资和人员的救援可能会错过最佳救援时机，使救援工作严重滞后。因此，为了能使应急工作人员和物资快速抵达受灾现场，社区应急救援资源的储备主要是以社区为中心划定的一定邻近区域内的救援队伍、救援机构、应急装备和物资等本地实物应急资源。

社区应急救援资源储备工作主要包括三部分内容：一是通过调查分析，确定所在社区灾害风险特点和救灾应急资源的需求；二是摸清所在社区邻近区域内可调度的已有的应急救灾资源，编制应急资源储备清单，应急资源储备清单的编制主要包括可实施救援机构、应急装备和物资、应急队伍三个方面；三是根据社区应急资源摸底情况，制定针对性的应急资源配备方案。

（一）社区灾害事故救援的主要机构

当社区遭受重大灾害事故时，附近的医院、公安派出所、消防中队、基础设施维护和维修站点等，都是可以快速响应并提供救援的机构。上述机构承担着专门的应急救援职责，可以迅速处置各类突发事件所引起的应急救援、生命抢救、秩序维护等职责。除此之外，社区周边的一些其他机构，如解放军、武警部队、警察机构、大型企事业单位、红十字会、志愿者协会等，亦可全力协助社区落实灾害应急准备、紧急救援和群众转移等应急救援工作。编制好社区应急救援机构清单，有助于灾害事故发生时应急救援工作的快速开展，为社区居民得到及时高效的救助提供保障。社区应急救援机构清单样表见表 17-3。

表 17-3 社区应急救援机构清单样表

序号	机构名称	应急职务	地点	联系人	联系方式

（二）社区应急救援装备和物资

应急救援装备和物资储备不足，反映的是忧患意识的欠缺。社区安全和应急管理者应该有物资储备意识，确保有充足的应急救援物资储备来应对社区灾害事故的发生，避免陷入慌乱无序和物资总量不足的困境。为防止应急救援物资储备过度和浪费现象，社区应急救援装备和物资储备应整合社区及社区周边资源，与社区周边企业、商户等开展合作，建立应急装备和物资联合储备机制。同时，开展宣传培训，鼓励社区居民做好家庭应急物资储备工作。

根据社区灾害风险的特征，列出应急救援装备和物资需求清单，并对社区周边现有的应急救援装备和物资需求清单进行详细摸底。如有高层建筑的社区应对举高消防车的数量和所在单位进行调查，以备高层建筑发生火灾时能够派上用场；社区周边工地上可供使用的挖掘机、起重机、推土机等施工设备，当面临重大房屋倒塌等事件时，可迅速提供救援；除此之外，常见的社区应急救援装备和物资还有灭火器、液压千斤顶、应急灯、警示带、喊话器、防毒面具、斧头、铁铲、手电筒、急救箱、雨衣、雨鞋、食物等。社区应急救援装备和物资清单样表见表 17-4。

表 17-4 社区应急救援装备和物资清单样表

序号	设备（物资）名称	规格型号	数量	地点/单位	联系人及电话	备注
1	液压千斤顶	5t	5 台			
2	充电手电筒	SCD4/3800	25 把			
3	连体防化服	大中小	100 件			
4	…					

（三）社区应急救援队伍

重大灾害事故应急救援，既是物资保障战，又是人力组织战。社区应急救援队伍由社区应急专职工作者、应急专家、企事业单位人员、专业技术人员、社区志愿者与居民代表等构成。

四、城市社区应急预案的编制和演练

为有效应对社区区域内发生的各类灾害事故，及时开展应急救援工作，最大限度地减少灾害事故造成的人员伤亡和财产损失，做到防患于未然，社区应急预案的编制和演练显得尤其重要。社区应急预案的编制通常是在充分的社区风险排查、灾害事故分析、应急资源分析等工作的基础上，由社区安全与应急管理人员、应急救援队伍、社会力量组织、社区居民代表等其他负有社区应急责任的人员共同研讨、编制而成。

（一）社区应急预案的编制

1. 社区应急预案的内容

不同社区的应急预案可能不尽相同，但总体来说，社区级应急预案都具有相似的内容结构，通常包括以下部分：

（1）修订记录、前言、目录：修订记录应包括修订时间、修订人、修订内容等。

（2）社区基本情况：社区的地理位置、人口信息、交通、社会经济基础等基本情况概述。

（3）组织架构：明确指挥协调、预警预报、隐患排查、转移安置、物资保障、信息报告、医疗救护等组别的职能和分工。

（4）风险评估：社区常见灾害风险评估、脆弱人群统计、脆弱设施统计，以及结对帮扶责任分工。

（5）社区风险地图：标注社区主要灾害风险、应对资源、应急避难场所、疏散路线等信息。

（6）预警发布：明确预警信息发布方式和渠道，便于居民接收。

（7）预案启动：明确启动预案的条件和程序。

（8）主要应急响应流程：明确不同突发事件、不同灾害事故损失情况下的应急响应流程。

（9）应急演练方案：明确应急预案的演练方式、频次、组织方式等。

（10）社区可用应急资源：统计社区综合应急救援队及其他应急人员的信息、可用商业资源信息、运输资源信息及其他社区应急资源信息。

（11）通信：应急状态下的通信方式及信息系统约定。

（12）预案维护及相关附件。

2. 社区应急预案编制注意问题

在社区编制预案过程中，必须特别关注以下重要事项：

（1）考虑社区所在街区制定的长期发展规划和战略计划，这些规划和计划是所在社区应急预案的重要内容。

（2）受灾期间没有时间制定预案，也没有时间与其他响应人员研究或更改预案。

（3）任何突发事件都发生在具体的地方，突发事件的问题永远是基层社区首先面对的问题，社区必须准备好应急预案和所有可利用的资源。

（4）灾害情况可能会很快超出所在社区的应对能力，此时，与邻近社区协调一致、互相支援非常重要。能够随时将社区情况通报所在地区的应急管理部门是非常关键的步骤。

（5）预案编制要针对全部灾害。无论人们出于什么原因（火灾、危险物质、洪水、传染病等多种突发事件）离开家园，他们都需要避难所、食物、防护物资和医疗救助。因此，制定应急援助预案时，应当考虑各种可能影响社区居民的灾害。

（6）预案应该详细且扼要。

（7）训练或演习预案。当灾害发生时，将没有时间考虑预案是否完备，因此要对预案作训练或演习。

（8）预案需要定期更新和检查。当住户迁居、电话号码变更、社区人口和建筑物改变时，都应对预案进行修改。应急管理部门建议，对预案的各部分检查核对应该至少每两年一次，对通告名单和资源手册的检查核对至少一年一次。

预案编制过程是困难而且繁杂的。重要的是社区应急管理人员和预案编制小组要牢记，预案的目的是保护社区居民安全。在各种预案汇总过程中，编制小组将可以评估出当前社区具备的应急救援能力，同时也会发现当前社区存在的应急救援能力的不足，这是编制救援预案所要发现的重要问题，并要为此采取进一步措施，以补足救援能力的欠缺。

（二）社区应急预案的演练

社区应急预案演练是指社区安全和应急管理组织机构联合社区居民针对社区突发事件，依据社区应急预案中规划的各相关方的应急职责和任务开展的一系列排练预演活动。社区应急预案的演练有利于及时发现和修订预案中的缺陷和不足、厘清相关组织机构和人员的职责以及掌握社区应急响应人员对应急预案的了解程度和实际操作能力。

社区应急预案演练通常分为桌面演练和实战演练两大类。

1. 桌面演练

桌面演练是指由社区应急组织机构的代表或关键岗位人员参加的，按照应急预案及其标准工作程序讨论紧急情况下应采取行动的演练活动。桌面演练的主要特点是对演练情景进行口头演练，一般是在会议室内举行。主要目的是锻炼参演人员解决问题的能力，以及解决应急机构组织相互协作和职责划分的问题。通常，桌面演练后会对演练活动中发现的问题进行总结并提出整改建议。相对来说，桌面演练具有成本低、效率高的特点。

2. 实战演练

实战演练是以现场实战操作的形式开展演练活动。参演人员在社区真实环境下，根据演练情景要求，完成应急响应任务。实战演练相当于桌面演练的实战演示，也是对社区应急预案的实践检验。

五、社区安全知识科普宣传与教育

目前，我国城市社区居民的安全知识欠缺，防范意识还比较薄弱。提高广大社区居民的安全防范意识，是社区安全防范工作面临的一项紧迫任务。进行深入广泛的安全防范宣传教育是提高社区群众防范意识最基本的措施和途径。社区安全的维护不能仅仅依靠政府和社区管理者，更需要依靠群众的广泛参与。对社区居民开展安全防范的宣传教育，提高其安全防范意识和能力，可有效预防和减少社区各类安全事故的发生，为社区营造一个良好、安全的生活环境。

（一）社区安全防范宣传教育的内容

社区安全防范宣传教育的内容概括起来包括道德宣传教育、法制宣传教育和安全防范知识技能的宣传教育。

1. 道德宣传教育

道德是人们共同生活及其行为的准则和规范。一般来说，一个道德品质高尚的人是不会走向违法犯罪道路的。违法犯罪率上升，治安秩序混乱，遇到违法犯罪的人或事充耳不闻、视而不见，这是社会道德水准低下或下降的表现。因此，进行道德教育是社区安全防范宣传教育的一项重要任务，也是预防违法犯罪的第一道防线。

2. 法制宣传教育

法制宣传教育是增强社区群众法律意识和法制观念的重要手段，也是预防和减少违法犯罪行为的有力武器。结合普法教育，利用典型案例，用活生生的事实对全体社区居民进行深入广泛的法制教育。通过教育，使广大社区群众明确社会主义法律的本质，明确公民的权利和义务，明确罪与非罪的界限，明确道德、纪律和法律的关系，并自觉用法律这一武器来维护国家利益和个人的合法权益，用法律武器来同各种违法犯罪活动进行斗争。

3. 安全防范知识技能的宣传教育

针对社区治安形势和灾害事故的特点，对广大社区居民开展违法犯罪、灾害事故防范等一系列安全知识技能的宣传教育。安全防范知识技能的宣传教育主要包括社区安全防范制度、安全防范意识教育和安全防范技能教育三个方面。

（二）社区安全防范宣传教育的方式

社区安全防范宣传教育形式的选择和使用，直接关系到宣传教育效果的好坏。目前，社区安全防范宣传教育方法多种多样，如纸质宣传材料、电视广播、互联网、手机短信微信、安全讲座、应急演练和互动体验游戏等。不同的宣传教育方式，获得的效果也不尽相同，常见的社区宣传教育方式优缺点见表 17-5。

表 17-5 社区宣传教育方式优缺点

宣传教育方式	优　点	缺　点
宣传栏	1. 居民可见度高，覆盖面广 2. 关键信息与内容可以随季节更新且可长期固定宣传 3. 成本极低	1. 张贴内容容易被覆盖 2. 信息量有限 3. 部分居民对宣传栏内容仅仅大致浏览甚至直接忽略 4. 宣传栏的形式、位置等也影响宣传效果

表 17-5（续）

宣传教育方式	优　点	缺　点
传单/海报	1. 形式、内容非常灵活 2. 队员参与度高 3. 发放数量容易量化统计	1. 有效阅读率难以评估 2. 信息量有限 3. 与居民之间难以形成互动
讲座/宣传演出	1. 内容丰富翔实 2. 形式活泼，能吸引社区居民参与及互动 3. 宣传效果较好，对行为改变更有效	1. 需要找到优秀的专业讲师，进行大量排练 2. 制作培训教案、演出内容 3. 成本较高 4. 影响人群数量有限
应急演练/互动体验游戏	1. 互动效果最好，能吸引社区居民参与 2. 体验效果好，对行为改变更有效 3. 单项宣传内容能给人留下深刻的印象	1. 对队员及组织者的要求都很高 2. 社区居民的组织参与难度比较大 3. 成本较高，影响人群数量有限，更适合提高技能
家校联动/社企联动的传播活动	1. 形式、内容丰富灵活 2. 学校/企事业单位的高效组织对传播效果的提高非常有帮助 3. 互动性较好，成本可控 4. 社区居民覆盖面也比较广	1. 最需要帮助的脆弱人群、外来务工人员等可能被排斥在外 2. 前期与学校、企事业单位的沟通协同成本较高 3. 对组织者的挑战较高
微信群/贴吧等社交媒体传播	1. 随时传播、内容丰富 2. 可触及人群广泛，传播效率高 3. 网络资源丰富，线上也可以互动传播	1. 维护小区居民的微信群难度较大，老年人群难以触及 2. 网络咨询的内容良莠不齐，需专业人士参与辨识

第三节　城市社区安全管理方法和防范措施

伴随城镇化进程快速推进，城市社区居民服务需求、利益诉求呈现出多元化、多样化特征，传统社区管理方法和技术难以满足社区居民对社会服务的新期待和新要求。国内部分发达城市积极探索，在社区安全管理方法和措施方面大胆尝试和创新，为社区安全管理提供了新思路、新方法和新技术。

一、城市社区网格精细化管理方法

（一）城市社区网格精细化管理方法内涵

社区网格精细化管理是一种基于互联网发展所产生的新型治理模式，这种治理模式是在社区大格局不变的基础上，将辖区划分为若干网格，对网格中社区事件、部件实施精细化管理，从而达到提高管理效率、化解基层社区社会矛盾、稳定社会的目的。总体来说，网格精细化管理包括以下几大基本要素：一是信息技术的运用；二是寓管理于服务的人本理念；三是社会协同的运作机制；四是协调统一的组织机构；五是资源共享的服务平台；六是权责统一的服务团队。

社区网格精细化管理以其科学高效、多角度、全方位的服务不断满足新形势下居民多样化的需求，合理有效地解决了目前社区管理存在的难点、热点问题，已成为当前各大城市最热门的社区管理方式之一。当前，我国城市社区网格化管理主要体现出标准化、民主化、信息化和动态化特征。

（二）城市社区网格精细化管理运行机制

1. 治理机制：从实现城市社会清晰性到网格治理平台化

网格化管理初期旨在利用网格划分和信息化技术手段，提升城市社会的清晰性，即将城市社会以信息化、数据化的形式清晰地呈现出来，有效解决城市治理中的信息模糊性和不对称性问题。网格化管理中后期致力于构建网格一体化治理平台，推进社区管理数据互联互通，实现城市治理向信息化、智慧化方向发展。

2. 党建机制：支部建在网格上

在城市网格化管理实践中，各地纷纷通过将党组织和党员嵌入网格，发挥好党建引领作用。一是在组织体系上，形成了从区委、街道工委、社区党组织到网格党组织的四级网格党组织体系，发挥领导作用；二是在人员配置上，一般任命社区工作站负责人或居委会书记担任网格党组织书记，领导网格其他成员开展工作，充分发挥党员的先锋模范作用；三是在工作方法上，支部书记负责组织网格员学习党的思想，并对其进行督促和检查，以及时了解居民诉求、解决居民问题；四是在服务项目上，各地党建服务中心（站）通过开展“党员凝聚”活动提供民生服务项目等方式，加强和促进党群关系。

3. 管理体制：一体化指挥

为提高网格化管理效率，多地政府将城市管理监督中心（公共安全指挥中心）更名为网格化服务管理中心（简称网格中心），并在该中心设指挥大厅，实现监督权和指挥权的统一。负责本级网格化服务管理事项监督评价与统筹协调指挥工作，强化对本级层面突发事件和涉及面广、影响大的重点难点问题的统一指挥调度、统一处置和统一反馈评价，实现一体化运行。

4. 反馈机制：一口受理

网格化管理通过整合问题反馈渠道、业务处理流程，实现公众问题或意见的“一口受理”，将事件统一在网格化系统中分类流转、派遣处理、反馈评估、监督反馈，有利于及时有效地回应公众诉求、及时派遣任务给相关责任部门，高效率地解决问题。

5. 参与机制：多元主体全程参与

网格不再仅仅是一个行政管理空间，而是聚集了社区居民、街道干部、社区负责人、驻区单位人员、志愿者、社会组织等多种社会力量，成为一个多元主体参与城市服务管理工作的载体。在多元主体的参与下，网格将城市管理与服务的功能融合起来，同时通过网格实现对公共事务的全过程参与。

（三）城市社区网格精细化管理运行技术与方法

将城市社区管理纳入智能化发展轨道，以智能化推进城市社区精细化管理已成为一种普遍共识。以北京东城区为例，其采用空间网络技术创建单元网格，利用地理编码技术将社区部件清晰地标注在地图上，实现对社区部件分类、分项管理。同时依托“数字城市”核心技术，创建全新的信息实时传递方式，将现代信息技术全面应用于北京东城区社区管理，基于无线网格技术，实现信息源的全方面采集、信息数据共享。总的来说，目前应用于城市社区网格精细化管理的技术主要包括空间信息技术和管理信息技术两个方面。空间信息技术是以 Web GIS 为代表的，如遥感、卫星定位、地理信息系统和计算机网络等数据获取、处理、共享、虚拟、传输等技术；管理信息技术则是以 Web MIS 为代表的企业资源规划、客户关系等基于空间位置的服务技术。

二、城市社区安全防范措施

当今犯罪分子作案手法日新月异，社区安全防范措施的重要性日益凸显。维护社区安全，应构建社区安全“人防、物防、技防”三防控制体系，以提升社区安全防范水平。

（一）城市社区安全人力防范

社区安全管理措施中人力防范起首要作用，人力防范措施可主动预防、消除各种违法犯罪和治安灾害事故的发生。社区安全人力防范措施最常见的有社区门卫、巡逻。

1. 社区门卫

社区门卫是指依据国家的有关法律、法规、政策和社区内部规章制度对出入大门的人员、车辆和物资进行严格检查、验证和登记的一系列工作过程。具体来讲社区门卫的任务包括以下四个方面：一是对进出人员严格控制，门卫对进入社区人员身份进行严格检查，并履行登记手续，防止不法人员混入社区；二是对出入物品的检查，门卫应当对出入社区的物品、物资进行严格检查，以防止危险物品运入社区和社区内部物资流失；三是对进出口秩序的管理，门卫应当疏导进出大门的车辆和人员，保持大门畅通有序；四是对可疑情况进行处置，门卫应当对在工作中发现的可疑人、可疑事、可疑物品提高警惕，及时报告公安机关或社区保卫组织，并做好配合处置工作。

2. 社区巡逻

社区巡逻是指社区安全保卫人员，在特定区域内采取巡回观察方式，掌握区域内的各种治安情况，发现、纠正和处置扰乱公共秩序以及妨碍公共安全等各种违法犯罪行为的一种安全管理措施。其具体作用体现在以下三个方面：一是可有效预防社区违法犯罪活动的发生，社区安全巡逻人员对违法犯罪分子能起到威慑作用，使其打消犯罪念头，若在巡逻过程中发现犯罪可疑人员，可立即采取措施制止并移送公安机关；二是可及时消除不安全因素，巡逻过程中发现安全风险和隐患，及时通知相关部门或工作人员改进，避免安全案件、事故发生；三是起到警戒案件或事故现场的作用，巡逻中若遇见案件或事故，应及时报告公安机关并布置警戒，维持秩序，同时做好现场应急救援工作。

（二）城市社区安全物力防范

社区人员流动大，物业人手不足，治安事件时有发生，一直以来都是社区普遍存在的问题，物力防范是社区安防的必要手段之一。社区安全物力防范是针对犯罪分子采取破门、撬锁、爬墙、越窗等非法手法入室作案的特点，通过改善居民住宅门窗、围墙、阳台等设施，预防和减少室内案件发生的重要措施。在社区内常用的物力防范设施主要有楼宇对讲电控门、防盗门、防盗窗、防攀爬设施、围墙等，见表17-6。社区各单位与社区居民可以根据自身的具体情况，选择安装物力防范设施，提高自身的安全系数。

表17-6　常见社区安全物力防范设施

设施名称	特　征
楼宇对讲电控门	通过对讲和主人应答开门的方式判断访者身份，可以控制外来人员随意出入，有效防止非法人员进入住宅楼内
防盗门	具有防御入侵功能的铁制门，可防止犯罪分子踢门、撞门、撬门入室作案。常见的有栅栏式防盗安全门和复合式防盗安全门
防盗窗	安装于窗户外围或内部，用于防止犯罪分子入侵的防护装置。常见的有防盗栅栏、防盗包笼和窗滚帘式防护罩
防攀爬设施	在某些犯罪分子易入侵的地方安装带刺的铁丝网或者有尖头的铁栅栏，阻挡犯罪分子攀登入室
围墙	围墙是围绕住宅设置的护卫建筑物。围墙可以用于阻断住宅与外界的通路，防止无关人员随意出入住宅区，从而维护住宅区的正常秩序。常见的有栅栏式围墙和砖砌围墙

（三）城市社区安全技术防范

社区安全技术防范的采用可以弥补社区安全管理中人力、物力防范的不足，大大提高社区的安全系数和社区安全管理部门处置突发情况的能力。比如社区安装报警装置可以第一时间发现犯罪可疑人物，杜绝犯罪行为发生；社区火灾自动报警系统能及时发现火情并报警，使得火灾被迅速扑灭，减少可能造成的人员伤亡和财物损失。目前，社区安全保障常见的物力和技术防范系统可分为社区防盗报警系统、社区消防报警灭火系统和社区图像监控系统三大类。

1. 社区防盗报警系统

社区安全保障仅仅依靠人力和物力来保护人民生命财产安全是不够的。随着科技进步，现代化高科技的红外线、电子、微波、超声波、光电成像以及精密机械等技术被广泛应用于社区安全防范中。基于以上技术研发的社区防盗报警系统可有效防止违法犯罪分子入室盗窃活动，当某人未经许可闯入某一特定范围时，防盗报警设施就能及时发现并发出准确的报警信号，提醒保卫人员采取措施，制止违法犯罪。

防盗报警系统负责建筑内外各个点、线、面和区域的探测任务，一般由探测器、控制器和报警控制中心三部分组成。探测器的工作原理是利用声控、光感或振动传感器探测周围环境的异常并发出声光警报，同时向控制器发送信息。控制器负责下层设备的管理，同时向控制中心传送自己所负责区域内的报警情况。

2. 社区消防报警灭火系统

火灾是社区发生频率较高的灾害，无论电气设备、装修材料，还是内部陈设，都有可能引发楼宇火灾，导致人员伤亡和财产损失。而火灾最容易发生在人群稠密和物资集中的地方，其损失尤以高层和超高层建筑为大。所以，社区消防报警灭火系统的应用越来越突显其重要性。

火灾自动报警及灭火系统是火灾自动报警系统和各类自动灭火系统的统称。火灾自动报警系统主要由火灾探测器、信道、报警控制器、报警器等组成。自动灭火系统主要有自动喷水、卤代烷、泡沫、二氧化碳、干粉灭火系统等。社区火灾自动报警及灭火系统的使用，能够准确发现社区内的火灾并迅速发出报警信号，保证灭火人员以最快速度采取正确适当的措施灭火。目前，市面上一些比较先进的消防报警灭火系统在发生火灾后，除了能进行火灾自动报警以外，还能自动启动火灾广播通讯，指导人群安全疏散，并具备消防排烟与联动控制、自动灭火功能，最大限度地减少由于火灾造成的人员伤亡与物资损失。

3. 社区图像监控系统

图像监控系统作为一种先进的、防范能力极强的综合系统，已经被广泛应用于社区安全领域，成为保护社区安全的重要手段。它通过遥控前端摄像机及其辅助设备（镜头、云台等）直接观看被监视场所的一切情况，通过对图像分析处理，进行图像报警，以防止偷窃、预防火灾发生。社区图像监控系统的安装与使用可以提高社区安全管理水平，有助于社区管理者充分了解社区动态，实现对整个社区的实时监控和记录。当发生异常情况时，与周界防盗报警系统及住宅室内报警系统联动的图像监控系统还能自动弹出异常情况发生区域的画面，并进行记录，从而实现对社区的重要区域进行全方位监视，提高防范效果。

社区图像监控系统依功能可以分为摄像、传输、控制和显示与记录四个部分。摄像部分是安装在现场的用于摄取现场情况的设备，它包括摄像机、镜头、防护罩、支架和电动云台，它的任务是对被摄体进行摄像并将其转换成电信号。传输部分的任务是把现场摄像机发出的电信号传送到控制中心，它一般包括线缆、调制与解调设备、线路驱动设备等。控制部分是社区图像监控系统中的核心设备，由总控制台组成，系统内各设备的控制均是从这里发出和控制的。控制台是由视频分配放大器、视频矩阵切换器、控制键盘、画面分割器、长延时录像机等设备组合而成，主要完成视频信号放大与分配、校正与补偿、图像信号的切换、图像信号的记录、摄像机及辅助部件的控制等。显示与记录部分把从现场传来的电信号转换成图像在监视设备上显示，如果有必要用录像机录下来，所以它包含的主要设备是监视器和录像机。

图像监控系统安装在社区的主要出入口、主干道、主要路口、周界围墙或护栏、停车场出入口、电梯轿厢，设备机房及其他重要区域。例如，在南京市聚福苑小区，装置在该小区内的图像监控系统通过与江东派出所联网，使警方如同安上了“千里眼”“顺风耳”，小区的任何风吹草动都随时处于派出所的监控之中。居民们反映，一般小偷小摸的人不敢进来，他们在这里生活感觉很安全。

【本章重点】

1. 社区的概念、基本特征。社区是指在一定地域内发生的各种社会关系和社会活动，具有特定的生活方式，并具有归属感的人群，所组成的一个相对独立的社会实体。通常，社区构成的基本要素包括：一定数量的成员，一定范围地域，一定类型的组织，成员之间存在社会互动，存在共同的需求和利益以及共同的依附归属感。

2. 城市社区安全管理的特点和原则。城市社区安全管理具有区域性、群众性、综合性和长期性特点。城市社区安全管理应遵循“政府主导，社会参与”“以人为本，科学规划”“以防为主，防治结合”“统筹兼顾，突出重点”四项基本原则。

3. 城市社区安全风险辨识和隐患排查内容。城市社区安全风险辨识和隐患排查工作大致可分为资料搜集和实地排查两个阶段。资料搜集阶段是利用多种手段对社区自然灾害、事故灾难、公共卫生事件、公共安全事件等安全风险和隐患底数进行盘底；实地排查阶段则是基于前期对社区安全风险的摸底情况，对风险和隐患进行实地排查核实。

4. 社区应急预案编制的内容及编制时应注意的问题。社区应急预案编制应结合社区长期发展规划和战略计划，利用好所有可利用的物质资源和人力资源，对各种可能发生的灾害作出及时有效的控制性对策。预案应详细扼要，并不断通过作训和演习定期检查预案的有效性。

5. 社区主要的安全防范措施。社区安全防范措施主要包括人力防范、物力防范和技术防范三个方面。社区安全人力防范措施最常见的有社区门卫、巡逻等；社区安全物力防范措施主要有楼宇对讲电控门、防盗门、防盗窗、防攀爬设施、围墙等；社区安全技术防范系统则包括社区防盗报警系统、社区消防报警灭火系统和社区图像监控系统三大类。

【课后习题】

1. 什么是社区？简述社区的基本特征、要素、类型。
2. 社区面临的常见安全问题有哪些？
3. 简述社区安全管理的特点和原则。
4. 常见的社区安全管理组织有哪些？
5. 简述社区常见的安全风险和隐患。
6. 简述社区网格精细化管理的内涵、基本要素。
7. 简述社区安全管理人防、物防、技防措施。

参 考 文 献

[1] 美国宾夕法尼亚州紧急事务管理局．应急管理协调人员手册［M］．赵勇，苗崇刚，侯建盛，译．北京：地震出版社，2007.
[2] 计雷，池宏，陈安，等．突发事件应急管理［M］．北京：高等教育出版社，2006.
[3] 郭济．政府应急管理实务［M］．北京：中共中央党校出版社，2004.
[4] 李立国，陈伟兰．灾害应急处置与综合减灾［M］．北京：北京大学出版社，2007.
[5] 刘茂，张青松．城市公共安全：理论方法与应用［M］．北京：中国石化出版社，2014.
[6] 张沛，潘峰．现代城市公共安全应急管理概论［M］．北京：清华大学出版社，2007.
[7] 郑振宇．从应急管理走向公共安全管理：应急管理发展的必然趋势［J］．福建行政学院学报，2008（6）：24-29.
[8] 罗伯特·希斯．危机管理：美国公司主管和公用事业机构官员的案头经典［M］．王成，译．北京：中信出版社，2004.
[9] Ulrich Beck. Risk Society：Towards a New Modernity［M］. London：Sage Publications，1992.
[10] 战俊红，张晓辉．中国公共安全管理概论［M］．北京：当代中国出版社，2007.
[11] 刘跃进．国家安全学［M］．北京：中国政法大学出版社，2004.
[12] 房广顺．和谐世界理论与中国外交观念创新研究［M］．北京：北京师范大学出版社，2014.
[13] 薛澜，彭宗超，张强．公共管理与中国发展：公共管理学科发展的回顾与前瞻［J］．管理世界，2002（2）：43-56.
[14] 李军鹏．公共服务型政府［M］．北京：北京大学出版社，2004.
[15] 王振海，陈洪泉．城市公共安全管理［M］．青岛：中国海洋大学出版社，2005.
[16] 夏保成．美国公共安全管理导论［M］．北京：当代中国出版社，2006.
[17] 钱洪伟．我国应急管理教育事业发展现状与展望［J］．中国急救复苏与灾害医学杂志，2019，14（10）：911-915.
[18] 乌尔里希·贝克．风险社会［M］．何博闻，译．南京：译林出版社，2004.
[19] 王古军，刘海霞．公共安全管理［M］．北京：群众出版社，2011.
[20] 沈曙铭．浅谈突发公共卫生事件与应急管理［J］．实用口腔医学杂志，2020（2）：153-156.
[21] 钟开斌．中国应急管理体制的演化轨迹：一个分析框架［J］．新疆师范大学学报，2020（6）：73-89.
[22] 洪毅．加强政社合作　推进公共安全治理［J］．中国应急管理，2014（10）：13-15.
[23] 饶彩霞．我国公共安全管理体制的问题与对策研究［J］．北华大学学报，2012（2）：139-141.
[24] 费欢．特大城市公共安全风险管理比较与借鉴［J］．中国公共安全，2018（1）：33-40.
[25] 龚维斌，宋劲松．提高我国事故灾难应对能力的对策建议［J］．社会治理，2016（3）：59-61.
[26] 李照雨．国外社会安全事件行政问责的经验及启示［J］．北华大学学报，2014（15）：116-119.
[27] 张超，徐凤娇，王皖，等．城市安全风险评估标准中的关键问题研究［J］．标准科学，2021（7）：54-60.
[28] 薛澜．新时代我国应急管理工作面临的挑战［J］．人民周刊，2020（7）：88-89.
[29] 闪淳昌，周玲，秦绪坤，等．我国应急管理体系的现状、问题及解决路径［J］．公共管理评论，

2020，2（2）：5-20.
[30] 孙典，薛澜，张路蓬．新兴技术风险感知扩散机理分析［J］．科学学研究，2021，39（1）：2-11.
[31] 孔锋，薛澜，徐永莉．国家安全学：从理解核心概念到设计发展路径［J］．中国应急管理科学，2020（1）：14-26.
[32] 薛澜．学习四中全会《决定》精神，推进国家应急管理体系和能力现代化［J］．公共管理评论，2019（3）：33-40.
[33] 闪淳昌．坚持总体国家安全观 防范化解社会领域重大风险［J］．劳动保护，2019（4）：10-13.
[34] 薛澜．用好应对疫情的经验教训［J］．吉林劳动保护，2020（5）：4.
[35] 刘奕，张宇栋，张辉，等．面向2035年的灾害事故智慧应急科技发展战略研究［J］．中国工程科学，2021，23（4）：117-125.
[36] 中国天气网，国家气候中心．中国旱涝五百年：1470—2018［EB/OL］．［2021-08-11］．http：//tq121. weather. com. cn/sciname/modules/datanew/pc/index. html.
[37] 水利部．2019中国水旱灾害防御公报［EB/OL］．（2021-04-09）［2021-08-22］．http：//mwr. gov. cn/sj/tjgb/zgshzhgb/202104/t20210409_ 1513262. html.
[38] 国务院新闻办公室．国新办举行防汛救灾工作情况发布会［EB/OL］．（2020-08-13）［2021-08-12］．http：//www. scio. gov. cn/m/xwfbh/xwbfbh/wqfbh/42311/43459/index. htm.
[39] 邓诗琪．气候变化背景下城市社区雨涝灾害韧性测度研究［D］．南京：南京工业大学，2018.
[40] 闪淳昌．防灾减灾与应急管理［J］．安全，2018，39（7）：1-4.
[41] 吴晓，吴宜进．基于灰色关联模型的山地城市生态安全动态评价：以重庆市巫山县为例［J］．长江流域资源与环境，2014（3）：385-391.
[42] 自然资源部．去年我国共成功预报地质灾害534起［EB/OL］．（2021-01-18）［2021-08-15］．http：//www. mnr. gov. cn/dt/ywbb/202101/t20210118_ 2598832. html.
[43] 马寅生，张业成，张春山，等．地质灾害风险评价的理论与方法［J］．地质力学学报，2004，（10）：7-18.
[44] 薛澜．创新驱动发展与政府治理体系建设［N］．中国社会科学报，2021-01-15（003）．
[45] 王翠娟．城市安全发展如何解决系统脆弱性问题［J］．安全与健康，2018（9）：14-18.
[46] 张文文．第六讲 生产安全事故的应急救援与调查处理［J］．劳动保护，2002（10）：18-20.
[47] 宋卫国，王强，王健，等．葫芦岛市城市火灾分布的特点及其对城市火险分析的启示［J］．科技导报，2005（8）：35-37.
[48] 孙莹莹．典型城市的火灾频率-损失分布规律［J］．消防技术与产品信息，2012（12）：52-55.
[49] 应急管理部消防救援局．2020年全国火灾及接处警情况［EB/OL］．（2021-02-01）［2021-08-16］．https：//www. 119. gov. cn/article/41kpo4CAQyv.
[50] 朱豫．未来五年，航行更安全、水域更清洁：交通运输部海事局局长曹德胜谈海事系统“十四五”规划［N/OL］．新华社，2021-06-03［2021-08-16］．http：//www. gov. cn/xinwen/2021-06/03/content_ 5615286. htm.
[51] 交通运输部．2020年城市轨道交通运营数据发布［EB/OL］．（2021-01-06）［2021-08-17］．http：//www. gov. cn/xinwen/2021-01/06/content_ 5577537. htm.
[52] 龚维斌．一起突发事件处置引发的应急管理治道变革：以吉化双苯厂爆炸事故为例［J］．国家行

政学院学报，2015（3）：82-86.
[53] 吴宗之，郭再富．我国城镇化对安全生产管理的挑战及对策研究［J］．中国安全生产科学技术，2014，10（10）：68-74.
[54] 刘铁民．重大突发事件情景规划与构建研究［J］．中国应急管理，2012（4）：18-23.
[55] 刘玮．多灾种重大灾害风险与城市韧性研究：保险机制的嵌入［N］．中国保险报，2019-02-15（004）.
[56] 涂思敏，李东．城市地下管线数据库动态更新管理问题与对策探究［J］．工程建设与设计，2016，12（18）：201-202，206.
[57] 何源．基于空间相似性的城市地下管线空间数据匹配方法研究［D］．南京：南京师范大学，2013.
[58] 龚敏霞，袁赛，储征伟，等．顾及多空间相似性的地下管线数据匹配［J］．测绘学报，2015，44（12）：1392-1400.
[59] 李琳．北京市地下管线系统应急管理技术路线图研究［D］．北京：首都经济贸易大学，2014.
[60] 梁锦明，朱有元．城市快速道路软土路基沉降和侧向位移监控方法［J］．交通科技，2006（2）：65-67.
[61] 奚江琳，黄平，张奕．城市防灾减灾的生命线系统规划初探［J］．现代城市研究，2007，22（5）：75-81.
[62] 全国安全生产标准化技术委员会：生产经营单位生产安全事故应急预案编制导则：GB/T 29639—2020［S］．北京：中国标准出版社，2020.
[63] 霍春龙，包国宪．论公共行政发展过程中的绩效范式变迁及其演化规律［J］．兰州大学学报（社会科学版），2018，46（4）：128-134.
[64] 臧乃康．政府绩效的复合概念与评估机制［J］．南通师范学院学报（哲学社会科学版），2001（3）：25-29.
[65] 尚虎平．一种概念界定的工具：原子图谱法［J］．甘肃行政学院学报，2011（4）：15-29，126.
[66] 孙波．绩效管理：本源与趋势［M］．上海：复旦大学出版社，2018.
[67] 齐格蒙特·鲍曼．流动的现代性［M］．欧阳景根，译．北京：中国人民大学出版社，2018.
[68]［德］乌尔里希·贝克，［英］安东尼·吉登斯，［英］斯科特·拉什．自反性现代化［M］．赵文书，译．北京：商务印书馆，2014.
[69] 张康之．社会治理的伦理重构［M］．北京：中国社会科学出版社，2020.
[70] 理查德·L. 达夫特，多萝西·马西克．管理学原理（英文版·原书第 10 版）［M］．高增安，张璐，马永红，改编．北京：机械工业出版社，2018.
[71] 李海青．制度优势如何转化为治理效能［J］．理论探索，2020（4）：44-49.
[72] 张学本，孔竟．“服务主导逻辑”视角下的新公共治理理论探究［J］．理论界，2020（1）：64.
[73] 简兆权，秦睿．服务主导逻辑：核心概念与基本原理［J］．研究与发展管理，2021，33（2）：166-181.
[74] 敬乂嘉，李丹瑶．访爱丁堡大学史蒂芬·奥斯本（Stephen P Osborne）教授［J］．复旦公共行政评论，2014（1）：236-245.
[75] 敬乂嘉，公婷，苏彩足．公共行政发展：寻找决定性力量［J］．复旦公共行政评论，2014（1）：1-2.

[76] 孟庆国，谷民崇．数据主导逻辑下的公共服务价值共创机理探究［J］．理论探讨，2017（3）：159-164.
[77] 杨冠琼．国家治理体系与能力现代化研究［M］．北京：经济管理出版社，2018.
[78] BOZEMAN B. Public Values and Public Interest：Counterbalancing Economic Individualism［M］. Washington，DC：Georgetown University Press，2007.
[79] 马克·H. 穆尔．创造公共价值：政府战略管理［M］．伍满桂，译．北京：商务印书馆，2016.
[80] 张一洲，王义保．城市居民公共安全需求的层次结构分析［J］．中国应急管理科学，2020（7）：17-22.
[81] 霍春龙．认知分歧与内群偏私：公共政策绩效损失问题研究［J］．兰州大学学报（社会科学版），2016，44（2）：61-67.
[82] 阿尔伯特·班杜拉．思想和行动的社会基础［M］．胡谊，林颖，庞维国，等译．上海：华东师范大学出版社，2018.
[83] 陈春华．协同：数字化时代组织效率的本质［M］．北京：机械工业出版社，2019.
[84] 张康之．论走向合作制组织的结构变革［J］．学习与探索，2019（9）：65-73.
[85] 马佳铮，包国宪．绩效领导：一个从领导者到领导系统的领导绩效分析框架［J］．中国行政管理，2013（2）：7-10.
[86] 包国宪，张弘．政府绩效治理中的协同领导体系构建：超越个体层面的公共领导新发展［J］．行政论坛，2020，27（3）：97-104.
[87] 包国宪，［美］道格拉斯·摩根．政府绩效管理学：以公共价值为基础的政府绩效理论与方法［M］．北京：高等教育出版社，2015.
[88] 罗伯特·卡普兰，大卫·诺顿．平衡计分卡：化战略为行动［M］．刘俊勇，孙薇，译．广州：广东经济出版社，2013.
[89] 方振邦，罗海元．政府绩效管理创新：平衡计分卡中国化模式的构建［J］．中国行政管理，2012（12）：25-29.
[90] 方振邦．构建基于平衡计分卡的政府绩效管理体系［J］．理论学刊，2008（9）：80-85.
[91] 许树柏．实用决策方法：层次分析法原理［M］．天津：天津大学出版社，1988.
[92] 戴维·H. 罗森布罗姆，苗爱民，杨晋．论非任务性公共价值在当代绩效导向的公共管理中的地位［J］．公共管理与政策评论，2012（1）：9-16.
[93] 卢文刚，黄小珍．超大型城市公共安全治理：实践、挑战与应对［J］．中国应急救援，2015（2）：7-12.
[94] 韩新，从北华．超大城市公共安全风险防控的主要挑战［J］．上海城市管理，2019（4）：4-10.
[95] Dong Cheng，XunpengShi，Jian Yu. The impact of green energy infrastructure on firm productivity：Evidence from the Three Gorges Project in China［J］. International Review of Economics and Finance，2021，71：385-406.
[96] Ludovico BulliniOrlandi，AlessandroZardini，CeciliaRossignoli. Highway to hell：Cultural propensity and digital infrastructure gap as recipe to entrepreneurial death［J］. Journal of Business Research，2021，123：188-195.
[97] 童林旭．城市基础设施系统的防灾减灾问题：日本阪神大地震生命线震害的启示［J］．城市发展

研究，2000（3）：8-12，78.
[98] 朱明，薛重生，李丹，等．城市管网数据模型与网络逻辑拓扑关系［J］．地球科学，2005（2）：255-258.
[99] 孙建平，李胜．蒙特卡洛模拟在城市基础设施项目风险评估中的应用［J］．上海经济研究，2005（2）：90-96.
[100] 吴定海，任国全，王怀光，等．基于卷积神经网络的机械故障诊断方法综述［J］．机械强度，2020，42（5）：1024-1032.
[101] 战姿．新冠疫情背景下的国际基础设施发展趋势［J］．国际工程与劳务，2020（9）：50-53.
[102] 金治富．基于主动型方法的一般公路安全风险排查：如何评估风险等级［J］．汽车与安全，2020（7）：58-64.
[103] 周冠禄，江永全，陈锦雄，等．基于卷积神经网络的故障诊断模型振动信号处理方法比较［J］．中国科技论文，2020，15（7）：729-734.
[104] 刘春晓，许宝杰，刘秀丽．时空神经网络滚动轴承故障诊断方法［J］．中国设备工程，2020（13）：147-149.
[105] 王娜，王洪峰．多水源供水系统宏观管网模型及其求解方法［J］．沈阳师范大学学报（自然科学版），2007（4）：461-464.
[106] 丁明，韩平平．小世界电网的连锁故障传播机理分析［J］．电力系统自动化，2007（18）：6-10.
[107] 吴云昌，张翔．浅析城市天然气发展与管理［J］．城市燃气，2006（12）：24-26.
[108] 姚奕颖．城市天然气管网的拓扑优化［J］．煤气与热力，2004（10）：542-546.
[109] 陈真勇，郭丹，何永勇，等．故障模型的可辨识性及其应用［J］．工程力学，2004（5）：57-63.
[110] 王宏伟．城市基础设施应急管理的思考［J］．中国减灾，2008（2）：48-50.
[111] 张艳馥，鲁祥春．城市集中供热项目风险分析及模型的建立［J］．科技咨询导报，2007（7）：52-53.
[112] 霍达，陈艳艳，王光远．生命线网络系统结构设防水平决策遗传算法［J］．土木工程学报，2003（5）：17-21，63.
[113] 刘天适，苏幼坡．遗传算法在城市基础设施系统震后恢复优化中的应用［J］．河北理工学院学报，2003（2）：119-123.
[114] 刘浩广，蔡绍洪，张玉强，等．复杂网络中BA模型及其几种扩展模型的比较［J］．贵州大学学报（自然科学版），2007（5）：473-478.
[115] 邓歆，孟洛明．基于贝叶斯网络的通信网告警相关性和故障诊断模型［J］．电子与信息学报，2007（5）：1182-1186.
[116] 翁文国，倪顺江，申世飞，等．复杂网络上灾害蔓延动力学研究［J］．物理学报，2007（4）：1938-1943.
[117] 朱力．当代中国社会问题［M］．北京：社会科学文献出版社，2008.
[118] 谢贵平．认同建构与边疆民族地区社会安全治理［J］．西南民族大学学报（人文社科版），2019，40（9）：31-37.
[119] 余潇枫．非传统安全与公共危机治理［M］．杭州：浙江大学出版社，2007.
[120] 魏永忠，吴绍忠．论城市社会安全与稳定预警等级指标体系的建立［J］．中国人民公安大学学

报，2005（4）：150-155.

[121] 姚兵．社会安全事件预防研究［J］．理论月刊，2013（11）：112-115.

[122] 余潇枫．“平安中国”：价值转换与体系建构——基于非传统安全视角的分析［J］．中共浙江省委党报，2012，28（4）：12-17.

[123] 周定平．关于社会安全事件认定的几点思考［J］．中国人民公安大学学报（社会科学版），2008（5）：121-124.

[124] 周定平．社会安全事件特征的比较分析［J］．北京人民警察学院学报，2008（2）：47-49.

[125] 武西峰，张玉亮．社会安全事件应急管理概论［M］．北京：清华大学出版社，2013.

[126] 朱静，梁贤艳．三峡流域城市社会安全治理研究［M］．北京：中国社会科学出版社，2016.

[127] 单勇．走向空间正义：城市公共安全的技术治理［J］．中国特色社会主义，2018（5）：74-79.

[128] 克里斯·克利尔菲尔德，安德拉什·蒂尔克斯．崩溃：关于即将来临的失控时代的生存法则［M］．李永学，译．成都：四川人民出版社，2019.

[129] 靳高风，杨皓翔，何天骄．疫情防控常态化背景下中国犯罪形势变化与趋势［J］．中国人民公安大学学报（社会科学版），2021，37（3）：1-14.

[130] 金其高．论社会主义法治与社会治安综合治理的关系［J］．江西警察学院学报，2011（2）：96-102.

[131] 王裕根．法治融入乡村治理的现实困境与展望［J］．理论导刊，2018（6）：47-54.

[132] 王骚，李如霞．政府常态管理与应急管理的比较分析［J］．中共天津市委党校学报，2013，15（4）：46-50，87.

[133] 高小平．构建常态与应急结合治理体系应把握哪些重点［J］．国家治理，2020（18）：19-21.

[134] 常健，郑玉昕．冲突管理目标的两个层次：表层平静与深层稳定［J］．学习论坛，2012，28（12）：53-56.

[135] 杨建国．基层政府的“不出事”逻辑：境遇、机理与治理［J］．湖北社会科学，2018（8）：29-36.

[136] 曾鹏，罗观翠．集体行动何以可能：关于集体行动动力机制的文献综述［J］．开放时代，2006（1）：110-123，160.

[137] 柳建文．基层治理网格化的创新完善与未来走向［J］．国家治理，2020（29）：16-21.

[138] 黄杰，朱正威．国家治理视野下的社会稳定风险评估：意义、实践和走向［J］，中国行政管理，2015（4）：62-67.

[139] 唐钧．社会稳定风险评估与管理［M］．北京：北京大学出版社，2015.

[140] 王道勇．群防群治：重大突发公共事件的社会合作应对［N］．人民日报，2020-03-27（06）.

[141] 朴立华，高恒聚．现代城市交通系统［M］．成都：西南交通大学出版社，2008.

[142] 郭静，艾明昱．我国城市公共交通安全现状及对策［J］．重庆交通大学学部（自然科学版），2012，31（6）：610-611.

[143] 肖荣娜，赵南希，李欣．城市公共交通安全管理现状及对策［J］．综合运输，2020，42（10）：22-24.

[144] 张琳琳，王小兰．城市交通管理［M］．北京：中国人民大学出版社，2018.

[145] 张兴强，魏丽英，王江锋，等．城市交通安全［M］．北京：北京交通大学出版社，2015.

［146］赵吉山，肖贵平．铁路运输安全管理［M］．北京：中国铁道出版社，1999.
［147］肖贵平，朱晓宁．交通安全工程（第二版）［M］．北京：中国铁道出版社，2011.
［148］顾正洪，刘连珂，苑红伟．交通运输安全管理与法规［M］．徐州：中国矿业大学出版社，2020.
［149］吴永宁．现代食品安全科学［M］．北京：化学工业出版社，2003.
［150］陈金龙，郑邵成．安全生产管理概论［M］．北京：化学工业出版社，2017.
［151］王义保，许超，曹明．江苏省城市公共安全蓝皮书（2017）［M］．徐州：中国矿业大学出版社，2017.
［152］李忠祥．安全生产工作体制的思考［J］．中国安全生产科学技术，2011（10）：84-88.
［153］张峰．从安全生产管理体制到安全生产管理运行机制［J］．海峡科技与产业，2017（11），144-148.
［154］杨炳霖．罗本斯合作型监管模式及对我国安全生产立法改革的启示［J］．中国安全生产科学技术，2014，10（8）：130-134.
［155］青木昌彦．比较制度分析［M］．周黎安，译．上海：上海远东出版社，2001.
［156］闫凤茹，梁玉，梁维萍，等．我国基本公共卫生服务均等化的提出背景与内涵分析［J］．卫生软科学，2012，26（1）：15-18.
［157］何小莲．论中国公共卫生事业近代化之滥觞［J］．学术月刊，2003（2）：61-67.
［158］扈书霞．中国近代合作运动与农村合作医疗制度的起源研究［D］．合肥：安徽医科大学，2008.
［159］［美］詹姆斯·郝圣格．当代美国公共卫生：原理、实践与政策［M］．赵莉，石超明，译．北京：社会科学文献出版社，2015.
［160］［日］渡边洋三．日本国宪法的精神［M］．魏晓阳，译．南京：译林出版社，2009.
［161］孙长华．城市社区公共卫生服务体制以及管理实践的研究［D］．天津：天津大学，2012.
［162］李立明．流行病学（第九版）［M］．北京：人民卫生出版社，2017.
［163］万艳华．城市防灾学（第二版）［M］．北京：中国建筑工业出版社，2016.
［164］吕学军，董立峰．自然灾害概论［M］．长春：吉林大学出版社，2010.
［165］王军．城市自然灾害风险评估与应急响应方法研究［M］．北京：科学出版社，2013.
［166］孙建平．上海城市运行安全发展报告［M］．上海：同济大学出版社，2020.
［167］王绍玉，冯白侠．城市灾害管理［M］．北京：化学工业出版社，2010.
［168］翟国方．城市公共安全规划［M］．北京：中国建筑工业出版社，2016.
［169］于汐，唐彦东．灾害风险管理［M］．北京：清华大学出版社，2017.
［170］孙建平．城市安全风险防控概论［M］．上海：同济大学出版社，2018.
［171］滕五晓，罗翔，万蓓蕾，等．城市安全与综合防治规划［M］．北京：科学出版社，2019.
［172］金磊．城市安全减灾管理读本［M］．北京：中国城市出版社，2016.
［173］刘弘涛，王汝恒，姚勇．防灾减灾措施研究［M］．北京：中国水利水电出版社，2014.
［174］陈浩榕．谈我国城市消防管理［J］．武警学院学报，2008，24（10）：73-76.
［175］吕敏丞．我国中小城市消防法制与执法规范化建设探索［J］．内蒙古科技与经济，2015（17）：21-23.
［176］严柱，曾明辉．关于城市消防管理问题及对策思考［J］．低碳世界，2020，10（9）：197-198.
［177］施华杰，郑颖，洪礼根．城市公共消防设施建设中存在的问题与对策［J］．山西建筑，2017，43

(19)：243-244.
[178] 樊小乐．公共娱乐场所存在的火灾隐患及防火对策［J］．今日消防，2020，5（10）：89-90.
[179] 王俊罡．高层住宅建筑火灾隐患及对策分析［J］．决策探索（中），2020（10）：75-76.
[180] 王小兵，陈永青．检查表法在安全评价中的应用［J］．中国卫生工程学，2006，5（6）：358-360.
[181] 张绪涛，刘品品．因果分析图法在建设工程进度管理中的应用［J］．价值工程，2019，38（12）：188-190.
[182] 张淑玲，李维东．基于因果分析法探讨高处坠落事故原因及对策［J］．山西建筑，2015，41（34）：240-241.
[183] 茹作乾．浅析建筑消防安全风险评估方法［J］．消防论坛，2017（11）：135-136.
[184] 刘纪达，郭亚男．消防安全研究进展与前沿分析［J］．消防科学与技术，2020，39（3）：311-314.
[185] 孙旋．我国消防科技发展现状及展望［J］．安全，2020，41（2）：1-6，105.
[186] 苏畅，王新平．我国消防安全管理研究的前沿热点和趋势［J］．消防科学与技术，2020，39（7）：1026-1029.
[187] 李辉．中国区域城市化模式与生态安全研究［M］．北京：社会科学文献出版社，2017.
[188] 卢艳芹，彭福扬．人与自然命运共同体论析［J］．理论月刊，2017（6）：42-47.
[189] 张小全，侯振宏．森林退化、森林管理、植被破坏和恢复的定义与碳计量问题［J］．林业科学，2003（4）：140-144.
[190] 蒋志刚，马克平，韩兴国．保护生物学［M］．杭州：浙江科学技术出版社，1997.
[191] 中共中央文献研究室．习近平关于社会主义生态文明建设论述摘编［M］．北京：中央文献出版社，2017.
[192] 王义保．公共安全管理［M］．徐州：中国矿业大学出版社，2019.
[193] 邓楠．资源型城市生态安全预警体系构建及实证研究［D］．西安：西安理工大学，2018.
[194] 杜蕾．城市重大突发事件协同应急网络研究［D］．哈尔滨：哈尔滨工程大学，2020.
[195] 娄成武，孙萍．社区管理学（第二版）［M］．北京：高等教育出版社，2006.
[196] 张永忠，曹春霞．社区网格员突发公共卫生事件适宜技术［M］．北京：化学工业出版社，2020.
[197] 曲国胜，杨文龙．社区应急响应能力基础培训教程［M］．北京：北京交通大学出版社，2016.
[198] 吴宗之．安全社区建设指南［M］．北京：中国劳动社会保障出版社，2005.
[199] 袁振龙．社区安全的理论与实践［M］．北京：中国社会出版社，2010.
[200] 王重高，王紫烨．社区应急准备指导手册［M］．北京：国家行政管理出版社，2019.
[201] 应急管理部国家减灾中心．社区应急指导手册［M］．北京：地震出版社，2020.
[202] 史李娟．城市网格化精细管理方略［J］．开放导报，2019（3）：109-112.
[203] 郑孟望．社区安全管理与服务［M］．长沙：湖南大学出版社，2009.
[204] 秦红岭．现代城市规划与公共卫生：历史逻辑、价值审视与善治之道［J］．北京建筑大学学报，2020（4）：50-56.
[205] 薛澜．科学在公共决策中的作用：聚焦公共卫生事件中的风险研判机制［J］．科学学研究，2020，38（3）：385-387.

[206] 祁文博．复杂现代性视域下城市风险治理研究［D］．苏州：苏州大学，2020.
[207] 李立明．新型冠状病毒肺炎疫情后公共卫生展望［J］．中华流行病学杂志，2021，42（7）：1143-1147.
[208] 李雪峰．防范化解社会领域重大风险的若干思考［J］．行政管理改革，2019（4）：30-37.

图书在版编目（CIP）数据

城市公共安全管理／范中启总主编；王义保，彭瑞主编．--北京：应急管理出版社，2022

高等教育应急管理系列教材

ISBN 978-7-5020-9038-8

Ⅰ.①城…　Ⅱ.①范…②王…③彭…　Ⅲ.①城市—公共安全—安全管理—高等学校—教材　Ⅳ.①D035.29

中国版本图书馆 CIP 数据核字(2021)第 230035 号

城市公共安全管理（高等教育应急管理系列教材）

总 主 编　范中启
主　　编　王义保　彭　瑞
责任编辑　罗秀全　张　成　郭玉娟
责任校对　邢蕾严
封面设计　罗针盘

出版发行　应急管理出版社（北京市朝阳区芍药居 35 号　100029）
电　　话　010-84657898（总编室）　010-84657880（读者服务部）
网　　址　www.cciph.com.cn
印　　刷　北京地大彩印有限公司
经　　销　全国新华书店

开　　本　787mm×1092mm $^1/_{16}$　**印张**　25　**字数**　542 千字
版　　次　2022 年 7 月第 1 版　2022 年 7 月第 1 次印刷
社内编号　20211369　**定价**　78.00 元